# Romanticismo



Contemporánea
Humanidades

PEFC Certificado

El papel de este libro procede de bosques gestionados de forma sostenible

PEFC

PEFC/14-38-00305 www.pefc.es



Título original: *Romantik. Eine deutsche Afäre*


www.tusquetseditores.com
www.planetadelibros.com

Diseño de la colección: Compañía
Adaptación de la cubierta: Austral / Área Editorial Grupo Planeta
Ilustración de la cubierta: © Caspar David Friedrich, *A bordo del Segler*, c. 1818/19. Óleo sobre lienzo, 71 × 56 cm. San Petersburgo, State Hermitage. © de la fotografía: Akg-images / Album
Primera edición en Austral: noviembre de 2024
Segunda impresión: julio de 2026

Depósito legal: B. 17.850-2024
ISBN: 978-84-1107-528-2
Impreso en España

RÜDIGER
SAFRANSKI

# ROMANTICISMO

## UNA ODISEA DEL ESPÍRITU ALEMÁN

Traducción de Raúl Gabás

AUSTRAL

TUSQUETS
EDITORES

**Biografía**

Rüdiger Safranski (Rottweil, Baden-Württemberg, 1945) vive en la Selva Negra. Filósofo y ensayista, es autor de célebres biografías dedicadas a Heidegger, Nietzsche, Schopenhauer o Hölderlin, y de ensayos tan brillantes como *Romanticismo. Una odisea del espíritu alemán*, *El mal* o el más reciente *Ser único. Un desafío existencial* (Premio Vanity Fair al mejor libro de no ficción extranjera 2023). Durante años moderó, junto con el también filósofo Peter Sloterdijk, el popular programa televisivo *Das Philosophische Quartett*. Sus ensayos y biografías, traducidos a más de veintiséis lenguas, le han valido numerosos premios y distinciones, como el Friedrich Märker 1995, el Ernst Robert Curtius 1998 y el Friedrich Nietzsche 2003, el Premio de la Feria del Libro de Leipzig 2005, el Friedrich Hölderlin 2006, el Weltliteraturpreis 2006, concedido por el diario alemán *Die Welt*, el Paul-Watzlawick-Ehrering 2010, el Oberschwäbischer Kunstpreis 2011 y el Allgäu-Preis für Philosophie 2011.

# Índice

## Segunda parte: Lo romántico

# Prólogo

La «escuela romántica» recibió esta denominación hacia el año 1800. Se entiende con semejante nombre el movimiento congregado en torno a los hermanos Schlegel, que tomó conciencia de sí y a veces cuerpo doctrinal en su revista *Athenäum,* de duración tan breve como vehemente. Se denomina así la llamarada especulativa que se enciende con el comienzo filosófico de Fichte y Schelling; también lo que fascinó en las tempranas narraciones de Tieck y Wackenroder como añoranza del pasado y sentido renacido de lo prodigioso, o la inclinación a la noche y a la mística poética en Novalis. La escuela romántica es ese sentimiento propio de un nuevo comienzo, el espíritu alado de una nueva generación que salió a la luz preñada de pensamientos y a la vez con ánimo juguetón, dispuesta a llevar el temple de la revolución al mundo del espíritu y de la poesía. Ahora bien, es evidente que todo ese movimiento tiene una prehistoria, un comienzo antes del comienzo.

Las jóvenes promesas, que no andaban faltas de arrogancia, querían establecer un nuevo principio, pero también dieron continuidad a lo que una generación anterior había iniciado con el lema de *Sturm und Drang* (tormenta e ímpetu). Johann Gottfried Herder, el Rousseau alemán, había dado el impulso para ello. En consecuencia, podemos decir que la historia del Romanticismo alemán comienza en el año 1769, en el momento en que Herder se hizo a la mar para viajar a Francia, adonde llegó tras una precipitada travesía, a la manera de un fugitivo, harto de la vida opresiva de Riga, donde el joven predicador tenía que discutir con los ortodoxos y verse envuelto en enojosas contiendas literarias. En el trayecto se le ocurren ideas que le darán alas y que se las darán también a otros.

Así pues, Herder se hace a la mar. Comienza aquí nuestro viaje tras las huellas del Romanticismo y de lo romántico en la cultura alemana, un viaje que nos conducirá a Berlín, a Jena, a Dresde, donde los románticos instalaron sus cuarteles generales y donde dispararon los fuegos artificiales de sus ideas; donde soñaron, criticaron y fantasearon. La época del Romanticismo en sentido estricto termina con Eichendorff y E.T.A. Hoffmann, artistas románticos del desencadenamiento y, sin embargo, atados según otros aspectos. El primero era un buen católico y consejero gubernamental; el segundo, un consejero liberal del tribunal imperial. Ambos compaginaban una existencia doble, no fijada a lo romántico. Era una forma de Romanticismo prudente y llevadera.

Este libro trata del Romanticismo y de lo romántico. El Romanticismo es una época. Lo romántico es una actitud del espíritu que no se circunscribe a una época. Ciertamente halló su perfecta expresión en el periodo del Romanticismo, pero no se limita a él.

Lo romántico sigue existiendo hoy en día. No es un fenómeno exclusivamente alemán, aunque experimentó una acuñación especial en este país, hasta tal punto que fuera de Alemania a veces se equipara la cultura alemana con el Romanticismo y con lo romántico.

Lo romántico se encuentra en Heine, que a la vez quiere superarlo, lo mismo que en su amigo Karl Marx. El periodo previo a la revolución de marzo (1848) lo llevó a la política y a los sueños nacionales y sociales. Luego vienen Richard Wagner y Friedrich Nietzsche, que no querían ser románticos, pero que, como discípulos de Dioniso, en realidad lo fueron. El movimiento de juventud en torno al año 1900 fue romántico sin trabas. En 1914, al comienzo de la guerra, Thomas Mann y otros se sintieron obligados a defender la cultura romántica de Alemania frente a la civilización occidental. Los inquietos años veinte son un suelo nutricio para las excitaciones románticas; lo son en sus santos inflacionarios, en las sectas y ligas, en los viajeros al Oriente; se espera el gran momento, la redención política. La visión de una política adecuada al ser que encontramos en Heidegger desemboca en un fatal Romanticismo político, que le hace tomar partido por la revolución nacionalsocialista. ¿Qué grado de Romanticismo era inherente al nacionalsocialismo? ¿No era un racionalismo pervertido más que un Romanticismo salvaje? ¿No es el *Doktor Faustus,* de Thomas Mann, una interpretación demasiado «alta del acontecer crudo», o sea, un libro romántico que lleva el Romanticismo a juicio? Un poco más tarde aparecen los desencantos de la época de posguerra; sale a escena la «generación escéptica» con sus reservas frente a lo romántico. El viaje a través del fantástico paisaje alemán del espíritu termina en la, por ahora, última irrupción de lo romántico: el movimiento estudiantil de 1968 y sus consecuencias.

La mejor definición de lo romántico sigue siendo la de Novalis: «En cuanto doy alto sentido a lo ordinario, a lo conocido dignidad de desconocido y apariencia infinita a lo finito, con todo ello romantizo *(Ich romantisiere)*».

En esta formulación se advierte que el Romanticismo mantiene una relación subterránea con la religión. Pertenece a esos movimientos de búsqueda que, durante doscientos años de perseverancia, quisieron contraponer alguna cosa al mundo desencantado de la secularización. El Romanticismo, entre otras muchas cosas, es también una continuación de la religión con medios estéticos, por lo que lo imaginario ha alcanzado con él una altura sin precedentes. El Romanticismo triunfa sobre el principio de realidad. Es bueno para la poesía y malo para la política, en el caso de que se extravíe en lo político. Ahí comienzan los problemas que nos plantea lo romántico.

El espíritu romántico es multiforme, musical, rico en prospecciones y tentaciones, ama la lejanía del futuro y la del pasado, las sorpresas en lo cotidiano, los extremos, lo inconsciente, el sueño, la locura, los laberintos de la reflexión. El espíritu romántico no se mantiene idéntico; más bien, se transforma y es contradictorio, es añorante y cínico, alocado hasta lo incomprensible y popular, irónico y exaltado, enamorado de sí mismo y sociable, al mismo tiempo consciente y disolvente de la forma. Goethe, cuando ya era un anciano, decía que lo romántico es lo enfermizo.

Pero lo enfermizo tampoco era demasiado extraño para él.

# Primera parte
# El Romanticismo

Y el mundo comienza a cantar,
si das con la palabra mágica.

Joseph von Eichendorff, «Varita mágica»

# Capítulo 1

Dos siglos y medio después de Colón y un siglo antes del lema de Nietzsche –«¡Filósofos, a la mar!»–, en un aventurero del espíritu germinó la necesidad de hacerse a la mar e irrumpir en lo terrible que existe en la realidad. El 17 de mayo de 1769, Johann Gottfried Herder se despide de su comunidad con estas palabras: «Mi única intención es conocer desde más perspectivas el mundo de mi Dios». Herder partió a bordo de una nave que llevaba centeno y lino a Nantes, aunque para él mismo la meta del viaje era incierta todavía. Pensaba en la posibilidad de desembarcar en Copenhague, pero también en la de cambiar de barco en la costa del norte de Francia para dirigirse hacia destinos más lejanos. La incertidumbre le avivaba la imaginación: «Igual que los apóstoles y los filósofos, voy al mundo para verlo sin preocupación».

Hacerse a la mar significaba para Herder cambiar el elemento de la vida, trocar lo firme por lo fluido, lo cierto por lo incierto, conquistar distancia y extensión. También se agitaba la pasión de un nuevo comienzo. Estaba en juego la vivencia de una conversión, un viraje interior, enteramente a la manera como Rousseau experimentó su gran inspiración veinte años antes, bajo un árbol, de camino a Vincennes: el redescubrimiento de la verdadera naturaleza bajo la corteza de la civilización. Por tanto, antes de que Herder conozca a otros hombres, otros países y costumbres, llega a un renovado conocimiento de sí mismo, de su mismidad creadora. Balanceado por los vientos suaves del mar del Norte, se entrega a la tormenta de sus pensamientos:

> ¡En cuántas esferas hace pensar una nave que fluctúa entre el cielo y el mar! ¡Aquí todo da al pensamiento alas, movimiento y dimensiones atmosféricas! ¡El aleteo de la vela, la nave siempre vacilante, las nubes en lo alto, la inmensidad de la atmósfera infinita! En la tierra estamos atados a

> un punto muerto y encerrados en el círculo estrecho de una situación... ¡Alma mía!, ¿cómo te encontrarás cuando salgas de este mundo?

Herder escribe que se embarcó para «ver el mundo», aunque lo cierto es que al principio ve muy poco, en todo caso el desierto en movimiento de las aguas y algunas líneas de la costa. Encuentra, en cambio, tiempo y ocasión para «destruir» su anterior saber libresco, para averiguar e «inventar lo que pienso y creo». El encuentro con un mundo extraño se convierte en un encuentro consigo mismo. Ahí está lo característico de esta irrupción alemana: a partir de los medios limitados que hay a bordo y en medio de la soledad en alta mar, nuestro predicador, atrapado por la añoranza de la lejanía, engendra para sí mismo un nuevo mundo. No encuentra a ningún indio, no derriba a ningún azteca o el imperio de los incas, no descubre tesoros de oro ni esclavos, no emprende ninguna nueva medición del mundo; su nuevo mundo es de tal índole que en un santiamén tomará otra vez forma de libro. Herder, que había dejado atrás «unas estanterías llenas de libros cuyo único lugar era el cuarto de estudio», al final vuelve a ser presa del mundo de los libros, pues también en el barco se regala con proyectos literarios:

> ¡Qué obra sobre el género humano!, ¡sobre el espíritu humano!, ¡sobre la cultura de la Tierra!, ¡sobre todos los espacios! ¡Tiempos! ¡Pueblos! ¡Fuerzas! ¡Mezclas! ¡Figuras! ¡Religión asiática!, ¡y cronología, policía y filosofía!... ¡Todo lo griego! ¡Todo lo romano! ¡Religión del norte, Derecho, costumbres, guerra, honor! ¡Época papista, monjes, erudición...! ¡Política de China, de Japón! ¡Ciencias naturales del nuevo mundo! ¡Costumbres americanas, etcétera! ¡Historia universal de la formación del mundo!

Herder se nutrió durante toda su vida de las ideas que habían acudido a su mente en medio del mar en movimiento. Escribió un diario que es un importante documento de literatura y filosofía de la segunda mitad del siglo XVIII, aunque las notas compuestas no aparecieron hasta después de su muerte, con el título de *Diario de mi viaje del año 1769.* Después de aquella travesía, el autor de esas anotaciones se encontró en el año 1771 en Estrasburgo con un joven muy prometedor: Goethe; éste se sintió poderosamente atraído por aquel torbellino de ideas y difundió y desarrolló mucho de lo que escuchó de boca de Herder. En el libro décimo de *Poesía y verdad,* Goethe recuerda el primer y casual encuentro cuando subía las escaleras en una posada de Estrasburgo, donde Herder se hospedaba en el curso de su largo y doloroso tratamiento de las glándulas lacrimales. Goethe escribe que Herder le pareció un abate, con sus cabellos empolvados y recogidos en rizos; y añade que subía con elegancia las escaleras, con el extremo del abrigo de seda indolentemente metido en los bolsillos de los pantalones. Goethe era entonces el receptor, el que aprendía. Le superaba en cinco años de edad, pero se sentía inferior en casi todos los campos. La relación era difícil. Es cierto que apreciaba los «amplios conocimientos», «los profundos puntos de vista» de Herder, pero, por otra parte, había de soportar que «le riñera y reprendiera». No estaba acostumbrado a esto, pues, hasta ahora, escribe Goethe, las personas superiores y de más edad «habían intentado instruirlo esclareciéndole las cosas» y mostrándole «flexibilidad» e incluso «indulgencia». En cambio, de Herder, que con sus ideas le reorganizaba la cabeza, «no se podía esperar nunca una señal de aprobación, comoquiera que uno se comportara». Por tanto, si quería que «diariamente, incluso de hora en hora, aquél le transmitiera nuevos puntos de vista», Goethe tendría que superar su vanidad.

Veía en Herder al aventurero del espíritu, que había regresado de alta mar y traía el viento fresco del viaje, una brisa que estimulaba la fantasía. Con ese temple de ánimo Goethe le escribe el 10 de julio de 1772:

> Todavía en la ola con mi pequeño bote, y cuando las estrellas se esconden floto en las manos del destino, y en mi pecho alternan el valor y la esperanza, el miedo y el sosiego.

El hecho de que Herder se pusiera en marcha y tuviera un comienzo tan explosivo, sin duda brindó al joven Goethe el modelo para la escena en el cuarto de estudio del *Fausto originario,* que había surgido bajo la impresión del primer encuentro con Herder: «¡Ay!, ¿todavía estoy encerrado en la prisión? / [...] / Limitado por libros y más libros, / [...] / ¡Huye! Sal fuera, hacia la dilatada región...». Del mismo modo que Fausto escapa por un boquete en el muro de su sofocante cuarto de estudio, también Herder había huido de la catedral de Riga.

Multitud de ideas se le ocurrieron a lo largo del viaje. Todo se le aparecía en bella confusión y sin separaciones nítidas. Todavía buscaba la lengua adecuada para captar el ir y venir interior. La razón, escribe, es siempre una «razón posterior». Trabaja con conceptos de causalidad y en consecuencia no puede comprender el todo creador. ¿Por qué? Porque los procesos causales son previsibles, pero los creadores no. De ahí que Herder busque un lenguaje que se ajuste a la misteriosa movilidad de la vida; y que más que conceptos busque metáforas. Muchas cosas sólo se perfilan, se insinúan, se barruntan. Algunos de sus coetáneos se escandalizan por lo fluctuante y errante de su lenguaje. Kant, por ejemplo, escribe en tono irónicamente comedido a Hamann, rogándole que le explique qué piensa su amigo Herder,

> pero si es posible, en el lenguaje de los hombres [...], pues yo, pobre hijo de la tierra, no estoy organizado para el lenguaje divino de la razón intuitiva. Lo que yo alcanzo es aquello que se puede deletrear a partir de los conceptos comunes según reglas lógicas.

Herder tenía la suficiente arrogancia para pretender renovar el concepto de razón, aunque fuera contra Kant, con quien había estudiado y a quien le unían lazos de amistad. Herder se sintió intelectualmente unido a Kant mientras éste, en su periodo precrítico, desarrollaba especulaciones cosmológicas sobre el origen del universo, del sistema solar y de la Tierra, así como investigaciones antropológicas, etnológicas y geográficas. Esta admiración ante la multiplicidad del mundo fenoménico respondía a su gusto. Pero sus caminos se separaron tan pronto como el filósofo de Königsberg empezó a trazar límites al entendimiento y a infravalorar la importancia de la intuición y de los sentidos. La *Crítica de la razón pura* era para Herder «palabrería vacía» y expresión de problemas insolubles y estériles. Objetó a Kant, como lo hará Hegel una generación más tarde, que el temor a errar podría ser él mismo el error. En todo caso, Herder no aceptaba las trabas preliminares en el plano de la teoría del conocimiento, y quería captar de lleno la vida. Habla de lo «vivo» en contraposición a la razón abstracta. Desde su punto de vista, la razón viva es concreta y se sumerge en el elemento de la existencia, de lo inconsciente, de lo irracional, de lo espontáneo, o sea, en la vida oscura, creadora, propulsora y propulsada. En Herder la «vida» adquiere un tono nuevo, un tono entusiasta. El eco se oirá desde muy lejos. Goethe, poco después del encuentro con Herder, pondrá en boca de Werther esta exclamación: «Por doquier encuentro vida y nada más que vida...».

La filosofía de la vida de Herder estimuló el culto al genio en el movimiento *Sturm und Drang* y más tarde en el Romanticismo. En ellos se considera genio a aquel en quien la vida brota con libertad y se desarrolla con fuerza creadora. Comenzó entonces un culto ruidoso a los llamados «genios del ímpetu». Había en ello mucho de escenificación y pretensión, pero a la vez destellos de brío y confianza en uno mismo. El espíritu del *Sturm und Drang* quiere ser comadrona de lo genial que, se supone, dormita en la persona como una disposición superior y está a la expectativa de elevarse al mundo.

En el libro doce de *Poesía y verdad,* Goethe, de manera retrospectiva, enjuiciará el tumulto de aquellos años con cierta displicencia, afirmando que el «genio» es la solución general para esa «época tan famosa, cacareada y desacreditada de la literatura en la que una masa de jóvenes geniales irrumpieron con toda valentía y petulancia», para perderse en lo carente de límites.

De hecho, Goethe y sus amigos se desbocaron un tanto en esa época genial. Después de su encuentro con Herder y de su traslado a Weimar en 1776, Goethe convirtió por un tiempo esa sede ostentosa de las musas en cuartel general de lo genial. Atrajo como una cola de cometa a Lenz, a Klinger, a Kaufmann y a los hermanos Stolberg, que entonces todavía no se habían entregado a la devoción poética. Hubo notables festividades, que decenios más tarde seguirán en boca de los filisteos de Weimar. Según cuenta Carl August Böttiger, testigo de aquellos días,

> entre otras cosas se celebró una bacanal del genio, a la que se daba comienzo arrojando todos los vasos por la ventana, para convertir en copa un par de sucias urnas funerarias que habían sido extraídas de un túmulo cercano.

Los asistentes pujaban en gestos y entradas en escena que pretendían llamar la atención con impertinencia. Lenz hizo de bufón, Klinger dio la nota devorando un trozo de carne de caballo cruda, Kaufmann se sentaba a la mesa ducal con el pecho descubierto hasta el ombligo, los cabellos revueltos y un colosal bastón nudoso. Entre las «andanzas geniales» de Goethe figura la de un viaje a caballo con su amigo el duque. En el camino cambiaron su atuendo y buscaron aventuras eróticas. Böttiger narra que en «Stuttgart tuvieron la ocurrencia de dirigirse a la corte, con lo que, de pronto todos los sastres hubieron de trabajar día y noche para confeccionarles una indumentaria cortesana». Y luego ambos aparecieron en la fiesta de final de curso de la Academia de Stuttgart. Allí estaban de paso los dos genios admirados, el duque de Weimar y su amigo Goethe, y se les veía sentados en la tribuna junto a Karl Eugen. Desde allí contemplaban con tranquila condescendencia una concesión de premios en la que obtuvo una distinción un alumno cuya carrera de genio aún estaba por llegar: Friedrich Schiller. También él celebrará y desplegará la «vida fuerte» en su fase de *Sturm und Drang*.

La vida en una efervescente y germinante inquietud tiene también algo de monstruoso, ante lo cual la conciencia se asusta. Herder apunta, como más adelante hará Nietzsche, al «abismo angustioso» de lo vivo:

> Tampoco hay duda de que [...] la raíz más profunda de nuestra alma está cubierta de noche. Nuestra pobre pensadora ciertamente no estaba en condiciones de captar cada estímulo, la semilla de cada sensación en sus primeros componentes. No estaba en condiciones de oír en todo su fragor el zumbante mar del mundo con olas tan oscuras, sin verse cercada por el estremecimiento y la angustia, por la prevención de todos los miedos y la pusilanimidad, sin que se le cayera el timón de las manos. Por tanto, la naturaleza maternal alejaba de ella lo que no podía insertarse en su conciencia clara [...]. El alma se encuentra en un abismo de infinitud y no sabe que está sobre él; gracias a esta dichosa ignorancia se mantiene firme y segura.

El concepto de naturaleza viva en Herder abarca lo creador, a lo que nos confiamos eufóricamente, pero también lo inquietante, que nos amenaza. Son estas sensaciones mezcladas las que se imponen a Herder en su viaje marítimo. Las ideas principales que, en medio del tumulto de pensamientos, desgrana Herder con claridad en alta mar y en la época siguiente, y que luego influirán en los románticos, son éstas. En primer lugar, todo es historia. Y esto ha de decirse no sólo del hombre y de su cultura, sino también de la naturaleza. Pensar la historia como el proceso de una evolución que produce la multiplicidad de formas naturales es una novedad, pues con ello la creación divina del mundo se introduce en el desarrollo de la naturaleza. La naturaleza misma pasa a ser aquella potencia creadora que antes se desplazaba a un ámbito extramundano. La evolución recorre diversos niveles, el mineral, el vegetativo y el animal. Cada nivel tiene su derecho en sí, pero contiene a la vez el germen del respectivo estadio superior. Y todos los niveles son estadios previos del hombre. Éste se distingue por el hecho de que puede tomar en sus propias manos la potencia creadora que actúa en la naturaleza. Puede hacerlo gracias a la inteligencia y al lenguaje, y tiene que hacerlo porque es pobre en instinto y está desprotegido. Por tanto, la potencia creadora de cultura es expresión tanto de una fuerza como de una debilidad.

Con este pensamiento, con la idea de que el hombre es el ser defectuoso que crea cultura, Herder promueve la antropología moderna. La historia cultural del hombre pertenece, según él, a la historia de la naturaleza, si bien a una historia de la naturaleza en la que la fuerza natural, que hasta ahora actuaba sin conciencia, ha tomado conciencia de sí misma por medio del pensamiento y de su intencionada fuerza creadora. La transfiguración del hombre por medio de sí mismo y la formación de la cultura como medio de vida es en términos de Herder la «promoción del humanismo». El humanismo no está frente a la naturaleza, sino que en lo referente al hombre es la verdadera realización de su naturaleza. Herder legó al siglo XIX el concepto de una historia dinámica, abierta. No concibe ningún sueño de una prehistoria paradisiaca a la que sea deseable retornar. Todo instante, toda época contiene sus propios desafíos y una verdad que es necesario captar y configurar. De ese modo, Herder se halla en profunda contradicción con Rousseau, para quien la civilización actual representa una forma de decadencia y alienación: «En todas las épocas, y en cada una a su manera, el género humano tiene como meta común la felicidad; desatinaríamos si, como Rousseau, ensalzáramos tiempos que ya no son y nunca fueron», escribe Herder en el *Diario.*

La historia tampoco es, como piensan los materialistas franceses, un «aproximado más o menos», confiado al azar y al mecanismo sin alma. Por el contrario, tiene sentido, aunque no esté ordenada a un fin que podamos comprender de antemano. La realización de la humanidad es una especie de experimento del mundo, un proceso abierto cuyo transcurso depende de los hombres, aunque en el trasfondo actúe una intención de la naturaleza. Puesto que esa intención no puede captarse de manera explícita, no queda sino realizar la obra de la propia configuración según patrones que el hombre mismo se señala. Tal propósito actúa como un compás interno que indica la dirección respectiva, en la que puede encontrarse un máximo de autoconfiguración comunitaria. El proceso histórico no transcurre linealmente, sino que se realiza a través de rupturas y ajustes. Hay que contar con «golpes y revoluciones..., con experiencias que aquí y allá llegan a la exaltación, se vuelven violentas e incluso repugnantes», escribe Herder. No hay que asustarse por ello, pues así son las formas volcánicas en las que irrumpe lo nuevo.

Nunca la historia había sido entendida en una forma tan dinámica y enfática, y sorprende que esto sucediera precisamente en una Alemania escindida en pequeños estados, en una Alemania que se había quedado atrasada, donde la historia real, en cierto modo, se había congelado. Se producía en Herder una disposición del ánimo para el gran acontecimiento de la Revolución francesa, pues por primera vez se llegaba a una realidad donde parecía cumplirse en la historia lo que Herder se había prometido de ella dos decenios antes.

En segundo lugar, después del concepto de historia dinámica, la otra idea de Herder que ha tenido una repercusión poderosa es su descubrimiento del individualismo (o el personalismo), y en consecuencia, la pluralidad.

«El» hombre es una abstracción, sólo hay hombres. La vida en su conjunto tiene en cada estadio evolutivo su propio derecho y su propia significación, y lo mismo sucede con el género humano. Cada individuo acuña en una forma especial lo que el hombre es y puede ser. Herder defiende un personalismo radical. Se da la humanidad como dimensión abstracta, y se da la humanidad que cada uno puede respetar en sí mismo y llevar a una figura individual. De esta última se trata. Desde esta perspectiva, la historia ya no es sólo el gran panorama respecto del cual se deslinda el individuo. Las fundamentales fuerzas motrices de la historia, que descubrimos fuera de nosotros, pueden y deben ser descubiertas por el individuo en él mismo como totalidad creadora, hecho que Herder experimentó extáticamente durante su travesía marítima. Sólo el que experimenta el principio creador en su propio cuerpo, lo descubrirá también fuera, en el curso del mundo y en la naturaleza. Más tarde, en las *Máximas,* Goethe resumirá este pensamiento con la frase: «Sólo puede juzgar sobre historia el que en sí mismo ha experimentado historia».

El ser singular que se configura como individuo es y se mantiene como un centro de sentido, por más que necesite siempre de una comunidad, cosa que no puede negarse. Pero, según Herder, ésta debería estar organizada de tal manera que cada uno pueda desarrollar su germen individual de vida. En este desarrollo la comunidad es una unión para la ayuda recíproca. La unión de los individuos en la comunidad no da simplemente una suma, sino que, a través de la acción conjunta, forma en cada caso un espíritu especial, que brota de la unión y confiere a los individuos un clima espiritual de vida. Para Herder el hombre como individuo está enmarcado en la comunidad, que es una especie de individuo mayor. Se trata de un conjunto de círculos concéntricos, a saber, la familia, las tribus, los pueblos, las naciones, que en su respectivo nivel constituyen una síntesis espiritual. En relación con los pueblos, Herder habla del espíritu de los pueblos. Pero es importante resaltar que estas unidades superiores son pensadas desde el individuo. Lo mismo que los individuos particulares entre sí, también las unidades superiores forman una pluralidad, la del espíritu del pueblo.

Para seguir las huellas de este espíritu del pueblo, durante su viaje en barco Herder concibió el plan de recoger canciones populares y otros testimonios culturales. Lo llevará a la práctica y con ello pasará a ser un acicate y un modelo para los románticos en orden a esta actividad coleccionista.

También en la colección de antiguas canciones del repertorio popular, Herder sigue siendo individualista. Pues con el espíritu del pueblo ocurre lo mismo que con los individuos, a saber, que el desarrollo de la propia peculiaridad no sólo ha de respetar la peculiaridad de los otros, sino que además debe considerarla como una ganancia. De la multitud de pueblos emergen muchas voces. Por primera vez la multiplicidad hace que brille la riqueza de lo humano. Herder estaba lejos de practicar un patriotismo estrecho de miras. Lo que quiere es ayudar a comprender mejor a los otros pueblos en sus tradiciones:

> He rastreado la manera de pensar de las naciones, y lo que he averiguado sin sistema ni cavilosidad es que cada una de ellas gestó documentos según la religión de su país, la tradición de sus padres y los conceptos de las naciones, y que estos documentos aparecen en un lenguaje poético, en revestimientos y ritmos poéticos, o sea, que en cada una de ellas se formaron canciones mitológicas nacionales sobre el origen de sus más antiguos monumentos.

Herder había vivido en Riga en medio de una abigarrada mezcla de rusos, livonios y polacos. El estrato superior, políticamente decisivo en el gobierno republicano de la ciudad, que se hallaba bajo soberanía rusa, era alemán. Al vivir rodeado de otros pueblos, se agudizó para la tradición de la cultura alemana; sin embargo, como pastor, intentó impedir por curiosidad y por sentimiento de justicia que la comunidad alemana se encapsulara en sí misma frente a los livonios y rusos, los cuales en su mayoría vivían en una inmensa pobreza. En la introducción a la colección de canciones *Voces de los pueblos*, Herder se remite a las experiencias en Riga con la cultura y la poesía nativa del pueblo:

> Sepa usted, pues, que yo mismo he tenido oportunidad de ver restos vivos de este antiguo y salvaje canto, ritmo y danza entre pueblos vivos, a los que nuestras costumbres no les han permitido que se convirtieran completamente en lenguaje, canciones y usos, dándoles a cambio algo muy mutilado o simplemente nada.

Herder, el coleccionista de canciones populares, ciertamente se aseguró de sus propias raíces culturales y aspiró a fomentar y vivificar la «peculiaridad y la cultura alemanas», pero sin arrogancia. Cuando la percibía en otros, o cuando no podía menos de advertir que a él lo entendían de esta forma, reaccionaba con gran enojo:

> ¿Qué es una nación? Un gran jardín descuidado, lleno de hierbajos y maleza. ¿Quién aceptará indiscriminadamente este punto de reunión de necedades y defectos, de exquisiteces y virtudes, y [...] romperá una lanza contra otras naciones? Dejadnos contribuir al honor de la nación en la medida de lo posible; y también hemos de defenderla cuando se le inflige injusticia. Pero ensalzarla ex profeso me parece un acto de vanagloria [...]. Sin duda la naturaleza ha dispuesto que un hombre, y también un linaje y un pueblo, aprenda de otro y junto con otro [...], hasta que finalmente todos hayan comprendido la difícil lección: no hay ningún pueblo que sea el pueblo escogido por Dios en exclusiva; todos han de buscar la verdad, el jardín de la mejor comunidad ha de ser cultivado por todos [...]. Ningún pueblo de Europa puede cerrarse frente a los otros y decir neciamente: en mí y sólo en mí mora toda la sabiduría.

El patriotismo de Herder era democrático y se apoyaba en la multiplicidad de las culturas. ¿Hacia dónde conducen los muchos caminos? Sin duda, no llevan al dominio de un pueblo sobre otros, sino que, de acuerdo con la imagen ideal de Herder, conducen a un «jardín» de la multiformidad, donde las culturas de los diversos pueblos desarrollan sus mejores posibilidades en un clima de delimitación, intercambio y fertilización recíprocos. El principio creador, que él veía en acción dentro de las culturas populares, le hizo tan simpática la democracia, que su toma de partido a favor de la Revolución francesa disgustó más adelante a Goethe, quien calificaba a veces a su amigo Herder de «jacobino de pura cepa».

El descubrimiento de la historia dinámica, con todo lo que de ella se sigue, desde un orgulloso individualismo hasta la humildad ante los antiguos testimonios de la cultura popular, produjo una cesura real en el espíritu occidental. Desde entonces la visión histórica de las cosas ha pasado a ser algo obvio. La historia lo reduce todo a un plano relativo. Y así se convierte ella misma en algo absoluto: frente a la historia ningún dios, ninguna idea, ninguna moral, ningún orden social, ninguna obra pueden afirmarse como algo absoluto. Incluso el bien, lo verdadero, lo bello, enclavados antes en el cielo de las ideas y revelaciones inmutables, caen en la resaca del devenir y del perecer. «También lo bello tiene que morir», leemos en Schiller, y el crepúsculo de los dioses y la transvaloración de los valores serán también una consecuencia de la conciencia histórica. Por tanto, podemos decir que los pensamientos de Herder en alta mar son ya románticos, pues nos disponen para el vaivén de las cosas en el torrente del tiempo.

# Capítulo 2

Entre el viaje por mar de Herder y el primer Romanticismo acontece una gran cesura temporal, la Revolución francesa. Apenas ha existido otro acontecimiento capaz de transmitir, como éste, tanto impulso a la vida intelectual de Alemania. La primera irrupción del primer Romanticismo es tormenta e impulso *(Sturm und Drang)*, y transcurrió a través de la experiencia de la Revolución.

En Francia habían sucedido acontecimientos a los que los coetáneos, también en Alemania, atribuyeron importancia para la historia universal. También las generaciones futuras verán esos acontecimientos con consternación y admiración. Se trata de sucesos que ya en el momento de acontecer emiten un resplandor mítico y pueden interpretarse como escenas originarias del nacimiento de una nueva época. Son acontecimientos que, apenas se han producido, se perciben por todas partes, incluso en las lejanas ciudades de Tubinga, Jena o Weimar, como dignos de registrarse, como «clásicos». Fueron de esta índole: el Juramento del Juego de pelota el 20 de junio de 1789, cuando los diputados del tercer estado se constituyen en Asamblea Nacional y se conjuran para permanecer unidos hasta llevar a término una Constitución; el 2 de julio la destitución de Necker, ministro liberal de finanzas, como primer acto de la contrarrevolución y el posterior asalto a la Bastilla el 14 de julio; la furia de la justicia del linchamiento; los primeros ahorcamientos de aristócratas; la formación de la guardia nacional; el 17 de julio, la primera capitulación del rey, que se doblega ante la Guardia Nacional y comienza a lucir la escarapela; el derrumbamiento del poder estatal en las provincias, la revuelta de los campesinos y la subversión en las ciudades; el «gran miedo», que mantiene el país en vilo; el comienzo de la emigración de la nobleza, con la huida del ornamento de la antigua Francia por la carretera de Turín, y con los dos hermanos del rey a la cabeza de un séquito de millares de personas; la noche memorable del 3 al 4 de agosto, cuando la Asamblea Nacional, ebria de su propia audacia, tritura con numerosos decretos llenos de patetismo el secular sistema feudal de Francia; la declaración solemne de los derechos del hombre y del ciudadano el 26 de agosto; el segundo gran alzamiento en París el 5 de octubre, cuando las tenderas obligan al rey y a la Asamblea Nacional a trasladarse de Versalles a París.

Desde la lejanía de un tiempo posterior, los años comprendidos entre 1789 y 1804, año en que Napoleón es coronado emperador, aparecen como un gran instante histórico; en cambio, para sus contemporáneos se trató de un proceso largo y complicado. Se suplantaron las formas de gobierno, pasando de la democracia absoluta a la constitucional, y luego a la parlamentaria, que a su vez se transformó en la dictadura jacobina. Le siguió el Directorio autoritario y, finalmente, el imperio napoleónico, que unía elementos restaurativos y revolucionarios. Entretanto, el rey es ejecutado y se suceden el Terror y las guerras, que llevaron a Alemania tanto los logros como el horror de la Revolución.

En Alemania no se daba la oportunidad de una revolución desde abajo, si prescindimos del periodo intermedio de la República de Maguncia (1793), que pudo mantenerse algunos meses con la protección de Francia. La prensa se implicó intensamente en aquel episodio, en el que cooperó Georg Forster, escritor y naturalista que había circunnavegado el globo. El final fue fatal para la república y para Georg Forster. Las tropas aliadas, en cuyo séquito figuraban Goethe y el duque de Weimar, reconquistaron la ciudad en el verano de 1793 y emprendieron una batida de republicanos. Georg Forster, que había sido enviado a París para negociar la adhesión de la ciudad a Francia, murió allí amargado y empobrecido en enero de 1794. En consecuencia, no fue posible ninguna revolución desde abajo, pero tanto más incisiva resultó la revolución desde arriba. En pocos años se derrumbó el antiguo orden estatal. Se hundió el Sacro Imperio Romano Germánico, y se formó en Alemania un nuevo sistema estatal. Napoleón despojó de su poder a las casas regentes, las instrumentalizó; en los estados de la Confederación del Rin se instauró el Código Civil de la Francia napoleónica.

La mayoría de escritores e intelectuales de Alemania vieron con claridad y de inmediato que los sucesos en Francia significaban el comienzo de una nueva época. Apenas era posible sustraerse al arrebato de la hora histórica. Kant escribe:

Semejante fenómeno en la historia de la humanidad ya no se olvida, pues ha descubierto en la naturaleza humana una disposición y una facultad para lo mejor, algo que ningún político había desentrañado por el curso anterior de las cosas.

También Hegel, al igual que Kant, contempla la Revolución francesa como el comienzo de una nueva época en la historia de la humanidad:

> Desde que el sol está en el firmamento y los planetas giran a su alrededor, no se había visto que el hombre se sostuviera sobre su cabeza, es decir, sobre el pensamiento y construyera la realidad de acuerdo con él.

La Revolución se percibió como una escena originaria de la acción fundadora de la sociedad. Lo que hasta aquel momento las teorías ilustradas del contrato social, dentro de las cuales Rousseau era el caso más reciente, habían proyectado en una prehistoria abstracta y en un espacio igualmente abstracto, ahora despertaba de pronto en los hombres la fe en una realización inminente, en un presente al alcance de la mano. En términos de Kant, esto confería a aquel acontecimiento el aura de una «historia vaticinadora». Quien ya antes profesaba las ideas filosóficas de la libertad y de la igualdad podía ver en la Revolución el «triunfo práctico de la filosofía», de acuerdo con el antirrevolucionario Friedrich Gentz. Por tanto, puesto que eran los propios pensamientos los que aquí se traducían a la acción, visto desde lejos era posible sentirse todavía como un actor que había participado en los acontecimientos. Finalmente, se demostraba que el pensamiento y la escritura no sólo interpretan el mundo, sino que además lo cambian, y esto, quizás, hasta tal punto que en general la idea y el espíritu rigen el mundo, y así se trata sólo de encontrar los pensamientos adecuados para tocar el nervio del tiempo. Muchos intelectuales, también fuera de Francia, vieron la Revolución como «su» revolución, pues creían que habían contribuido a producirla. Tenemos un caso concreto en Kant, que a pesar de sus reparos en detalles particulares, mantuvo su simpatía para con la Revolución hasta el final de sus días, una simpatía fundada en un sentimiento de participación y responsabilidad, tal como lo hemos descrito. Desde su punto de vista, Francia, en cierto sentido, había realizado en representación de la humanidad entera el gran intento práctico de salir de una «culpable minoría de edad».

Y de esa manera la Revolución, por lo menos al principio, vino a dar alas al idealismo. «El idealismo», escribe Schlegel, no es otra cosa «en sentido práctico que el espíritu de esa Revolución»; y Hegel afirma que la razón perforó como un topo a través del pesado reino de la tierra y ahora se ha abierto paso hasta la luz del día. Esta imagen de la Revolución como «luz del día» o «aurora» se encuentra en casi todos los escritores durante los primeros años noventa del siglo XVIII. Quizás el que la proclamó con más energía fue el anciano Klopstock, que transformó la Revolución en una tardía primavera lírica:

Ya la dieta del galo imperio alborea,
lluvia matutina en los esperanzados cala,
por médula y huesos el nuevo sol venga,
el consolador que nadie a soñar llegara.

En un primer momento los jóvenes románticos se hallan entre los entusiastas del amanecer histórico. Hölderlin, Hegel y Schelling plantan en Tubinga un árbol de la libertad. Schelling se propone renunciar a sus estudios de teología, quiere escapar de «curas y escribanos» y añora los «aires libres» de París. El estudiante de bachillerato Ludwig Tieck compone un drama sobre el alzamiento popular:

Acércate, libertad,
que yo a tus brazos
me quiero entregar...

Y tres años más tarde, en 1792, escribe a Wackenroder:

¡Si yo fuera ahora francés!, no me quedaría aquí sentado, pero por desgracia estoy en una monarquía que lucha contra la libertad, entre hombres que todavía son lo bastante bárbaros para despreciar a los franceses. ¡Oh!, encontrarse en Francia tiene que ser un gran sentimiento. Combatir a las órdenes de Dumouriez y poner en fuga a los esclavos, e incluso caer; ¿qué es una vida sin libertad?

Wackenroder, un joven de sensibilidad a flor de piel, comparte de «todo corazón» el entusiasmo de Tieck, y cuando ya ha caído la cabeza del rey, anota con frialdad:

La ejecución del rey ha hecho que Berlín entero se asustara por el asunto de los franceses; pero yo no he sido presa del espanto. Sobre tales acontecimientos sigo pensando como antes.

Sin embargo, a diferencia de Tieck, Wackenroder confiesa que le falta valor para luchar a favor de la Revolución. En cualquier caso, también el entusiasmo de Tieck se mantiene dentro de límites románticos y no llega a una confirmación práctica. También el joven Schleiermacher condena al comienzo de la primera guerra de coalición las «intenciones despóticas» de los príncipes europeos, que «intentan sofocar la revolución»; y el hecho de que un monarca sea «ungido» no le parece motivo suficiente para que no se le pueda cortar la cabeza. Fichte publica sus *Aportaciones para rectificar los juicios del público sobre la Revolución francesa*, en las que atribuye de manera explícita al pueblo el derecho a la revolución y afirma que en ella se puede actuar con violencia. En el tratado *Ensayo sobre el concepto de republicanismo*, aparecido en 1796, Friedrich Schlegel, superando la defensa kantiana de la democracia representativa, propugna la democracia directa, que a su juicio puede renunciar a la división de poderes, que para Kant es un componente esencial del republicanismo. En cualquier caso, cuando Schlegel compuso este escrito, mantenía un vínculo muy estrecho con los sucesos revolucionarios, pues estaba enamorado de Caroline Böhmer, que, como amiga de Georg Forster, había cooperado activamente con la República de Maguncia, y por esa razón tuvo que esconderse cuando las autoridades intervinieron. Más tarde, Caroline se casará con August Wilhelm, hermano de Schlegel, y luego, en el momento cumbre de la sociabilidad romántica en Jena, acabará en brazos de Schelling.

También en las cartas de Novalis se desborda el entusiasmo revolucionario. Se habla en ellas de «ardor de la libertad, de esclavitud, de odio a los tiranos». Novalis se regala con metáforas revolucionarias. Cuando el 1 de agosto de 1794 confiesa a su amigo Friedrich Schlegel su anhelo de «noche de bodas, matrimonio y descendencia», describe la realización de sus sueños como una especie de revolución, que lo liberaría por fin de la tutela doméstica:

Si el cielo quisiera que mi noche de bodas fuera una Noche de San Bartolomé para el despotismo y las mazmorras, entonces celebraría dichoso mi entrada en el estado matrimonial.

La revolución tenía una irradiación tan colosal porque traía consigo las esperanzas de eliminar no sólo un sistema de poder injusto, sino el poder en general. Cundía la esperanza de que el cambio de las instituciones políticas terminara sacando a la luz al hombre mejor, al hombre libre. Los contemporáneos creían ser testigos de un experimento en la historia universal, de un experimento en el que se debatían las preguntas de hasta qué punto es posible la autodeterminación y qué límites exteriores y órdenes políticos se requieren.

Muchos de los que al principio saludaron la revolución con entusiasmo, le dieron después la espalda cuando el terror y la nueva opresión en nombre de la libertad superaron todos los excesos. Incluso Georg Forster escribe desde París el 16 de abril de 1793:

> Al mundo le espera la tiranía de la razón, quizá la más férrea de todas [...]. Cuanto más noble y eximia es la cosa, tanto más diabólico es el abuso. Los incendios y las inundaciones, los efectos nocivos del fuego y del agua, no son nada en comparación con el infortunio que instalará la razón.

En efecto, la razón se muestra tiránica en su intento de hacer tábula rasa, de destruir tradiciones, condicionamientos y costumbres, o sea, la historia entera en la que estamos inmersos. Se siente inducida a una limpieza general, a eliminar las tradiciones, que se le presentan como meros trastos viejos de antiguos tiempos. La razón ajena a la historia, que se arroga la potestad de hacer todas las cosas de nuevo y mejor es, pues, tiránica. Asimismo, la razón es tiránica cuando alza la pretensión de desarrollar una imagen verdadera del hombre, cuando presume de saber en qué se cifra el interés general, cuando en nombre del bien general establece un nuevo régimen de opresión.

El transcurso de la revolución descubrirá esta tiranía de la razón. Es cierto que se proclamarán los derechos fundamentales del hombre, a saber, la seguridad de la vida, de la propiedad y de la libre expresión, pero estos derechos no ofrecen ninguna protección contra la arbitrariedad de los nuevos representantes del pueblo, que presumen de ser los intérpretes de su verdadera voluntad y estampan el estigma del terror en los supuestos enemigos del mismo, entre los cuales puede hallarse pronto a todo aquel que no figura en el Comité de Salvación Pública, o que por otras razones cae en descrédito ante los que llevan las riendas del poder.

Esta tiranía de la razón la ejerce una nueva elite intelectual, que sabe aprovechar los instrumentos modernos para la movilización de las masas. Como resultado de la Revolución francesa, las masas entran por primera vez en el escenario de la historia. Los pogromos durante el gobierno jacobino son la consecuencia inmediata de esta nueva alianza histórica entre elite y populacho, que constituye un preludio de los excesos totalitarios en el siglo XX.

Con la revolución surge una nueva comprensión de la política, primero en Francia y luego por doquier en Europa. La política, que antes era una especialidad de la corte, puede entenderse ahora como una empresa capaz de convertirse en asunto del corazón. Es necesario ver con claridad la cesura colosal que esta explosión de lo político conlleva. Las preguntas relativas al sentido, que antes competían a la religión, se dirigen ahora a la política, lo cual trae consigo un empuje secularizador, que transforma las llamadas «preguntas últimas» en cuestiones sociales y políticas: libertad, igualdad y fraternidad son soluciones políticas que apenas pueden negar su origen religioso.

Hasta la llegada de la Revolución francesa, la historia era para la mayoría el acontecer de un destino que se desencadena sobre nosotros como una epidemia o una catástrofe natural. Los sucesos de 1789 despiertan en los coetáneos una comprensión de los procesos históricos a gran escala, unos procesos que se aceleran paralelamente con su politización. Los ejércitos revolucionarios, que inundan Europa, representan el final de las antiguas guerras de gabinete protagonizadas por mercenarios; y además, el ejército del pueblo, según la expresión usada en una nación armada hasta los dientes, significa que ahora la historia recluta como actores también a los miembros de clase baja. La mayoría de los escritores alemanes caen en la resaca de esta politización, bien se entusiasmen con la Revolución, como los jóvenes románticos, bien se comporten con escepticismo, como, por ejemplo, Wieland, bien se conviertan en acérrimos adversarios, como Matthias Claudius. Durante un breve periodo, en todas partes predomina el razonamiento político, y no son pocos los autores que se ven forzados a poner el arte de su palabra al servicio de la acción política. En los primeros años aparece todo un conjunto de escritos, poemas y dramas cuya nota predominante consiste en tomar partido político, hasta tal punto que con frecuencia presentan rasgos panfletarios o de escritos de agitación.

Era precisamente esta atmósfera de agitación política la que tanto repugnaba a Goethe. Para éste la Revolución no significaba otra cosa que el comienzo deplorable de la época de las masas, época que él odiaba y temía, aun cuando viera que era inevitable. La Revolución francesa también hizo época en Goethe, aunque no en el sentido positivo de Kant y Hegel. El 3 de marzo de 1790 escribe a Jacobi: «Como puedes suponer, también para mí la Revolución francesa fue una revolución». Tal como advierte con mirada retrospectiva en los *Cuadernos de morfología*, necesitó «muchos años» para «elaborar poéticamente este suceso, el más terrible de todos, a partir de sus causas y consecuencias». «El apego a este asunto interminable», añade, «consumió casi inútilmente mi capacidad poética.» De hecho en casi todas sus obras de los años noventa la revolución ocupó un puesto muy importante, en parte como tema explícito, así en *Los exaltados, El ciudadano general*, o *La hija natural*, en parte como trasfondo y horizonte de los problemas, así en *Hermann y Dorotea*, o en *Conversaciones de emigrados alemanes.*

¿Qué es eso tan «terrible» de la Revolución para Goethe?

Este autor no se obstina con los intereses y puntos de vista de los nobles y de la sociedad bien situada; advierte claramente la indignante injusticia y la explotación. Algunos años antes del estallido de la Revolución, el 17 de abril de 1782 le había escrito a Knebel:

> Sabes muy bien que cuando el pulgón se pega a los brotes de las rosas y se alimenta de ellas hasta ponerse gordo y verde, llegan luego las hormigas y chupan el jugo que se filtra de su cuerpo. Y así marcha todo; hemos ido tan lejos que arriba se consume en un día más de lo que puede aportarse abajo.

Pero su rechazo de la revolución no lo convierte en abogado del Antiguo Régimen. Refiriéndose a la campaña en Francia, escribe a Jacobi que «no le quita el sueño en absoluto ni la muerte de los pecadores aristocráticos, ni la de los democráticos» (18 de agosto de 1792). Lo terrible de la Revolución no es para él que se cuestionen antiguas y posiblemente injustas situaciones de propiedad. Eso puede justificarse. Para él, lo terrible es la irrupción volcánica de lo social y político. No es casual que en los meses posteriores a la Revolución se ocupe del inquietante fenómeno natural del vulcanismo en contraposición al neptunismo, a la teoría del progresivo cambio de la superficie terrestre debido a la acción de los océanos. Le atraía lo paulatino y le repugnaba lo súbito y violento, tanto en la naturaleza como en la sociedad.

Soportaba las transiciones, no las rupturas. Era un amigo de la evolución, no de la revolución.

Pero el carácter forzado de la revolución no era lo único que le asustaba. Le resultaba terrible la idea de que las masas sean susceptibles de seducción, pues los «hombres de la revolución», según la denominación que Goethe daba a los demagogos y doctrinarios, las arrastran a una región desconocida para ellas. La política se refiere a los asuntos de la sociedad en conjunto. Eso presupone una manera de pensar que no sólo sigue los intereses privados, sino que además es capaz de asumir la responsabilidad por el todo. Pero, según Goethe, el hombre corriente no puede elevarse a este punto de vista, y por eso se convierte en masa para las maniobras de los agitadores. La politización general favorece la mentira, el engaño, de los demás y de uno mismo. Se pretende dominar el todo, y uno ni siquiera es capaz de dominarse a sí mismo. Se pone en marcha el proyecto de mejorar la sociedad, pero quien planifica este cambio se niega a comenzar por mejorarse a sí mismo. En la borrachera de las masas sucumbe la razón y se favorece la irrupción de bajos instintos. El terror estatal que vocifera a través de Francia en el año 1793, las ejecuciones masivas, los pogromos, los saqueos en los territorios ocupados son ejemplos elocuentes de todo ello. «¿Qué he de tolerar? De la masa es golpear. Es entonces respetable. En juzgar es miserable.» Donde la Revolución no cortó cabezas, su poder fue suficiente para confundirlas. Para Goethe, la politización de la opinión pública era deplorable. La consideraba una incitación al «politiqueo». Sufrió con las habladurías y los debates sin fin sobre unos acontecimientos en los que no podía influir ninguno de los que marcaban el tono en el periódico o en tertulias, y se indignaba por el desconocimiento absurdo de las realidades políticas en Alemania entre los amigos de la Revolución. Odiaba toda la prensa politizada y acerca de la campaña de Francia escribió: «Por desgracia los periódicos llegan a todas partes, ésos son ahora mis enemigos más peligrosos» (18 de agosto de 1792). Se indignaba por la falsedad de los que criticaban a los príncipes, pues no querían reconocer que eran beneficiarios de su gobierno, como por ejemplo, Herder o Wieland.

El rechazo de la revolución por parte de Goethe expresa la persuasión de que la politización general en la incipiente época de masas tenía como consecuencia una confusión fundamental en la percepción de lo próximo y lo lejano. En *Los años de aprendizaje de Wilhelm Meister*, leemos:

> El hombre ha nacido para una situación limitada; es capaz de ver fines sencillos, próximos, determinados, y está acostumbrado a utilizar los medios que tiene a mano inmediatamente; pero tan pronto como llega a la lejanía, no sabe ni lo que quiere ni lo que debe hacer, y da lo mismo por completo que se disperse por la multitud de los objetos, o que quede fuera de sí por la altura y dignidad de los mismos. Redunda en su desdicha toda incitación que lo lleva a apetecer algo con lo que no puede unirse por su actividad regular.

A la pasión política contrapone Goethe la configuración de la personalidad individual que crece de la fuerza de la limitación. Puesto que no podemos abarcar el todo y lo lejano nos dispersa, la consecuencia es que el individuo ha de formarse para constituir un todo. Ésa es la máxima de Goethe, de manera que: «Sea solamente la personalidad la dicha suprema de los hijos de la tierra» *(Diván de Oriente y Occidente).* En este ideal casi obstinado de la personalidad se esconde también aquella brillante ignorancia al servicio de la vida que Nietzsche ensalzó en Goethe, y que pertenece a su prometeica fuerza de configuración. Esa fuerza de configuración corresponde a la fórmula vital: transformar el mundo convirtiéndolo en nuestro propio mundo, pero sólo tomar de él en la medida en que nos podemos apropiar de él. De ahí se sigue que hemos de abandonar sin escrúpulos «lo que no nos corresponda». El mundo y la vida de Goethe fueron lo bastante espaciosos, a pesar de sus gestos de rechazo y limitación.

En realidad, Goethe no puede considerarse por completo libre de los influjos del espíritu politizado de la época; incluso llegó a comprar una guillotina de juguete para su hijo August; pero, frente a las maquinaciones de la época, está firmemente decidido a buscar refugio en las tranquilas consideraciones de su investigación de la naturaleza. El 1 de junio de 1791 escribe a Jacobi sobre sus trabajos en la óptica y sobre la teoría de los colores.

«Ahora me entrego a diario, cada vez más, a estas ciencias, y tengo la sensación de que en lo sucesivo posiblemente me dedicaré a ellas en exclusiva.» No quiere separarse del arte ni de la literatura; estos ámbitos, junto con la observación de la naturaleza, constituyen el segundo baluarte frente al alterado espíritu de la época. «Las alegrías estéticas nos mantienen en forma, mientras casi todo el mundo está sometido a la pasión política», escribe con provocativa ironía a Reichardt, compositor y editor de revistas de tendencias jacobinas. Y a un conocido de Tréveris, ciudad ocupada por los franceses, le recomienda: «Necesitamos más que nunca aquella moderación y quietud del espíritu que sólo podemos agradecer a las musas». Cuando reemprende su trabajo en la novela *Los años de aprendizaje de Wilhelm Meister*, que había quedado aparcada, el 7 de diciembre de 1793 comunica a Knebel: «Estoy pensando y decidiendo con qué iniciaré el año que viene; hay que atarse a algo por la fuerza. Yo creo que será mi antigua novela».

Los románticos, a pesar de sus elogios a Goethe, no siempre aprobaron su retirada de la historia revolucionaria. Novalis no puede asentir cuando Friedrich Schlegel, en su famoso fragmento del *Athenäum*, pone el *Wilhelm Meister*, junto con la *Doctrina de la ciencia* de Fichte, en paralelo con la Revolución francesa, y entiende esas obras como expresión de una tendencia revolucionaria, que no es «materialmente explícita», pero sí es muy persistente. Novalis consideraba que el quietismo de Goethe en *Wilhelm Meister* se tradujo en una ausencia de poesía. Califica la obra de novela «prosaica» y echa de menos la «audacia poética», que a su juicio sería lo que correspondería al entusiasmo revolucionario en el mundo político. Escribe que, en sus obras, Goethe es «muy sencillo, atildado, cómodo y duradero», que se preocupa más «de acabar por completo algo insignificante, que de iniciar un mundo y empezar algo donde pueda preverse que no lo llevará a término a la perfección...». Bien se trate de poesía o de filosofía, para Novalis iniciar un mundo no significa otra cosa que hacer que el impulso revolucionario actúe en el mundo. Con ese temple revolucionario escribe a Friedrich Schlegel en agosto de 1794: «Hoy día hay que ser cauto con la afirmación de que algo es un sueño. De hecho, se realizan cosas que hace diez años eran enviadas al manicomio filosófico».

Aproximadamente al mismo tiempo que Goethe escoge la literatura como asilo frente a la Revolución y los románticos la celebran todavía con entusiasmo, Schiller encuentra en la Revolución un estímulo para desarrollar una nueva teoría estética. Con ello inicia el ensayo romántico, emprendido poco más tarde, de tomar la revolución no sólo como tema, sino también como un principio productivo en el mundo literario y filosófico. Dicho de otro modo, la teoría del juego en el Schiller del año 1794 es el preludio de la revolución romántica en la literatura en torno a 1800.

También Schiller saludó al principio la Revolución, pero su desarrollo posterior le repelió. Poco después de los asesinatos de septiembre en 1792, cuando el populacho parisino mató a casi dos mil personas, y después de la ejecución del rey, el poeta empezó a concebir una terapia estética que había de ayudar en la tarea de hacer a los hombres capaces de libertad. Los excesos de la Revolución demuestran fehacientemente, según Schiller, que aún carecen de dicha capacidad: «Rudos instintos sin ley» se desencadenaron «al disolverse el vínculo del orden burgués» y corrieron «con rabia indócil a satisfacerse de forma animal». Por tanto, no se trataba de ciudadanos libres que el Estado había oprimido; sino de animales salvajes a los que aquél puso una cadena salvadora. Como respuesta a la Revolución francesa, Schiller intenta con arrogancia superar la Francia revolucionaria con una revolución alternativa de tipo espiritual. Por primera vez el juego del arte, dice Schiller, puede hacer a los hombres verdaderamente libres. Conseguirá su meta primero en su interior y más tarde, cuando las circunstancias hayan madurado en Alemania, también externamente. Schiller cifra grandes esperanzas en la acción liberadora del arte y de la literatura. La primera generación de románticos podrá apoyarse en esta elevación sin parangón del rango de lo estético.

Para Schiller, la Revolución francesa fue un «instante generoso» que encontró una «generación insensible». Era insensible por carecer en su interior de libertad. Pero ¿qué significa ser interiormente libre? Implica la independencia de las pasiones, prescindiendo de que los hombres las sigan de forma ruda e incivilizada, o con el refinamiento de la civilización. De una manera u otra el hombre está dominado por su naturaleza, sin poder dominarse a sí mismo. Pero ¿no vivimos en una época ilustrada y científica, en un periodo de florecimiento del espíritu libre e investigador? La respuesta de Schiller es negativa; a su juicio no han de sobrevalorarse los logros actuales. La Ilustración y la ciencia no han pasado de ser una mera «cultura teórica», un asunto externo para «gentes que interiormente siguen siendo bárbaras». La razón pública todavía no ha aprehendido y transformado el núcleo de la persona. ¿Qué hemos de hacer? ¿No es la lucha política por la libertad externa el único camino para la liberación del hombre interior? Parece que la libertad sólo se aprende luchando políticamente por ella, o al menos eso es lo que objetarán Fichte y otros amigos de la libertad contra Schiller, que rechaza este concepto de *learning by doing* (aprender haciendo), como decimos hoy. Su argumento es que si se debilita o se anula demasiado pronto la pinza autoritaria del Estado (del «Estado natural») mediante la lucha política, la consecuencia necesaria es la «anarquía» y con ello la violencia multiplicada y la arbitrariedad de los egoísmos: «La sociedad desatada, en lugar de acelerar su paso hacia la vida orgánica, cae de nuevo en el reino elemental». Más bien hay que abrir para el hombre un campo de prácticas de la libertad. Mientras pervive el «Estado natural», que asegura la «existencia física» del hombre, hay que crear los fundamentos espirituales sobre los cuales se erigirá en el futuro el Estado libre. No es posible destruir primero el «mecanismo» del Estado y luego andar a la búsqueda de otro; más bien, «hay que cambiar la rueda en movimiento durante la rotación».

Y ¿por qué ha de ser precisamente el arte y la relación con éste lo que produzca el cambio de la rueda en rotación, es decir, una revolución en la manera de pensar? «Porque precisamente a través de la belleza caminamos hacia la libertad.» Bien puede afirmarse, tal como hace Schiller, que el arte bello educa y refina la sensibilidad, y ésta sería su aportación a la civilización. Pero Schiller no se conforma con esto. Desde su punto de vista, el mundo estético no es sólo un campo de prácticas para el refinamiento y el ennoblecimiento de las sensaciones, sino que es, además, el lugar donde el hombre se convierte explícitamente en lo que ya es siempre de manera implícita, en *«homo ludens»*.

Hasta la decimoquinta de sus *Cartas sobre la educación estética del hombre* no aparece aquella frase a la que tiende todo este tratado y de la que se deduce todo cuanto reviste importancia en la teoría de lo bello de Schiller. Se trata de una tesis de antropología cultural de enormes consecuencias para la comprensión de la cultura en general y de la cultura moderna en particular, de una tesis con la que Schiller funda su pretensión de curar la cultura mediante la educación estética. Esta famosa tesis es: «Expresado con toda brevedad, el hombre sólo juega cuando es hombre en el pleno sentido de la palabra, y sólo es enteramente hombre cuando juega».

¿De qué juegos se trata? Naturalmente para Schiller son en primer lugar los juegos de la literatura y del arte en general. Pero insinúa que en ese mundo lúdico está en juego la civilización entera, pues ésta es también juego, a saber, una institución que presenta muchos casos serios mediante sustitutivas acciones lúdicas, o por lo menos posibilita una relación distanciada con tales casos. Schiller es uno de los primeros que ha resaltado que el camino de la naturaleza a la cultura va a través del «juego», es decir, a través de rituales, de tabúes, de símbolos. La seriedad de las pasiones –tales como la sexualidad, la agresión, la competencia y la enemistad–, o la angustia ante la muerte, la enfermedad y la decadencia, pierden algo de su poder coactivo y aniquilador de la libertad. Por ejemplo, la sexualidad se sublima como juego erótico, y así deja de ser meramente animal para volverse verdaderamente humana. Pertenecen también a este capítulo las disimulaciones, los ardides, el adorno y las ironías en el juego, en medio de los cuales se nos ofrecen duplicaciones admirables como: se disfruta el disfrute, se siente el sentimiento, se ama el enamoramiento; en todo ello somos a la vez actores y espectadores. Semejante juego permite el incremento refinado, mientras que el apetito se apaga con la satisfacción y así aspira de forma contraproducente al punto muerto: *post coitum omne animal triste.* La sexualidad es apetito y reproducción, mientras que el erotismo abre todo un mundo de significaciones.

El juego abre espacios de libertad. Esto es válido también en relación con la violencia. La cultura tiene que contar con ella y «jugar» con ella, por ejemplo, en los combates ritualizados, en la competencia, en las contiendas retóricas. El universo simbólico de la cultura alivia las cuestiones graves, la muerte y la aniquilación recíproca. Hace viable la convivencia de los hombres, esos peligrosos animales. La máxima de la cultura es: donde había seriedad, tiene que haber juego.

Es evidente que seguiremos dedicándonos con toda seriedad a nuestros negocios, que estableceremos y cuidaremos relaciones, cumpliremos nuestras tareas y resolveremos problemas. Pero es cuestión de conquistar un espacio de libertad y juego frente a las pasiones y los afectos que nos dominan.

También necesitamos libertad frente a las meras consideraciones utilitarias. La sociedad burguesa, dice Schiller, está más que nunca bajo el dictado de la utilidad. La describe como un sistema cerrado de racionalidad medio-fin y de razón instrumental, como una máquina social, casi como aquella «jaula» que nos presentará la pluma de Max Weber un siglo más tarde. Schiller escribe:

> La utilidad es el gran ídolo de la época, un ídolo al que sirven todas las fuerzas y han de rendir homenaje todos los talentos. En esta tosca balanza no tiene ningún peso el mérito espiritual del arte, que, despojado de todo estímulo, desaparece ante el ruidoso mercado del siglo.

El arte nos enseña que las cosas importantes de la vida, el amor, la amistad, la religión y hasta el propio arte, tienen su fin en sí mismas, que su sentido no es, ante todo, servir a otro fin funcional. El amor quiere el amor, la amistad apetece la amistad y el arte busca el arte; es evidente que en tales dimensiones se realizan también otros fines, pero éstos no han de ser intencionados. Una amistad calculadora no es amistad en absoluto, y tampoco es arte el que se realiza en aras de la utilidad social. El arte, lo mismo que todo juego, es autónomo. Tiene reglas, pero se las otorga a sí mismo. Sólo puede aliviar las situaciones serias si se toma en serio a sí mismo. En relación con la utilidad dominante, el arte es fin en sí mismo, o sea, es extático, lo mismo que, por ejemplo, la religión, cuya esencia también se ignora cuando su cometido se limita a la utilidad social. Sólo si el arte, al igual que la religión, se quiere a sí mismo, puede servir también a la sociedad, en cierto modo sin ningún género de intención.

Por tanto, en primer lugar el arte es un juego serio, en segundo lugar es un fin en sí mismo y, en tercer lugar, ofrece una compensación ante lo que Schiller describe como deformación específica de la sociedad burguesa: el sistema desarrollado de la división de trabajo. Hölderlin y Hegel, y más tarde Marx, Max Weber y Georg Simmel, se apoyarán en las teorías de Schiller. No hay ningún análisis social de esta época con mayor repercusión que el suyo. La sociedad «moderna», escribe, ha hecho progresos en el plano de la técnica, de la ciencia y de las artes mecánicas como consecuencia de la división de trabajo y de la especialización. Pero en la misma medida en que la sociedad en conjunto se hace más rica y compleja, conduce al empobrecimiento del individuo en lo relativo al desarrollo de sus disposiciones y fuerzas. En cuanto el todo se muestra como una totalidad rica, el individuo deja de ser lo que de acuerdo con un presupuesto idealizante había de ser en la antigüedad: una persona como totalidad en pequeño. En lugar de esto hoy sólo hallamos en los hombres «fragmentos», y como consecuencia «hay que ir buscando entre individuo e individuo para encontrar reunida la totalidad de la especie». Cada cual entiende sólo de un arte mecánico particular, sea material o intelectual. También la política se ha convertido en una «maquinaria» de especialistas del poder; ya no está enraizada en el mundo de la vida y ya no es una expresión orgánica del poder unido de los individuos:

> Se ha producido una separación entre el disfrute y el trabajo, el medio y el fin, el esfuerzo y la retribución. El hombre, eternamente atado a un pequeño fragmento particular del todo, se forma sólo como fragmento; eternamente con el ruido monótono en el oído de la rueda que él mueve,

nunca desarrolla la armonía de su esencia, y, en lugar de expresar la humanidad en su naturaleza, se convierte en una mera copia de su trabajo.

Sin embargo, frente a los sueños rusonianos de un pasado mejor, sostiene con firmeza «que, si bien para los individuos no es buena esta desmembración de su esencia, no obstante, la especie no habría podido progresar de otra manera». En efecto, para desarrollar las disposiciones de la especie en conjunto sin duda no había otro medio que dividirla entre individuos e incluso oponer a éstos entre sí. Schiller designa el «antagonismo de las fuerzas» como «el gran instrumento de la cultura» para realizar en el todo social la riqueza de las capacidades esenciales del hombre, dejándola ausente en la gran masa de los individuos. En este análisis encontrará Hölderlin la clave para comprender el sufrimiento que le causa su presente. En el *Hiperión* leemos:

> Ves operarios, pero ningún hombre, pensadores, pero ningún hombre [...]. ¿No es eso como un campo de batalla, donde yacen despedazados manos y brazos y todos los miembros, mientras la sangre derramada desaparece en la arena...? Todo ello resultaría demasiado doloroso si tales hombres no fueran insensibles para toda vida bella...

Para Schiller el fraccionamiento y la mutilación son una razón añadida de que en Francia la Ilustración, como «cultura teórica», se convirtiera en mera ideología, y en definitiva, tal como lo demuestra el ejemplo de Robespierre, acabara trocándose en terror de la razón, en un terror que no sólo se dirige contra las antiguas instituciones, sino también contra la antigua fe en el corazón del hombre.

El juego del arte ha de compensar, ya que no puede superar, esta llaga de una sociedad basada en la división del trabajo, que convierte a los hombres en un «fragmento», en mera «copia de su trabajo». El juego del arte anima al hombre a jugar con todas sus fuerzas, con la razón, el sentimiento, la imaginación, el recuerdo y la esperanza. Este juego libre redime de las limitaciones basadas en la división del trabajo. Permite al individuo, que sufre por su astillamiento, convertirse en un todo, en una totalidad en pequeño, aunque sólo sea en el instante y el ámbito limitados del arte. En el disfrute de lo bello el hombre experimenta el gusto anticipado de una plenitud que todavía está por llegar en la vida práctica y en el mundo histórico.

Así pues, Schiller se prometió mucho de la educación estética, y con ello elevó el rango del arte y de la literatura a una altura inaudita hasta entonces.

La nueva conciencia de sí que adquiere la autonomía artística, la animación para el gran juego y un sublime desinterés, y la promesa de una totalidad en pequeño fueron los factores que, sumados, dieron impulso al Romanticismo, cuya primera generación entra ahora en escena.

# Capítulo 3

A principios de los años ochenta del siglo XVIII, Schiller llamó a su época «el siglo manchado de tinta». Veinte años más tarde, cuando aparece la generación romántica, la situación no ha cambiado en absoluto. Por el contrario, se lee y escribe como jamás anteriormente. La elevación del rango de la literatura, su importancia para la vida, ha vuelto a crecer de forma colosal. La irrupción romántica está marcada por esta época ávida de lectura y entregada con furia a la escritura.

A finales del siglo XVIII el exceso de lecturas se convierte casi en una epidemia dentro de los círculos de la burguesía y de la pequeña burguesía. Pedagogos y críticos culturales empiezan a quejarse de ello. Es difícil controlar lo que sucede en la persona que lee; sin duda, se ocultan en ella excitaciones y fantasías. La muchacha que lee en el sofá, que devora novelas, ¿no se entrega secretamente a excesos? Y los alumnos de bachillerato que se dan a la lectura, ¿no participan acaso en aventuras que ni por asomo se les ocurren a los educadores? Entre 1750 y 1800 se duplica el número de los que saben leer. A finales de siglo, aproximadamente el 25 por ciento de la población constituye un público potencial de lectores. Poco a poco se asiste a un cambio en los hábitos de lectura: ya no se lee muchas veces un mismo libro, sino que se leen muchos libros una sola vez. Desaparece la autoridad de los grandes libros importantes –la Biblia, los devocionarios, los almanaques– y, en cambio, se difunde la exigencia de una mayor cantidad de material de lectura, de libros, que más que leídos, serán devorados. Entre 1790 y 1800 aparecen en el mercado 2500 títulos de novelas, la misma cantidad que en los noventa años anteriores. La oferta creciente quiere llegar al público. Éste aprende el arte de leer deprisa. Es obvio que sin ocio no puede haber una vida de lectura. En *Lucinde*, novela de Friedrich Schlegel, no es casual que se entone el himno a la «ociosidad»:

> ¡Ocio!, ¡ocio!, eras la atmósfera vital de la inocencia y del entusiasmo, te respiran los seres felices, y es feliz el que te tiene y cuida, ¡sagrado tesoro y único fragmento de semejanza con Dios que nos ha quedado del paraíso!

Por suerte, el ocio no faltaba en la vida burguesa del momento. Y si faltaba, se prolongaban las horas de lectura por la noche. No sólo la Ilustración, también la furia lectora exige más luz.

La cortesana del conde Friedrich Stolberg describe cómo transcurría la vida de una familia muy entregada a la lectura: después del desayuno el conde leía un capítulo de la Biblia y un canto de Klopstock. Luego, ella leía en silencio un número de la revista *Spectator*. Seguidamente, la condesa leía durante una hora fragmentos de *Pontius Pilatus* de Lavater. Durante el tiempo que quedaba hasta la comida cada uno leía para sí mismo. A la hora del postre había una lectura de *El paraíso perdido* de Milton. Luego el conde leía alguna obra biográfica de Plutarco, y después del té se leían los pasajes esenciales de Klopstock. Por la noche los presentes escribían cartas, que a la mañana siguiente se leían en voz alta antes de enviarlas. Las horas tempranas de la mañana se dedicaban a las novelas coetáneas, cosa que se menciona en tono más bien vergonzoso.

Los que leen mucho llaman a escena a los que escriben mucho, concitan la aparición de autores que saben escribir para una lectura rápida. Schiller se ejercitó también en ello mientras escribía la novela por entregas *El visionario*. Acerca de August Lafontaine, autor de más de cien novelas, se decía que escribía más deprisa de lo que podía leer; por tanto no pudo haber leído todas sus obras. Este aluvión de novelas es motivo de desesperación para los críticos profesionales, entre los cuales se hallan los jefes de escuela del movimiento romántico. Friedrich Schlegel escribe en 1797:

> De las numerosas novelas que inflan nuestro catálogo de libros con cada feria, la mayoría consuman el ciclo de su existencia insignificante con tanta rapidez, para retirarse luego al olvido y a la suciedad de los libros antiguos en las bibliotecas, que el crítico de arte ha de pisarles los talones sin tardanza, si no quiere tener el disgusto de aplicar su juicio a un escrito que, en realidad, ya no existe.

Será un motivo de orgullo para los románticos seguir existiendo con sus escritos cuando haga ya muchos años que todos los demás hayan desaparecido.

Las especiales condiciones sociales, políticas y geográficas de Alemania hicieron que en este país prosperaran a sus anchas los libros y las publicaciones periódicas. La ausencia de puntos urbanos de importancia como centros de la vida social favorece el aislamiento y, con ello, la complacencia en la sociabilidad imaginaria en el libro, y en la sociabilidad real a través del libro. Alemania no tenía ningún poder político que diera alas a la fantasía, ninguna capital grande llena de misterios laberínticos, ninguna colonia que estimulara el sentido de la lejanía y las aventuras en el mundo exterior. Todo estaba astillado, era estrecho y pequeño. La visita de Hamann a Kant significó ya un encuentro entre Ilustración y *Sturm und Drang;* y en Jena, una generación más tarde, los cuarteles principales del Romanticismo y del clasicismo apenas distaban un tiro de piedra. Las extraordinarias proezas que habían realizado los navegantes y descubridores ingleses, los pioneros en América y los cabecillas de la Revolución francesa, el público alemán las experimentaba por lo regular en una mera reproducción y en la forma sustitutiva de la literatura. En una carta a Merck, Goethe constata lapidariamente que «el público honorable conoce todo lo extraordinario tan sólo a través de las novelas» (11 de octubre de 1780).

Quien lee mucho llega con facilidad a la idea de escribir él mismo. Los amigos intercambian cartas y luego las llevan de inmediato al editor. Quien ha conseguido honor y dinero, e incluso quien no ha conseguido ninguna de las dos cosas, cuando llega a cierta edad escribe sus consideraciones sobre la vida. Goethe gimió en su *Wilhelm Meister* por causa de esta evolución; Jean Paul hizo una parodia de la misma en *El maestrillo de escuela Wutz.* Wutz recibe con regularidad el catálogo de la feria y, como anda escaso de ingresos, escribe él mismo las novelas que en él se anuncian. Y poco a poco se va haciendo a la idea de que sus escritos son los originales auténticos. Luego, cuando ha llegado a situarse económicamente y conoce los verdaderos originales, los considera ediciones falsificadas.

El aumento en el hábito de lectura hace que lo leído y lo vivido se acerquen. Se persigue en lo leído la vida del autor, que pronto se hace interesante con su biografía, y si no lo es todavía, procura llegar a serlo. Los Schlegel sabían de sobra hacerse interesantes. Sus historias de amor eran materia de conversación en Jena. Se buscaba la vida detrás de la literatura y, a la inversa, resultaba fascinante buscar la manera en que la literatura pudiera configurar la vida. Se procuraba vivir lo que se había leído. Era usual vestir, como Goethe, el frac de cola de gorrión o hacer rodar los ojos como Karl Moor. Se enfocaban las vivencias según el guión literario, que había distribuido ya los papeles, había indicado la atmósfera y había fijado la acción. De la literatura como novísimo médium salía una fuerza fascinante, que escenificaba la vida. Lo que complacía a la gran literatura no podía menos de ser bienvenido a la llamada literatura de entretenimiento, a las novelas de corte familiar escritas por Lafontaine, a las historias de ladrones de Vulpius, el cuñado de Goethe, y a las novelas de Karl Grosse, autor muy apreciado en el Romanticismo temprano, y en las que abundan las ligas secretas. En ambos niveles se manifiesta el deseo de un sentimiento de sí mismo intensificado. Los lectores quieren sentirse a sí mismos, exigen vitalidad a la vida, y cuando las circunstancias externas se oponen a ello, entonces la identificación con los modelos literarios tiene que entresacar momentos significativos en medio de un torrente de la vida que transcurre a través de rituales cotidianos. Se quiere valorar la propia vida en el espejo de la literatura, darle densidad, dramatismo y atmósfera viva. El lector, que busca su existencia desaparecida en la cotidianidad, puede llegar al disfrute de sí mismo. «Estamos hechos de literatura», dice en tono de queja el joven Tieck; y también Clemens Brentano oye crujir el papel en la vida:

> Cada vez veo con más claridad que una enorme cantidad de nuestras acciones está determinada maquinalmente por las novelas, y que las damas, sobre todo al final de su vida, no son sino copias de los caracteres de las novelas que han tomado en préstamo en las bibliotecas de su región.

Posiblemente fuera el intenso trasiego limítrofe entre literatura y vida, la tendencia a dar carácter literario a la vida lo que incitó a Tieck a traducir el *Quijote,* pues, como sabemos, el tema de esta novela es la suplantación de la experiencia de la vida por la experiencia de la lectura. Esta obra podía leerse como una pieza épica sobre el peligroso imperialismo de la literatura, que somete la vida a sus exigencias. El poder de lo literario se muestra incluso en la política. Los protagonistas de los sucesos revolucionarios aparecen ante sí mismos y ante el público educado como actores de papeles ya conocidos por la literatura antigua. La formación clásica posibilita una peculiar vivencia de *déjà vu:* César, Cicerón y Bruto vuelven con una indumentaria histórica. Bruto es representado ahora por una mujer: Charlotte Corday, la dulce fanática de Normandía que en 1793 acuchilla en la bañera a

Marat, a quien le gustaba aparecer como Graco. Klopstock, Wieland y otros poetizaron esta acción, el modélico asesinato de un tirano.

Quien lee y escribe especula en torno a una revolución personal, a una transformación súbita, cuya consecuencia es que las cosas ordinarias de nuestra vida brillen bajo una luz nueva, o que se abran abismos, según el caso. Cuando se quiere inficionar la vida de poesía, el autor usa como medio preferido la técnica romántica del extrañamiento, que Tieck describe en estos términos:

> Deberíamos intentar por una vez hacer que lo ordinario nos resultara extraño, y entonces nos admiraríamos de lo cercano que nos queda algún dato, algún regocijo que nosotros buscamos en una lejana y fatigosa lejanía. Con frecuencia tenemos la utopía maravillosa a punto de pisarla con los propios pies, pero miramos por encima de ella con nuestro telescopio.

Por tanto, leer y escribir prometen la aventura a la vuelta de la esquina, la pequeña revolución. Deseamos, por supuesto, una vida mejor, en todo caso una vida añadida, que prometa sorpresas y maravillas distintas de lo que encontramos en nuestro mundo corriente.

En esta época ávida de literatura el misterio tuvo su coyuntura. La luz de la Ilustración perdía brillo. De todos modos, este movimiento no había penetrado en los estratos más sencillos del pueblo; y los mismos círculos aristocráticos jugaban con la razón y practicaban espiritismo. A finales de siglo lo extraordinario regresaba, consciente de sí mismo, como algo prodigioso. De nuevo hacen acto de presencia los curanderos milagrosos, encerrados antes en una casa de trabajo. La gente vuelve a congregarse en las ciudades para oír a los profetas, que predican el final del mundo o el retorno del Mesías. En Sajonia y Turingia ejerce el exorcista Gassner, y en Leipzig el hostelero Schrepfer alcanzó una breve fama como nigromante. El estado de ánimo general había cambiado; volvía a gustar lo enigmático; se había debilitado la fe en la transparencia y calculabilidad del mundo. La Ilustración, con su pragmatismo, había escrito en su bandera la previsibilidad y la calculabilidad del mundo. Pero los años ochenta y noventa traen crisis económicas y guerras. El primer acto de la Revolución francesa podía pasar todavía por racional, pues el mundo se sostenía «sobre la cabeza» (Hegel) y el pensamiento triunfaba; pero las consecuencias tumultuarias y terroristas sin duda habían de tomarse como signo de que la historia de la razón planificadora no obedece al timón, y hace que se manifieste más nuestra naturaleza oscura que nuestro entendimiento claro. Se altera la confianza en el pensamiento ilustrado, que se toma las cosas demasiado a la ligera, lo cual significa que es incapaz de captar la profundidad de la vida y su lado nocturno. Los románticos cifrarán su orgullo en ajustar el pensamiento y la imaginación a lo terrible, que acontece en nosotros y en torno a nosotros. Se comienza a poner en duda que el progreso traiga siempre lo mejor. ¿No podría radicar éste más bien en lo antiguo y lo más primitivo? En cualquier caso, cuando oscurece el futuro iluminado, se oye mejor la voz del pasado. Vuelve a gustar lo oscuro, lo que viene de lejos. La encubierta melancolía de las canciones populares atrae: «Cayó escarcha en la noche de primavera».

La complacencia en lo misterioso y maravilloso, tal como aparece en la cultura literaria a finales de siglo, es el síntoma de un cambio de mentalidad, que reprime el espíritu racionalista. Son muchos los que dudan del paso acompasado del progreso ilustrado, o que incluso desesperan de él, y en consecuencia añoran un estado de excepción que les permita saltarse estadios particulares y procurarse su dicha individual antes de que la razón triunfante asegure la dicha de la humanidad. Se esperan giros y encuentros sorprendentes, que traerán la gran dicha. Las novelas viven de esto. «Sin sospechar nada salía yo de la casa, cuando de pronto...», es ahora la fórmula habitual para producir suspense. En particular, Hoffmann es un virtuoso en el uso de la misma. El joven Tieck, camino de la escuela, da varios rodeos para elevar la probabilidad de encuentros imprevistos. Friedrich Schlegel puede alegrarse de un encuentro de ese tipo: «El destino puso ante mí a un joven que puede llegar a ser cualquier cosa», cuenta a su hermano en enero de 1792. El joven, que no es otro que Novalis, considera también milagroso el hecho de haberse encontrado con Schlegel.

El poder prodigioso del destino produce sorprendentes enlaces; hace que los hombres se precipiten al abismo y que se eleven a insospechadas alturas. En semejante atmósfera se convierten en figuras casi míticas los estafadores al estilo de un Cagliostro, encumbrados por el destino y por sus propias habilidades. Trazan su órbita a manera de cometas; por breves instantes destacan en el cielo de la sociedad.

Las fantasías sobre ligas y complots secretos excitaban la vida pública en una medida que muy bien podemos imaginarnos en la actualidad, cuando estamos bajo el signo de la histeria del terrorismo y de las teorías de la conspiración. Esta atmósfera favorece un género literario que inauguró Schiller con su *Visionario*. Es el género de la «novela de ligas secretas», que narra con delicioso horror acerca de misteriosas sociedades secretas y de sus maquinaciones. En los años ochenta y noventa del siglo XVIII aparecieron más de doscientos títulos de ese tipo, en su mayoría triviales, pero que tuvieron una fuerte repercusión en las cumbres literarias. En el *Wilhelm Meister* de Goethe aparece la sociedad secreta de la torre. *Titán* de Jean Paul, *Los guardianes de la corona* de Achim von Arnim y *William Lovell* de Tieck son obras que pertenecen igualmente a la tradición de la «novela de ligas secretas».

Este género posee un esquema estereotipado: un personaje inofensivo se ve sumergido en lances misteriosos; lo persiguen; se cruzan en su camino sujetos que parecen saberlo todo sobre él, poco a poco advierte que está cautivo en la red de una organización invisible. Con frecuencia, una bella mujer sirve de reclamo: a lo amenazador se une el dulce misterio. A veces el protagonista penetra en la liga, en ocasiones incluso llega hasta las cavernas más internas, donde ve cuevas con luz flameante y caras pálidas. A veces es consagrado en los misterios de un saber oculto y de una intención escondida, conoce a los jefes, pero nunca al cabecilla principal. Descubre, para su consternación, a personajes a los que hace tiempo que conoce, y a los que ahora ve bajo una luz nueva. En estas historias las ligas pueden ser buenas o malas, y cuando se cuenta cómo estas dos se enfrentan, la totalidad se hace completamente impenetrable. Pululan los agentes dobles, y apenas hay una habitación sin doble suelo y armarios sin puertas secretas. Tampoco se puede ir ya por la calle sin ser interpelado por un emisario con cara delgada y labios delgados.

La base real de estas historias son las ligas secretas de los jesuitas, de los masones, de los illuminati y de los rosacruces. Las teorías de la conjuración de estas ligas eran y son hasta hoy la forma de filosofía de la historia con mayor repercusión entre las masas. Se cree saber cómo funciona la historia, dónde están sus instigadores ocultos, cómo son. Los teóricos de la conspiración de aquella época lo sabían todo acerca de la Revolución francesa, por ejemplo: que fue dirigida desde Ingolstadt, pues es sabido que allí se encontraba el cuartel general de los illuminati...

El afán de misterio era una fuerza impulsora tanto entre los conspiradores que formaban ligas, como entre lo que las temían. Quien se implicaba en estos asuntos, en una u otra parte, se comportaba en las llanuras del movimiento romántico según lo que Novalis exigirá en la altiplanicie del espíritu romántico de especulación: «En cuanto doy alto sentido a lo ordinario, a lo conocido dignidad de desconocido y apariencia infinita a lo finito, con todo ello romantizo».

Las novelas de ligas secretas, que inundaban el mercado de libros, destacaban en el arte de dar «a lo ordinario un aspecto misterioso»; de ahí que fueran leídas solícitamente por la generación romántica, que se sentía alejada de la escuela del racionalismo. Gozaba de especial predilección la novela *El genio,* de Karl Grosse (1791). El joven Tieck la lee de un tirón a sus amigos y se exalta tanto, que teme perder la razón. Necesita una semana para recuperarse y escribe luego su novela *William Lovell,* donde, naturalmente, también actúa una sociedad secreta. Algo parecido le sucedió al joven E.T.A. Hoffmann. Después de leerla escribió el 19 de febrero de 1795 a su amigo Hippel: «El borboteo de innumerables pasiones había sumergido mi espíritu en una especie de extenuado aturdimiento [...]. Yo veía también mi genio [...]». Poco después comenzó a escribir su primera novela, que permaneció inédita.

En Grosse leemos:

> En todos los embrollos de aparentes casualidades actúa una mano invisible, que quizá fluctúa sobre alguno de nosotros, lo domina desde la oscuridad y puede haber tejido desde hace mucho tiempo el hilo que el afectado cree tejer él mismo con despreocupada libertad.

La «mano invisible» o el «hilo secreto» encadena la imaginación de una época que comienza precisamente pensando desde la filosofía de la historia. «¿Hay un hilo de evolución de las fuerzas humanas a través de todos los siglos y transformaciones en manos del destino? ¿Puede advertirlo el ojo humano? ¿Y cuál es este hilo?» Así formula Herder la pregunta cuya solución considera como la tarea de los siglos. Quien conozca este hilo ya no podrá ser censurado de analfabeto desde la perspectiva de la filosofía de la historia, ya no caerá sobre él la advertencia: «No ves, ¡hormiga!, cómo te arrastras penosamente en la gran rueda de la fatalidad». Las sociedades secretas y las correspondientes novelas dan una forma plausible al «hilo» que teje la filosofía de la historia. Ya podemos estrechar la «mano invisible»; ésta pertenece a un hombre, aunque a un hombre oscuro. Somos conducidos a los talleres ocultos donde se tejen los hilos del teatro de marionetas de la historia. Tales imágenes caracterizan el impulso del culto a lo misterioso.

Al principio este culto tiene todavía un carácter ilustrado. Pero cuando el siglo llega a su final, el misterio cambia su naturaleza. Al principio la fe en la razón todavía es tan fuerte, que el misterio se considera tan sólo una «irradiación» fascinante, detrás de la cual se esconde un mecanismo que en definitiva es explicable racionalmente. Lo misterioso era una categoría del engaño, algo en lo que no hemos entrado todavía y, por tanto, de momento aún tremendo. Pero en la generación romántica el interés por el misterio comienza a ser más fuerte que el interés por su ilustración desencantadora. El misterio no sólo es apreciado porque la Ilustración puede comprobar su fuerza con él, sino también porque porfía con el mundo de las luces. Lo inexplicable ya no es un escándalo, sino un estímulo. «Algunas cosas permanecen perdidas en la noche», dirá Eichendorff.

Los conceptos teóricos de altos vuelos en los primeros románticos sólo pueden desarrollarse en ese mundo obsesionado por la literatura, en un entorno basado en la literatura y en el prometedor misterio, donde ésta y la vida se compenetran en un juego recíproco, donde el misterio atrae como un continente oscuro en cuyo margen habitamos nosotros, y donde nos prometemos mucho del propio interior, que sólo conocemos desde la superficie de sus usuarios. Estos jóvenes, primero en Jena y luego en Berlín, están inspirados por un espíritu con el que quieren tender el encanto sobre sí mismos y sobre otros. Está en juego un espíritu revolucionario. Si la situación cambia tan rápida y fundamentalmente a la izquierda del Rin, si lo nuevo está en la atmósfera y cada día trae sorpresas políticas, ¿por qué la literatura y la filosofía no han de encauzar también las naves hacia nuevas orillas? En los textos de Friedrich Schlegel del año 1790, el concepto de «revolución» se usa de forma casi inflacionaria. Habla de una «revolución moral», de una «bella revolución», de una «revolución estética», del «idealismo» como «revolución». Se expresa en ellos la esperanza de que la actual «anarquía del espíritu» sea la madre de una «revolución beneficiosa». Es evidente que el autor no piensa en una revolución política. No está para esto la situación en Alemania. Pero tanto más fuerte es en ellos el impulso para una revolución espiritual. Su principio es el yo creador que despierta a una audaz conciencia de sí mismo. ¿No ha mostrado la Revolución francesa que el sujeto es superior a la objetividad rígida? Es tiempo, escribe el joven Schelling en 1794, de realizar la «audaz aventura de la razón», de «liberar a la humanidad del espanto del mundo objetivo». Mientras tanto, él ha echado raíces en Jena y define el «yo absoluto» como aquello que «bajo ningún concepto puede jamás hacerse objeto».

Los prohombres de Jena llevan las cosas lejos en sus esfuerzos por ablandar las fronteras; quieren derribar por completo los muros de separación entre literatura y vida. Friedrich Schlegel y Novalis acuñan para esta empresa el concepto de *romantizar (Romantisieren)*. Toda actividad de la vida ha de impregnarse de significación poética, ha de dar forma intuitiva a una peculiar belleza y manifestar una fuerza de configuración que tiene su «estilo», lo mismo que un producto artístico en sentido estricto. En general, el arte es para ellos no tanto un producto, cuanto un suceso, que puede tener lugar siempre y dondequiera que algún hombre realice su actividad con energía creadora e impulso vital. Novalis está persuadido de que también los «negocios» pueden tratarse poéticamente. Hay que inyectar poesía en la vida. Friedrich Schlegel habla de una «progresiva poesía universal».

El famoso fragmento 116 del *Athenäum,* donde este concepto aparece por primera vez, contiene en germen todo el programa del primer Romanticismo. En él leemos:

> La poesía romántica es una progresiva poesía universal. Su meta no es tan sólo unir de nuevo todos los géneros separados de la poesía y poner en contacto a ésta con la filosofía y la retórica, sino que, además, ora ha de mezclar, ora ha de fundir la poesía y la prosa, la genialidad y la crítica. Tiene que hacer viva y sociable la poesía, y hacer poética la vida y la sociedad...

A través del espíritu de la poesía ha de enlazarse todo con todo, han de superarse los límites y las especializaciones. No sólo tienen que superarse las especializaciones en el ámbito de lo literario, tal como sucede cuando se mezclan los diversos géneros, o las especializaciones entre las diversas actividades espirituales, según acaece cuando la filosofía, la crítica y la ciencia misma se convierten en elementos de la poesía; debe eliminarse además la separación entre la lógica de la vida y del trabajo cotidianos y las restantes actividades libres y creadoras del espíritu. Hegel, que más tarde negó el impulso romántico de su juventud, caracterizó esta visión entusiasta de una unificación que lo envuelve todo con estas palabras: «Un delirio báquico en el que no hay miembro que no esté ebrio».

¿Cómo hemos de representarnos este gran delirio de la unificación? ¿Qué pensaron los románticos al respecto? La mejor manera de acercarse a sus ideas es poner de manifiesto contra qué las desarrollaron.

Schiller acababa de describir enfáticamente en las *Cartas estéticas* las deformaciones mediante la división de trabajo en el mundo burgués. El hombre, escribe este autor, se ha convertido en un «fragmento», y, «teniendo eternamente en sus oídos tan sólo el ruido monótono de la rueda que mueve», no puede realizar la «armonía de su esencia». El Romanticismo se rebela contra la división del trabajo y sus consecuencias deformadoras. Wackenroder y Tieck, en su crítica de la vida burguesa, usan la imagen de Schiller sobre el movimiento de la rueda que mata el espíritu. En *Un maravilloso cuento oriental sobre un santo desnudo* leemos acerca del protagonista: «Percibe incesantemente en su oído la rueda del tiempo que emprende su veloz rotación...; el miedo colosal, que excitaba sus energías en un trabajo incesante, le impedía ver y oír algo...».

En la prosa de la vida basada en la división del trabajo se nos escapan normalmente el ver y el oír, y se atrofia el espíritu creativo. Esta experiencia se halla en las primeras fantasías románticas sobre la superación de los límites. Los románticos quieren revocar el astillamiento de lo vivo, primero en sí mismos y en el círculo de los amigos, y luego, dando ejemplo, en la vida social. En ello piensa Friedrich Schlegel cuando escribe que se trata de hacer «poética la vida y la sociedad». Pero en primer lugar hay que suprimir la división del trabajo en el campo del espíritu. Especialmente Friedrich Schlegel y Novalis, con su hambre de lecturas y su furia de escritura, practican un universalismo que intenta apropiarse de todo lo que promete ser interesante para la propia formación, no para el adoctrinamiento. Por lo demás Schlegel usará por primera vez la expresión «interesante» para entender la época moderna tal como a él se le presenta. Los románticos, sin preocuparse de la división tradicional de las disciplinas, echan mano de todo lo que les parece interesante.

Friedrich Schlegel, en el año 1772, después de un breve inciso como aprendiz de comerciante, se sumerge en el conocimiento de la antigüedad con un voraz estudio autodidacta y con la intención firme de ser el «Winckelmann» de la poesía antigua. Y de hecho está a punto de conseguirlo. El joven de 23 años publicó en 1795 el ensayo *Sobre el estudio de la poesía griega*, que le deparó un inmediato reconocimiento por parte del corifeo de la especialidad en aquel momento y también por parte del resto del público. Tres cuartos de siglo antes de la obra de Nietzsche sobre la tragedia antigua, Schlegel sostiene que la cultura de los griegos no sólo estuvo marcada por la «noble sencillez y silenciosa grandeza», tal como Winckelmann afirma, sino que además tiene un trasfondo extático, salvaje, cruel, y también pesimista. Y por eso mismo es tanto más sorprendente la fuerza vital que dio la perfección y el acabado de la forma a los productos del espíritu griego. Desde su punto de vista, la antigüedad fue todo menos «ingenua», frente a lo que escribe Schiller en el ensayo sobre *Poesía ingenua y poesía sentimental*, aparecido hacia la misma época; más bien, es digno de notarse cómo a partir de un «bello caos» de los impulsos nació la forma lograda. Se suscitan así esperanzas para el presente, pues hoy domina también la «anarquía» y falta el punto medio, de modo que se trata de una anarquía aburrida, indiferente. Falta la sustancia. Hay que poner en juego finalmente la genialidad, dice Schlegel. Mas para esto es necesario haber comprendido que quizá la vida en general no es otra cosa que un gran juego. Es cuestión de que uno mismo se ponga en escena como actor del gran juego del mundo. Ésa es nuestra oportunidad, declara este genial joven que rezuma una audaz conciencia de sí mismo. «Todos los juegos sagrados del arte son meras reproducciones lejanas del juego infinito del mundo, de la obra de arte que se forma eternamente a sí misma.» Se advierte la repercusión de la filosofía del juego de Schiller. De ahí procede el juego de la ironía en los románticos, sobre todo en Friedrich Schlegel.

¿Adónde llegamos cuando jugamos? Friedrich Schlegel contesta: al antiguo cielo de los dioses:

> Pues el principio de toda poesía está en suprimir el curso y las leyes del entendimiento, que piensa racionalmente, y trasladarnos de nuevo a la bella confusión de la fantasía, al caos originario de la naturaleza humana, para el cual hasta ahora no conozco un símbolo mejor que el policromo hormigueo de los antiguos dioses.

Estas consideraciones pueden estar pensadas todavía con poca claridad, pero eso no ha de asustarnos, pues «todo pensar es un adivinar, y el hombre empieza a tomar conciencia de su fuerza adivinatoria».

Para el joven Schlegel esta fuerza adivinatoria no se manifiesta en los llamados videntes, que más bien le parecen sospechosos, sino en la ironía, lo cual es característico del rebelde y juguetón Romanticismo temprano. Friedrich Schlegel fue el auténtico inventor de la ironía romántica, que no se agota ni de lejos con la conocida figura retórica por la que se dice algo y a la vez se deja entrever que se piensa otra cosa, quizás incluso lo contrario de lo dicho; por ejemplo, sucede algo malo y el irónico comenta: «Bonito regalo». Hasta entonces, la ironía se consideraba una figura retórica, o también un método literario, situado en algún lugar entre el humor, la burla y la sátira. Se conocía además la ironía socrática. La frase «sé que no sé nada» es sin duda una frase irónica, pues Sócrates sabe una multitud de cosas, y sobre todo, que los demás saben menos de lo que creen saber. La ironía socrática hace como si tomara en serio el supuesto saber del otro, y lo enreda de tal manera en sus propias pretensiones, que éste finalmente debería notar su propia vaciedad si el orgullo no se lo prohibiera. La ironía socrática era uno de los recursos favoritos para los autores de la Ilustración.

Por tanto, la ironía no era desconocida en absoluto, la novedad radicaba en lo que Schlegel hizo con ella, a saber, romantizarla, es decir, descubrió en la ironía conocida muchas formas de uso todavía desconocidas, descubrió lo desconocido en lo conocido, todo un rico mundo de significaciones sorprendentes. Pero en todo ello Schlegel se apoyó en la figura fundamental de la ironía conocida hasta entonces, a saber, la de que una determinada frase se sitúa en otra perspectiva más amplia, lo cual le confiere un carácter negativo o incluso la desmiente. El ardid con el que Schlegel convierte la ironía en vena de oro teórica consiste en que él pone lo «finito» para la frase determinada en cada caso y lo «infinito» para la dimensión de lo relativizado y desmentido. Hecha esta distinción puede comenzar el gran juego, un juego en el que todos los enunciados determinados, fijamente delimitados, pueden hacerse «fluctuar», por usar una palabra que a Schlegel le gustaba. A la vista de la supercomplejidad del mundo, todo enunciado determinado significa una reducción de la complejidad. Y quien deja entrever que tiene conocimiento de esta reducción de la complejidad, dará a su enunciado, en verdad poco complejo, el tono de la reserva romántica.

Lo «infinito» de lo que habla Schlegel es lo simplemente supercomplejo. A este respecto no hay que pensar inmediatamente en «Dios», por más que éste entrará pronto en escena. «Ironía es una conciencia clara de la agilidad eterna, del caos infinitamente lleno», escribe Schlegel.

Pero hay caos en varias dimensiones: el propio sí mismo es un caos. No hemos de imaginarnos que nuestros enunciados y acciones pueden agotarlo jamás y llevarlo a una representación adecuada. *Individuum est ineffabile.*

En segundo lugar, en relación con lo anterior se da el caos entre los hombres. Ninguna comunicación está realmente en condiciones de hacerse comprensible por completo. Lo que circula entre los seres humanos nada en un océano de cosas incomprensibles. La historia humana consta de historias de tergiversaciones, que pueden tener consecuencias trágicas, pero normalmente nos las componemos con ello. Nos ponderamos recíprocamente en lo relativo a la creencia de que nos entendemos los unos a los otros. ¿Esto es malo? No, responde Schlegel. Sería peor que creyéramos habernos entendido recíprocamente hasta lo más íntimo. Entonces habría desaparecido el misterio, el logos tan prometedor se convertiría en una tautología aburrida. El hombre tiene «un sentido infinito para otros hombres», y precisamente por eso los otros seguirán siendo incomprensibles para él, pues nunca puede llegar hasta el final en la comprensión. ¿Y cómo habría de poder llegar hasta el final si no sólo los hombres resultan incomprensibles entre ellos, sino que además cada uno permanece incomprensible para sí mismo? Ironía es producir frases comprensibles que conducen a lo incomprensible cuando las consideramos más de cerca. Algunos lectores se quejaban de la especial incomprensibilidad de sus fragmentos, pero Schlegel ya había escrito un ensayo acerca de este tema: *Sobre la incomprensibilidad.* En él leemos:

> Pero ¿es la incomprensibilidad algo tan rechazable y malo? Yo creo que la salud de las familias y de las naciones descansa en ella [...]. Tal como puede saber cada uno con facilidad, lo más delicioso que tiene el hombre, la satisfacción interior misma, pende a la postre de un punto que, si bien ha de dejarse en la oscuridad, sin embargo, lleva y soporta el todo, y perdería esta fuerza en el mismo instante en el que quisiéramos disolverlo en la razón. En verdad se apoderaría de vosotros el desasosiego si, tal como exigís, el mundo entero llegara alguna vez a hacerse comprensible en serio. Y él mismo, este mundo infinito, ¿no ha salido gracias al entendimiento de lo incomprensible o del caos?

Por tanto, lo incomprensible es una fuerza viva que se menoscabaría si el entendimiento pudiera sacarlo a la luz por completo. La ironía vigila la entrada sonriendo. Nietzsche asumirá más tarde esta idea cuando hable del no saber como presupuesto de la vida.

Junto a las dos dimensiones del «caos» incomprensible, la propia mismidad y la convivencia humana, hay una tercera dimensión a la que se alude en la última frase del pasaje citado: el universo, o el mundo en su conjunto, es un «caos». Y aquí entra Dios en escena. Él es lo supercomplejo por excelencia, aunque no es procedente llamarlo «caótico». En cualquier caso, es lo absolutamente incomprensible. Y por eso, donde mejor se expresa la verdadera devoción ante esta realidad monstruosa es en la ironía. Cualquier frase referida a lo absoluto y lo trascendente, ¿cómo habrá de poder pronunciarse sin reserva irónica? Decir algo finito sobre lo infinito sólo es posible en un plano irónico. Por tanto, la ironía pertenece a toda filosofía que intente comprender el todo. «¿No es ella realmente el misterio más íntimo de la filosofía crítica?» Schlegel lleva la ironía al corazón de la filosofía, algo que Hegel, instalado ya en la seriedad, no perdonará más tarde a los románticos. «La filosofía», escribe Schlegel, es «la auténtica patria de la ironía», es una «bufonería trascendental»; está vivificada «por un temple de ánimo que lo abarca todo con la mirada y que se eleva infinitamente sobre todo lo condicionado, también sobre el propio arte, virtud o genialidad».

La ironía como respeto sonriente ante lo incomprensible evita las pretensiones dogmáticas igual que la pasmada humildad, y por eso es a la vez un arte sociable, investido de una «sublime urbanidad»; permite el diálogo porque evita el punto muerto de la comprensión completa. La buena mezcla de comunicabilidad e incomprensibilidad es el elixir vital de la conversación ingeniosa; y los románticos son suficientemente frívolos como para entretenerse ocupándose de los novísimos en su conversación. Bajo el influjo de Friedrich Schlegel, el joven teólogo Friedrich Schleiermacher, que al final de los años noventa entabla amistad con Schlegel y convive con él durante algún tiempo, escribe su *Ensayo de una teoría de la conducta social*, donde caracteriza la «ironía» de Schlegel como aquel medio prodigioso que permite a los hombres acercarse entre sí, pero sin apoderarse los unos de los otros; que logra que el espíritu circule entre ellos, pero sin imponerse sus convicciones. La ironía actúa cuando la sociabilidad no se entiende como una asociación para un fin, como comunidad de trabajo o grupo forzoso, sino que tiene el fin en sí misma; dicho de otro modo, cuando es un «juego». Y sólo cuando en este juego se disfruta por sí misma y alcanza su forma suprema, se convierte en un asunto verdaderamente humano. No hace falta que Schleiermacher cite a Schiller, pues no podemos menos de percibir el trasfondo de la famosa frase: «El hombre sólo juega cuando es hombre en el pleno sentido de la palabra, y sólo es enteramente hombre cuando juega».

En realidad, la ironía se desplegaba cuando, a finales del siglo XVIII, en el círculo de los primeros románticos –integrado por los hermanos Schlegel, Tieck, Novalis y Schelling–, se hablaba de Dios y del mundo, y los participantes leían en voz alta las obras que estaban escribiendo. Pero en los poemas la ironía no aparece con tanta frecuencia, ni en la fase temprana ni en la tardía del Romanticismo. Sólo Ludwig Tieck, Clemens Brentano y E.T.A. Hoffmann sabían manejarla con maestría. *Lucinde,* ensayo de novela de Friedrich Schlegel, parece una obra relajada, pero se caracteriza por un uso forzado de la ironía. Hay en ella más teoría que práctica de la ironía. En el joven Schlegel el auténtico campo de práctica de la ironía fue el intercambio social, la filosofía y la reflexión. En sus centelleantes fragmentos, Friedrich Schlegel era realmente un irónico. Con un gesto crítico contra sí mismo, reprochó a sus primeros ensayos teóricos dedicados a la poesía griega «una falta total de la indispensable ironía», y prometió mejorarse. Cumplió la promesa y, en cuanto teórico, se presentó durante cierto tiempo tal como había soñado, a saber, a «la manera de un buen y acostumbrado bufón italiano».

A veces, los amigos también veían a Schlegel como un *Orlando furioso* del campo intelectual. ¡Qué cantidad de material era capaz de recibir! ¡Con qué rapidez y brillo lo elaboraba! ¡Con qué efervescencia intervenía en las conversaciones! ¡Cómo arrojaba ideas y ocurrencias a su alrededor y en un santiamén desarrollaba nuevos proyectos literarios! Los amigos no salían de su asombro. Cuando August Wilhelm pregunta a su hermano cómo divide sus jornadas, Friedrich responde: «Cuando me despierto comienzo a trabajar en mi obra, y termino cuando me acuesto. En la alternancia de escribir, pensar, leer, extractar no tengo ninguna regla fija». Novalis escribe, tras un primer encuentro con Friedrich Schlegel:

> Quizá nunca más llegue a ver a otro hombre como tú. Para mí has sido el pontífice de Eleusis. A través de ti he llegado a conocer el cielo y el infierno, a través de ti he gustado el árbol del conocimiento (20 de agosto de 1793).

Y Friedrich Schleiermacher escribe sobre el amigo:

> Por lo que se refiere a su espíritu, es de todo punto superior a mí, de manera que sólo puedo hablar al respecto con gran reverencia. ¡Con qué rapidez y profundidad penetra en el espíritu de cada ciencia, de cada sistema, de cada escritor! [...] ¡Ha ordenado sus conocimientos en un sistema espléndido, y sus trabajos no son casuales, sino que se siguen los unos a los otros según un gran plan! Sé apreciar enteramente todo esto desde hace poco tiempo, pues veo en cierto modo cómo sus ideas nacen y crecen.

Sin embargo, al poco tiempo, Schleiermacher empieza a echar de menos el sistema «espléndido», lo que no menoscaba en absoluto la admiración que tributa a este demonio de hombre. Quizá para la verdadera naturaleza del jugador no es adecuado usar la palabra «sistema». Para otros, que no abrigan sentimientos de amistad hacia Schlegel, éste se presenta como un «chistoso». Así lo califica Schiller, al que irritaba aquel joven tan engreído, que osaba burlarse de su *Almanaque de las Musas*, que atacó en tono áspero las *Horen*, donde Schiller no le había dejado escribir, y que a propósito del poema de Schiller «Dignidad de las mujeres» escribió que ciertamente se idealizaba a las mujeres, pero, por desgracia, no hacia arriba, sino hacia abajo. Nadie llegó a escribir que con motivo de «La campana», el grupo de amigos se caía de la silla de tanto reír; pero Carolina, pareja todavía del hermano August Wilhelm, lo dice a todo el que quiera escucharlo.

Cuando en 1795 Friedrich Schlegel publica un libro sobre la antigüedad, ha recorrido ya un amplio campo del espíritu, sin preocuparse de las delimitaciones. Ha interrumpido los estudios de Derecho, ha profundizado en la literatura contemporánea, en la filosofía, en la medicina, en la economía, en las matemáticas, en las ciencias naturales y en la religión. Hay quien asegura que lo devoró todo sin ninguna selección, mientras que otros admiran cómo sigue un sendero en medio de la confusa multiplicidad. Para Schlegel mismo, el hilo de Ariadna es la idea de la «poesía universal». A partir de ella, este autor desarrolla el concepto de una obra de arte abierta, concepto en torno al cual la literatura reciente ha hecho mucho ruido. La obra de arte abierta ya no se atiene al orden poetológico de los géneros. De acuerdo con la nueva teoría, lo épico, lo lírico y lo dramático se mezclan; y el pensamiento discursivo, la crítica, la reflexión y la ciencia, que normalmente se define al margen de lo poético e incluso contra lo poético, se asumen en la obra de arte. Si antes se decía: «Configura artista, no hables», ahora hay que atenerse a lo contrario: el artista tiene que poetizar, pensar y hablar sobre cualquier tema. Ha de representar algo y reflexionar sobre lo representado. Eso es lo que Schlegel llama «poesía de la poesía», indicando con esta expresión que el tema no sólo se cifra en los mundos inventados, sino también en la invención de mundos. Es decir, la poesía ha de referirse retrospectivamente a sí misma. Esa retrospección equivale a reflexión. La poesía que reflexiona sobre sí misma se hace irónica, pues rompe la apariencia de lo redondeado en sí mismo, el círculo mágicamente cerrado de lo poético. Por más que la poesía sea un don de los dioses, es también un artefacto.

Con ello se confiere un alto prestigio no sólo a la inspiración, sino también al entendimiento crítico. La crítica pertenece al arte y se convierte en arte. Si la poesía, tal como escribe Schlegel, vive de «agudezas, ocurrencias, experimentos e hipótesis», la crítica está facultada para responderle con iguales medios. Ella misma se convierte en una obra poética, por cuanto se sumerge en la obra extraña y «reconstruye» su espíritu con el propio espíritu. Friedrich Schlegel hizo algo semejante en su comentario al *Wilhelm Meister* de Goethe. Esa crítica supera la poética normativa, usual hasta entonces: «La crítica no ha de juzgar las obras según un ideal general, sino que ha de buscar el ideal individual de cada obra». Y, de acuerdo con el criterio de que «sólo es un caos aquella confusión de la que puede surgir una obra», ha de internarse en el caos individual del que ha brotado la obra. Puesto que la crítica se sumerge en aquello de lo que brota la poesía, Schlegel puede llamarla también «poesía trascendental» y concederle el mismo rango, e incluso a veces un rango superior, que a la poesía.

Friedrich Schlegel, cuyo talento poético era más bien mediocre, se explaya en fantasías de poder. Sueña con un dominio sobre la literatura de su tiempo. No es casual que mire con simpatía a los jacobinos; también en él asoma a veces una veleidad dictatorial: «No es necesario demorarnos en la búsqueda del poder legislador de la formación estética de los modernos [...]. Está ya constituido. Es la teoría». Se entiende que es la suya. En la carta donde Friedrich propone a su hermano la fundación de la revista *Athenäum*, que había de convertirse en órgano central del movimiento del primer Romanticismo, cifra una gran ventaja de esta empresa «en que nos granjearemos una gran autoridad en la crítica, lo suficiente como para erigirnos en dictadores críticos de Alemania en un plazo de cinco a diez años...».

Friedrich Schlegel aspira al predominio del espíritu de la ironía, el sentido para lo incomprensible, para lo infinito y para la reflexión inacabable. Poesía, filosofía, ciencia y política han de fusionarse, y así habría de surgir la nueva forma de pensar, la «creadora, que nace de la libertad y de la fe en ella y luego muestra cómo el espíritu humano imprime su ley en todo y cómo el mundo es su obra de arte».

Esta filosofía acababa de ver la luz del mundo. Era la de Fichte. Cuando en 1796 Friedrich Schlegel conoce en persona al filósofo, relata en una carta: «Cada vez soy más amigo de Fichte. Lo quiero mucho [...]. ¡Si le pudiera mostrar toda la baratija de mis cuadernos! ¡Qué pena que hayamos de ser tan prudentes en el mundo! Él no los entendería».

Tal circunstancia no es muy grave, pues, por el momento, el hecho de no ser entendido forma parte del riesgo empresarial del Romanticismo irónico.

# Capítulo 4

Fichte ya era conocido cuando en 1794 llegó a Jena. Su mera aparición externa era altiva: figura vigorosa y rechoncha, mirada fogosa, voz incisiva. Su discurso tenía un deje dictatorial que no permitía la réplica. Paul Johann Anselm Feuerbach, que coincidió en ese momento con él, relata:

> Estoy persuadido de que sería capaz de hacer de Mahoma si todavía estuviéramos en la época de este personaje, y lo sería también de introducir su doctrina de la ciencia con espada y prisión si su cátedra fuera un trono real.

Pero la altivez de Fichte no era arrogancia, sino que brotaba de una pasión indomable. Cuando en 1794 acudió por primera vez a casa de Goethe en el Frauenplan de Weimar, no esperó que le tomaran su sombrero y su bastón, sino que, sumergiéndose rápidamente en la conversación, dejó caer su indumentaria en la primera mesa que encontró. Goethe estaba perplejo y también impresionado por semejante descuido, que le llevaba a desatender las formas sociales. Hizo que la imprenta le enviara el primer pliego de *Fundamento de toda la doctrina de la ciencia* de Fichte, lo leyó inmediatamente y el 24 de junio le escribió: «Lo que me ha enviado no contiene nada que yo no entendiera o por lo menos creyera entender, nada que no conectara sin violencia con mi manera habitual de pensar». Fichte no encontró motivos de tomarlo como un simple cumplido, ya que, después de otra conversación con Goethe, le contaba a su mujer: «Recientemente [...] me ha expuesto mi sistema en forma tan concisa y clara, que ni yo mismo habría podido exponerlo con mayor claridad».

La reacción de Goethe ante la filosofía de Fichte resulta sorprendente. «Quedaré agradecido», le escribía en la misma carta, si «me reconcilia finalmente con los filósofos de los que nunca pude prescindir y a los que nunca me pude unir.» En la filosofía de Fichte le resultaba simpática la acentuación enérgica de la actividad y de la configuración. Goethe, que también podía perderse en abstracciones vertiginosas, lo tenía sinceramente por un filósofo artista, pues se apoyaba en la fuerza creadora del hombre. Para él, Fichte sacaba a la luz lo que en general se realiza en la oscuridad del inconsciente: el proceso creador de la formación del mundo, algo que no sólo sucede en el arte. En torno a esta época, estimulado por la filosofía del yo fichteana, incluía entre sus *Máximas* el principio según el cual hay que preguntarse constantemente: «¿Es el objeto o eres tú el que se expresa aquí?».

El ascenso meteórico de Fichte en los años noventa parece una historia romántica. Nacido en el año 1762 en Oberlausitz, era el hijo de un pobre cintero; los domingos cuidaba el ganado detrás de la iglesia, y era capaz de repetir de memoria el sermón que acababa de oír. Enterado de esto el propietario, el barón de Miltitz, tomó bajo su protección al dotado joven y lo envió con una beca a Schulpforta. Tras la muerte del barón en 1774, fue Heinrich von Hardenberg, el padre de Novalis, quien se ocupó de aquel joven sin medios y financió su formación ulterior hasta 1783. Novalis no conoció personalmente al filósofo hasta 1795, en casa de Niethammer, donde también se encontró por primera y única vez con Friedrich Hölderlin, otro entusiasta temprano de Fichte. En este tiempo, Fichte era ya una celebridad local. Su vida anterior había sido fatigosa. Después de estudiar teología y derecho, se abrió paso como preceptor privado. Un alumno quiso que lo introdujera en la filosofía de Kant, de quien todo el mundo hablaba. Fichte se sumergió en la *Crítica de la razón pura,* cuya dificultad le había asustado, y quedó tan entusiasmado con el libro que de inmediato, en el verano de 1791, viajó a Königsberg para visitar al gran filósofo. Encontró allí a un anciano fatigado, que le mostró bastante indiferencia, lo cual no era extraño, pues Kant, a quien entonces ya había coronado la fama, estaba rodeado de admiradores. Hasta las damas pedían consejo al notorio soltero en situaciones apuradas de la vida. De modo que Fichte, como tantos otros, de momento fue enviado a casa. Se enclaustra allí durante cuarenta y cinco días y, con prisa febril, redacta un escrito por el que busca una recomendación ante el maestro: *Ensayo de una crítica de toda revelación.* La obra impresiona tanto a Kant, que no sólo obsequia al autor con una invitación a comer, sino que le proporciona además un editor. El libro apareció en 1792, si bien anónimo, contra la voluntad de Fichte. El editor actuó con precaución debido a la censura; y además había en juego cálculos económicos, pues en el escrito se respiraba en tal medida una atmósfera kantiana, que se podía contar con que el público lo atribuyera al filósofo de Königsberg, del que hacía tiempo que se aguardaba una última palabra en asuntos de religión. Se esperaba que el público lo comprara con avidez y eso fue lo que sucedió. La revista *Allgemeine Literatur-Zeitung* publicó un comunicado: «Cualquiera que haya leído el menor de aquellos escritos que han granjeado al filósofo de Königsberg méritos inmortales en la humanidad, reconocerá al egregio autor de esta obra». Seguidamente Kant agradeció en la misma revista la lisonjera atribución y declaró que no era él «el egregio autor», y que este honor correspondía a Fichte, desconocido hasta ese momento. Con esta declaración, Fichte pasó a ser de la noche a la mañana uno de los escritores filosóficos más célebres de Alemania.

Alentado por este éxito inicial, Fichte osa revolucionar toda la filosofía anterior. Con el propósito de dar mayor profundidad al contenido de la obra de Kant, desarrolla una *Doctrina de la ciencia*. Las redacciones de esta obra serán inacabables; pero en cada una de sus versiones pretende ofrecer más que una especialidad académica. Acentúa una y otra vez que sólo la entenderá aquel en quien se conmueva el hombre interior. Se trata nada menos que de la vivencia de un despertar a través del pensamiento. Naturalmente, esto no está al alcance de todos. Fichte sabe que a veces los hombres pueden estar ya muertos sin notarlo. La onda de Fichte no arrastrará a esos hombres: «Jamás se elevará al idealismo un carácter dormido y torcido, versado en el lujo y en la vanidad, sea por naturaleza o por la esclavitud del espíritu».

Fichte radicaliza el concepto kantiano de libertad. En la versión de la *Doctrina de la ciencia* que expone por primera vez en Jena, y que hace época, a partir de la frase en la que Kant dice «el "yo pienso" ha de poder acompañar a todas mis representaciones», deduce la idea de un yo omnipotente que experimenta el mundo como una resistencia inerte o como posible materia de una acción práctica. Fichte se presenta como apóstol del yo vivo. En Jena se cuenta cómo incitaba en sus clases a los alumnos a que miraran la pared de enfrente. «Señores, piensen la pared», decía Fichte, «y luego piensen en sí mismos como distintos de la mirada a la pared.» Se hacía burla de los aplicados estudiantes que acudían en tropel a las clases de Fichte, para encontrarse allí con el desconcierto de tener la vista clavada en la pared y no encontrar nada que se les ocurriera, pues no les llamaba la atención el propio yo. Pero, con su experimento de la pared, Fichte quería arrancar la conciencia ordinaria de su propia petrificación y alienación, ya que, tal como acostumbraba decir, es más fácil hacer creer al hombre que es una porción de lava de la Luna, que inducirlo a tenerse por un yo vivo.

Pero no todos se sentaban desconcertados ante la pared. El arrebatador talento oratorio de Fichte entusiasmaba a muchos. Nunca se había oído hablar así de la obra prodigiosa del propio yo. Una magia peculiar brotaba de sus difíciles pesquisas en un mundo extraño y, sin embargo, tan cercano. Fichte quería difundir entre sus oyentes el gusto de ser un yo; pero no el gusto de ser un yo cómodo, sentimental, pasivo, sino el de ser un yo dinámico, fundador y creador de mundo. En Fichte todo era energía, también las sutiles reflexiones con las que el yo se aprehende y funda a sí mismo delataban el espíritu de conquista. Agarra el yo fugaz tal como se cobra una pieza en una batida de caza. ¿Hacia dónde huye el yo? Quiere mezclarse entre las cosas, quiere ser como una cosa, igual de irresponsable, carente de libertad y determinado desde fuera. Fichte quiere cortarle este camino de huida a lo inaccesible. El yo se aprehende a sí mismo cuando comprende que no puede esconderse en el no yo, en lo que generalmente se llama la «objetividad». El mundo del no yo puede ser todo lo que desmiente mi libertad: una naturaleza exterior entendida en forma mecánica y determinista; los deseos y las inclinaciones, esta naturaleza en el propio cuerpo que no podemos aferrar; un sistema social sin libertad; una religión en la que Dios domina a sus criaturas. Estos mundos del no yo existen, nadie puede dudar de ellos. Pero Fichte sí que los pone en duda, es más, les retira todo crédito. Quiere implicar a sus oyentes en una conjura sutil contra el curso del tiempo y el estado de las cosas.

A primera vista parece que en Fichte se trata solamente de la solución de un problema inmanente a la filosofía. La generación de los jóvenes idealistas, la de Fichte, Schelling, Reinhold, Schulze, ciertamente había realizado «la revolución de la manera de pensar» patrocinada por Kant, mas para ellos todavía no se había alcanzado suficientemente la fundamentación del conocimiento en el sujeto que esos autores buscaban. «La filosofía», escribe el joven Schelling el 6 de enero de 1795 a su amigo Hegel, «no está terminada todavía, Kant ha dado los resultados: aún faltan las premisas.» Por tanto, todavía falta el esclarecimiento real del «punto supremo» de la filosofía, de aquel punto que pueda ser la fuente de la que proceden todas las proposiciones. Esto podría ser Dios, o bien la naturaleza, o bien, de acuerdo con la respuesta de Fichte, la estructura hecha transparente de la conciencia de sí, el «verdadero yo» del conocer, del actuar, del creer y del esperar. Pero ¿no había aportado ya Kant lo necesario para ello con el descubrimiento de las intuiciones de la sensibilidad y las categorías del entendimiento cognoscente, a saber, espacio, tiempo, causalidad, etcétera, y con el imperativo moral de la razón práctica? ¿No había expuesto que de la conciencia de sí no puede extraerse nada más, puesto que no podemos ponerla delante de nosotros como un puro objeto? En efecto, según Kant el yo que ha de conocerse es el mismo que conoce y, por tanto, se presupone siempre. Kant confiesa que no es posible salir de este círculo. Fichte replica que ciertamente no es posible salir de él, pero se puede entrar en él de otra forma, a saber, de tal manera que, contra lo que teme Kant, no se termine en el yo como «una representación completamente vacía», sino en el yo como principio de lo vivo. Este «yo» que había de encontrarse con la ayuda de Fichte aparecía como algo tan vivo, que Novalis, cuando en mayo de 1797, mientras peregrinaba diariamente a Grüningen para visitar el sepulcro de la amada Sofía con el sentimiento de haberlo encontrado, escribió en su diario: «Entre la salida de casa y Grüningen tuve la alegría de encontrar el auténtico concepto del yo de Fichte». Pero sigue siendo oscuro el significado que el añadido «por el día estaba yo muy ansioso» deba tener en este contexto. Volvamos al «yo» de Fichte.

Según Fichte, Kant partió del «yo pienso» como algo ya dado; pero esto no es legítimo, pues hay que observar lo que sucede en nosotros cuando pensamos el «yo pienso». Desde su punto de vista, el yo es algo que nosotros producimos en el pensamiento, y a la vez la fuerza productora es la yoidad que está desde siempre en nosotros mismos. El yo que piensa y el pensado se mueven de hecho en un círculo, pero en todo ello se trata de comprender que está en juego un círculo activo, productivo. No es cuestión de que un yo se fundamente sólo contemplando; más bien, se produce en la reflexión, que a la vez es una actividad; él «se pone». Es decir, este yo no es un hecho, una cosa, sino un acontecimiento. El yo está en movimiento, vive, lo notamos en nosotros. Novalis, que tras acabar sus estudios jurídicos, estaba de prácticas en el distrito de Tennstedt, en su análisis del pensamiento de Fichte, iniciado el año 1795, intenta resumir así este carácter activo del yo: «Me parece que lo dado al sentimiento es la acción originaria como causa y efecto». Por tanto, el sentimiento es un fenómeno que acompaña a la acción. Novalis sigue aquí la huella debida, pues de hecho Fichte se esfuerza por evitar la confusión de que este yo pueda entenderse como un objeto. Acentúa una y otra vez que todo está en movimiento y vive, nosotros lo pensamos, es más, lo notamos en nuestra propia vitalidad. El mundo comienza con una acción, y con una acción comienza también lo que llamamos yo. Fichte diría: yo me produzco como yo, por eso soy.

Estas reflexiones tienen que producir un efecto monstruoso si se entienden como la negación del mundo exterior y la afirmación del solipsismo absoluto. No es ése el caso en Fichte. Este pensador se limita a extraer consecuencias radicales del hecho de que primero tenemos el mundo exterior tan sólo como nuestro mundo interior, por ejemplo, la consecuencia de que sólo en el instante en que el yo se aprehende a sí mismo, aparece su opuesto, el no yo. En este sentido el objeto resistente es «puesto» en el mismo instante en el que también el yo se «pone» a sí mismo. El yo sólo se hace notar en oposición a un no yo. Pero, de acuerdo con eso, ¿el no yo es producido por el yo o, más bien, se nos da desde fuera? ¿Sin duda nos es «dado», pero sólo en el círculo del yo, del que nunca puede salir, y en este sentido el no yo mismo es un aspecto del yo. El no yo es una limitación, que es asumida por el yo como limitación de sí mismo. Ahora bien, el problema comienza con que la propia limitación puede llevarse tan lejos, que se nos esconda la participación del yo en la limitación. Entonces la propia limitación se convierte en la propia cosificación, que concede a las cosas un poder del que carecerían si el yo permaneciera consciente de sí mismo. En Fichte todo está centrado en agudizar el sentido para la participación del yo, es decir, para la propia actividad en la formación del mundo. El mundo no es algo que se nos contrapone tan sólo desde fuera, no es un terminado objeto extraño, sino que está empapado de yo. El mundo exterior se muestra en el círculo del yo. Pero ¿cómo?

Toda realidad que actúa en nosotros está inmersa en posibilidades. Las sensaciones en el propio cuerpo, que son el mundo exterior más cercano a nosotros, se nos imponen, pero incluso frente a ellas tenemos un espacio de juego: podemos comportarnos con ellas. Cuanto más sutiles se hacen las percepciones, hasta llegar al pensamiento y a las fantasías, tanto más están enlazadas con toda la «corte» de posibilidades. Sólo podemos averiguar lo que es real en cuanto, entre las muchas posibilidades que allí pueden pensarse, hallamos la *adecuada*. No es que se dé simplemente lo *necesario;* más bien, hay que hallarlo a partir de las posibilidades. Es la libertad la que descubre lo necesario. Fichte llama «reales» a las representaciones acompañadas por el «sentimiento de necesidad». Este sentimiento se impone, pero no sin alternativas: todavía podría ser de otra manera. Sigue estando en juego la libertad como sentido de la posibilidad, también en los llamados hechos desnudos. También en el conocimiento, y no exclusivamente en la acción, el hombre es un ser que siempre puede comportarse de otro modo, no sólo actuar distintamente, sino también ver las cosas de otra manera. El hombre vive en medio de posibilidades. La realidad se constituye en un horizonte de posibilidad. Eso es la libertad.

También esta idea puede ponerse en su debida luz con los comentarios de Novalis. Nuestro conocimiento, escribe, es libre porque podemos equivocarnos. No seríamos libres si fuéramos conducidos necesariamente a los fundamentos del «ser». Sólo porque se nos escapa lo «absoluto», comoquiera que lo busquemos, «surge en nosotros la infinita actividad libre».

Además, Fichte ve enlazada esta movilidad libre con la experiencia del tiempo. Nosotros somos seres abiertos al tiempo, seres que recordamos un pasado y esperamos un futuro. El futuro es lo posible, lo posible a lo que miramos; y el pasado es lo que antes fue real, lo que, por no ser ya, se ha convertido de nuevo en posibilidad, que puede recordarse e interpretarse distintamente.

Todo lo que sucede, cuando lo vemos desde el presente y queremos comprenderlo por sus causas y fundamentos, está rodeado de una corte de posibilidades, entre las cuales hemos de hallar la huella de lo necesario; y también el futuro y el pasado, vistos desde el presente, son el gran espacio de lo posible.

Con el concepto de «imaginación» Fichte expresa la movilidad con que nos lanzamos hacia estos espacios. Kant lo había utilizado ya para designar la energía inherente a la percepción y al conocimiento, y en Fichte ese concepto se convierte en la clave de todo el sistema. Fichte no se refiere solamente a la imaginación consciente en el sentido de la fantasía, sino que habla además de una imaginación que actúa inconscientemente, la cual opera en el yo antes de que éste adquiera conciencia de sí. Sin duda, están aquí en juego dos yos.

De hecho, Fichte distingue entre el yo «trascendental» y el «empírico», y así, junto a una imaginación que yo puedo poner en marcha voluntariamente, para él hay además otra, que actúa en mí espontánea e inconscientemente. Estas dos dimensiones no se hallan absolutamente separadas entre sí, sino que están enlazadas por un continuo de conciencia creciente y por un grado cada vez mayor de autodeterminación. Se trata de llevar la imaginación consciente tan cerca como sea posible de la inconsciente o, en un sentido equivalente, de ampliar el yo empírico hasta convertirlo en trascendental. Aquí, según Fichte, hay enormes espacios sin utilizar. Indudablemente existen límites para la libre espontaneidad del yo; y esto es algo que Fichte concede, aunque no sin resaltar el hecho de que tendemos a concebir el ámbito de la autodeterminación de forma más estrecha de lo que en realidad es. Hay coacciones, conscientes e inconscientes, pero con mucha frecuencia nos sentimos forzados cuando en verdad no lo estamos. Y esto quizá porque la voluntad es también fatigosa y resulta más fácil sentirse empujado e incitado, sin responsabilidad, como cosa entre las cosas, como mera reacción y no como acción. Fichte sitúa en su punto de mira aquella inercia que se encubre a sí misma la propia libertad. Y esa inercia es para él el auténtico mal.

Si el mundo es todo aquello de lo que hay una experiencia, entonces, a la inversa, allí donde no se da ninguna experiencia, no existe tampoco ningún mundo. Y tampoco la ominosa «cosa en sí» de Kant. No tiene sentido afirmar una sustancia que no es experimentable, pero que supuestamente está en todo como base, y establecer una causalidad entre lo que conocemos y lo que no conocemos. Sólo podemos constatar la causalidad entre dos elementos conocidos. Para Fichte lo que está como base es el sujeto, el yo que actúa y que conoce. No hay nada que conduzca más allá del absolutismo de este yo, pero todo conduce hacia dentro de él.

Junto con la confusión solipsista se presenta aquí otra tergiversación, a saber, cuando este yo presupuesto en la experiencia, el yo trascendental, se confunde con el yo psicológico y empírico, tal como se entiende en el lenguaje usual. Entonces resulta fácil burlarse del asunto. Y de hecho, Schiller y Goethe no perdían ocasión de bromear. Fichte entra en una disputa con alguna asociación estudiantil y una noche los estudiantes le tiran piedras a los cristales. Entonces, Goethe escribe a su colega ministerial Voigt: «Así pues, vieron al yo absoluto en grandes apuros y, por supuesto, volar a través de los cristales es una descortesía del no yo, que ha sido puesto». El 28 de octubre de 1794 escribe Schiller a Goethe sobre Fichte, al que poco más tarde en una carta a Hoven del 21 de noviembre de 1794 calificará como «la mayor cabeza especulativa de este siglo» después de Kant: «El mundo es para él solamente un balón, que el yo ha lanzado y que coge de nuevo en la reflexión. De acuerdo con esto ha declarado realmente su divinidad, tal como esperábamos recientemente». Cuando en 1795 Fichte tiene que refugiarse en el cercano poblado de Ossmannstedt por causa de los alborotos estudiantiles, Schiller le comenta a Goethe el 15 de mayo: «¡Qué más quieres que te cuente de aquí, si con el amigo Fichte está agotada la más rica fuente de absurdos!».

Fichte ejercía un efecto polarizante. Unos se sentían arrebatados por él y otros se indignaban contra él; en ambos partidos dominaba el gusto renovado de ser un yo. Tal como recuerda un testigo de la época: «Era un tiempo peligroso para jóvenes despiertos; la vida, fuertemente excitada y atraída [...], se movía entre puros extremos». La filosofía fichteana del yo cargaba con la responsabilidad de todo extremismo. De poco servía la protesta de Fichte contra la tergiversación de que su filosofía justifica la desconsideración y el egoísmo. Pero ¿cuál era la recta interpretación de su filosofía?

En el escrito *Exposición clara como el sol dirigida al gran público sobre el carácter propio de la nueva filosofía,* con el significativo subtítulo de *Un intento de forzar a los lectores a entender,* lucha desesperadamente por demostrar que él no se hace eco del egoísmo, sino que quiere dar la voz egológicamente al ser, y lo hace con la tesis de que la dinámica del proceso de la vida en la historia y la naturaleza sólo puede comprenderse si se piensa el todo en forma de yo. La fuerza que mueve la naturaleza y la historia es del mismo tipo que la experimentada en el activismo, en la espontaneidad de nuestro yo. Con audacia se desarrolla aquí un pensamiento de Rousseau: el yo sabe del principio del mundo porque yo mismo puedo comenzar en todo momento. La propia experiencia nos conduce al mundo como universo de la espontaneidad. El «yo soy» es el secreto manifiesto del mundo. Éste no es el conjunto de todos los hechos, sino el de todos los sucesos. Y en la libertad creadora experimentamos lo que es un suceso en la movilidad productiva del yo. Por eso anota Novalis: «Ser en general no es otra cosa que ser libre, fluctuación [...]. De este punto luminoso de la fluctuación brota toda realidad». Esta evidencia era para Fichte, y para Novalis, aquel rayo deslumbrante que alentó su filosofar hasta el final.

El «rayo» procedía también de la palpitante situación meteorológica general en el clima espiritual de la Revolución francesa. ¿No acababa de verse cómo un pueblo entero inauguraba un nuevo comienzo en la historia? Fichte, que también se había hecho heraldo de esta revolución con un escrito de defensa (razón por la que los ministerios dudaban de si debían llamarlo a Jena) no repercutía a través de sus difíciles deducciones, accesibles tan sólo a una minoría, sino mediante consignas, con las que se podía acuñar inmediatamente moneda en curso para el tipo de cambio del nuevo gusto, el de ser un «yo». Nuestro filósofo favoreció el culto a la juventud en el nuevo salvaje, al que Goethe, en la segunda parte del *Fausto* hace decir (los versos anotados con anterioridad): «Si uno ha pasado de los treinta años, puede decirse que está muerto, y sería lo mejor matarlo a tiempo». Rousseau, el culto al genio y el *Sturm und Drang* habían preparado el terreno. En esta tradición se aprendió una rebelde relación con uno mismo, que se alzaba contra las tradiciones de la sociedad. Todavía resultaban excitantes los toques de charanga de aquellas famosas frases, que hicieron época: «Yo solo. Yo leo en mi corazón y conozco a los hombres. No estoy hecho como cualquiera de estos que he visto» (Rousseau, *Confesiones),* o bien: «Yo vuelvo sobre mí mismo y encuentro un mundo» (Goethe, *Werther).* Se quería ser así también, tan inconfundible y a la vez universal, con tanta prepotencia y con poder de irradiar en el mundo. Novalis escribe, bajo el influjo de Fichte: «El camino misterioso va hacia dentro». Pero añade: «Quien se queda aquí, triunfa sólo a medias. El segundo paso ha de ser una mirada activa hacia fuera, una observación activa y sobria del mundo exterior».

De forma aparatosa, Fichte elevó el yo al olimpo filosófico, tanto el activo como el observador, y allí estaba ahora, como una figura de Caspar David Friedrich, con el mundo a sus pies: ¡espléndido panorama! A través de Fichte la palabra «yo» adquirió un volumen tremendo, sólo comparable con aquella plenitud de significación que más tarde Nietzsche y Freud concederán al «ello». El Fichte popularizado se convirtió en testigo principal del espíritu del subjetivismo y de la posibilidad ilimitada de actuar. Y el supuesto poder del actuar tenía un temple eufórico.

En torno a 1797, Hölderlin, Hegel y Schelling se unen para desarrollar los esbozos de una nueva mitología que es necesario «hacer». ¿Dónde podría encontrarse semejante mitología? Naturalmente, en uno mismo. Los filósofos mencionados se consideraban capaces de algo semejante; formaban una nueva idea, capaz de configurar la sociedad, para transformar el mecanismo alienado en una vida comunitaria. Más tarde, el protocolo de esa alada vida común se tituló *El primer programa de sistema del idealismo alemán*. En esta obra, impulsada por el espíritu de un hacer formador del mundo y por el móvil del yo, leemos: «La primera idea es naturalmente la representación de mí mismo como un ser absolutamente libre. Con el ser libre, consciente de sí mismo, brota a la vez de la nada un mundo entero, la única creación verdadera y pensable desde la nada».

Los que se habían cerciorado tan enfáticamente de su yo, con frecuencia se sentían amenazados y limitados por un mundo que oponía notable resistencia a la exigencia de desarrollo. En general es sorprendente que en un país astillado en parcelas y retrasado socialmente, en un país donde no había ninguna política de gran formato y sólo se había desarrollado una limitada opinión pública, pudiera brotar semejante individualismo titánico y altivo. Pero quizá fuera precisamente esta situación opresiva la que favoreció la interioridad creativa y la taladrante intensidad. Si faltaba un gran mundo exterior, era cuestión de creárselo con los medios de que se disponía. Sólo hay que tener talento especulativo e imaginativo. En este campo los intelectuales en Alemania estaban ricamente dotados, más ricamente que el ambiente conformista en Francia, a pesar de la Revolución o precisamente por ella, y que el ambiente cabalmente pragmático en Inglaterra. Madame de Staël, en su libro *Alemania*, explicaba así a un público internacional los prodigios y extravagancias de la vida espiritual de Alemania: «Un autor alemán educa a su público, en Francia el público arrastra hacia sí a sus autores». De esa manera, un autor alemán puede sentirse como señor en su pequeño reino. Con la generación romántica Alemania, país de estrafalarios, pensadores y bibliómanos, había producido además los jugadores intelectuales. A este respecto, la teoría del juego de Schiller, como sabemos, había producido un efecto estimulante. «El juego regular de ideas es la verdadera filosofía», anota Novalis, y de acuerdo con ello define la poesía como «juego del estado de ánimo».

En Alemania estos jugadores intelectuales quizá no eran tan elegantes como sus colegas franceses, pero eran extraordinariamente audaces, iban a por todas. Naturalezas de jugadores, que no renuncian a su profundidad de pensamiento, forman aquí una especie enteramente peculiar, inconfundible. Los individualistas consideran al yo capaz de mucho, si es necesario incluso del arte de crear un nuevo mundo y de envolver en una danza las relaciones existentes. Lo mismo que el gran yo de Fichte, hay que clamar ante un pueblo entero: «No soporto por más tiempo ser un no yo», o bien aconsejarle como Novalis: «Si no podéis convertir los pensamientos en cosas exteriores, convertid las cosas exteriores en pensamientos». No basta con que los pensamientos empujen a la acción, hay que procurar también que el pensamiento ponga en fluctuación una realidad opresiva, este no yo dotado de poder. A veces se ignora plácidamente que con el Romanticismo la profundidad alemana no sólo recibió la añoranza y la aflicción, sino también el don seductor de tomar y hacer las cosas a la ligera. Eran ejercicios grandiosos de relajamiento. Si nos expresamos en tonos menos amistosos, diremos que aquí se disparó con gorriones a los cañones, lo cual en todo caso es más simpático que lo contrario.

Naturalmente los hechizados por el yo habían de preservarse de un no yo muy robusto y amenazaban a veces con perecer en medio de lamentos y dolores. El joven Hölderlin escribe a su hermano:

> ¿Y quién es capaz de mantener su corazón dentro de bellos linderos cuando el mundo le golpea con los puños? Cuanto más nos ataca la nada, que bosteza a nuestro alrededor como un abismo, o cuanto más nos atacan los miles de cosas de la sociedad y actividad del hombre, las cuales nos persiguen y distraen sin alma y sin amor, con tanta mayor pasión, firmeza y poder hemos de resistirnos por nuestra parte [...]. Los apuros y la indigencia del exterior convierten para ti la exuberancia del corazón en indigencia y apuro.

La «exuberancia del corazón» exige la acción, la difusión de una fuerza; el refrenamiento, la contención sería mortal. Tras los intentos finales de llegar al mundo con su yo, se alza la torre de Tubinga, donde Hölderlin pasó en el aislamiento los últimos decenios de su vida, ya fuera como noble simulador, ya fuera como enfermo. En cualquier caso, se trataba de un yo que había renunciado a conquistar el mundo como escenario de sus «acciones prácticas».

También en el joven Friedrich Schlegel el nuevo sentimiento de ser un yo inicialmente está unido todavía con el sufrimiento del mundo. Escribe a su amigo Novalis: «Yo, fugitivo, no tengo casa, yo (el Caín del universo) fui arrojado al infinito, y ahora tengo que construirme una con mi corazón y cabeza». Friedrich Schlegel no quiere que su «exuberancia», más de cabeza que de corazón, fracase en una realidad limitada. Niega con altivez lo que lo niega a él. En el *Diálogo sobre la poesía* se describe a sí mismo como alguien a quien gusta «dar grandes vuelos a la aniquilación con su filosofía revolucionaria». Cuando escribe esa frase, la «filosofía revolucionaria» es la de Fichte. Y es revolucionaria porque lo incita a la falta de respeto: lo que se considera válido, lo tradicional y lo meramente convencional, ha de justificarse ante un yo consciente de sí mismo. Todo ello cae bajo la crítica o se convierte en material del juego irónico. Tal como hemos expuesto, la ironía romántica de Schlegel no sólo es expresión de la exigencia de «infinitud», bajo cuya perspectiva se hace relativo lo real, sino que exige además que lo real sea aniquilado en su significación segura de sí misma. También el gusto de destruir así entendido actúa en la ironía.

En Jena, donde Fichte enseña filosofía entre 1794 y 1799, se reúnen durante breve tiempo todos los que quieren volar alto con el yo. August Wilhelm Schlegel enseña literatura en la ciudad y escribe para Schiller en la revista *Horen*. Su casa se convierte en centro del joven movimiento, que más tarde se conocerá como el Romanticismo de Jena. Allí está presente Ludwig Tieck. Novalis, convertido en asesor de las minas de sal en Weissenfels, acude con frecuencia a Jena. Clemens Brentano estudia aquí medicina y persigue a la bella y sensible Sophie Mereau, a quien Schiller consideró la escritora más dotada de su generación. Hölderlin llega para estar cerca de Schiller y escuchar a Fichte. Schelling, que, con la famosa frase «el yo es algo que en absoluto puede convertirse en cosa», había mostrado credenciales de fichteano, se traslada de Tubinga a Jena y obtiene en dicha ciudad un puesto de profesor a finales de los años noventa. No olvidemos las lúcidas mujeres que destacan en el trasfondo: Dorothea Veit, hija de Moses Mendelssohn y compañera de Friedrich Schlegel, así como Carolina Schlegel, que en estos años se siente atraída por Schelling. La casa de August Wilhelm Schlegel era también lugar de reunión; el punto culminante de la colaboración social se produjo en el otoño tardío de 1799. Tantos caracteres orgullosos y altivos sólo podían evitar la colisión concediéndose recíprocamente un espacio de juego irónico. La teoría de la conducta social de Schleiermacher encontraba en este ambiente un terreno abonado para su confirmación. También ayudaba el sentimiento unificador que los participantes tenían de que el futuro les pertenecía. Esto les daba la fuerza, la arrogancia y la magnanimidad de ser unos vencedores celebrados. Ludwig Tieck escribe retrospectivamente en el año 1828 (en su dedicatoria del *Phantasus)* a August Wilhelm Schlegel:

> Aquel tiempo delicioso en Jena [...] es uno de los periodos más brillantes y alegres de mi vida. Tú y tu hermano Friedrich, Schelling con nosotros, todos éramos jóvenes ambiciosos, Novalis-Hardenberg, que venía a visitarnos con frecuencia: estos espíritus creaban casi sin interrupción una fiesta de agudezas, buen humor y filosofía.

Se encontraban a mediodía y por la noche, para comer y para conversar; celebraban sesiones en toda regla. En ellas se comentaban textos para el *Athenäum,* Tieck leía narraciones, Schelling recitaba fragmentos de su filosofía de la naturaleza, en vías de gestación, y Novalis hacía escuchar por primera vez su ensayo *La cristiandad o Europa.* El naturalista romántico Johann Wilhelm Ritter brindaba nuevos datos sobre el galvanismo y la electricidad, y Friedrich Schlegel comentaba en tono burlón que habían tenido que escuchar la «metafísica de las ancas de rana». En general, aquellas tertulias debían de ser muy placenteras. Al texto exaltado de Novalis respondió Schelling con su ruda parodia «Profesión de fe epicúrea de Heinz Widerporsten»:

> En verdad no puedo por más tiempo soportar,
> a diestro y siniestro puñetazos he de dar.
> Sus pensamientos todos contra mí remueven,
> y en tal modo deshacerse de mí pretenden,
> de las egregias doctrinas supraterrestres
> a mí por la fuerza persuadirme quieren.

Como muestra el ejemplo, en este círculo la ironía romántica se manejó de forma bastante áspera, pero al principio mantuvo el tono amistoso (sólo la discordia erótica le pondrá fin). Eran conscientes de que la riqueza de la realidad sólo se despliega en la multiformidad de las perspectivas. En tono programático dice Schlegel al respecto en el fragmento 125 del *Athenäum:* «Quizá comenzaría una época completamente nueva de las ciencias y las artes si la *simfilosofía* y la *simpoesía* se hicieran tan universales e íntimas que ya no resultara extraño que diversas naturalezas complementarias entre sí crearan obras en común».

Cuando no comían, hablaban, leían y tocaban música juntos, emprendían largos paseos en el hermoso entorno de Jena. Caroline escribía el 5 de octubre de 1799 a su amiga Luise Gotter:

> He tenido mil alegrías, pero ningún instante de tranquilidad durante una cuarta parte del año [...]. ¡Qué alegres días musicales hemos vivido en sociedad! [...]. Entonces todos los mediodías tenía de quince a dieciocho personas a la mesa. Mi cocinera es buena, yo estaba atenta, y así salió todo a las mil maravillas [...]. Vivíamos en una bella sociabilidad.

Esa sociabilidad tenía un vivificador principio espiritual en la filosofía del yo de Fichte. Henrik Steffens, que algunos años más tarde se sumergió en la resaca romántica, escribió en una retrospección elegiaca:

> Habían cerrado una alianza íntima, y de hecho se pertenecían recíprocamente. Esta alianza quería desarrollar, como pura fantasía en un juego salvaje, lo que la revolución había entendido como un suceso exterior de la naturaleza, y lo que la filosofía de Fichte concebía como interna acción absoluta.

Por tanto, los románticos aprovecharon la «imaginación productiva» de manera muy creativa y la convirtieron en «principio de la imaginación divina» (Friedrich Schlegel). Para ello se habían dejado llevar por un afán lúdico de especulación. Para Schiller, que sólo distaba un tiro de piedra del escenario romántico, aquello era ir demasiado lejos. Escribe:

> El iluso abandona la naturaleza por mera arbitrariedad, para poder seguir sin ningún género de trabas el capricho de los apetitos y los antojos de la imaginación [...]. Porque lo fantasioso no es una pululación de la naturaleza, sino de la libertad, es decir, brota de una disposición que en sí es digna de tomarse en consideración y que es perfectible hasta el infinito, conduce también a una caída infinita en una profundidad sin fondo y sólo puede acabar en una destrucción completa.

Los románticos creen que no necesitan esa admonición. Su virtuosismo intelectual, por el que pretenden siempre estar ya más allá de sí mismos, había puesto ante sus ojos los riesgos de esta empresa. Jean Paul, Friedrich Schlegel y Clemens Brentano gozan de los abismos de sus aspiraciones como quien disfruta de un clima rudo e incluso obtienen un disfrute especial de los peligros del nihilismo (esta expresión aparece en este momento). Jean Paul exclama: «¡Ay!, si cada yo es su propio padre y creador, ¿por qué no puede ser también su propio ángel exterminador?».

Cuando se reprocha a los primeros románticos, tal como Schiller hace, que se comporten «arbitrariamente», ellos responden: ¿por qué no? Quizá la arbitrariedad es nuestra mejor parte. Jean Paul, que conoce demasiado bien los laberintos del yo, al final toma el partido de Schiller cuando escribe en su *Introducción a la estética:* «De la arbitrariedad sin ley de la época presente, que prefiere de modo egoísta aniquilar el mundo y el todo, con tal de dejarse despejado en la nada un espacio de juego libre [...], se sigue que ha de hablarse despectivamente de la imitación y del estudio de la naturaleza».

Muchos de aquellos a los que el gusto de ser un yo había enredado con especial profundidad en el propio desierto, al final se agotan. La observación de Clemens Brentano en 1802 «Quien me remite a mí mismo, me mata...», suena como un eco melancólico de la jubilosa exclamación de Werther: «Yo me vuelvo sobre mí mismo y encuentro un mundo».

Ellos, que con su yo quieren salir hacia las alturas, pronto mirarán dónde encontrar algo seguro. Al final también Bonaparte, el cometa del yo, se afianzará en una rígida dignidad imperial. August Wilhelm Schlegel encontrará acogida en casa de la acaudalada Madame de Staël. Friedrich Schlegel preparará la transición al seno de la Iglesia católica. También Brentano se hará devoto de la Iglesia. Se busca otra vez la tradición, de nuevo se coleccionan canciones populares y cuentos, «cayó escarcha en la noche de primavera»...; gracias a Dios no es necesario que todo lo haga uno mismo, es posible dejarse llevar y nadar en un torrente que viene de lejos. La mirada se dirigirá a lugares fijos y relaciones firmes.

Pero las cosas todavía no han ido tan lejos. El grupo que practica el juego romántico se dispersa después de 1800. También Fichte, llamado al orden por una acusación de ateísmo, en 1799 abandona Jena, el lugar de la acción romántica, pero permanecerá fiel a sí mismo; sus trompetas siguen anunciando el día novísimo del yo moral. Más tarde, en los *Discursos a la nación alemana*, cuando exija a un pueblo entero que se libere finalmente del no yo francés, volverá a dar un gran formato al renacimiento del yo.

Cuando en 1812 Goethe considere en retrospectiva la explosión del primer Romanticismo, advertirá lacónicamente que aquélla fue la «época de los talentos forzados».

# Capítulo 5

Entre los «talentos forzados», de los que Goethe hablaba con cierta condescendencia, el más «forzado» era sin duda Ludwig Tieck. Mientras al principio los hermanos Schlegel se limitaban a desarrollar las doctrinas románticas, el joven Tieck creó entre 1795 y 1800, con increíble rapidez y facilidad, una serie de obras que en realidad eran tan románticas como los teóricos se las habían imaginado. Friedrich Schlegel, cuando lo conoció personalmente en 1798, lo calificó de «hombre muy corriente». Poco más tarde lo proclamó genio.

En el joven Tieck se encuentra ya todo lo que va unido al Romanticismo.

> Noche mágica con Luna esplendorosa,
> mi sentido bajo tu fuerza está cautivo,
> un prodigioso mundo de mil hechizos
> con el antiguo esplendor asciende ahora
> (*El emperador Octaviano*, 1804).

A ello hay que añadir el nihilismo romántico de su novela epistolar *William Lovell* (1795) y la ironía romántica de las comedias satíricas *El gato con botas* y *El mundo al revés*. Tieck escribe el primer cuento romántico, *El rubio Eckbert* (1797), y con sus relatos sobre *Tannhäuser* funda un mito romántico que influye poderosamente hasta Wagner y las fantasías del Monte de Venus en el siglo XX. Junto con Wackenroder, es el inventor del Romanticismo de Nuremberg, de la veneración rendida a Durero y de la religión del arte en los rafaelitas. Más tarde los nazarenos seguirán las huellas de Tieck. Su obra *Las peregrinaciones de Franz Sternbald* (1798) es el modelo de la novela romántica de artista, que Novalis y otros tomarán como norma. Tieck participó esencialmente en el nuevo descubrimiento de los antiguos libros populares de Alemania, de la canción de los Nibelungos y de la canción europea de amor cortés, no sólo en el plano filológico, sino también en el poético. En la búsqueda de lo romántico antes del Romanticismo, descubrió la olvidada literatura inglesa y española. De su traducción del *Quijote* dirá Thomas Mann que muestra «la lengua germana en su nivel más dichoso».

Ludwig Tieck pone en práctica lo que Friedrich Schlegel esboza teóricamente: la «progresiva poesía universal». Domina casi todos los géneros literarios, juega con pensamientos y temples de ánimo, encanta con tonos líricos. Todo le sale con suma facilidad; y precisamente esto se convertirá en un problema para él.

Había nacido en Berlín en 1773. Era hijo de un maestro cordelero relativamente acaudalado en relación con su oficio. El padre se distinguía por hacendoso, práctico y ávido de formación, algo que hay que agradecer a la Ilustración popular en Berlín. Envió a su dotado hijo al Friedrichs-Gymnasium. Ludwig era considerado un niño prodigio. A los cuatro años leía la Biblia, a los diez aprendió de memoria el drama de Goethe *Götz von Berlichingen*. A los catorce años había leído ya la estantería de libros de su padre. Luego llegó el turno de las bibliotecas de préstamo. Sencillamente, lo leía todo, y lo mezclaba todo de forma salvaje, las historias de bandoleros de Vulpius, las piezas teatrales de Lessing, las novelas de Grosse, con argumentos basados en ligas secretas, las *Confesiones* de Rousseau, las novelas caballerescas de Spiess, el *Werther* y los relatos de viajes de Nicolai. Tenía seis años cuando visitó un teatro por primera vez. A los doce escribía obras para títeres y las representaba ante Friedrich, su hermano menor, que más tarde llegó a ser un escultor importante. Como alumno de sexto curso de bachillerato tradujo dos veces la *Odisea,* primero en prosa y luego en hexámetros. En una húmeda tarde otoñal leyó en el parque el *Hamlet* de Shakespeare. Se había hecho con el ejemplar de un compañero y en el camino de regreso a casa desde la escuela quería simplemente repasar con rapidez el índice de personajes, pero ya no pudo despegarse del texto. Leyó la pieza sin respirar y plenamente absorto en ella; cuando hubo terminado, se encontró empapado y tieso de frío junto a las tristes farolas de aceite, que ya estaban encendidas. Fue la vivencia de un despertar. Luego leyó todo Shakespeare en la traducción en prosa de Eschenburg. Se mantuvo el encanto, pero creció también la persuasión de que era necesario emprender un nuevo ensayo de traducción. Siendo todavía alumno, inició la traducción y el comentario de *La tempestad.* Saltó de alegría cuando más tarde aparecieron las nuevas versiones de A.W. Schlegel, y a la muerte de éste, él mismo terminará la empresa. Al padre, poco amigo de todo lo salvaje, le inquietaba la pasión del hijo por Shakespeare: «¡Sólo ha faltado esto para volverte completamente loco!».

Los profesores en la escuela no sólo lo promovieron, sino que también lo utilizaron. August Ferdinand Bernhardi, que más tarde sería su cuñado, y Friedrich Rambach, ambos tan sólo un poco mayores que su alumno, habían puesto en marcha una fábrica de literatura. Componían novelas sensacionalistas, novelas de ladrones y de caballería para el gusto de las masas. Aprovechaban la colaboración del dotado alumno, que podía mejorar y complementar ciertas escenas. Se le daban tan asombrosamente bien las descripciones de paisajes, de temples de ánimo, de estados psicológicos, que a la postre los profesores confiaron al inteligente alumno escenas enteras, y, en especial, el importante asunto de los desenlaces. Con increíble rapidez, Tieck aprendió cómo se puede hacer literatura a partir de la literatura y cómo acertar con el gusto del público.

Ludwig Tieck pertenecía a la generación que en Werther y Rousseau aprendió a «sentirse a sí mismo», como se decía entonces. Y por eso le atormentaba el hecho de que, con tanta literatura, se le escapaba el propio yo, que concebía como algo nuclear. Dominaba la descripción de escenas horribles y sentimentales, y, sin embargo, apenas había experimentado nada. Sabía manejarse a la perfección en descripciones de estranguladores, espadachines y muchachas nobles, pero no pasaba de ser un joven pubescente, aunque muy capacitado. Así, el arte y la vida se hallaban en él en una peligrosa desproporción. En una carta comparó su vida sentimental con el movimiento de las nubes en el cielo. Éstas forman figuras con rápidos cambios, que no pueden agarrarse, pues carecen de sustancia. Ahora bien, mientras que las nubes descubren un sonriente cielo azul cuando se retiran, los sentimientos literarios, al desaparecer, dejan un vacío absoluto y acongojante. Con febril productividad intenta escapar de este vacío y, sin embargo, nunca puede deshacerse por entero del sentimiento de nulidad, roborado por el desdén que le merece el gusto de las masas, a las que sirve. En instantes despiadados nota que se desprecia a sí mismo, aun cuando su rapidez en el trabajo le atraiga el reconocimiento de ambos profesores y algo de dinero.

De estos sentimientos de nulidad, vacío y desprecio de sí mismo trata su primera novela, *William Lovell*, escrita durante su época de estudios y que ya no fue concebida para la fábrica de literatura de Rambach. El horror ante unos sentimientos puramente literarios, que no contienen suficiente realidad se advierte con claridad en esta novela epistolar sobre un joven inglés de familia acaudalada, cuya inconsistencia interna lo convierte en víctima de un refinado plan de seducción. William Lovell escribe a su amigo:

> ¿No me muevo por esta vida como un sonámbulo, como un ciego con los ojos abiertos? Todo lo que me sale al paso es una quimera de mi fantasía interior. [...] Desierto y caótico yace todo a mi alrededor [...]. Como con una varilla mágica golpea el hombre en el desierto, y de pronto saltan juntos los elementos enemigos, todo fluye para compenetrarse en una imagen clara. Pasa a través de todo ello, y su mirada, que no puede volver atrás, no percibe cómo a sus espaldas todo se separa de nuevo y se hace pedazos.

Tieck escribe estas palabras antes de conocer la filosofía del yo de Fichte y su construcción del mundo a partir de la imaginación. La propia experiencia y la propia duda de sí mismo en la producción de una pseudovida literaria bastaban para poder escribir: «Sólo a mí enfrente me encuentro, / en los espacios vacíos de un desierto». Tieck verá confirmadas sus anteriores experiencias con los abismos de la imaginación cuando finalmente conozca en Jena a Fichte en el año 1799. En él, el poeta fue más rápido que el filósofo.

Cuando Tieck escribe la novela *William Lovell,* todavía es un estudiante, y su padre se muestra indignado con él porque se niega a terminar unos estudios que le permitan ganarse el pan. En Halle, Gotinga, Erlangen y de nuevo en Gotinga visita las bibliotecas, lee y escribe sin cesar, cuando no acude a tertulias, donde es bien recibido. Todavía no es nada, escribe en una ocasión, pero es capaz de todo. Y la novela epistolar lo demostrará. Envía a su protagonista Lovell a través del cielo y del infierno, y lo describe como un joven enamorado de su yo, que experimenta cimas y valles en sus sentimientos, que se observa incesantemente a sí mismo y reflexiona, para notar al final cuán estéril y vacío está, y cómo su yo, que se las da de tan grande y poderoso, no es más que un títere en manos de poderes extraños. Por tanto, es un jugador que no nota cómo otros juegan con él, cómo se sirve de él una sociedad secreta, de acuerdo con el gusto de la época. El crecimiento del sentimiento de sí mismo es la constante aspiración de Lovell. Cuando se enamora o entabla amistades, no se preocupa de los demás hombres, sino de sus propios sentimientos, que lo rodean como un capullo del gusano de seda y lo separan de la realidad. Eso conduce a un furtivo proceso de descomposición y consunción de los sentimientos. También los pensamientos acechan, y al final ya no sabe quién es y qué piensa en él. Anda confundido en una incurable multiplicación de su yo. Primero goza de este estado, pero luego se desespera por su causa: «¡Ay!, ¿qué es en el hombre persuasión y verdad? [...]. Que nadie en el futuro me hable de hombres que simulan. ¿Qué es en nosotros sinceridad?». Al final de la novela cae un juicio aniquilador sobre el tramoyista secreto:

> Hasta ahora te has tenido por un ser sumamente admirable y singular, y lo cierto es que lo eres [...]. También finges haber padecido revoluciones violentas en tu interior, pero en verdad todo esto es mera ficción [...]. Lo has invertido todo en ello, para llegar a ser un mentecato filosófico sin ningún género de coherencia.

Por tanto, los excesos del yo de *William Lovell* son ruido para nada. La novela tiene aspectos espeluznantes, abismales. El horror del vacío, la angustia, el aburrimiento, la sospecha de que no hacemos sino inventar donde creemos encontrar. La desaparición de la fe y la confianza, el desamparo metafísico, son elementos que juegan allí un papel y con los que se juega. Así pues, ya a principios del Romanticismo se muestra el problema del nihilismo romántico como la cara sombría de la euforia del yo. Tieck escribe retrospectivamente sobre el trabajo en esta novela:

> Es el mensajero, el mausoleo de muchos sufrimientos y errores acariciados y amados, pero, una vez hecha la construcción, el dibujante y trabajador estaba ya libre de este sufrimiento; cuando escribí este libro me encontraba casi siempre muy alegre, pero todavía sentía complacencia en el desconcierto.

Friedrich Schlegel había exigido a la poesía romántica la «bella confusión». En esta novela la encontramos; y también encontramos en ella el gusto irónico por la destrucción y la aniquilación. William Lovell exclama: «Vuela conmigo, Ícaro, a través de las nubes, fraternalmente queremos lanzar gritos de júbilo en la destrucción».

Tieck había aprendido también la ironía en la fábrica de literatura. No es que aquellas novelas triviales hubiesen previsto la ironía. Así, cuando Rambach da a su serie el título de *Acciones y finezas de famosos genios en fuerza y maña*, no estaba poniendo en juego un sentido irónico. Pero Tieck era demasiado inteligente y ocurrente para manejarse sin ironía con el esquema exigido. El joven Tieck ya la practicaba antes de que Friedrich Schlegel exigiera doctrinalmente la «fluctuación» irónica del autor sobre la materia poética. Sólo así podía elevarse sobre las depresiones. En una ocasión tenía que describir las acciones irónicas de un bávaro llamado Hiesel, un difamado cazador furtivo y ladrón. Rambach había anunciado el retrato de Hiesel como descripción del camino vital de un genio de la fuerza que ha sido deformado a través de «las circunstancias, la situación y la convención». Tieck condujo la narración dentro de esta línea, aunque dejando notar cada vez más claramente hacia el final cuánto le había desagradado dar a este tipo la apariencia de un héroe, pues en el fondo no es otra cosa que un vulgar bribón. Tieck sabía mantener fluctuante esta réplica del narrador, de modo que los lectores, y también Rambach, no sabían muy bien a qué atenerse.

De semejante riña cuerpo a cuerpo en la fábrica de literatura creció el gran arte irónico de Tieck, que luego se mostró, sobre todo, en su comedia satírica *El gato con botas*, en la que se propuso una burla del gusto teatral berlinés. La obra juega con un público que quiere ver en escena ricos decorados, y en ellos, héroes con coraza, amas de casa, muchachas caídas en desgracia, pero no un gato, y menos todavía un gato con botas. Mucho antes de Pirandello, Tieck introduce con habilidad la obra dentro de la obra, pues aparece un público también en el escenario, y los protagonistas de la obra critican a su autor y se ponen del lado del público en el escenario. Pero éste también hace mucho ruido y se queja de que a la pieza le falta el «punto de vista fijo» y de que es imposible introducirse en una «ilusión racional». Llaman al autor al proscenio. Intenta calmar las oleadas de indignación y al final no encuentra otra salida que la de citar al escenario al campanillero de *La flauta mágica*, que viene acompañado de osos danzantes. Al principio del tercer acto el telón se levanta demasiado pronto y el autor es sorprendido en conversación con el tramoyista dentro del escenario. Entre el autor dramático y el público del escenario trituran el todo, el cuento cómico del gato que quiere proporcionar a su propietario un reino y una bella esposa. En una escena del cuento, el sabio cortesano Leander afirma que en la «pieza recientemente aparecida, *El gato con botas*, el público está bien diseñado», ante lo cual exclama indignado el público de la escena: «En la pieza no aparece ningún público». Leander mira desconcertado por encima del público de la escena al público real.

Estamos ante un escenario entregado al juego, que como una travesura mueve las piezas del público real y del imaginario, del autor, de la ficción y la realidad, de los actores y de las funciones de la obra. Friedrich Schlegel alabó el texto, al que, junto con su propia novela *Lucinde*, consideraba como un modelo de ironía romántica. Y esa obra teatral que rompe las ilusiones e introduce la obra dentro de la obra, ha seguido siendo un modelo hasta la actualidad, hasta el *Insulto al público*, de Peter Handke.

El motivo del miedo ante el vacío, que hemos conocido en *William Lovell*, muestra su efervescencia también en esta pieza. El público quiere que lo diviertan; sería malo que el escenario quedara vacío, y ocasionalmente el autor dramático amenaza con ello. En tal caso se acabaría el juego y terminaría la vida. Eso no puede ser. Silban al autor, se necesita una nueva pieza. Tieck poseía sorprendentes dotes de invención, sin ninguna preparación podía improvisar obras enteras. En cierta ocasión sugirió en una tertulia que le dieran un tema; un aficionado se exhibió como orangután. En media hora inventó una complicada obra de intrigas, en la que él actuaba con diversos papeles. El simio sigue un breve programa de educación y al final tiene tan buenos modales, que se le puede otorgar como mujer una distinguida muchacha burguesa. Al final de esta improvisación figura la frase: «Se pone el fundamento para una generación que une todas las ventajas del mundo animal con las excelsas y nobles actitudes que en nuestros días se muestran en la humanidad culta».

Tieck no sólo tenía un sorprendente talento de improvisación, era además un actor agraciado. Brentano lo alababa como el gran «talento mímico entre aquellos que jamás han pisado el escenario». Más tarde se hicieron famosas sus veladas de lectura en voz alta, en las que se vestía con todos los registros de papeles y voces. Esto equivalía, en el plano de la representación, al virtuosismo con el que podía imitar diversos estilos literarios o introducirse en ellos con gran empatía. También esto pertenece a la romántica «poesía universal».

Tieck, el veloz jugador literario, en estos primeros años contó con la dicha de tener como contrapeso a un amigo que encarnaba un tipo completamente diferente, un condiscípulo y luego compañero de afición para el que el arte no era un simple juego, sino que revestía una seriedad sagrada, para el que el arte se convirtió en una religión que le deparaba tanto gozo como sufrimiento. Se trataba de Wilhelm Heinrich Wackenroder, cuyo padre, miembro del tribunal militar y síndico de justicia de Berlín, enseguida planificó para su único hijo una carrera relacionada con el mundo de la justicia. Aquel entusiasta del arte pereció con estas cadenas. Murió en 1798, pero antes tuvo tiempo todavía de llevar al papel sus confesiones y su religión del arte, tituladas *Efluvios cordiales de un monje amante del arte* (1797). Ludwig Tieck, un año después de la muerte del amigo, editó la obra y la amplió con textos propios: *Fantasías sobre el arte para los amigos del arte.*

Wackenroder estaba unido a su amigo con tierno amor, admiraba su productividad, pero criticaba también la fugacidad de su rápido escribir y le exhortaba a no profanar el arte sagrado. El joven, educado en el sobrio protestantismo de la Ilustración, anhelaba un santuario rico en imágenes y vigorosos sentimientos. Lo que él quería y esperaba del amigo era «arrodillarse ante el arte y ofrecerle el homenaje de un amor eterno e ilimitado».

Wackenroder estaba henchido de una devoción sin igual por el arte. Los temas habían de ser piadosos. Las vírgenes de Rafael eran para él un prototipo de la trascendencia artística. La mirada añorante a Italia no tenía nada que ver con la seducción erótica que en las nuevas generaciones suscitaba *Ardinghello y las islas afortunadas*, una novela de tema italiano, escrita por Wilhelm Heinse, aparecida en 1787. También la actitud del artista tenía que ser devota. Se entrega a su arte, le sirve. Para él eran pecado la presunción, la vanidad, el efectismo y la mirada de reojo al favor del público. Se podía pecar, pues, contra el fervor. Pero todo se hizo más complicado por el hecho de que en Wackenroder seguía actuando con fuerza el poder del principio de realidad, que se encarnaba en el padre. Por eso el fervor iba acompañado también por una mala conciencia, por el sentimiento de pecar contra las exigencias terrenales, civiles, de su círculo vital. En *Fantasías sobre el arte* leemos:

> El arte es un fruto seductor, prohibido. Quien ha gustado una vez su jugo más íntimo y dulce, está perdido irremediablemente para el mundo activo, para el mundo vivo. Cada vez se arrastra más estrechamente en su propio disfrute, y su mano pierde por completo la fuerza de extenderse activamente hacia otro hombre.

Wackenroder se encontraba desgarrado entre las exigencias del arte y las de una vida normal en la sociedad civil. Y además no podía sustraerse a la sospecha de que en él la voluntad artística sólo conducía al disfrute del arte, y no a la producción real. El verdadero artista, pensaba, sirve a su obra sin contemplaciones, no se deja tentar; la evidencia de su creación lo transporta más allá de los escrúpulos burgueses. El artista cabal, escribe en sus *Efluvios cordiales*, logra entretejer «con audacia y firmeza sus elevadas fantasías [...] en esta vida terrenal como un pliegue consistente».

Pero quizá la tensión entre arte y vida burguesa sería menor si la vida terrenal, contra lo que sucedía en el prosaico Berlín, estuviera llena de espíritu artístico. A la búsqueda de un mundo que abrigue sentimientos amistosos hacia el arte, Wackenroder descubre, aunque primero sólo en la fantasía, el Renacimiento alemán y el Nuremberg de Durero. ¿No eran tiempos hermosos aquellos en los que la solidez burguesa, la devoción y el sentido del arte formaban una unidad amistosa? «Efectivamente, en tiempos anteriores era costumbre considerar la vida como un oficio o actividad [...]. Dios era visto como un maestro de obras.» En este mundo de la artesanía divina los artistas podían hallar refugio.

> Para ellos su arte tenía que ser una imagen misteriosa de la vida, aun cuando no lo supieran. No lo practicaban con tono distinguido como una afición para superar el aburrimiento (como ahora acostumbra suceder), sino con laboriosa diligencia, como un artesano.

Así, en el Berlín ilustrado de los años noventa del siglo XVIII, surgió el sueño de un antiguo Romanticismo alemán.

En el verano de 1793 ambos amigos salieron a la búsqueda de la realidad de sus sueños. Estudiaron en Erlangen y caminaron desde allí hacia Bamberg, Pommersfelden, Bayreuth y Nuremberg. Podemos decir sin miedo a exagerar que fueron Tieck y Wackenroder los que en aquel verano transfiguraron por primera vez como tierra prometida del Romanticismo alemán aquella Franconia con sus ciudades medievales, sus bosques, ruinas de castillos, residencias y minas. Entonces, narra el anciano Tieck, en una noche de luna en Bischofsgrün (Franconia), se le abrió el prodigio de la «fascinante noche con resplandor lunar», cuando el «aire hizo llegar a sus oídos los tonos de una trompa de caza». Los amigos veían Nuremberg, con sus numerosas torres y los altos pináculos, como una soberbia nave de muchos mástiles, varada en medio del paisaje. El toque vespertino del campanario les transmitía un melancólico temple de ánimo. Por el día se regocijaban en el variopinto trajín de los estrechos callejones entre las casas con paredes entramadas y en las plazas. Se sentían trasladados realmente a la época de Durero. Y luego, en contraste con la digna seriedad de la antigua ciudad imperial, la risueña residencia episcopal en Bamberg. Asentían con gusto al dicho de que «se puede vivir bien bajo el báculo». Es un mundo católico en el que las jóvenes muchachas les evocan las vírgenes de las iglesias y los conventos. Reina por todas partes un clima devoto, pero también sensual. Los cultos religiosos y las festividades eclesiásticas desarrollan todavía una vistosa pompa barroca. Incluso los cortejos fúnebres ofrecen una imagen pintoresca: la mujer de un difunto invoca en los callejones retumbantes el nombre del finado. Afluye el pueblo, hacen acto de presencia las muchachas, vestidas de oscuro con enormes lazos en las cofias. Cuando el viento las sacude, parecen grandes pájaros inquietos. En *El joven carpintero*, novela entreverada de matices autobiográficos escrita algunos decenios más tarde, Tieck recuerda sus impresiones en esta ciudad e insinúa indirectamente por qué razón el mundo católico siguió ejerciendo sobre él su fuerza de atracción.

> Mi bienintencionado padre me había exhortado antes de mi viaje a que no riera durante las fiestas en las ciudades católicas [...]. Menos mal que no estaba presente, pues sin duda habría soltado su ira contra la idolatría, tal como él denominaba los usos católicos, y más todavía contra mí, si hubiese visto mi devoción y elevación en las procesiones, al escuchar la música, las trompetas y los cantos corales, ante los altares adornados en las calles, a la vista de la muchedumbre popular en oración, todo lo cual me entusiasmaba hasta derramar lágrimas.

En las anotaciones marginales del *Phantasus* (posterior a 1810) Tieck advierte con satisfacción que ahora el Romanticismo de Heidelberg está en vías de explorar los antecedentes del Romanticismo en la «patria alemana». Y podía sentirse pionero, pues, cuando en aquella época emprendió su viaje con Wackenroder, para él «la patria era tan desconocida por doquier [...] como un reino no descubierto todavía en Asia o en África, acerca del cual circulan leyendas inseguras [...]». Habían descubierto un mundo prodigioso, cuya atmósfera indujo a

Tieck a escribir los relatos de *El rubio Eckbert, Tannhäuser* y *El monte de las runas.*

*El rubio Eckbert* tiene como tema las delicias y los horrores de una «soledad del bosque», que Tieck había experimentado por primera vez en Fichtelgebirge. Recabando un relato de la madre, emerge además la imagen de aquella anciana y terrible mujer que vivía con un perro en una soledad huraña. De ahí extrajo Tieck en 1796 este cuento, que hizo escuela.

En «Crepúsculo», un poema de Eichendorff, podrán leerse algunos años más tarde los versos:

> Quiere el crepúsculo sus alas levantar,
> mueven los árboles las copas con horror;
> si de terrestre amigo gozas el favor,
> en esta hora no te puedes confiar;
> ten gran cuidado y tus ojos vigilantes
> por seres perdidos en la noche caminantes.

*El rubio Eckbert* trata de cómo es mejor que algunas cosas queden perdidas en la noche y de cuánto infortunio se produce si salen a la luz del día y llegan a comunicarse. Bertha, que vive solitaria en el castillo con el caballero Eckbert, su marido, acarrea una terrible venganza por hacer confidencias a Walther, un amigo, contándole su historia prodigiosa y casi fabulosa. Los recuerdos de niñez adquieren siempre rasgos fabulosos, y eso sucede de manera muy especial en el presente caso. Maltratada en su casa, la pequeña Bertha había huido y tras errar por los bosques, encontró un feliz refugio en la morada de una anciana, que vivía en un claro del bosque con un pájaro hablador y un perro. Compartió esta vida solitaria con la anciana, el perro y el pájaro, que cada día cantaba la canción de la «soledad del bosque» y ponía un huevo con una perla en su interior. Tiene motivos para estar contenta, pero crece su curiosidad por el mundo. Abandona en secreto este paraíso de la niñez. Deja atrás al perro, cuyo nombre olvida, y lleva consigo el pájaro y las perlas. Traiciona, pues, la «soledad del bosque», lo cual es el pecado original; el pájaro la acompaña como una mala conciencia, hasta que lo mata. Luego vive perturbada y retirada, incluso después de avenirse al matrimonio con el rubio Eckbert. Aquí podría terminar la historia de la antigua dicha de Bertha en la «soledad del bosque» si Walther, al que se la cuenta, no le pusiera fin con esta observación: «Me puedo imaginar muy bien cómo [...] alimentáis al pequeño *Strohmian*». Bertha había olvidado el nombre del perro, y Walther sabe ese nombre. ¿Quién es este Walther? Aquí el pasado fabuloso se trueca en horror actual. Bertha es presa del horror y muere. Eckbert, inficionado por la desconfianza y la desesperación de Bertha, mata a Walther, este terrible consabidor. Pero lo perseguirá todavía bajo diversas figuras. A la postre, Eckbert ya no puede distinguir entre delirio y realidad; al final se encuentra con la anciana del recuerdo de la infancia de Bertha y ésta le dice que ella no es otra que Walther, y él, Eckbert –que en realidad es el hermano de Bertha–, muere mientras el pájaro, que ahora súbitamente ha reaparecido, canta su canción de la «soledad del bosque».

Este cuento romántico, que juega con un espanto muy moderno, aborda la imponderabilidad de la comunicación, del desconcierto en la necesidad de la comunicación, de los peligros de la intimidad y los secretos, que es mejor mantener ocultos. Hay que callar o cantar acerca de aquello sobre lo que no es posible hablar. Es suficiente la canción de la «soledad del bosque». La conciencia romántica protege el misterio por mor de la posibilidad de vivir. En las anotaciones marginales del *Phantasus* leemos:

> ¿No te has arrepentido nunca de una palabra que en la hora más confidencial has dicho al amigo más confidencial? No es que tú lo pudieras tener por un traidor, lo que pasa es que un secreto del ánimo fluctuaba en un elemento que fácilmente podía volverse en contra con su naturaleza ruda.

Interrumpamos aquí el comentario de *El rubio Eckbert*, que los románticos consideraban como la mejor narración de Tieck.

En sus caminatas a través de Franconia los amigos habían visitado minas, y las impresiones son tan fuertes que también ellas dejan huellas claras en la obra de Tieck, por ejemplo, en el relato *El monte de las runas*. Una vez incluso entró en la montaña: «Era como si hubiese de ser recibido en alguna sociedad secreta, en una liga misteriosa, o como si fuese llevado ante un juicio secreto. Recuerdo que en los años de infancia, en sueños vi a veces tales pasadizos largos, estrechos, sombríos». Con la visita de Tieck y Wackenroder a la mina comienza el Romanticismo subterráneo, que Novalis y E.T.A. Hoffmann continuaron de forma tan penetrante y que muestra sus efectos en Hofmannsthal.

También el relato titulado *El fiel Eckart y Tannhäuser* proviene de los estímulos que Tieck recibe en las caminatas a través de Franconia. La obra contiene diversas leyendas populares. Una de ellas es la del fiel Eckart, que previene a Dietrich von Bern frente a los Nibelungos. Esto da pie a la figura del guardia emplazado ante la montaña de Venus. Con esta materia legendaria enlaza Tieck la leyenda del cazador de ratas de Hamelín, que como flautista atrae a los niños del lugar con sus sonidos mágicos. Se conservan en el texto recuerdos de la Cruzada de los Niños. Pero Tieck ha unido la leyenda con el mito de Venus y la figura de Tannhäuser, un trovador de la época de los Hohenstaufen. A Tannhäuser pronto se le adhirió un especial tono erótico; se decía de él que estaba ebrio de belleza y amor y que condujo a otros a la embriaguez. Se hizo de él un Dioniso nórdico. Una canción popular, que luego fue recogida en la colección *El cuerno maravilloso del muchacho*, narra cómo Tannhäuser, atormentado por el arrepentimiento, huye del reino de Venus y suplica la absolución papal. Pero como se la niega –el Papa capitula ante el poder de eros–, Tannhäuser vuelve a la montaña de Venus.

El relato de Tieck sobre los atractivos de la montaña de Venus se convirtió en una cantera para posteriores elaboraciones, sobre todo la de Wagner. Pero ante todo, Tieck ha continuado un motivo presente en *El rubio Eckbert*, a saber, la experiencia de que hay secretos que es mejor dejar «perdidos en la noche». En *Tannhäuser* el secreto se refiere al embrujo peligroso cuando se unen el arte y el erotismo. Hay instantes extáticos a los que no se sobrevive porque después la vida cotidiana se hace ya insoportable. A este respecto Nietzsche usará la expresión «cumbres de arrobamiento». Tannhäuser, según la redacción de Tieck, intenta contar este asunto a su amigo Friedrich. Hace una pausa y besa al amigo. A la mañana siguiente su mujer está muerta y Tannhäuser ha desaparecido. Pero aquel beso ha dejado a Friedrich fuera de sí:

> Corrió a escapar con incomprensible prisa, para buscar la montaña mágica y a Tannhäuser, y desde entonces no lo volvieron a ver. La gente decía que quien recibe un beso de alguien de la montaña es presa de una atracción irresistible, que con poder mágico lo arrastra a los abismos subterráneos.

Tieck acabó este relato en la mañana posterior a la noche memorable del verano de 1799 en que comenzó su amistad con Novalis en la casa de August Wilhelm Schlegel en Jena. En su vejez Tieck describe así la escena:

> Cayeron las barreras de la vida cotidiana, y mientras tintineaban los vasos bebieron amistad. Había llegado la medianoche; los amigos salieron a la noche veraniega. De nuevo descansaba la luna llena; la antigua amiga del poeta desde los días de la niñez rebosaba de magia y encanto sobre las colinas en torno a Jena.

Durante una parte del camino Tieck acompaña a Novalis, que ha de volver a Weissenfels aquella misma noche. Promete al amigo que antes de expirar la noche terminará su *Tannhäuser.* Y de hecho, en las horas del amanecer pudo mostrar el relato terminado, que le leyó a su amigo en Jena, al anochecer del mismo día.

En *Tannhäuser* la montaña atrae con secretos eróticos. En *El monte de las runas,* escrito tres años más tarde, a la atracción erótica se añade la del dinero y el oro. Tieck había descubierto la filosofía de la naturaleza de Schelling y de Ritter, y encontró en ella confirmada su idea de que la propia naturaleza interna se revela en el espejo de los abismos de la exterior. Y la naturaleza interior incluye también la codicia, este magnetismo de tesoros escondidos. Ahora bien, mientras que, para Schelling, en el espíritu humano la naturaleza entra en la conciencia clara de sí misma, a Tieck le fascina lo oscuro, lo espantoso de «esta noche de bodas en el seno de la tierra».

Wackenroder ya había muerto cuando empezó la amistad entre Tieck y Novalis. «La suerte de haberte conocido», escribe Novalis a Tieck después del primer encuentro, «inicia un nuevo libro en mi vida [...]. Has producido en mí una impresión profunda, encantadora. Nadie hasta ahora me había conmovido como tú de una forma tan suave y a la vez tan amplia.»

En aquel momento, Tieck había terminado las dos primeras partes de *Las peregrinaciones de Franz Sternbald,* un texto que originariamente había querido escribir junto con Wackenroder y que pertenece al género de la novela de artista.

La novela, aparecida en 1798, llamó poderosamente la atención de la generación romántica y provocó una adhesión entusiasta. Friedrich Schlegel alaba la «plenitud fantástica y la agilidad», y continúa: «Aquí todo está claro y transparente, y el espíritu romántico parece fantasear alegremente acerca de sí mismo». Y todavía para E.T.A. Hoffmann era «un verdadero libro de artistas».

Tiempo atrás, el *Wilhelm Meister* de Goethe había proporcionado un gran prestigio al género novelístico. Esta obra incitó en la segunda generación de poetas la ambición de escribir también una obra narrativa que uniera la exposición de la evolución de un individuo interesante, el estudio de problemas del mundo artístico y una imagen conjunta de la sociedad. Después del *Wilhelm Meister* la novela era considerada como un género universal de creación poética en el que todo podía tener lugar: descripción de la naturaleza, diversos escenarios y conflictos, teoría del arte, ofrecido todo eso en diálogos y reflexiones. Con la novela querían abordarlo todo.

Tieck escribió su *Franz Sternbald* emulando el *Wilhelm Meister.* Pero, a diferencia de lo que sucede en la obra de Goethe, Tieck no hace que al final triunfe el mundo burgués y noble, sino el de los artistas. Así lo quería el espíritu romántico, por lo cual esta novela gozó de una feliz acogida, mientras que Goethe se mostraba indignado. Envió a Schiller el ejemplar que le había sido dedicado con una observación sobre la increíble «vaciedad del lindo recipiente».

La novela, subtitulada *Una historia de la antigua Alemania,* se desarrolla en la época de Alberto Durero, ya evocada también en los *Efluvios cordiales,* de Wackenroder. En la imagen de Sebastián, el colega pintor, que Franz Sternbald deja en Nuremberg, se retrata al amigo difunto. El nombre alude además al santo mártir. ¿No sufrió también Wackenroder por el arte y en el arte?

Al principio de la novela leemos: «Franz ha dejado Nuremberg, ha salido hoy de este amistoso lugar de residencia, para ampliar su conocimiento en la lejanía y luego, después de un fatigoso peregrinaje, volver como un maestro en el arte de la pintura». Toda la historia aparece narrada en estas páginas. Las estaciones de esta peregrinación son: Holanda, donde Sternbald visita al pintor Lucas von Leyden; Estrasburgo, cuya catedral es alabada una vez más, tal como lo habían hecho antes el joven Goethe y Herder; e Italia, donde el piadoso joven llega a conocer y estimar el erotismo y el placer de los sentidos junto con el arte de Rafael.

Pero ni siquiera en esta novela sumamente exigente puede negar Tieck los ecos de su trabajo en la fábrica de literatura, pues, lo mismo que en una novela trivial (aunque también en *Wilhelm Meister),* una mano invisible dirige los destinos del héroe. Según un plan que al final no se llevó a cabo, Sternbald tenía que encontrar en Italia a su verdadero padre, que era quien lo había engarzado todo, y reconocía a su hermano real en su amigo y acompañante Ludovico. Una bella desconocida, con la que se encuentra en el camino, le recuerda una escena de la niñez. En adelante, esta mujer se convertirá en el norte de su amor, que también halla su cumplimiento en Italia.

El hilo tenuemente anudado de la narración recorre escenarios repletos de castillos, conventos, fortalezas, praderas atravesadas por ríos y bosques, donde comparecen carboneros, caballeros, condesas, ermitaños y monjes, y donde suena incesantemente la corneta de posta, la trompa de caza, o la flauta pastoril. Más adelante, las novelas románticas incluirán variaciones sobre estos pasajes. Entre esos escenarios se intercalan las instrucciones que proporciona el maestro de arte y las conversaciones sobre arte, en las que aparecen una y otra vez las preguntas: ¿para qué el arte?, ¿qué utilidad tiene en el mundo burgués?

Al principio de sus caminatas, Franz Sternbald todavía se desconcierta fácilmente debido a consideraciones utilitaristas. En primer lugar, un artesano se manifiesta en tono negativo sobre la escasa utilidad práctica del arte; luego, el ama le recomienda una profesión sólida, y por último un hombre de negocios se burla de los artistas como si fueran unos pobres diablos. Pero Sternbald supera estos instantes de tentación y en un gran discurso, que luego los románticos citarán complacidos, defiende la sublime inutilidad del arte:

> ¿Y qué entiendes tú con la palabra utilidad? ¿Ha de orientarse todo a la comida, la bebida y el vestido? O el hecho de que yo conduzca mejor una nave, invente máquinas más cómodas, ¿ayuda a comer mejor? Lo digo una vez más: lo verdaderamente elevado no puede ser útil; esta utilidad es totalmente extraña a la naturaleza divina de lo excelso, y exigirla significa envilecer lo sublime y rebajarlo al nivel de las necesidades ordinarias de la humanidad. Es verdad que el hombre tiene necesidad de muchas cosas, pero no ha de rebajar su espíritu a la condición de siervo del siervo, del cuerpo. Debe tomar precauciones como un buen señor de casa, pero el curso de su vida no ha de cifrarse en este cuidado por la mera supervivencia. Y así considero el arte como una garantía de nuestra inmortalidad...

Por una parte, Franz Sternbald es un artista verdadero y, por otra, también tiene validez para él lo que Wackenroder escribió en sus *Efluvios cordiales* sobre el músico Joseph Berglinger: «¿Debo decir que quizás él estaba más hecho para gozar del arte que para ejercerlo?». El

Sternbald de Tieck no sólo es un artista, sino que además, y en mayor medida, se encarna en él la aspiración al arte. Al principio lo encontramos en los talleres artísticos, lo vemos trabajar en obras nítidamente delimitadas. Pero siente el impulso hacia lo indeterminado y lo monstruoso; desea «producir por encanto una obra que sea en cierto modo una imagen de la infinitud». De ahí que le atraiga la lejanía, pues también su voluntad de arte amenaza con perderse en lo lejano e incomprensible. Sternbald es plenamente consciente del peligro que subyace en ello, y así escribe en una carta al amigo: «Me gustaba realizarlo todo, y a la postre nada podré hacer contra esto».

En la exuberante sensualidad de una Italia que recuerda el *Ardinghello* de Heinse, Sternbald, junto con la embriaguez artística, experimenta también otra dimensión erótica. Está a punto de desertar del honesto ideal del arte de Durero, cuando ante el *Juicio final* de Miguel Ángel experimenta de nuevo una conversión al rigor artístico.

El plan no ejecutado de Tieck preveía un regreso de Sternbald a Alemania y una purificación en el sepulcro de Durero. Por tanto, Sternbald había de ser conducido desde la añoranza disolvente de la obra a la añoranza configuradora de la obra. Pero como la novela no se terminó, ésta se quedó en la añoranza indeterminada, que no ha encontrado todavía el lugar adecuado, ni la obra que trae la consumación.

Esta imposibilidad de realización desde el presentimiento y la añoranza hizo escuela. Algunos pasajes de *Sternbald* ejercieron un efecto seductor en jóvenes pintores como Runge, en poetas como Novalis y Hoffmann; por ejemplo, aquel donde el amigo de Sternbald exclama a la vista de un arrebol:

> Si vosotros los pintores fuerais capaces de pintarme una cosa semejante [...], con gusto renunciaría allí a la acción, la pasión, la composición y todo, si vosotros, de acuerdo con lo que hace hoy la naturaleza bondadosa, me pudierais abrir con rosada llave la patria donde habitan las penas de la niñez, el país radiante [...]. ¡Oh, amigos míos, si vosotros pudierais atraer a vuestra pintura esta música admirable que hoy el cielo compone!

Después de *Sternbald*, la producción de Tieck comenzó a paralizarse, para reanudarse de nuevo en los años tardíos, pero ahora de forma realista. Como si quisiera concluir una fase, desde 1810 reunió en la colección *Phantasus* sus relatos, cuentos y obras teatrales de tipo romántico. El prólogo, dirigido a A.W. Schlegel, tiene un tono elegiaco: «Fue una bella época de mi vida aquella en que te conocí a ti y a tu hermano Friedrich; y fue más bello todavía el tiempo en que nosotros y Novalis vivíamos juntos para el arte y la ciencia, y compartíamos múltiples aspiraciones. Ahora el destino nos ha separado desde hace muchos años...».

La añoranza romántica se había trocado en la congoja de la retrospección. El Romanticismo siguió con vida, pero Tieck estaba dispuesto a despedirse de él.

# Capítulo 6

Goethe considera que Novalis habría podido y debido ser el *Imperator* de la vida espiritual en Alemania, en tan alta estima tenía su fuerza poética y filosófica. Lamentaba que el joven no hubiese tenido tiempo suficiente para desarrollarla plenamente. Cuando el 25 de marzo de 1801 Novalis moría a la edad de 29 años, apenas era conocido fuera del círculo romántico de sus amigos. Sólo se habían editado unos pocos aforismos y fragmentos de pensamientos, los aforismos políticos publicados con el título *Fe y amor,* y los *Himnos a la noche*. Eso era todo. La auténtica repercusión de su obra no comenzó hasta después de su muerte, cuando Ludwig Tieck y Friedrich Schlegel editaron en 1802 algunas de las obras póstumas, la novela *Enrique de Ofterdingen*, terminada en su primera parte, el fragmento de novela *Los discípulos de Sais* y los *Cánticos espirituales*. El editor no se atrevió a publicar sin recortes el ensayo *La cristiandad o Europa*.

Muy pronto se convirtió Novalis en una figura mítica. En el primer capítulo de su *Ofterdingen* había contado el sueño de la flor azul y pasó a ser, con su persona y su obra, un símbolo de esta flor azul, una caja de resonancia en el jardín mágico de la poesía romántica. Quienes lo habían conocido de cerca y gozado de su amistad ya lo habían percibido así en vida, como encantador y mago, es más, como una especie de fundador religioso. Friedrich Schlegel, que por entonces abrigaba parecidas ilusiones, escribió a su amigo en diciembre de 1798: «Quizá tú tienes más talento para ser un nuevo Cristo, que encuentra en mí a su valiente Pablo». También el aspecto externo del joven daba pábulo a la fantasía. «Ha cambiado notablemente», escribía Schlegel en el verano de 1798, «su cara es más alargada y, en cierto modo, se eleva sobre el ámbito de lo terrenal, como la novia de Corinto, tiene por completo los ojos de un vidente, y éstos miran al frente, descoloridos.»

Novalis cautivaba por el hechizo de su apariencia personal, igual que a través de sus escritos. Henrik Steffens, una figura destacada en el terreno de la filosofía de la naturaleza, lo describía de este modo:

> Pocos seres humanos me han producido una impresión tan importante para toda mi vida. Su exterior, a primera vista recordaba el de aquellos piadosos cristianos que están representados con franca sencillez. Su mismo atuendo parecía confirmar esta primera impresión, pues era sumamente sencillo y no sugería la más mínima sospecha de su origen noble. Era alto, delgado y con demasiada claridad daba muestras de una constitución agitada. Guardo de su rostro la imagen de una cara de color negro y castaño. Sus finos labios, que a veces sonreían irónicamente, pero normalmente eran serios, mostraban la mayor finura y amabilidad. Pero había sobre todo en sus profundos ojos un ardor etéreo. Especialmente cuando se hallaba entre grandes grupos o en presencia de extraños podía quedarse sentado durante largo tiempo, entregado al silencio y hundido en la reflexión. Sólo cuando se encontraba con espíritus afines se entregaba por completo. Entonces hablaba a gusto y prolijamente, y se mostraba instructivo en sumo grado.

Cuando en enero de 1792 Schlegel coincidió por primera vez con Novalis, se produjo un encuentro entre «espíritus similares»: «Habla», le escribe Friedrich Schlegel a su hermano, «tres veces más y tres veces más deprisa que los demás; tiene la más rápida receptividad y capacidad de comprensión [...]. Nunca he visto la alegría de la juventud de este modo». Y esto lo escribe alguien que también hablaba mucho y muy deprisa. Al principio Schlegel pensaba que podría dirigir a Novalis, que era un año más joven; pero pronto se invirtió el orden de rango. Sobre todo en los dos últimos años el amigo se le convirtió en un modelo admirado.

En esta época, entre 1799 y 1801, Novalis vivía en una verdadera embriaguez creadora. *Enrique de Ofterdingen* debía ser la primera de una serie de por lo menos seis novelas. Su plan era escribir un ciclo entero. «Me gustaría», escribe el 27 de febrero de 1799 a Caroline Schlegel, «dedicar toda mi vida a una novela, que llenaría por sí sola una biblioteca entera, y que quizás habría de contener los años de aprendizaje de una nación.» Se proponía nada menos que componer para los alemanes su mito romántico, en el que todo tenía que encontrar su lugar: el nacimiento del Occidente cristiano, los influjos de la antigüedad griega, la sabiduría oriental, la sabiduría del dominio romano, el tiempo egregio de los emperadores Staufer, los destinos políticos y espirituales de Alemania desde los comienzos hasta la actualidad. Y ese material había de desarrollarse de forma fantástica y rica en pensamientos, en forma narrativa y reflexiva. Al final, Heinrich, en la historia de cuya formación individual se refleja la gran historia, tenía que recoger la flor azul y convertirse en el «árbol sonoro». Era una búsqueda del tiempo perdido, que termina también con un tiempo reencontrado, con un tiempo lleno. «Estoy tan cerca del mediodía», escribe eufóricamente Novalis a Caroline mientras trabaja en la novela, «que las sombras tienen la magnitud de los objetos y, por tanto, las imágenes de mi fantasía corresponden con bastante exactitud al mundo real.» La realidad, bien entendida, es tan fantástica que sólo una alta medida de espíritu poético es capaz de captarla. Novalis se sentía capacitado para ello. Estaba muy cerca de su muerte.

Friedrich von Hardenberg había nacido el 2 de mayo de 1772 en Oberwiederstedt (Turingia); hasta 1798 no tomó el nombre artístico de Novalis, que significa: el que construye el nuevo país. Los Hardenberg eran una antigua estirpe nobiliaria, originarios de la Baja Sajonia. El padre era terrateniente y director de las minas de sal del electorado de Sajonia, piadoso como un hermano moravo, patriarca de una familia numerosa en hijos. Pero la figura determinante fue en primer lugar el tío, Gottlob Friedrich von Hardenberg, residente en las cercanías de Helmstedt, como comendador de la orden de los caballeros teutones. A su lado creció Friedrich. El tío, a diferencia del padre, se sentía orgulloso del origen nobiliario y quería dar al sobrino ocasión de «satisfacer su vanidad». Quería hacer de él «un hombre de mundo» y, según relata Novalis, en tono admonitorio había puesto ante sus ojos «la ridiculez de un hombre de letras». Pero fue en vano. Novalis se convirtió exactamente en eso, en un amante de las letras. No obstante, siguió los deseos del padre y se formó como administrador y funcionario de las minas de sal. Si su tío era frívolo y mundano, el padre era un devoto, y al final Novalis se entregó a una devoción que tenía algo de frívola, ya que estaba radicada en lo artístico y poético.

Novalis permaneció ligado a su familia, siguió vinculado afectivamente a su madre, a la que más tarde glorificará en la imagen de la «madre de Dios». Estimaba también al padre, porque le había enseñado el «desprecio del mundo exterior» y le había ayudado a seguir la inspiración del «corazón» y a no «prestar gran consideración a la opinión del mundo». El joven estudiante, que en 1791 asistió en Jena a las lecciones de Schiller, adoptaba un porte despreocupado, altivo, afectuoso y entusiasta. A diferencia de Hölderlin, casi de su misma edad, que también es un adicto apasionado de Schiller, Novalis nunca corre el peligro de apocarse. Procede de la nobleza, donde la conciencia tranquila de sí mismo es una dote heredada, y por eso se ahorra los tormentos de una vacilante autoestima que torturaban a Hölderlin, quien se juzgaba exclusivamente por el rendimiento intelectual. Con apertura infantil solicita Novalis el afecto de Schiller, a quien escribe expresando su deseo «de que le guarde un poco de cariño y, cuando lo vuelva a ver, encuentre abierto todavía el antiguo puesto en su corazón». Cuando Schiller yace gravemente enfermo a principios de 1791, Novalis le acompaña junto al lecho y le seca la frente sudorosa. El padre había rogado a Schiller que influyera en el hijo para reconducirlo desde las bellas artes al Derecho, más rentable. Y Schiller actúa en consecuencia, consciente de que la inclinación poética, si es suficientemente fuerte, siempre se traza su camino. Novalis se deja aconsejar por Schiller y se traslada de Jena a Leipzig con el propósito de acabar allí los estudios de Derecho. Se prescribe «un ayuno anímico por mor de las bellas ciencias», que por un tiempo quedan rebajadas a la condición de «compañeras de juego» en horas secundarias. Sin embargo, han de seguir siendo su verdadero «sello del entusiasmo y de la grandeza».

En Leipzig se apodera de él durante cierto tiempo la «avidez de mundo», aprendida de su tío. Lleva un gran tren de vida, contrae deudas. Se entrega a lances de honor y amoríos. Las cartas de esta época indican que se encuentra en graves apuros y que no adelanta en sus estudios.

Para disciplinarse quiere vestir el uniforme militar. «El exuberante torrente de pensamientos se perderá. Pero se hará tanto más rico», por lo menos así lo espera. No teme a la muerte. «Estoy persuadido de que la vida no es lo máximo que se puede perder en el mundo.» ¿El desierto del servicio? Precisamente los «deberes mecánicos» dejan «toda la libertad posible» a la cabeza y al corazón. En la extensa carta por la que solicita a su padre la aprobación del plan en ciernes, esboza todo un programa para mejorar su carácter. Piensa trocar las fantasías en sensaciones, los conocimientos en principios y la ingenuidad en sencillez. El padre se congratula con los buenos propósitos del hijo, pero no se muestra entusiasmado de que quiera realizarlos precisamente en la vida militar. Al final, Novalis se da cuenta de que no tiene necesidad del

Ejército para disciplinarse y mejorar su carácter. En el verano de 1794 supera en Wittenberg los exámenes de Derecho e inicia sus servicios como pasante en el distrito de Tennstedt. A finales de este año se encuentra con Sophie von Kühn. Queda subyugado. Será el gran amor de su vida. Lo que ahora sucede es un Romanticismo como forma de vida, algo que en el fondo sólo está en los libros.

La muchacha sólo tiene trece años; procede de buena familia. Por tanto, no hay impedimentos para el matrimonio, al que Novalis está decidido de inmediato; el inconveniente es quizá la tierna edad de la novia. Pero el padre se inclina por hacer la vista gorda, pues también él ha cogido cariño a la muchacha. En cambio, los amigos no podían comprender lo que fascinaba a Novalis, ya que no encontraban a Sophie especialmente atractiva. Sólo Tieck reacciona con arrebato. Ninguna descripción podría expresar, escribe, «con qué gracia y celeste encanto se mueve este ser supraterrestre, y qué belleza la rodea de resplandor y la ha revestido de emoción y majestad».

A pesar de su encantamiento, Novalis era capaz de emitir un juicio distanciado sobre la amada. Así, confía a su diario, en el verano de 1796, la siguiente característica:

> Su temprana madurez. Desea agradar a todos. Su firmeza y su flexibilidad frente a las personas que estima o que teme [...]. No le importa en exceso la poesía [...]. No parece que haya llegado a un estadio de auténtica reflexión [...]. Su fumar tabaco [...]. Su atrevimiento frente al padre [...]. Su anhelo de educarse [...]. Su amor a los niños. Espíritu de orden. Espíritu dominador. Su preocupación y pasión por el decoro. Procura conseguir que yo agrade en todas partes [...]. No quiere avergonzarse por mi amor. Con frecuencia mi amor la agobia. Tremendo don de simulación, don de ocultamiento de las mujeres en general.

En el verano de 1795, después de prometerse en secreto, Novalis comienza a estudiar la filosofía de Fichte, al que había conocido personalmente en Jena. Hemos expuesto ya qué impacto tuvo en él la *Doctrina de la ciencia*. Pero en lo tocante a la conexión de estas lecturas con la historia de amor, hemos de añadir que Novalis a veces ignoraba la distinción de Fichte entre el yo empírico y el trascendental. En su euforia de enamorado se siente como si no sólo pudiera pensar el punto de vista trascendental, sino también experimentarlo inmediatamente. Experimentar el yo en su propia vivencia significa para él: «Un apoyo firme en lo imperecedero, en lo divino que hay en nosotros» (a Caroline Just el 10 de abril de 1796). Y es esto exactamente lo que le sucede en el caso de Sophie. Con la terminología de Fichte formula así esta experiencia: «La tarea suprema de la formación es apoderarse de su mismidad trascendental, ser a la vez el yo de su yo».

Pero Sophie le permite entre otras cosas el vuelo trascendental del sentimiento por las alturas, pues quien es «el yo de su yo» puede hacer ambas cosas: entregarse a los sentimientos y observarlos a la vez, echando así una mirada distanciada a la amada, lo que produce análisis exactos del estado psíquico:

> De tal manera he amalgamado mi yo con su imagen, que en ningún instante respiro sin ella. Esto crece cada día, y nunca habría creído que una sensación puede crecer tan incesantemente y, sin embargo, tener espacio todavía. Bajo este aspecto, lejos de ser un iluso, podría arrojar un guante a un experto marido (a Caroline Just el 10 de abril de 1796).

El «yo de su yo» permanece libre frente al yo «amalgamado» con su imagen; «no hay ni rastro de pasión salvaje y desgarradora».

El enamoramiento no le impide observar las ficciones en las que incurre. Eso es lo que en la misma carta describe de este modo: «Hacerse una determinación artificial» y «es siempre un poema, pues en el lenguaje originario esto no significa otra cosa que ficción».

Cuando Novalis usa los términos «ficción» y «poema» no habla en un tono peyorativo, en el sentido de ilusión y autoengaño, sino que se refiere a la manifestación de una fuerza viva que se llama «imaginación» *(Einbildungs-Kraft)* en el discurso filosófico de su época, sobre todo en Kant y Fichte.

Deja que esta fuerza, denominada «imaginación productiva» en sus estudios de Fichte, actúe también en relación con Sophie. Así surge una nueva realidad en un doble sentido. En primer lugar la imaginación da alas a su sentimiento vital y lo incrementa. Por tanto, se produce una nueva realidad, aunque sólo sea subjetiva. Y en segundo lugar, la imaginación actúa hacia fuera como un objeto magnético. Saca de la otra persona algo que se esconde realmente en ella. A través de la imaginación nos transformamos e incrementamos a nosotros mismos y a los demás. En otro contexto designa este doble incremento, tanto subjetivo como objetivo, con la palabra «romantizar» *(Romantisieren)* y da la siguiente definición del término: «Romantizar no es otra cosa que una potenciación cualitativa». En el amor romántico por Sophie, Novalis logra esta doble «potenciación cualitativa», se potencia a sí mismo y potencia a la amada.

Pero la amada enferma en el verano de 1796 y muere el 19 de marzo de 1797. Novalis anota en el diario que su consuelo radica en la «prodigiosa fuerza terapéutica de la ciencia». ¿Qué ciencia?

Novalis, funcionario de las minas de sal en Weissenfels (electorado de Sajonia), sigue formándose para su trabajo, pues estudia ciencias naturales y apoya en ellas sus especulaciones sobre filosofía de la naturaleza. Y el consuelo que extrae de ésta sin duda se relaciona con el sentimiento de encontrarse dentro de la vitalidad grandiosa de la naturaleza entera, en su monstruosa historia, que ha producido también al hombre y gracias al espíritu humano penetra en la conciencia de sí misma y de sus fuerzas operativas.

Por tanto, para superar «todo el infortunio de la vida», se sumerge en las fuerzas creadoras de la naturaleza, que advierte también en sí mismo. «El camino misterioso va hacia dentro.» Pero lo que Novalis encuentra allí tiene mayor contenido para él que el yo de Fichte. «¿No está en nosotros el universo? No conocemos las profundidades de nuestro espíritu [...]. En nosotros o en ninguna parte está la eternidad con sus mundos.»

La «mirada interna» a la naturaleza busca la alianza con ella. Novalis quiere comprenderla «tal como nosotros nos entendemos a nosotros mismos y entendemos a nuestros seres amados...». En lugar de una analítica sin corazón desarrolla una erótica del contacto con la naturaleza. Poco a poco el yo absoluto de Fichte, que subyace también en el fondo de la naturaleza, pasa a ser, en el caso de Novalis, un tú. Y puesto que entre amantes todo es posible, cabe afirmar: «Lo que quiero, lo puedo; en el hombre nada es imposible».

Novalis realiza ya aquí un giro que Schopenhauer, todavía por espíritu romántico, repetirá una generación más tarde de forma genial y configurará en un sistema cerrado. Schopenhauer, lo mismo que Novalis, distingue entre el conocimiento según el principio de causalidad, lo que él llama «representación», y la forma íntima, ligada al cuerpo, de entender la naturaleza desde dentro. Sólo en mí mismo, dice Schopenhauer, experimento lo que es el mundo más allá de lo que a mí se me da en la representación. El hombre que se experimenta a sí mismo tiene una vivencia de la dimensión interior del mundo. Schopenhauer escribe en sus apuntes: «Hemos ido hacia fuera en todas las direcciones, en lugar de entrar en uno mismo, donde ha de resolverse todo enigma». Lo que es el mundo, además de ser mi representación, es para Schopenhauer la voluntad experimentada en el propio cuerpo, la voluntad como aquel poder oscuro de la vida que actúa en el hombre igual que en la naturaleza entera.

Novalis, como Schopenhauer más adelante, quería entender la naturaleza desde la propia mismidad, primero bajo el influjo de Fichte, desde la estructura de la conciencia de sí, y luego desde las fuerzas oscuras, instintivas y a la vez creadoras. «Es sorprendente que el interior del hombre sólo haya sido tratado en forma tan escasa y carente de espíritu [...]. A nadie se le ocurrió buscar nuevas fuerzas, todavía sin denominar.»

Novalis, como Schopenhauer más tarde, dio el nombre de voluntad a estas «fuerzas no denominadas todavía». «En el fondo cada hombre vive en su voluntad», debiendo advertirse que «yo también tengo voluntad [...] aunque lo ignore». Según Novalis, esta voluntad es algo mágico, fuerte. Nada hay de misterioso en ello, pues en el uso activo de los órganos, cuando un impulso espiritual incita y dirige los movimientos corporales, se muestra la fuerza «mágica» de la voluntad. ¿Por qué no habría de ser posible demostrar con esta magia de la voluntad que en un sentido todavía más profundo y radical tiene validez la frase de Schiller: «Es el espíritu el que construye el cuerpo»? Quizá sea sólo asunto de ejercitación la cuestión de si podemos hacer que la magia de la voluntad actúe más allá de los límites que ahora conocemos.

Novalis llama «idealismo mágico» a lo que se agita en su cabeza, y de él se promete grandes cosas. Cuando hayamos aprendido este idealismo mágico

> cada uno será su propio médico, y podrá granjearse un sentimiento completo, seguro y exacto de su cuerpo; quizás entonces el hombre [...] incluso estará en condiciones de restaurar miembros perdidos, de matarse a sí mismo por su mera voluntad, y por primera vez así conseguir verdaderas explicaciones sobre el cuerpo, el alma, el mundo, la vida, la muerte y el reino de los espíritus.

Tras la muerte de Sophie, Novalis practica por primera vez su «idealismo mágico»; se apoya en la fuerza y magia de su voluntad. No la emplea para «restaurar miembros perdidos»; más bien, quiere seguir los pasos de la amada, y la transición de una vida a la otra se realizará no porque quiera emprender algo contra sí mismo, sino solamente por la voluntad. Se señala el plazo de un año y pone al corriente a sus amigos. Los hace testigos de este proyecto de terminar desde el espíritu de su idealismo mágico. Poco antes de la muerte de Sophie, Novalis se había dado a sí mismo el calificativo de «jugador desesperado», cuyo destino ulterior depende «de si un pétalo cae en este o en aquel mundo» (a Wilhelmine von Thümmel el 8 de febrero de 1797). Y el 13 de abril de 1797, cuando Sophie ya ha muerto, escribe: «El soplo del viento se ha llevado el pétalo al otro lado. El jugador desesperado arroja las cartas y sonríe, como despertado de un sueño, ante la última llamada del vigilante y espera la aurora, que lo despierta a una vida fresca en el mundo real».

Novalis está henchido de la fe en que la muerte que él mismo se inflige es una transformación y no un final. Orfeo sigue a Eurídice, pero no al reino de los muertos, sino a una vida superior. La añoranza de la muerte es en realidad la aspiración a una vida incrementada, y él quiere alcanzarla por la fuerza de su voluntad y atraído mágicamente por la imagen transfigurada de su amada. En el dolor de la separación nota su «llamada al mundo invisible».

En el sepulcro de Sophie, que visita a diario, hay «instantes de ardiente alegría», como si estuviera ya unido con la amada, y se pregunta desconcertado: ¿estás loco? Pero no está loco, es la imaginación productiva, acerca de la cual ya había construido sus teorías cuando estudiaba a Fichte, la que lo arrastra ahora a un imaginario más allá, que para él es real. Pero todavía no está allí, está aún aquí, ha de realizarse todavía la transición. Inicia un diario con la intención explícita de afianzarse en su decisión, de registrar exactamente las tribulaciones y de vencerlas. En una ocasión anota acerca de esta decisión: «Por firme que ella parezca ser, me pone a veces receloso el hecho de que se me presente tan extraña». Y otra vez escribe, después de visitar la tumba: «Me encontraba muy bien, por más que tuviera frío, y, sin embargo, lloré». Y luego siguen otra vez «algunos momentos de alegría salvaje» en el sepulcro. Evita el «temple de ánimo de la vida cotidiana», y lo anota críticamente cuando se encuentra bien en sociedad, cuando habla hasta que le duele el cuello, cuando come demasiado. «He de procurar decididamente afirmar mi mejor yo en el cambio de las escenas de la vida, en los cambios de ánimo. Tengo que pensar incesantemente en mí mismo y en lo que experimento y hago.»

Fichte todavía agita los pensamientos de Novalis, y por eso a veces éste equipara esta «mismidad mejor» con el «auténtico concepto del yo fichteano». La tensa observación de sí mismo se convierte en un acecho. Novalis no sabe cómo valorar algunas emociones: «Pronto extraje algo de Fichte; llevé un poco lejos mis ansias». ¿Está aquí todavía presente el recuerdo del ansia, o es ya la avidez de la unión en el más allá? Él mismo no sabe exactamente qué debe pensar al respecto; y los que observan sus extraños rituales acaban irritándose. Una amiga de la hermana de Sophie, Caroline von Kühn, cuenta:

> Después de la muerte de Sophie, con frecuencia permanecía durante días encerrado en la habitación de ella. Y vivía solamente para su dolor. A los suyos les preocupaba cómo soportaba esta larga soledad; eso hizo que un día su hermana entrara a verlo y, al entrar por la puerta, se quedó rígida de pavor, pues vio a la difunta tal como el día de su muerte yacía en su cama. La explicación era que Novalis había extendido en la cama el largo vestido azul que llevaba cuando murió. Puso encima su toca y dejó allí abierto un libro de bolsillo que había leído últimamente, a fin de evocar y retener el aspecto de su figura en el acto de leer.

A pesar de todo, su intención de morir comienza a palidecer poco a poco y vuelve a cautivarlo la vida cotidiana; el yo empírico afirma sus derechos frente al trascendental, que quería elevarse a su condición de trascendente. No obstante, esa tendencia no desaparece por completo. Sigue presente por lo menos en el sentido de que la vida ordinaria le parece provisoria, y una y otra vez se abre paso la añoranza de la muerte, «este tomar suelo firme en lo imperecedero». Novalis acaba de prometerse a Julie von Charpentier, la hija de su mentor en Freiberg, Bergrat Charpentier, y escribe a Friedrich Schlegel: «Parece que me espera una vida interesante; sin embargo, sinceramente, preferiría estar muerto» (20 de enero de 1799). Relata también con qué esfuerzos hubo de restablecer los vínculos interiormente rotos con sus asuntos cotidianos. Y lo cierto es que lo logra: «Comienzo a amar lo que es sobrio, lo que despeja realmente el camino y hace progresar; sin embargo, las fantasías son siempre suficientemente fantásticas» (a Caroline Schlegel el 20 de enero de 1799).

A principios de 1798 comienza Novalis sus estudios en la Academia de Minas de Freiberg. La antigua dedicación a la mineralogía y las ciencias naturales son para él un mero preludio. Ahora se entrega a este campo con toda energía. Llega a conocer también en el terreno práctico las construcciones subterráneas. La «llamada al mundo invisible» se convierte en una llamada al mundo subterráneo, nocturno, en una profesión. Esta renacida complacencia subterránea dejará huellas claras en *Enrique de Ofterdingen*, cuando habla de la «envidiable dicha» que concede «el contacto con las primigenias rocas, hijas de la naturaleza, con sus oscuras y admirables cámaras». En el mundo subterráneo, en la noche de la montaña, experimenta una «alegre elevación sobre el mundo». Un misterioso minero canta:

> Es señor de la tierra
> quien su profundidad explora
> y en su seno arroja
> cuantas quejas le acechan.
> Con ella está unido
> en intimidad familiar
> y enciende allí su hogar
> con ardor de prometido.

El nuevo conocimiento del mundo subterráneo impregnará también los *Himnos a la noche*. Esta obra poética de Novalis, la primera importante y la única acabada, surge entre 1798 y 1799, en una época en la que los éxtasis de lo que está al descubierto, la vivencia de Sophie, se unen con la nueva complacencia en lo subterráneo, con la fascinación de las minas. En el cuarto himno leemos:

> La onda de cristal, para los sentidos ordinarios escondida, en el pecho oculto de la colina mana; en su pie la terrestre marea se rompe; quien realmente la ha gustado, al ajetreo del mundo ya no vuelve. En lo alto nada todo lo terrestre, mas lo que por el contacto amoroso se hizo sagrado, en galerías escondidas disuelto, gotea de la región del más allá, y allí se mezcla con amores escondidos.

El 31 de enero de 1800, en una carta a Friedrich Schlegel, Novalis menciona por primera vez, casi incidentalmente, los *Himnos*, que pronto pasarán a ser el prototipo del enamorado de la muerte y del Romanticismo místico: «Además os envío un largo poema».

De los seis himnos es el tercero el que hace la referencia más clara a la vivencia en el sepulcro de la amada. Posiblemente surgió ya en aquel momento; en todo caso alude a la escena originaria e indica el germen de los demás himnos. Comienza así: «En tiempos, cuando lágrimas amargas derramé, cuando en dolor mi esperanza se deshizo...», y termina: «desde entonces siento eterna e inmutable fe en el cielo de la noche y su luz, la amada». Acontece la epifanía de una noche que no apunta precisamente a la nada, sino a una plenitud sobrecogedora. Pero antes ha de romperse «el vínculo del nacimiento», tiene que disolverse lo que ata a la vida terrestre; debe producirse un renacimiento, capaz de liberar «de las ataduras de la luz», y puede producirse por el amor. En su diario, Novalis había descrito en pocas palabras este instante extático que los himnos desarrollan: «Era yo allí inefable alegría, momentos con centellas de entusiasmo, yo soplaba en el sepulcro como quien sopla al polvo, eran ante mí los siglos como relámpagos».

En los *Himnos* Novalis recuerda esta escena porque fue la que lo liberó del miedo a la noche y a lo que ésta normalmente simboliza: muerte, absurdo, ausencia, vacío, oscurecimiento. Ahora ha aprendido que el amor triunfa sobre la angustia de la muerte y sobre todo tipo de negación. Si nos dirigimos con mirada amante a la oscuridad, siempre se descubre algo en ella. «Más celestes que astros centelleantes [...] se me traslucen los infinitos ojos, que en nosotros la noche abre.»

Pero, naturalmente, persisten los espantos nocturnos del no ser, de la ausencia, de la falta de sentido. Si no fuera así faltaría la resistencia que hemos de vencer siempre una y otra vez. Lo destructivo y amenazador ha de sonar desde lejos, para que la santificación de la noche contenga todavía una huella de aquel «deleite cruel» que Novalis designa en otros lugares como un elemento de la experiencia religiosa.

Más tarde, Leopardi y Baudelaire, por ejemplo, llevarán a cabo otros ensayos poéticos sobre la noche, y expresarán el dejar de ser, la desaparición, la nada amenazante o atractiva, el gran cansancio, la complacencia en la aniquilación. Es cierto que también en Novalis se percibe algo de todo ello, pero en él predomina la imagen de una noche iluminada por el «entusiasmo nocturno, que regala un sueño sagrado», aunque éste no ha de equipararse al reposo último, a la desaparición radical, sino más bien a la embriaguez producida por una droga. Podemos presentir este «sueño sagrado» en la «dorada marea de las uvas, en el aceite prodigioso del almendro y en el bronceado jugo de la amapola».

La noche trae la gran transformación, pero es también una noche del origen; de ella brota el ser. Es la oscuridad del reino de la tierra, donde germina la semilla, protegida todavía del sol. El reino de las raíces es oscuro como la noche.

Las imágenes de la noche y de las minas forman una unidad. La noche aparece como lo centrípeto de la tierra, como principio materno, como lo que alberga: «Te engulles en ti mismo, te derretirías en el espacio sin fin, si ella no te sostuviera, no te ciñera, para que te calientes y flameando engendres el mundo». La noche es el interior absoluto; frente a ella es exterior lo que llega al día luminoso. La noche es el tiempo, y la montaña es el lugar del origen. Lo procedente del origen es lo que ha brotado, pero puede ser también lo que se ha hecho extraño frente a él. La cantidad de origen que conserva en sí lo que ha brotado decide sobre la medida de sus logros, sobre su verdad y belleza. Así es como puede entenderse la enigmática frase: «¿No lleva el color de la noche todo lo que nos entusiasma?». La noche sería entonces aquello a lo que regresamos, un nuevo nacimiento y también un regreso al nacimiento. Lo que ha brotado vuelve a su origen. De ahí las voluptuosas imágenes de la entrada en la amada, que es a la vez la madre. «Un poco más de tiempo / y estoy libre, yazco ebrio / amado en el seno.»

Los primeros cuatro himnos a la noche describen el suceso de una revelación personal. Aquí la mística de la noche todavía no va unida a ninguna religión oficial. Esto cambia en el quinto himno, en el que hace su irrupción la religión cristiana. La cesura está claramente marcada. Después del mito privado viene la fe cristiana, si bien arreglada caprichosamente. El quinto himno narra en forma original el ocaso de los dioses griegos y el triunfo del cristianismo. Los antiguos dioses eran divinidades del día y de la luz. El miedo a la noche y a la muerte no estaba superado en realidad, sino que tan sólo había sido marginado, tan sólo lo habían regateado. La antigua religión había capitulado ante la muerte y se limitaba a celebrar la parte iluminada del mundo y de la vida: «Fue la muerte la que interrumpió este banquete placentero con miedo, dolor y lágrimas». Por primera vez el cristianismo conquistó también la otra mitad del mundo, la nocturna y mortal, despojándola de su rostro espantoso. El cristianismo introdujo aquella revolución del alma que le permite descubrir una promesa henchida en lo amenazador. Cristo precedió al género humano, angustiado por su condición mortal, en el camino a través de la muerte, la noche y la resurrección. Desde entonces la muerte ha perdido su aguijón, suponiendo que creamos en la magia de la cruz y la resurrección.

¿Cree Novalis realmente en esto?

«La noche fue poderoso seno de la revelación.» Esta afirmación puede referirse a las dos cosas: a la revelación individual en la mística de la vivencia de Sophie, y a la revelación general, que se ha hecho histórica, a través de Cristo.

Novalis ha experimentado realmente que Sophie le ha precedido en la muerte como un Cristo y lo ha trasladado mágicamente a un más allá donde ha podido percibir –sin necesidad de limitarse a creer– que el amor puede superar el miedo a la muerte y producir un «entusiasmo frente a la noche».

Pero se pregunta si también sucede esto sólo con la fe en Cristo. Es cierto tan sólo que la revelación ligada a Sophie apoya la revelación oficial y le da credibilidad. Novalis experimentó la revelación personal, pero sólo puede creer en la revelación oficial el que se siente capaz de ello. En una carta a Just, funcionario de distrito en Tennstedt y amigo paternal, le confesó su revelación privada, en contraste con la religión oficial del cristianismo, que se apoya en la Sagrada Escritura como «argumento de prueba» y que para el amigo de mayor edad es vinculante. Que no se escandalice éste, escribe Novalis, «si yo me apoyo menos en la certeza documental, menos en las letras, menos en la verdad y los detalles de la historia; si me siento inclinado a percibir influjos superiores en mí mismo, y a trazarme un camino propio hacia el mundo originario».

Ahora bien, Novalis, al igual que la mayoría de sus compañeros de la generación romántica, ha sido educado concienzudamente en la fe cristiana. El padre impartía en casa lecciones de religión y velaba por la devoción familiar. Tieck, después de una visita a su amigo en Weissenfels, lo describe de este modo: en la habitación contigua oía hablar al padre en tono de reproche y enojo. «¿Qué ha sucedido?», preguntó preocupado a un criado. «Nada», respondió éste con sequedad, «el padre da una clase de religión.»

Esta devoción robusta, que buscaba en la fe sobre todo una orientación moral, tenía también algo del feliz sentimiento entre los hermanos de Herrnhut. Era la felicidad de una vida interior bien ordenada. Este hogar piadoso es para Novalis un recuerdo de la juventud y a la vez un presente, pues el padre mantiene todavía a la familia en la antigua fe. Novalis lo respeta, ya que ama a su padre. Sin embargo, él ha encontrado su «propio camino hacia el mundo originario». Es cierto que con ello no se puso en contra de la devoción doméstica, pero constituye una transformación de la tradición hecha por él mismo, una continuación de la devoción aprendida por sus propios medios.

Novalis recurre a la reflexión filosófica, apoyándose en Fichte, cuando intenta ampliar lo trascendental hasta la trascendencia. Usa los medios del idealismo mágico cuando, con la fuerza de su voluntad, quiere morir después de su amada Sophie y con ello «hacer pie en lo imperecedero». Y finalmente se sirve de los medios de la poesía: «Ahondar es filosofar. Inventar es poetizar». En sus *Himnos a la noche* había puesto a prueba esta extraordinaria elevación del rango de la poesía. En ellos había logrado trasladarse a un estado íntimo e intenso, y había tenido más éxito que en la filosofía y de forma más persistente que en el sepulcro de Sophie. Esto se debe a que el lenguaje poético da una forma tranquila a lo extático. En la poesía el pensamiento se convierte en devoción.

Desde la perspectiva de una inspirada conciencia poética llega incluso a dudar de la filosofía: «La filosofía entera es solamente conciencia de la razón [...] sin la más mínima realidad en el sentido auténtico. [...] ¿Y dónde queda la utilidad, el sentido práctico de la filosofía?». ¿De qué utilidad se trata?

En su discurso *La cristiandad o Europa* (1799) ofrece una clara respuesta a esta propuesta. Lo importante, dice, es que conservemos en nosotros mismos «el sentido sagrado», el «sentido inmortal», según se expresa a veces, y nos cuidemos de que no se apague en el mundo actual. Desde este aspecto también el mundo del más allá está despierto y vivo, y lo está no en un más allá del tiempo, sino en medio del tiempo y del presente. Pero actualmente las cosas no andan bien en lo que se refiere a ese «sentido sagrado». Está «turbado, paralizado, desplazado por otros sentidos».

Novalis redacta su discurso en el momento histórico en el que Napoleón se dispone a convertirse en soberano del continente europeo, y de hecho parece como si la antigua Europa fuera a desaparecer. En febrero de 1798 las tropas francesas han saqueado Roma y se han llevado al papa Pío VI cautivo a Valence, donde morirá en agosto de 1799. La Iglesia católica parece decapitada, y hay buenas razones para dudar de si se recuperará de nuevo, pues Napoleón se propone dinamizar y expandir el espíritu secular.

El discurso de Novalis no es sino el intento de narrar la historia del «agotamiento del sentido sagrado», de averiguar las razones de ese proceso y las posibilidades de su renovación. El texto es una filosofía de la historia y de la religión formulada poéticamente, la cual desemboca en la visión de una tercera época del mundo. Comienza de forma elegiaca y termina proféticamente, no aboga por el retorno a los buenos tiempos antiguos, sino por la irrupción en nuevas orillas, por una nueva cristiandad transformada, renacida en una Europa unida, no por las armas de Napoleón o la hegemonía de un espíritu nacional, sino en la universal comunidad espiritual, «sin mirar a los límites de los países».

¿Se trata de una utopía reaccionaria? En Jena, los amigos ante los que Novalis pronunció su discurso quedaron confundidos y se produjo una fuerte controversia. Dorothea Veit, compañera de Friedrich Schlegel, impregnada todavía del espíritu sobrio de su padre, Moses Mendelssohn, escribió a Schleiermacher, residente en Berlín: «El cristianismo está aquí a la orden del día; los señores están un poco desbocados. [...] Pretendo adivinar lo que cada uno quiere; no se entienden a sí mismos y no se entienden entre sí».

Uno de los adversarios principales de Novalis era Schelling, que, tal como Friedrich Schlegel le cuenta a Schleiermacher, «fue presa de un nuevo ataque de su antiguo entusiasmo por la irreligión». Poco después de este encuentro en Jena, Schelling escribió los ramplones versos de «La confesión de fe epicúrea de Heinz Widerporstens» dirigida contra aquel entusiasmo reblandecido:

> Hablan de religión como de una mujer
> que sólo a través de velos puedes ver;
> para no percibir sensible ardor,
> palabras exhalan en gran hervor...

Ludwig Tieck comentó decenios más tarde que el círculo de amigos «rechazó concordemente» el texto y decidió que no «se diera a conocer por escrito» (en el *Athenäum).* Lo cierto es que eso no fue exactamente así, pues Dorothea Veit expresó en una carta a Schleiermacher que era sólo ella la que «aconsejaba no publicarlo». De hecho había indecisión. August Wilhelm Schlegel propuso recurrir a Goethe como juez. Con cauta diplomacia, éste recomendó no imprimir el texto, pues serviría de pretexto para las difamaciones del público.

Parece que nada de esto ofendió a Novalis. ¿Se había limitado a experimentar el autor de esas palabras? Sobre la esencia de la retórica Novalis había redactado una vez la siguiente anotación: «En un verdadero discurso se echa mano de todos los resortes, se recurre a todos los caracteres y todos los estados, simplemente para sorprender, para considerar el objeto desde un nuevo punto de vista, para iludir de golpe a los oyentes».

¿Se había limitado a «iludir» a los oyentes con su discurso? ¿Había querido simplemente mostrarse a través de diversos «papeles»: el elegiaco, que llora por una época pasada, el revolucionario, que impulsa a la renovación, y el profeta, que vaticina lo que va a llegar?

De hecho no podemos imaginarnos a Novalis como alguien que derrama entusiasmo. Novalis no es ingenuo, se toma las cosas en serio, pero se mantiene como el director artístico de los efectos que quiere conseguir o intentar. En el juego de los papeles retóricos se mantiene como el autor circunspecto, que está sobre su obra, como el «poeta trascendental». Sólo así es explicable que Novalis pueda escribir sin rencor a Friedrich Schlegel sobre la parquedad de su éxito: «Europa me llama de nuevo; tengo otra idea al respecto; con ciertas variaciones puede conducir a otros discursos públicos. [...] La elocuencia también ha de cuidarse y la materia es magnífica» (31 de enero de 1800).

Novalis era también un actor dotado. Esto le había merecido el cariño de sus amigos, aunque no siempre estuvieran de acuerdo con él; le tenían cariño por esta fascinante ligereza que podía jugar con la profundidad. Novalis era el Mozart del joven Romanticismo. Manejaba las ideas con lúdica facilidad, de la misma manera que Mozart manejaba la música. Pero no por eso se comportaba con menor seriedad que las personas serias.

La idea nuclear de este discurso es: «Allí donde no hay dioses, acechan los fantasmas». Actualmente, dice Novalis, reinan los «fantasmas» del egoísmo, del nacionalismo, del pensamiento referido al poder político. A todo eso le daríamos hoy la denominación de «ideologías». Éstas han pasado a ocupar el lugar del atrofiado «sentido sagrado». El saber se ha separado de la fe y se difunde la tendencia a ponerse con celo creyente en brazos de la ciencia como una religión sustitutiva. Esto lo afirma el científico Novalis, perfecto conocedor de que a través de la química y de la física no dará con las huellas del enigma del mundo. Aboga por una ciencia que sea también sabiduría y en consecuencia conozca sus límites. Previene al espíritu científico, cuyo aliento respira también él, frente al peligro de seducirse a sí mismo. Con la mirada puesta en la historia de los últimos siglos evoca la memoria de las consecuencias emanadas del odio a la religión:

> El odio a la religión se extendió de forma muy natural y consecuente a todos los objetos del entusiasmo, excomulgó la fantasía y el sentimiento, la moralidad y el amor al arte, el futuro y los tiempos primitivos, con apu-

ros situó al hombre en la parte alta de la serie de los seres naturales, y convirtió la infinita música creadora del universo en uniforme trepidación de un molino enorme, que, impulsado por el torrente de la casualidad y nadando en él, es un molino en sí, sin arquitecto ni molinero, es propiamente un auténtico *perpetuum mobile*, un molino que se muele a sí mismo.

Con la imagen del *perpetuum mobile* Novalis resume la historia entera del pensamiento moderno, desvinculado de la metafísica cristiana.

Recordemos que, según esta doctrina: la naturaleza no puede conservarse a sí misma, es creación y necesita la afluencia constante de la gracia divina, lo cual recibía el nombre de *«creatio continua»*. Desde la modernidad temprana rige la premisa opuesta: la naturaleza está dispuesta de tal manera que se conserva a sí misma. En ella actúan leyes que garantizan su permanencia. La época moderna desarrolla como imagen del mundo la idea de una naturaleza que se conserva a sí misma, que ya no está referida a ningún Dios. Durante un periodo de transición se sostuvo con firmeza el principio de la creación basada en la hipótesis del relojero. Dios, se pensaba, ha construido el reloj y organizado bien su obra, que ahora corre como un *perpetuum mobile,* según explica Novalis. Sólo los malos relojes requieren la intervención del relojero. Pero un Dios perfecto no construye relojes malos. La hipótesis del relojero dio alas a la razón teórica, a la razón que investiga, y que sólo pudo confiar primero en comprender el engranaje con devota admiración ante el prodigio divino, y luego con la voluntad de intervenir y de confeccionar obras propias mediante el conocimiento de las leyes naturales. La hipótesis del relojero fue también la forma elegante de hacer superfluo el intervencionismo de la gracia. Desde ese momento, se creía, la naturaleza puede seguir su curso sin necesidad de la gracia. La consecuencia fue un sensible enfriamiento de la relación sentida con el mundo, que, por supuesto, fue compensado con un calentamiento en otro lugar, pues se comenzó a dominar técnicamente y someter al propio servicio esta naturaleza *enfriada*.

Para Novalis este proceso tiene como efecto que el hombre actual «se ocupa sin descanso en limpiar de poesía la naturaleza, el suelo terrestre, las almas humanas y las ciencias, en borrar toda huella de lo sagrado, en perturbar mediante el sarcasmo el recuerdo de todos los sucesos elevadores y de los hombres, y en despojar al mundo de su adorno multicolor».

Novalis escoge la cristiana Edad Media como imagen de contraste.

«Eran tiempos bellos y resplandecientes aquellos en los que Europa se mecía en el cristianismo...» He aquí una búsqueda del tiempo perdido en el espejo de la propia niñez y en la del género humano. Novalis describe cómo desapareció el sentido infantil de lo maravilloso con el moderno despertar a la condición de adultos, cómo «la fe y el amor» han sido suplantados por el «saber y el tener», cómo todo se mueve en torno al «cuidado por la utilidad propia», cómo el «tumulto inquieto de una sociedad dispersa» no deja tiempo para la «silenciosa concentración del ánimo, para la consideración atenta del mundo interior». Y no duda en considerar característico de aquella época el hecho de que este mundo interior no sólo era interior, sino que se representaba también exteriormente, en las formas de vida dispuestas por la Iglesia, en los rituales, en las imágenes, en las fiestas, en las funciones sagradas. Pero esta vida «orgánica», bien ordenada, que se desplegaba bajo la cúpula celeste ha desaparecido.

Novalis sabe, evidentemente, que idealiza sobremanera, que «romantiza» la Edad Media, pero declara de forma explícita que no concede tanta importancia a lo fáctico, a lo «literal», como al «espíritu», que actúa en la historia. Para él el espíritu de la época moderna es el espíritu del desencanto.

La imagen de contraste, este sueño hacia atrás, hacia un tiempo anterior al *desamparo metafísico,* hallará después de Novalis otros que lo sueñen de nuevo. Por ejemplo, un siglo más tarde, el joven Georg Lukács, antes de hacerse marxista y miembro del Partido Comunista. Su famosa teoría de la novela comienza como Novalis: «Felices son los tiempos para los que el cielo estelar es el mapa de los caminos que pueden y deben recorrerse [...] El mundo es amplio y, sin embargo, no es muy distinto de la propia casa».

Después de la elegía viene la profecía. ¿Cómo ha de proseguir? ¿Qué camino se abrirá?

Novalis conoce los intentos emprendidos en su época para contraponerse en alguna medida a este empirismo y racionalismo desencantador. No le basta el método de Kant, el de contraponer al conocimiento exterior de la naturaleza la experiencia de la libertad moral como una realidad metafísica dentro de uno mismo. En este concepto nos quedamos en un dualismo entre el espíritu meramente subjetivo y el materialismo objetivo.

En general, el idealismo alemán es el intento de superar este dualismo, y los románticos dan un acento especial a tales intentos. Unos acentúan lo moral (Schiller, Fichte, Hegel), otros lo estético, por ejemplo, románticos como Novalis y Schlegel. Éstos movilizan la fantasía, no como mero complemento, como un impulso secundario y como una bella cosa accesoria, sino como órgano central de la comprensión y formación del mundo. ¡La fantasía al poder! Hay que penetrar el mundo con espíritu poético. Para Novalis, esto comienza en los negocios cotidianos: «También el trabajo de los negocios puede tratarse poéticamente»; y termina en la religión. La religión que profesa tiene como base el «elemento más exquisito de mi existencia, la fantasía», escribe el 26 de diciembre de 1798 a Just, para explicarle en qué se distingue su religión de la oficial. Por decirlo con una sola palabra: su religión es de tipo estético.

«Todo lo que veía y oía, parecía [...] que no hacía sino abrir nuevas ventanas», leemos en *Enrique de Ofterdingen*. Cada punto se convierte en un mirador; si miramos a las perspectivas infinitas, por doquier se refleja un cielo, y las cosas reciben un prodigioso fondo dorado. La fantasía es libre, pero también ella necesita reglas y limitaciones, para medir y desarrollar allí su fuerza. «Me atrevería a decir», manifiesta Klingsohr en *Enrique de Ofterdingen*, que «el caos ha de entreverse en toda poesía a través del velo regular del orden...» Esto vale para la poesía y también para la religión; también ella es caos dominado, y tiene una silueta clara en la que se muestra el destello de lo infinito. ¿No es lo infinito lo desordenado en forma grandiosa? «Verdadera anarquía es el elemento donde se engendra la religión.» Nietzsche dirá: «Hay que tener en sí un caos para dar a luz a una estrella...».

La unión de poesía y religión es en Novalis la garantía para el posible renacimiento de una época religiosa. Según Novalis, después de la antigüedad y de la Edad Media cristiana podría abrirse paso una «tercera época del mundo», que ya no estuviera inspirada por la revelación antigua, sino por el espíritu poético. La figura histórica del cristianismo puede palidecer, pero la religión seguirá viviendo según una triple forma:

> Una es el elemento generador de la religión, como alegría ante toda religión; la otra es la mediación en general, como fe en la capacidad universal de todo lo terrestre de ser pan y vino de la vida eterna; y otra la fe en Cristo, en su madre y los santos. Cualquiera que sea la que elijáis, elegiréis las tres; en cualquier caso llegaréis a ser cristianos y miembros de una única, eterna e inefable comunidad feliz.

Por tanto, para la nueva religión no es necesario que se crea en Cristo. Es igualmente posible una inspiración religiosa que se refiera a otra «mediación». En cualquier caso rige aquí lo mismo que en la poesía: se requiere un intermedio, algo concreto y determinado, pues de otro modo el sentimiento religioso se pierde en lo indeterminado:

> Nada es tan indispensable para la verdadera religiosidad como un miembro intermedio, que nos une con la divinidad. De manera inmediata el hombre no puede en absoluto estar en relación con ella. En la elección de este miembro intermedio el hombre tiene que ser enteramente libre. La mínima coacción perjudica a su religión.

El antiguo politeísmo conocía muchos dioses, o sea, muchos «mediadores», y el Dios monoteísta es «el mediador del mundo de los medios». Este Dios es la garantía de que el «mundo de los medios» no se petrifique como un fetichismo o se desencadene de forma demoniaca. La esfera del «mediador» es el misterio que se hace visible y a la vez persiste como misterio. Pero no olvidemos que todo puede ser «mediador», basta con que sea empleado como la «ventana» a través de la cual miramos a lo monstruoso.

Donde la conciencia se cierra a esta esfera, comienza la historia desafortunada de la superstición moderna, que quiere comprender y curar el mundo desde su limitada perspectiva. «Allí donde no hay dioses, acechan los fantasmas.»

# Capítulo 7

Durante un tiempo los románticos convirtieron la literatura, es decir, lo imaginario, en el contenido principal de la vida. Pero no querían ser ensoñadores, no querían hacer sus conquistas solamente en el reino etéreo del sueño. Más bien, pretendían cambiar la vida, empezando por ellos mismos, para extender luego el cambio a los amigos, al público de lectores y finalmente a una nación educada por entero. Tan vivo estaba el espíritu de la revolución también en sus círculos.

Podríamos expresar el deseo romántico de cambio con la siguiente fórmula abreviada: las posibilidades que aún esconde la verdad han de hacerse visibles mediante una fantasía que juega y a la vez explora. Ésa era la idea cuando Schlegel exigía que todo lo finito se relativizara e ironizara en el horizonte de lo infinito; y cuando Novalis asignaba al espíritu poético la tarea de romantizar en la vida ordinaria, o cuando Wackenroder recomendaba el recogimiento maravillado y Tieck incitaba a la mirada extrañada.

Entre los románticos había caído en suelo fértil la frase en la que Schiller afirma que el hombre sólo es enteramente hombre cuando juega. No sólo recuperaron tradiciones olvidadas, sino que se permitieron también jugar con ellas. Sin duda Carl Schmitt señala certeramente un aspecto de la actitud romántica cuando censura a sus representantes por ser «ocasionalistas», o sea, personas que toman como ocasión de sus virtuosos juegos de ingenio temas y motivos tan variados como los poéticos, los filosóficos y los políticos. De hecho la despreocupación romántica anticipa ciertos aspectos de la futura posmodernidad. La diferencia está en que los románticos juegan guiados por el sentimiento de tener muchas cosas delante de ellos, mientras que los posmodernos creen haber dejado atrás la mayoría de las cosas.

¿Se halla también la religión entre el material del juego romántico? En noviembre de 1799, cuando los románticos se encontraron en Jena y Novalis leyó su escrito *La cristiandad o Europa*, Dorothea Veit y otros tuvieron esta impresión: «El cristianismo está aquí a la orden del día; los señores andan un poco desbocados».

Originariamente, para extender la ironía también a temas religiosos, se pretendió publicar el discurso junto con la sátira de Schelling, referida e él, pero, por consejo de Goethe, esta publicación no se llevó a cabo. Con la religión no se podía bromear. Ni el anuncio de un nuevo estado religioso por parte de Novalis, ni la correspondiente burla sobre esto parecían viables en un momento en que Fichte había tenido que abandonar la Universidad de Jena acusado de ateísmo. Contra lo que deseaban los románticos, la religión, como ortodoxia cristiana, era un poder del orden establecido que afirmaba su independencia de la religiosidad subjetiva.

Si la religión estaba «a la orden del día» entre los románticos, esa religión no era propiamente la cristiana. Era una religión fantaseada o una religión de la fantasía. Una religión revelada no es apta para que se regale con ella el juego de la imaginación. Había de ser una religión que creciera ella misma de este juego. Novalis, en la antes mencionada carta a Just, había concedido sin reparos que para él no significaba gran cosa la «certeza documental» de la Biblia, pues se había trazado su «propio camino hacia el mundo originario». Escribe que «los influjos superiores» le han llegado por el camino de la «fantasía».

El *Discurso* y sobre todo la novela *Enrique de Ofterdingen* son obras de un fantasioso de la religión, que, por otra parte, es suficientemente realista para cultivar la ciencia natural empírica, y para planificar una especie de agencia literaria capaz de ayudar a los amigos románticos a salir de su miseria literaria.

Junto con Novalis, fueron sobre todo Friedrich Schlegel y Schleiermacher los que a finales del siglo impulsaron enérgicamente el proyecto de la transformación de la religión en estética.

La religión cristiana, escribe Friedrich Schlegel en las *Ideas*, ha quedado anticuada y carece de fuerza, y el arte está llamado a conservar el núcleo religioso. La verdadera religión no es heteronomía, no es una revelación sobrevenida de fuera, sino que es el desarrollo de la libertad creadora en el hombre hasta la propia divinización. «El hombre es libre cuando produce a Dios.» De acuerdo con una idea que Schlegel toma de Novalis, eso sucede en cuanto el hombre encuentra su medio y con ello se convierte en «mediador». «Es mediador», escribe Schlegel, «aquel que percibe en sí algo divino y renuncia a sí mismo, aniquilándose, para anunciar, comunicar y representar esto divino a todos los hombres en costumbres y acciones, en palabras y obras.» El contexto ulterior de las *Ideas* pone de manifiesto cómo se trata más de las «palabras y obras» del artista que de las «costumbres y acciones» del hombre bueno. Las *Ideas,* con numerosas variaciones, giran en torno a un único pensamiento, a saber: el de que el arte está llamado a salvar la religión porque ésta, en su núcleo, no es otra cosa que arte.

¿Qué religión es ésta? No aparece con plena claridad. También Novalis está desconcertado y escribe a su amigo: «Cuando hablas de religión, me parece que te refieres al entusiasmo». Schlegel agradece el estímulo y lo utiliza de inmediato: «A este caos luminoso de pensamientos y sentimientos divinos lo llamamos entusiasmo». Pero ¿de dónde procede el «caos de pensamientos divinos»? No es necesaria ninguna Biblia, ninguna revelación oficial, no se requieren la Iglesia, los sacramentos y los rituales, pues el hombre entusiasta lo extrae todo de sí mismo. En él ha de darse tan sólo una «confusión» creadora, que Schlegel caracteriza con estas palabras: «El nombre de caos sólo es aplicable a aquella confusión de la que puede brotar un mundo». El hombre religioso y el artista saben utilizar bien esta confusión creadora, desde allí crean su mundo: o bien una obra de arte, o bien una religión. En ambos casos se trata de una obra de la imaginación.

Por lo regular la religión va unida a una moral. «La auténtica concepción central del cristianismo es el pecado», escribe Schlegel, que querría deshacerse de ella. En este punto el cristianismo le resulta sospechoso, y cree que dicha religión pesca en río revuelto. Como verdadera fuente de la religión menciona el «amor», que desde su punto de vista es una palabra equivalente a «entusiasmo». En todo caso rige el principio: ama y haz lo que quieras. Lo que se quiere con entusiasmo, o sea, con amor, es querido por Dios y está mandado por él. ¿Qué Dios?

Es el «Dios en nosotros», que no es otra cosa que «el individuo mismo en la suprema potencia». Y así no es de admirar que Schlegel, a finales de diciembre de 1798, escriba a Novalis: «Pienso fundar una nueva religión». Y, como cabía esperar, de ahí surgirá de nuevo un proyecto de libro: «Que esto haya de suceder a través de un libro no puede admirarnos, tanto menos por el hecho de que los grandes fundadores de religión –Moisés, Jesucristo, Mahoma, Lutero– progresivamente tienen cada vez menos de políticos y se hacen cada vez más maestros y escritores».

Pero este fundador de religión querría ser más que un hombre de libros y, «como Mahoma, empuñar la ígnea espada de la palabra para conquistar el reino de los espíritus». A esta carta responde Novalis con ironía: «¿Quién sabe si tu proyecto no irrumpe en el mío, y así pone el cielo en movimiento, lo mismo que el mío pone en movimiento el esferoide terrestre?». El ingeniero de minas se dirige al fundador de religión. Y Novalis, que frente a Schlegel desempeña el papel del desapasionado, anota en sus apuntes la idea de que la fantasía nos puede convertir también en seres errantes si falta el correctivo de la «fría razón técnica», pues entonces nos perdemos en un «reino de los fantasmas, este antípoda del verdadero cielo». Diez años más tarde el mismo Friedrich Schlegel, al convertirse al catolicismo, emitirá un juicio crítico sobre sus anteriores proyectos de religión. En 1808 escribe: «Ha de cesar este embuste panteístico, poco viril, este juego de formas; todo eso es indigno del gran tiempo y ya no es adecuado a él».

Las pesquisas de Friedrich Schlegel eran solamente un preludio de los *Discursos* de Schleiermacher sobre la religión, aparecidos a finales de 1799, los cuales presentaban la religión romántica del sentimiento de tal manera que la generación del Romanticismo podía reconocerse perfectamente en ellos, pues ésta se preocupaba de la elevación estética y no precisamente de la moral. Ahora bien, después de la crítica de Kant, a la religión sólo le quedaba la elevación moral.

Kant había destruido las especulaciones sobre Dios. Según enseñaba este filósofo, la razón teórica no puede conocer al Dios de la antigua metafísica. De esta forma, Kant arrancó rigurosamente la razón de los beatificantes Campos Elíseos, donde no tenía nada que buscar y, en todo caso, no tenía nada que encontrar. Había quedado la hipótesis de Dios para la razón práctica, o sea, para la moral. A juicio de Kant, la moralidad es el único órgano religioso que nos queda. Y, en sentido estricto, no es la religión el fundamento de la moral, sino que, a la inversa, la religión está fundada en la moral. Esto es muy significativo. Si la moral estuviera fundada en la religión, la habría dado Dios y, por tanto, sería heterónoma. Pero la moral ha de ser autónoma. Así lo exige el concepto kantiano de libertad. El hombre, el imperativo categórico de la razón práctica, se da a sí mismo su moral. Dios no actúa en el hombre a manera de una coacción exterior; más bien, lo ha creado de tal forma que éste puede coaccionarse a sí mismo. Se trata de una coacción autónoma ejercida sobre sí mismo, en lugar de una heterónoma coacción extraña. Dios actúa en la autodeterminación moral del hombre. Esta autodeterminación es elevada (sublime) porque puede alzarse por encima de los meros impulsos y necesidades de la naturaleza. Seguir los mandatos morales significa ser libre frente a las coacciones de la naturaleza en el propio cuerpo, frente a los apetitos y las exigencias de placer. Según Kant, la acción que merece el calificativo de buena se produce por mor de ella misma, no en aras de una retribución aquí o en el más allá. Si los hombres no tuvieran su moral, que les permite actuar desinteresadamente, como meros seres naturales

> estarían sometidos, lo mismo que los demás animales de la tierra, a todos los males de las privaciones, de la enfermedad y de la muerte prematura, y permanecerían en esa condición hasta que un amplio sepulcro los tragara a todos juntos [...]; y ellos, que pudieron arrogarse la creencia de ser el fin último de la creación, se verían arrojados de nuevo al abismo de la materia carente de finalidad, al seno de aquella materia de donde habían sido extraídos.

La moral del desinterés es sublime, todo lo demás está bajo la sospecha del caos y del sinsentido. Por tanto, en Kant la religión ya no tiene fuerza para santificar la naturaleza, para descubrir un misterio en ella. Ahora bien, a esto se dirigía la voluntad romántica de misterio. Y a esto precisamente correspondía certeramente la obra de Schleiermacher *Sobre la religión. Discursos a sus menospreciadores cultivados.*

Friedrich Schleiermacher había llegado en 1796 como predicador de la Iglesia reformada a la Charité en Berlín, donde pronto tuvo acceso al salón de Henriette Herz, que era el más importante junto con el de Rahel; allí encontró a Friedrich Schlegel, con el que enseguida trabó amistad.

Al principio también Schlegel dio fe al rumor difundido en Berlín de que este pequeño, deforme y tímido Schleiermacher era el amante de la bella Henriette, cuyo aspecto recordaba para unos a las mujeres de Tiziano y para otros las representaciones de la antigua Elena. ¿Habría logrado este comedido hombre de paso quedo conquistar a semejante mujer? Una caricatura mostraba a la elegante Henriette llevando junto a ella a Schleiermacher como paraguas. En realidad la relación entre ambos era una íntima amistad espiritual. En los recuerdos de su vida Henriette escribe:

> Hemos comentado muchas veces entre nosotros que la amistad es el único sentimiento que podemos tener el uno para el otro; eso sí, la amistad más íntima. Es más, por sorprendente que parezca, desarrollamos por escrito las razones que impedían otro tipo de relación.

Schleiermacher leía junto a ella a Platón y Spinoza, y ella le ayudaba en su estudio del italiano y del español. Casi todas las noches estaba de huésped en su casa. Iba a pie desde la Oranienburger Chaussee hasta su vivienda en la Neue Friedrichstrasse. Para el incómodo regreso, que atravesaba zonas no edificadas, Henriette le daba una pequeña linterna, que él podía enganchar en el cuello de su abrigo. Para burlarse, la gente decía que ella había abierto los ojos al casto predicador. Esto era cierto, pero en un sentido distinto del que la gente pensaba. Schleiermacher aprendió de Henriette las formas elegantes del trato social; tal como confesaba su hermana, se hizo más suave y comunicativo. Se sentía dichoso de «poder participar en un curso de feminidad».

Schlegel estaba celoso de la relación del amigo con la bella Henriette. «Lo peor es», escribe a su hermano, «que no veo remedio para Schleiermacher, no veo medio de liberarlo de los lazos de la antigua Elena.» Cuando Schleiermacher ofreció a Schlegel la posibilidad de compartir la vivienda y éste aceptó, desaparecieron poco a poco los celos. Se desarrolló una estrecha comunidad de trabajo. Schleiermacher aportó algunos «Fragmentos» para el *Athenäum*, entre otros la confesión de fe puesta en boca de una mujer: «Creo en el poder de la voluntad y de la educación para acercarme de nuevo a lo infinito, para liberarme de las cadenas de la deformidad y hacerme independiente de las barreras del sexo».

Cuando Friedrich Schlegel hizo imprimir este fragmento, no sabía todavía que la voluntad allí formulada de «acercarse de nuevo a lo infinito» iba a ser el punto de partida de un libro con el que Schleiermacher, un año más tarde, llamó poderosamente la atención entre sus amigos románticos. En esta obra todo gira en torno al pensamiento: «Religión es sentido y gusto para lo infinito».

Schleiermacher se había empapado de esta idea, que para él significaba también una infancia reencontrada, en medio del círculo de amigos románticos. Tuvo que despertar de nuevo en sí mismo el sentimiento religioso, una vez que su acrobacia racionalista lo había puesto en peligro. Pero como sus resistencias internas eran también las de los compañeros de la generación romántica, su intento de reconquistar esta «provincia propia en el ánimo humano» pudo tener un efecto pionero e innovador.

Schleiermacher procedía de un linaje de pastores protestantes. Ya su abuelo y luego su padre habían sido párrocos, y la madre era hija del entonces famoso Stuberauch, predicador cortesano. En los *Discursos* escribe:

> La religión era el cuerpo materno en cuya oscuridad sagrada fue alimentada mi joven vida y fue preparada para un mundo todavía cerrado a ella. En la religión respiraba mi espíritu antes de encontrar sus objetos externos, la experiencia y la ciencia.

El joven Schleiermacher se formó en la comunidad de los Hermanos de Herrnhut primero en Niesky y luego en Barby. Aquí conoció un cristianismo henchido de sentimiento y a la vez moralmente riguroso. La negación del mundo, la conciencia del pecado, el misterio de la gracia y las esperanzas puestas en el más allá constituían los elementos decisivos. Pero al joven no le llegaban las convenientes sensaciones sobrenaturales, o en todo caso, éstas no perseveraban. Sin embargo, se sentía tan obligado con los orígenes familiares, que inició en Halle los estudios de teología. Tal como declara a su padre, quiere buscar un camino de vuelta a la fe, pero ha de ser una fe que se acredite también ante la razón. Estudia teología, pero también matemáticas. Se hace kantiano. Y con mayor rigor que Kant, reduce la razón teórica al ámbito finito, y rechaza toda especulación metafísica. Cuando le da la vena, para deshacerse de los encantos, se entrega al álgebra. Y también con mayor rigor que Kant, reduce la religión a la moral. Así retiene el rigor de la moral de los Hermanos de Herrnhut, pero rechaza las representaciones «panteístas» en torno a la gracia y al más allá, que en aquellos compensaban las privaciones implicadas en la renuncia al mundo. Le preocupa seriamente que la fantasía no le desbarate las cuentas. En los *Discursos,* Schleiermacher hablará de los «virtuosos de la religión»; de momento pertenece a los virtuosos de la lógica. La manera como este joven se opone a cualquier forma de exaltación, se protege contra todos los sueños y esperanzas de la fantasía y mitiga sus pasiones, lo hace acreedor de que se le preste atención. Da la impresión de una vejez prematura.

Ahora lee a Luciano, a Montaigne y a Wieland, o sea, a escépticos que no sólo manifiestan sus reservas frente a la religión, sino también frente a la fe en la ciencia. Se le trasluce la sospecha de que las ciencias extienden en exceso sus pretensiones de verdad. De Montaigne aprende sobre todo que la verdad, en el mundo exterior y en el propio interior, es multiforme y constituye un monstruoso tejido, un tremendo ir y venir, es concreta en cada punto y está siempre sometida a cambios, y finalmente constituye una interconexión infinita en lo finito, tan infinita que no pueden aprehenderla los conceptos generales de la ciencia, y ni siquiera los dogmas de las religiones. Schleiermacher, que con anterioridad se había apegado a los conceptos de las ciencias estrictas y de una moral rigurosa, y que por lo demás había vivido al estilo espartano y retirado, se abre a experiencias que no encuentran una expresión adecuada ni en la ciencia, ni en la moral, ni en las religiones dogmáticas. Puesto que se trata aquí de experiencias que viven más bien en la poesía, la música y la pintura, puede entenderse por qué Schleiermacher se siente llamado a excavar esta nueva vena de oro en el ambiente sociable, ingenioso y obsesionado del Romanticismo berlinés. Denomina su hallazgo: «Sentido y gusto para lo infinito». Y dice que esta experiencia es el verdadero núcleo de la religión. Pero como, desde su punto de vista, ésta se halla siempre recubierta y enterrada en la moral, en las intenciones utilitarias, en la ciencia y en los dogmas, se trata de sacarla del reino interior de la tierra y situarla pura ante los ojos, para que por lo menos podamos hallarla en la mezcla con otras materias y actitudes. En una ocasión le comentó a Henriette Herz que trabajaba como un químico. Frente a Novalis afirmó de sí mismo que también exploraba el interior de las montañas. Y en cuanto kantiano, alza una pretensión tan ambiciosa como la de haber enriquecido las tres facultades humanas -la razón teórica, la práctica y la crítica del juicio- con una cuarta, a saber: con la crítica del juicio religioso o el a priori de la religión como experiencia de lo infinito.

Define, por tanto, la experiencia religiosa como un ámbito del ser entre el conocimiento, que se vincula a la racionalidad, y la moral, que sigue la ley aceptada con libertad. La experiencia religiosa es «sentimiento» e «intuición» de la infinitud del «universo». También la llama, sencillamente, «sentido para el universo». Se refiere a la impresión profunda que el universo nos produce, a los escalofríos ante lo monstruoso y la devoción ante lo sublime. Schleiermacher habla con entusiasmo de una naturalcza animada. En la primera redacción de estos *Discursos*, es decir, antes de su carrera como eclesiástico, no pueden pasar inadvertidos los concomitantes tonos eróticos de su mística del ser. En un pasaje, que después fue suprimido, escribió:

> Yazco en el pecho del mundo infinito; soy en este instante su alma, pues siento todas sus fuerzas y su vida infinita como la mía propia; él es en este instante mi cuerpo, pues yo penetro sus músculos y miembros como los míos propios, y sus nervios más íntimos se mueven según mi sentido y mi percepción. Con la menor conmoción se disipa el sagrado abrazo, y ahora la intuición está ante mí como una figura especial; yo la mido y ella se refleja en el alma abierta como la imagen de la amada que se arranca de las manos ante los ojos del joven, ante unos ojos que se abren súbitamente; y sólo ahora asciende el sentimiento desde el interior y se dilata como el rojo de la vergüenza y del placer en sus mejillas. Este momento es el máximo brote de la religión.

En semejantes instantes extáticos sucede lo que en la terminología filosófica de la época se denomina «superación de la relación sujeto-objeto». El sentimiento descubre en la naturaleza cualidades subjetivas y se funde con ella. Esta mística del ser, tan cercana a la naturaleza, tiene sus precursores. La encontramos también en Herder y en el joven Goethe, entusiasmados ambos por la unión con la «vida del todo». Y la hallamos asimismo en la tradición de la mística occidental, hasta llegar a sus versiones pietistas, que Schleiermacher conocía, pues se había educado con los Hermanos de Herrnhut. En el círculo de sus amigos románticos encontró Schleiermacher el valor de poner con renovada energía esta experiencia mística en el centro de su vida espiritual, para desarrollar desde allí su religión renovada, después de haberla tenido por sospechosa bajo el influjo racionalista.

Su doctrina de la religión poseía cinco aspectos que eran especialmente operativos entre los románticos.

La unidad con Dios o, mejor, la participación en lo divino, no es asunto de una vida inmortal después de la muerte, ni presupone la afirmación de un legislador celeste. Más bien, es participación en la vida eterna aquí y ahora. La inmortalidad, afirma Schleiermacher, no es otra cosa que «hacerse uno con lo infinito en medio de la finitud y ser eterno en un instante». Ésa es la experiencia de la vida eterna en lo finito, tal como la describirá también Fichte poco más tarde en *La exhortación a la vida bienaventurada*. Según Fichte, el yo que está resuelto incondicionalmente, con ello se abre también a lo incondicionado. Pero a diferencia de Fichte, para el que la acción se convierte en éxtasis, en Schleiermacher prevalece una «pasividad infantil». No es tanto un actuar como un recibir: un placentero hacerse consciente de la «silenciosa desaparición de toda nuestra existencia en lo inmenso». Es una experiencia que más tarde Freud, apoyándose en Romain Rolland, llamará «sentimiento oceánico». Es significativo que esta «imperceptible desaparición» en lo inmenso Schleiermacher no la experimenta como una amenaza, sino como algo placentero. Es un sentimiento de fusión amante. Las cosas de la vida, también el individuo con sus limitaciones, siguen siendo importantes, pero se relativizan ante el horizonte de la inmensidad. Aunque conservan su seriedad, pierden la gravedad opresiva. La vida recibe una dimensión de flotación.

En segundo lugar, la mística del ser en Schleiermacher es antiinstitucional. No necesita ninguna jerarquía, ningún oficio sacerdotal, ninguna Iglesia y ningún ritual o sacramento en sentido estricto. Donde está viva la inmediatez de la experiencia son superfluas las instancias mediadoras. De todos modos, esta mística del ser tampoco conduce al aislamiento; por el contrario, funda una comunidad de la comunicación viva. La experiencia religiosa, que es siempre una unión amante con el universo, impulsa a la comunicación. Deseamos compartirla con otros. Es formadora de comunidad y fundadora de amistad. Eso se acerca al concepto romántico de la «empatía filosófica» y la «empatía poética» («simfilosofía» y «simpoesía»). Schleiermacher resulta ser un elocuente predicador de la religión de la simpatía. Para él ya el espíritu vivificador, que circula entre amigos, tiene en sí algo de religioso. La trascendencia, vista desde el yo, comienza ya en el «tú». Pero un «nosotros» constituido institucionalmente tiene que topar con dificultades, pues sobre la base de este «sentido para lo infinito» no puede erigirse algo duradero y fijo. Y por ello, escribe este autor, es ineludible que la Iglesia constituya «una masa fluida, donde no haya ningún contorno, donde cada parte ora se encuentre aquí, ora allí, y todo se mezcle pacíficamente». Es evidente que esta concepción antiinstitucional de la religión se opone a la Iglesia estatal. «¡Fuera [...] toda unión de ese tipo entre Iglesia y Estado!» Más tarde, Schleiermacher, como alto dignatario eclesiástico, alzará la voz contra la tutela del Estado, y un príncipe de la familia de los Hohenzollern, en la época de la persecución de los demagogos, dirá de él que es el «peor maquinador», y que envenena a la juventud.

En tercer lugar, Schleiermacher habla ciertamente del amor que lo une todo, pero no del pecado. En él no hay lugar para los angustiosos aspectos nocturnos que proyecten sombras, ni desde el propio interior, ni desde la naturaleza externa. Con el dualismo, que Schleiermacher quiere superar, desaparece también el mal. Es evidente que en la religión del buen temple, para Schleiermacher dejan de tener lugar la cruz, la muerte y la resurrección, el juicio del mundo y la condenación, todo ese aparato cristiano del terror sagrado.

En cuarto lugar, falta en general la dogmática cristiana, lo que no deja de resultar sorprendente en un teólogo protestante. Los hombres leídos del Romanticismo escuchaban complacidos la frase: «No tiene religión el que cree en la Sagrada Escritura, sino el que no necesita ninguna y es capaz de hacer una». Toda intuición originaria y nueva del universo es para Schleiermacher una revelación, y por eso cualquiera que haya profundizado en sí mismo y se entregue al universo puede ser el escenario de una revelación:

> No tiene ninguna religión el que no ve prodigios desde el punto de vista bajo el cual observa el mundo, aquel en cuyo interior no ascienden revelaciones propias, cuando su alma anhela aspirar la belleza del mundo [...], el que de vez en cuando no siente la persuasión viva de que lo impulsa un espíritu divino y de que él habla y actúa por inspiración sagrada, el que por lo menos [...] no tiene conciencia de que sus sentimientos son efectos inmediatos del universo.

Por tanto, la religión de Schleiermacher encaja maravillosamente en la admiración romántica por el yo. Desde su punto de vista no sólo es posible decir que cada uno puede hacer su propia Biblia, sino también que es su propio sacerdote, y que lo sagrado no está atado a ningún lugar. Cada cual es capaz de percibir en todas partes los «efectos del universo».

Finalmente la religión de Schleiermacher era estética, cosa que para los románticos revestía gran importancia. Se trata del «sentimiento» y de la «intuición», no de la acción moral. El sentimiento del universo despertado religiosamente es a la vez un sentimiento de belleza. El alma del hombre religioso anhela «aspirar la belleza del mundo». Así se convierte en un alma bella, que luego es capaz de actuar bellamente, en consonancia con la gran armonía y, como consecuencia, también con las demás almas. La experiencia religiosa acompaña al hombre como una «música sagrada». Algunos llegan hasta la maestría en este campo, son «virtuosos de la religión». Sin duda Schleiermacher se incluía entre ellos.

Cuando Schleiermacher caracteriza la religión como una «música sagrada», que «ha» de acompañar toda la acción del hombre, indudablemente carga un acento especial sobre la palabra «acompañar». Este autor indica con ello que el conocimiento y la acción, aun cuando mantienen su propia lógica y sus propios motivos, a la vez son introducidos por la experiencia religiosa en un fluido vivo. La experiencia de lo infinito no puede convertirse en un motivo especial, no puede suplantar la moral, ni la investigación rigurosa. En estas esferas el hombre tiene que seguir moviéndose con «tranquilidad y circunspección», pero hará distintamente lo que hace, pondrá fin al fanatismo de la limitación, a la obstinación en lo finito. Logra una festiva serenidad y un relativismo alegre, no cínico, en el horizonte de lo finito. Pero como no sólo la acción y el conocimiento ordinarios pueden conducir a la obstinación y al fanatismo, sino que también la religión mal entendida puede convertirse en fuente de fanatismo y enemistad, Schleiermacher exige al hombre verdaderamente religioso que «lo haga todo con religión, no desde la religión».

La experiencia religiosa no está ligada a un fin, por ejemplo, en el sentido de que promete una retribución en el más allá, o acarrea un prestigio moral, o hace apto para el trabajo y la obediencia. Es la experiencia de lo infinito en el instante finito. Es el instante lleno, vida vigorosa, y por eso puede irradiar en los demás ámbitos de la vida con un efecto vivificador. No sirve a ningún fin, pues ella misma es el fin. Tiene eso en común con el arte, tal como lo entienden los románticos. En consecuencia éstos podían referir el «sentido y gusto para lo infinito» también a la pasión por el arte.

Es cierto que Schleiermacher, en su posterior *Doctrina de la fe,* definió la religión como «el sentimiento de dependencia absoluta», con lo cual dio pie a ciertas tergiversaciones, por ejemplo, Hegel se burlaba de su definición diciendo que el sentimiento de dependencia caracteriza al perro, no al hombre; y, sin embargo, de ninguna manera negaba la libertad. El sentimiento de dependencia, bien entendido, se refiere a la unión con el misterio de la naturaleza, que no es un mecanismo muerto, por el cual estemos determinados, sino un vivo principio creativo que notamos en nosotros y reconocemos de nuevo en la naturaleza. Podemos decir también: el misterio del universo es para nosotros un reflejo de nuestra propia libertad. La libertad humana responde a la libertad incomprensible del todo. La libertad está entendida aquí siempre como un principio creador, que apunta más allá de todo determinismo. Por eso puede decir también Schleiermacher que el universo «actúa» frente a nosotros como una «persona». Pero advirtamos que solamente *como* una persona. Schleiermacher rechaza un absoluto representado como persona más allá de lo infinito. En este sentido es espinozista, aun cuando el universo de Spinoza está representado de forma demasiado estática, demasiado *more geometrico*. La sustancia que lo abarca todo, la sustancia en la que estamos contenidos y en la que somos un momento operativo, es algo tremendamente dinámico. Le podemos dar el nombre de «Dios», siempre y cuando nos refiramos con ese término al espíritu de lo infinito y no a un espíritu más allá de lo infinito. ¿Cómo podría haber un Dios transmundano más allá de lo infinito? Lo infinito, en cuanto lo experimentamos, actúa en nosotros a manera de elevación, incremento y superación de los límites. De ahí que entienda ese efecto como una acción: «En la religión es intuido el universo, éste es puesto como actuando originariamente sobre el hombre». Es una acción que nos desata y relaja, aun cuando «desaparezcamos» en ella. Por eso podemos «amar el espíritu del mundo», pues el placer de la desaparición pertenece también al amor. Y así como el amor hace dependiente sin que se pierda la libertad, de igual manera se comporta también el sentimiento religioso de «dependencia absoluta». Según Schleiermacher, todo depende de que nuestra «fantasía, que nos sumerge en el universo, esté enlazada o no con la conciencia de la libertad. Si lo está, «personificará el espíritu del universo, y vosotros tendréis un Dios»; en caso contrario, es decir, sin sentimiento de libertad, el mundo se nos presentará como un mecanismo vacío de sentido.

En realidad, no podemos imaginarnos un universo libre, es más, un universo que incluso nos ama; o, mejor dicho, nos es posible representarlo con la fantasía, pero no lo podemos explicar. En efecto, tal como mostró Kant, cuando comenzamos a explicar, topamos con el mundo de las leyes naturales, con su acción ciega, donde no encontramos ningún lugar para el amor.

Al estilo romántico, Schleiermacher introduce la fantasía como aquella fuerza con cuyo auxilio notamos que el proceso creador en la naturaleza concuerda con nuestra fuerza creadora: «Sabed que la fantasía es lo supremo y lo más originario en el hombre. [...] Sabed que es vuestra fantasía la que os crea un mundo».

Esta alabanza de la fantasía y el sentido y gusto para lo infinito no fue lo único que halló eco entre los románticos. También la ironía romántica podía encontrarse de nuevo en Schleiermacher en una forma transformada. Para él es la «melancolía sagrada» la que, como la ironía, acompaña el incomprensible rebasar toda forma fija. El sentimiento religioso está por encima de todos los sentimientos, en él perece, se disuelve toda expresión determinada. Eso puede decirse también acerca de cualquier forma histórica de la religión. Una verdadera religión es religión de religión, lo mismo que, según Schleiermacher, una poesía verdadera es poesía de la poesía. Este trascender toda forma es también una despedida de toda forma. Puede suceder irónicamente, o bien bajo la modalidad de la aflicción. La religión de Schleiermacher es una religión trascendental, lo mismo que para Schlegel la verdadera poesía es poesía trascendental.

No resulta sorprendente que los *Discursos* de Schleiermacher fueran recibidos con entusiasmo en los círculos románticos. Tampoco era de admirar la dura crítica de los ortodoxos y de los racionalistas. El mentor de Schleiermacher, el predicador cortesano Sack, estaba indignado. Leyó aquella obra como «una apología ingeniosa del panteísmo, como una representación retórica del espinosismo», que está fuera de lugar en el púlpito. Pero como, por otra parte, seguía apreciando personalmente a Schleiermacher, fue permisivo con él y no le creó dificultades oficiales. Más adelante Schleiermacher se vio obligado a abandonar Berlín, pero no por causa de los *Discursos.* Se había enamorado de la mujer de un colega en la Charité. Se produjeron enredos penosos, y en 1802 solicitó el traslado a Stolp como predicador cortesano. Tampoco entre los estrictos kantianos eran bien vistos los *Discursos;* los consideraban demasiado exaltados. Cuando, más adelante, Schleiermacher defienda en el *Athenäum* la novela *Lucinde*, de Schlegel, quienes ya abrigaban reparos frente a él se sienten confirmados en el prejuicio de que este predicador sólo anuncia una religión del sentimiento porque carece de seriedad y firmeza moral.

Tampoco en Weimar estaban bien dispuestos en relación con los *Discursos.* ¿Cómo entregar el corazón a una religión que tan abiertamente carece de forma e incluso disuelve explícitamente toda forma? Esto repugnaba a la conciencia de forma allí vigente. Había de por medio una reserva estética y también otra religiosa. Schiller, frente a la religión, que conoció sobre todo en sus aspectos dogmáticos y autoritarios, se había salvado en el terreno del arte, donde encontró abundantes medios para sustituirla. Depositó su profesión de fe a este respecto en las *Cartas sobre la educación estética.* No era propenso a que la «pandilla de los Schlegel», tal como él llamaba a los románticos, lo condujera de nuevo a lo religioso. Arrojó enojado el libro de Schleiermacher entre el resto de engendros de la escuela de Berlín. Escribe a Goethe que en los *Discursos* ha encontrado poca cosecha y mucha pretensión, algo que, por lo demás, le repele también en los productos de la escuela. Goethe, por su parte, alabó primero la «formación y el carácter polifacético del escrito». Cuando siguió leyendo, se impuso su paganismo y su participación inicial se tradujo en una «sana y alegre aversión».

Schleiermacher había dirigido sus *Discursos* sobre religión «a sus menospreciadores cultivados». Goethe y Schiller se hallaban entre aquellos menospreciadores cultivados, cuyo aplauso no pudo granjearse.

No obstante, en la época siguiente los *Discursos* se acreditaron como un exitoso documento fundacional de una nueva devoción, de una devoción romántica.

# Capítulo 8

Con la aparición de Schleiermacher en el círculo romántico se hizo urgente la respuesta a esta cuestión: ¿qué mantiene la primacía en la religión estética: lo estético o lo religioso? Para August Wilhelm Schlegel, que, según confiesa, no se tiene por un virtuoso de la religión, las cosas están claras. En una observación sobre la *Divina comedia* de Dante, pregunta: ¿por qué la obra nos produce placer y por qué ha de considerarse como gran arte? Y responde: no porque ilustre verdades católicas, sino porque es bella. Se olvida fácilmente, escribe, «que para la poesía todo lo bello es verdadero». La obra de Dante merece tenerse por verdadera no porque sea católica, sino porque es bella. August Wilhelm Schlegel atribuye al arte un valor peculiar de verdad, que se identifica con la belleza. Por eso el arte no tiene necesidad de aprender de la religión. Y el artista tampoco debería confundir su inspiración con una revelación religiosa. En una recensión de *Efluvios cordiales de un monje amante del arte* previene explícitamente frente a esto. Alaba el texto, pero se queja de la mistificación de sí mismo, que interpreta lo artístico como un *impulso religioso*. A lo largo de estos años, A.W. Schlegel se había sentido atraído también por la pintura y la poesía del catolicismo y, por razones artísticas, le daba la preferencia frente al protestantismo. El artista no tiene gran cosa que buscar en el culto protestante, carente de dimensión sensible. El mundo católico es diferente en este aspecto. Aquí la belleza ha de glorificar lo divino y, por tanto, el sentido de la belleza encuentra un rico alimento, aun cuando no se interese por lo propiamente religioso. En este sentido, A.W. Schlegel, junto con Caroline, escribe el encomio público de la pintura cristiana en la pinacoteca de Dresde, publicado en el tercer número del *Athenäum*. Sin embargo, con ello no se sentía vinculado al catolicismo, al igual que Schiller no se sentía ligado a la religión pagana en su poema «Los dioses de Grecia». En ambos casos se trataba del interés estético, no del interés religioso.

Pero con la definición de lo religioso en Schleiermacher como «sentido y gusto para lo infinito» se diluyeron también los límites entre lo estético y lo religioso. La poesía romántica, con su sentido de lo tremendo y prodigioso, ¿no era ya inmediatamente religiosa? ¿Y no era tanto más religiosa cuanto más poética era, es decir, cuanto más decididamente alejaba de sí todo realismo trivial? Schleiermacher había escrito: «Religión es aceptar todo lo limitado como una representación de lo infinito». Pero precisamente ésta podía ser también la definición de la poesía romántica, a saber: la representación de lo infinito en lo limitado. De acuerdo con ello, Schleiermacher había acercado también el arte estrechamente a la religión, en particular el de sus amigos románticos, lo mismo que, a la inversa, los románticos buscaban la cercanía de la religión o, más exactamente, consideraban su producción como una especie de religión. No era necesario componer leyendas de santos, tal como lo hacía Tieck con su *Genoveva*. Para los románticos ya sus fantasías poéticas, sus juegos de lenguaje, sus imágenes y símbolos, eran «mediadores» (Novalis) o ventanas de lo infinito.

El concepto de religión en Schleiermacher era tan amplio que no sólo ofrecía cobijo al arte y a la poesía, sino que enseñaba también a entender el mito y la mitología de manera distinta. Ya no era necesario delimitar rigurosamente lo cristiano frente a lo pagano. Más bien, era cuestión de poner de manifiesto el núcleo religioso también en los antiguos mitos y sus sistemas, en las mitologías. Schleiermacher se apoyaba en su definición de la experiencia religiosa, a la que se refería con estas palabras: «El universo se halla inmerso en una actividad incesante y se nos revela en cada instante». Y en relación con los antiguos griegos deduce la consecuencia:

> Estaba ya en juego un acto religioso cuando en todo acontecimiento propicio, donde las leyes eternas del mundo se revelaban de forma luminosa en lo casual, ellos daban un apodo peculiar y construían un templo al Dios, considerado como autor del suceso; captaban de este modo una acción del universo, y designaban de esa manera su individualidad y su carácter.

Podían representarse de esa manera las diversas fuerzas impulsoras de la naturaleza y los impulsos que actúan en el hombre, los dioses del agua, del aire, de la tierra, del bosque, de la lucha, del amor, de la astucia, del movimiento, de la muerte. Surge así la mitología del politeísmo como reflejo de las fuerzas fundamentales en lo numinoso. Las mitologías pueden distinguirse según el criterio de si brotan del sentimiento de la libertad o de la esclavitud, o de si entienden el universo como un mecanismo ciego o como un organismo vivo, en el que la actividad del individuo y la del todo están referidas entre sí dentro de una configuración de sentido, aunque no siempre sea de forma armónica. Para Schleiermacher sólo es adecuada al misterio real del universo creador una mitología que brote de la experiencia de la libertad y que conduzca otra vez a ella.

Pero ¿qué significa esta vinculación de la mitología con el sentimiento de la libertad? En pocas palabras: es libre aquella mitología que vivifica al hombre, que incita sus fuerzas creadoras; aquella que no lo condena a sus orígenes, sino que le permite liberarse de ellos para emprender nuevos esbozos y cambios que rompan el anatema de lo siempre igual; brevemente: es libre la mitología que dispone al individuo para un universo creador, en el que aquél pueda constituir una parte orgánica, capaz de contribuir a la creación del mismo. Las historias de los dioses griegos narran tales liberaciones y transformaciones. Zeus arroja a los titanes al Orco, Prometeo trae el fuego al hombre, Hércules libera a Prometeo, aherrojado en la roca. La caja de Pandora se abre, y los males y las miserias se precipitan sobre el linaje humano, aunque también se le abre la esperanza. Estas historias son ventanas hacia lo infinito. Son expresión de la experiencia del hombre, que está en contacto con fuerzas monstruosas y que se resiste a ellas. Ahora bien, la mitología degenera y queda vacía cuando se comienza a «confeccionar una crónica admirable de las teogonías».

Por tanto, para Schleiermacher el núcleo religioso en el mito ha de buscarse exactamente allí donde se unen ambos elementos: en la relación con el todo inmenso y el despertar de la conciencia de la individualidad, que acarrea la experiencia de la libertad. El concepto de lo infinito en Schleiermacher no admitía ningún mito del origen. No se trataba de que el hombre quedara otra vez vinculado al origen. Lo infinito es abierto, incluye en sí lo pasado y el futuro.

Dos años antes de los *Discursos* de Schleiermacher se había producido ya un primer intento de explorar la posibilidad de una mitología semejante, abierta al futuro y que, con ello, reivindicara la libertad. Sucedió en un texto audaz de 1797, que no se descubrió hasta 1927 y que ha sido atribuido sucesivamente a Hölderlin, Schelling y Hegel. Aunque muchas cosas hablan a favor de que el autor es Hegel, nadie discute, no obstante, que el espíritu del esbozo, que más tarde se llamará *Primer programa de un sistema del idealismo alemán*, está determinado decisivamente por el intercambio, entonces todavía amistoso, entre los tres.

Al principio de la obra leemos: «Naturalmente, la primera idea es la representación de mí mismo como un ser absolutamente libre...». Y luego el texto prosigue: «En primer lugar hablaré aquí de una idea que, a mi juicio, no se le había ocurrido a nadie todavía; deberíamos tener una mitología, pero esta mitología ha de estar al servicio de las ideas, ha de ser una mitología de la razón».

Lo racional que una «mitología de la razón» exige debe cifrarse en el enfoque de la filosofía de la identidad, o sea, en la suposición de que en la sociedad y en la naturaleza actúa la misma razón que en el espíritu humano. Pero como la razón subjetiva es una nota de la libertad, en consecuencia el proceso total en el que está implicado el hombre ha de entenderse en analogía con la libertad. Hegel y Schelling desarrollarán más tarde este enfoque a través de caminos diferentes, Schelling, con la mirada puesta en la naturaleza, y Hegel dirigiendo a la historia y a la sociedad el foco de su perspectiva.

Esto por cuanto se refiere a lo racional. Pero ¿qué es lo mitológico en la «mitología de la razón»? Lo mitológico no es nada sustancial, sino solamente un revestimiento estético. Nada cambia en esto el que el texto diga: «El acto supremo de la razón, aquel que abarca todas las ideas, es un acto estético». Lo «mitológico», entendido como un «acto estético», se entiende solamente como una forma de popularización. «Mientras no hagamos estéticas las ideas, es decir, mientras no las hagamos mitológicas, éstas carecen de interés para el pueblo; y mientras la mitología sea racional, el filósofo ha de avergonzarse de ella. Así, finalmente, los ilustrados y los no ilustrados tienen que darse la mano...»

Aquí actúa todavía el pensamiento tradicional de la Ilustración, para el que la mitología es una manera inauténtica de discurso, un pensar en imágenes. Por eso puede dudarse de que Hölderlin, para el que la poesía es más que un revestimiento en imágenes, tuviera mucho que ver con la redacción de este texto. Los autores quieren una mitología con la que pretenden envolver ideas que han desarrollado por otros caminos, con el propósito de que tengan una mayor repercusión en el público. Se refieren con ello al uso de símbolos, imágenes y narraciones intuitivas, medios por los que las ideas abstractas ocupan la fantasía colectiva, para darle alas con el espíritu de la razón y de la libertad. No se vislumbra aquí todavía el sentido y el gusto para lo infinito. En todo caso, desde el punto de vista de los autores del texto, las ideas que han de recibir un revestimiento mitológico son claras y distintas. Han de hacerse intuitivas con ayuda del lenguaje metafórico.

El documento, al que tanta importancia se le concede en la actualidad, no es mucho más que un proyecto de pedagogía popular. Los autores se sentían todavía demasiado listos, demasiado dueños del concepto, para dejarse llenar por el espíritu romántico. En su caso no está abierta todavía la ventana hacia el infinito. Pero esto cambiará, por lo que respecta a Hölderlin y Schelling.

En cualquier caso, es romántica la audacia con que los autores ponen manos a la obra. Se sienten como grandes yos, que se atreven con conciencia revolucionaria de sí mismos a producir algo que hoy se conoce como «cambio de paradigma». «Con el ser libre, consciente de sí mismo, emerge a la vez de la nada un mundo entero, la única creación verdadera y pensable de la nada.» Esta palabra también tiene un tono político. Actúa aquí un impulso anárquico. El Estado actual, leemos en el texto, está construido como una máquina, no como un organismo. En ese Estado mecánico los individuos han de funcionar, pero sin llevar en sí mismos la idea del todo, o sea, el elemento de la libertad. «Por tanto, tenemos que ir más allá del Estado, pues todo Estado tiene que tratar a los hombres libres como si fueran engranajes mecánicos; y como esta situación no puede continuar, el Estado tiene que dejar de existir.»

Así pues, no basta con que los poetas se hagan su mitología privada. Esto no merece el nombre de mitología. La mitología tiene que hacerse pública, ha de servir para la formación de la comunidad. Es un poder socialmente unificante. La mitología de la razón ha de arrancar a la poesía de sus recintos privados, donde, relegada a ser una cosa secundaria, sirve solamente para ofrecer una compensación privada por el mal público. Hay que crear una esfera pública que sea fuerte y consciente de sí misma; en el año 1797, Hölderlin, Hegel y Schelling se sienten capaces de llevar a cabo esta tarea.

Pocos años más tarde, en 1804, cuando ha sucumbido el antiguo imperio y Napoleón domina en Alemania, Schelling escribe:

> Allí donde toda la vida pública se descompone en la singularidad y opacidad de la vida privada, también la poesía se hunde a mayor o menor

profundidad en esta esfera indiferente [...]. La mitología no es posible en las cosas particulares; sólo puede nacer de la totalidad de una nación, que, como tal, se comporta a la vez como identidad, como individuo.

En un momento en que Schelling comienza a ocuparse del problema del mal y, con ello, también de la esfera religiosa, Hegel está en vías de elaborar su versión de una mitología de la razón, aquel gran relato filosófico que muestra la actuación del espíritu en la naturaleza y en la historia, primero de manera inconsciente, para entrar luego en la conciencia de su libertad en el interior del hombre. La filosofía de Hegel, que desvirtúa a los antiguos dioses de la historia, se convierte a su vez en una mitología social e histórica, que más tarde irradiará poderosamente en su transformación marxista.

Hablaremos inmediatamente sobre el tercero en esta alianza: Hölderlin.

El «sentido y el gusto para lo infinito» de Schleiermacher era a la vez síntoma y motivo de un movimiento que, en lo referente a la mitología, al arte y a la religión, iba más allá del «programa de un sistema», el cual en su núcleo se guiaba todavía por un enfoque racionalista. Hay dos ámbitos que son especialmente característicos de este movimiento.

En torno a 1800 se desarrolló una forma renovada de investigación de los mitos y, en íntima relación con ello, cambió la imagen de la antigüedad que el clasicismo que Winckelmann había acuñado. El resultado común de estas innovaciones será que en la lejanía y a la vez en la profundidad del pasado alboree el continente espiritual del este, el «Oriente», según el término que entonces se pone de moda. Con la palabra Oriente se designan sobre todo los tiempos antiguos de India, China y Egipto. El Oriente arroja sus sombras sobre el Occidente. El proceso comenzó pocos años después de que Napoleón tuviera que interrumpir su expedición a Egipto. La comprensión que Occidente tenía de sí mismo se viene abajo. Junto con Zoega, Kanne y Welcker, quienes conducen a esta lejanía espacial y espiritual son especialmente Joseph Görres, Friedrich Schlegel y Georg Friedrich Creuzer. Görres publicó en 1810 la *Historia de los mitos del mundo asiático*. En el mismo año comienza la publicación de la monumental obra de Creuzer titulada *Simbolismo y mitología de los pueblos antiguos, especialmente de los griegos*. Friedrich Schlegel, que ya en su *Discurso sobre mitología* del año 1799 había dicho: «En Oriente hemos de buscar lo supremo romántico», estudia sánscrito en París, y en 1808 publica el tomo *Sobre la lengua y la sabiduría de los indios.*

Esta generación de investigadores románticos de los mitos se distingue de sus precursores por el hecho de que, de entrada, no se consideraban más listos y sabios que las mitologías que investigaban. Estos románticos buscaban las olvidadas huellas lejanas de experiencias anteriores en relación con lo desbordante y lo infinito. Se sentían como trabajadores en la viña de la memoria mítica de la humanidad. El sentido para lo infinito se complacía en la profundidad del pasado, en los abismos de la prehistoria. Desde su punto de vista, la aparición del cristianismo significó una cesura importante, pero ha de entenderse como un suceso con una prehistoria insospechada. Y por lo que se refiere a la antigüedad clásica de Europa, ésta se reducía para ellos casi a un episodio, y descubría tremendas contradicciones a la mirada del investigador, no a la mirada que simplemente admira.

Creuzer fue del oeste al este. Görres buscó el este para llegar de nuevo al oeste desde allí, desde la otra cara. Ahora bien, para ambos, lo mismo que para Friedrich Schlegel, era decisivo el punto de vista que Friedrich Ast formuló en 1808: «Mientras no conozcamos todavía el Oriente, nuestro conocimiento del Occidente carecerá de fundamento y será estéril».

Görres y los otros se convirtieron en viajeros espirituales del Oriente. Ya Novalis quería enviar a su Enrique de Ofterdingen a un Oriente mágico, a las «fuentes de la sabiduría». Estos viajeros del Oriente buscaban la cuna cultural de la humanidad; creían que, con sentido y gusto para lo infinito, el cielo y la tierra se tocarían todavía más íntimamente en el tiempo primitivo. Görres, aludiendo a la «Balada de Mignon», de Goethe, comienza así:

> ¿Conocéis el país donde la joven fantasía se embriagó por primera vez en los aromas de flores y en la dulce ebriedad el cielo entero se derramó en visiones mágicas? Nuestro ánimo, atraído por un tiro secreto, se siente arrastrado hacia el Oriente, hacia las orillas del Ganges y del Indo; hacia allí apuntan todos los oscuros castigos que yacen en sus profundidades, y allí llegamos cuando seguimos hasta su fuente el torrente silencioso que en leyendas y cantos sagrados fluye a través de los tiempos.

Irrumpe el ansia de nuevas fronteras, de nuevos horizontes; se sobrepasa la añoranza de la época clásica, del sur. Schopenhauer, que en su juventud respiraba espíritu romántico, encontrará la más bella confirmación de su filosofía cuando reconozca en su concepto de representación la noción india de Maya y el Nirvana indio en su ética de la negación de la voluntad. Fue Friedrich Schlegel el que familiarizó a los círculos culturales de Alemania, y también a Arthur Schopenhauer, con los *Upanishad.*

Tal como en su momento le había sucedido a Herder, se apodera de los románticos el sentimiento de actuar en un tremendo movimiento del tiempo, en un movimiento que viene de lejos y que nos conduce hacia lo indeterminado. Las cosas fluctúan, no puede encontrarse ningún punto fijo de observación, somos historia y nos movemos con ella. Pero durante los pocos años que transcurren entre la Revolución y los desengaños que sufrieron los que se habían entusiasmado con ella –Görres, por ejemplo, había sido un jacobino antes de viajar a Oriente–, la atención se desplazó. Ahora se escucha el susurro del pasado y ya no se atiende tanto a las promesas del futuro. Para la nueva conciencia romántica de la historia, los orígenes traen ahora la verdad, y de ellos parte un encanto que actúa en la lejanía. Despierta una nostalgia poderosa del pasado. Joseph Görres, que gracias a esta actitud se convierte en la figura central del Romanticismo de Heidelberg en torno a 1807, en el epílogo de su *Historia de los mitos del mundo asiático*, que más tarde Richard Wagner y Friedrich Nietzsche utilizarán copiosamente, escribe:

> Aquel mundo pasado, por rico que fuera, se ha hundido, las olas se han derramado sobre él; aquí y allá descuellan todavía las ruinas, y cuando atraviesa con sus rayos de luz la oscuridad en las profundidades de los tiempos, vemos que sus tesoros yacen en el fondo. Desde una gran lejanía nos adentramos en el abismo prodigioso, donde descansan ocultos todos los misterios del mundo y de la vida. [...] La mirada es atraída hacia abajo, hacia la profundidad; seducen los enigmas desde la lejanía, pero la corriente empuja hacia delante y arroja al buceador al presente.

Cuando Görres escribe estas frases, ebrias de pasado, sólo han transcurrido diez años desde que Schelling, Hölderlin y Hegel desarrollaran su programa revolucionario de una mitología de la razón. Para ellos la verdad estaba en el futuro; para Görres, los «misterios del mundo» se ocultan en la «profundidad» de los tiempos primitivos. Görres busca el mito del origen. No obstante, el universalismo humanista es tan poderoso en él que, en relación con el mítico tiempo primitivo, establece la tesis de que la historia de todos los tiempos comienza «con la historia universal, no con la historia especial de un país». En el intento de poner de manifiesto el origen de la historia y con ello de la cultura humana, Görres, tras las huellas de Herder, compara las mitologías de Japón, de China y del norte de Europa, establece conexiones con las tradiciones culturales de Grecia, de Egipto y de India, y llega a la conclusión de que «las primeras páginas en el gran libro de la historia universal», si bien están escritas con letras diferentes, narran, sin embargo, la misma historia por doquier. Y Görres cuenta esta historia en analogía con el nacimiento individual desde el cuerpo de la madre. El mito universal del origen, dice Görres, recuerda el paulatino y doloroso despertar de la humanidad «sonámbula» a partir de la cautividad de la naturaleza, de una cautividad perdida en el sueño. Ciertamente el espíritu ha roto los «círculos del poder de la naturaleza», ha salido de la cueva en la que estaba abrigado, pero, a diferencia de la fase anterior al nacimiento, no ha concluido todavía el propio círculo. Entonces al hombre le latía ya el corazón en el pecho, mas el «verdadero corazón» todavía es para él el que late en el universo. El hombre temprano está todavía bajo el poder de la tierra, pero en cuanto sale a lo abierto y despierta a la conciencia, se convierte en un ser que se crea la cueva artificial de la cultura, una cueva llena de huellas del recuerdo de la perdida unidad con el cielo y la tierra. Sólo con la transición del mito a la cultura se astilla lo universal y aparecen la multiplicidad y la obstinación en lo propio. Sólo desde este instante hay «historia de un país» y mitos locales especiales, que, sin embargo, ya quedan lejos del auténtico origen.

Goethe se siente incómodo. Nota cómo sube una marea que le socava la casa cultural. El 16 de enero de 1818 escribe a Sulpiz Boisserée:

> El camino de Winckelmann para llegar al concepto de arte, era por completo acertado. [...] Sin embargo, pronto la contemplación se revistió de interpretación y se perdió en sofisticadas versiones; quien no sabía ver, empezó a imaginar, y así los hombres se perdieron en lejanías egipcias e indias; cuando se tenía lo mejor en el primer plano [...], hubo que padecer constantemente por los desventurados misterios dionisiacos.

A los románticos no les bastaban los primeros planos que Goethe recomendaba. No en vano Novalis había cantado ya a la noche. Pero ahora la que fascina es la misteriosa noche del seno natal de la humanidad y de la lejanía de los tiempos. Al que ha brotado le atrae el origen, donde se unen el nacimiento y la muerte. Görres escribe en la introducción a sus *Opúsculos populares teutones:*

> Nacemos en el túmulo funerario del pasado; la vida ha pasado por la tierra, como a través de una exclusa, como una llama de fuego, pero sólo la profundidad da alimento a la llama, y abajo, en la sombría cueva, habita la Sibila y protege las momias que han ido a descansar, y envía hacia arriba las otras, que entran de nuevo en el círculo de la vida, y toca la campana de los muertos, que llama ronca desde las profundidades de las generaciones, que han de descender al reino sombrío de la noche.

Görres se pregunta cómo ha comenzado la humanidad. Por ese camino se llega a los supuestos comienzos originarios. Si no se quiere retroceder tanto, sino detenerse en el origen de la «historia del país», la pregunta correspondiente es: ¿cómo han comenzado los alemanes, qué les ha dado forma, cuál es su origen cultural y, sobre todo, qué aspectos del pasado de la cultura alemana, si nos acordamos de ellos, ayudan a crear una conciencia de sí mismo que sirva a la autoafirmación en la situación de crisis? Éstas son las preguntas que se imponen luego al Romanticismo de Heidelberg y adquieren fuerza política entre 1806 y 1815, después del desmoronamiento de Alemania y en los años de las guerras napoleónicas. A partir de la referencia al futuro en aquella época y de la felicidad en el pasado se conforma una nueva conciencia crítica. El presente, se dice entonces, es prisionero de una ilusión si cree que está al principio del tiempo, que con él comienza una nueva época. Quien mira solamente hacia delante, salta por encima de las experiencias, la sabiduría y la memoria del pasado. Desde esa perspectiva los muertos no tienen derecho a hablar. Friedrich Karl von Savigny, que pertenecía también al círculo de Heidelberg, previene frente a esta postura. Pronto se advertirá, dice, que el pasado ignorado se venga, que si éste no es asumido conscientemente y se sigue formando, se impone como coacción ciega tras las espaldas de los actores, y que, por tanto, no se logra el futuro esperado, si se destruye la unión con el pasado.

Para la conciencia clásica el pasado, al que se quería permanecer unido, era sobre todo la antigüedad estéticamente ejemplar. Ésta se ve ahora desde nuevos aspectos y adopta otro cariz. La imagen de Winckelmann era: «Sencilla nobleza, silenciosa grandeza». Görres expresa la suposición de que la antigüedad pudo verse así porque ahora las estatuas carecían de color y las órbitas oculares aparecían vacías. La antigüedad presenta otro aspecto vista con ojos románticos. Friedrich Schlegel, en sus escritos tempranos sobre la antigüedad, había resaltado el rasgo salvaje, dionisiaco: «Las orgías, los delirios festivos a espaldas de los usos legales, envueltos en un sagrado estilo oculto, eran un componente esencial del culto místico a los dioses». Antes de Nietzsche, los románticos habían percibido la dionisiaca corriente subterránea del mundo griego y se sentían atraídos por ella. Novalis habla con su suave estilo del «espíritu de la aflicción bacántica».

Winckelmann había escrito: «El viento que sopla desde los sepulcros de los antiguos llega impregnado en aromas, como si hubiera pasado sobre colinas de rosas». ¡No!, dicen los románticos, no son sólo aromas y colinas de rosas, hay también un presentimiento de tristeza y de una horrorosa crueldad. ¡Qué espantoso es el destino de Edipo, y qué horribles son los sufrimientos de Prometeo aherrojado en la roca, cuyo hígado come un águila! Qué furia en Medea, que mata a sus hijos. Y también en los bellos pasajes y figuras, «¿de dónde procede el dominante tono melancólico en todo el arte griego? ¿De dónde proviene el turbio matiz en las figuras sensiblemente más bellas de los héroes juveniles, incluso de Apolo...?», pregunta Karl Wilhelm Ferdinand Solger, y responde que los griegos, precisamente porque encomiaron tanto su cultura de la belleza, convirtieron en un abismo la distancia frente al mundo animal, en el que tenían que precipitarse una y otra vez. No lograron desprenderse del miedo a la caída y del miedo a la muerte. Esto roza la idea de Novalis en los *Himnos a la noche:* los griegos temían tanto a la noche, que tenían que precipitarse en ella a la manera como un combatiente se entrega al enemigo. «Los griegos», escribe el historiador August Böckh, «en el brillo del arte y en la flor de la libertad eran más infelices de lo que la mayoría cree.» Ernst Moritz Arndt ni siquiera concede esta «flor de la libertad»: «Entre ellos la libertad se alimentaba y conservaba gracias a la esclavitud...».

Pero ¿cómo se comportaban los griegos con el sentido religioso y el gusto para lo infinito? En lo dionisiaco, en la embriaguez y en las orgías, los románticos tendían a ver el intento de notar lo infinito en la dimensión de la sensibilidad desencadenada. Unos negaban esto por razones morales, otros lo asumían con deliciosos escalofríos. No hay que profundizar demasiado en ello, escribe Solger, pues de otro modo puede acontecernos lo mismo que al rey Penteo, que quiere observar en secreto a las ménades furiosas, entre ellas a su madre, en el séquito de Dioniso, y éstas lo descuartizan.

Para los románticos, en la medida en que eran o se hicieron piadosos, la cosa estaba clara. Friedrich Schlegel, convertido ahora al catolicismo, descubre en la antigüedad el «sello de lo pagano». Era una cultura genial, pero no redimida, lejos todavía de la salvación. Es el ejemplo de una humanidad dotada, que sólo produce una felicidad trémula, una felicidad que pronto se extingue y por ello es presa de la ira o de la aflicción. Böckh resume así la interpretación de los piadosos románticos: «Si descontamos los grandes espíritus que, incluyendo un mundo en la profundidad de su ánimo, se bastaban a sí mismos, vemos que la masa carecía del amor y del consuelo que una religión vierte en los corazones de los hombres». Lo pagano se convierte en demoniaco. En los poemas y los relatos de Eichendorff, las estatuas marmóreas de Venus despiertan a una vida monstruosa en los parques crepusculares y abandonados.

Pero Goethe no quiere que los románticos desfiguren su visión de la antigüedad. «La migaja de alegría que los griegos han traído al mundo, se evapora por completo ante las tristes [...] imágenes añadidas.»

También Hölderlin quiso conservar para sí la alegría de los griegos, pero no de la misma manera que Goethe; se propuso conservarla de forma tanto estética como religiosa. Hölderlin, como los románticos, se sentía sobrecogido por el movimiento religioso. Otros buscaban su salvación en India, o bien en el cristianismo, o bien en ambos mundos; él dirigió su atención a Grecia con entrega creyente y fuerza poética. Pero esto no tuvo buen fin, pues cada vez le resultó más difícil distinguir si lo que le atraía era la poesía de la religión, o la religión de la poesía. ¿Vivían todavía los dioses a los que él entonaba sus cánticos, o vivían solamente en la canción, tal como dice Schiller en «Los dioses de Grecia»? No podían vivir solamente en el canto. ¿Cómo y dónde tenían que vivir?

En primer lugar, no podía ser de otro modo, quiere conocerlos a través del canto. Leyó textos griegos de Homero, de Píndaro, de Sófocles, primero en la escuela y luego en la residencia de Tubinga. Lee más de lo que prescriben los planes docentes. Serán celebrados sus conocimientos filológicos. En este campo supera a sus compañeros de estudios, Schelling y Hegel. Reviste especial importancia para él uno de los dioses griegos: Dioniso. Ya en el centro de estudios de Tubinga los tres amigos, Hegel, Schelling y Hölderlin, le habían dedicado un culto privado; y los misterios dionisiacos del renacimiento y de la renovación habían ocupado su fantasía. Dioniso es el dios del vino, de la sensibilidad desencadenada, del placer, pero también un dios que es desgarrado y muere, para retornar de nuevo. En los estudiantes de teología del seminario de Tubinga este dios evoca el recuerdo del Cristo crucificado y resucitado; pero Dioniso es más exótico, especial, y estimula con más fuerza la fantasía. En torno a 1790 los amigos de Tubinga lo escogen como patrón revolucionario, como símbolo de su esperanza de una renovación social y, en general, del espíritu juvenil de un renacimiento de la naturaleza en primavera. Hölderlin dirá de Dioniso que es el «dios venidero»:

> Allí en tierras del Olimpo,
> en lo alto del Citerón,
> bajo las uvas y los pinos,
> abajo, lejos, Tebas quedó.
> Vivo susurra el Ismenos,
> en las regiones de Cadmo,
> de allí viene, allí va mirando
> de nuevo el dios venidero.

Por tanto, primero los amigos habían rendido homenaje a Dioniso, y luego en 1797 desarrollaron su programa de una *mitología de la razón,* al que Hölderlin dio una versión poética. En ese programa está en juego la razón, por cuanto predomina el sentimiento de la libertad. Y se da también una mitología porque, de hecho, Hölderlin experimenta los poderes de la naturaleza y de la historia como divinos y numinosos. E interviene la poesía por cuanto ésta es el lenguaje que crea espacio a lo sagrado, un espacio en el que puede mostrarse lo divino.

Para Hölderlin la fantasía mítica es un órgano de percepción. Sólo a través de ella se le abre e interpreta la vida. Esta especie de fantasía se ha formado en él por la unión de recuerdos de juventud y vivencias durante su educación. El reino de la niñez, su paisaje y sus voces, se le transforma en un mundo mítico, que como pasado sigue viviendo todavía en él. Este reino es cercano y lejano, y por eso es recordado con aflicción: «¿Dónde vuelve a resonar de nuevo la melodía de nuestro corazón en los días felices de la niñez?». Y por lo que se refiere a las tempranas vivencias de su formación, ocupa un puesto especial el poema de Schiller «Los dioses de Grecia», junto con los antiguos clásicos.

Fue este poema el que inspiró a Hölderlin en sus intentos de dar nueva vida a la conciencia mítica. Buscará un lenguaje lírico para la experiencia mítica, que a su juicio era obvia para los griegos y que se ha perdido para los «hombres actuales». ¿Experiencia mítica? Con esta expresión entiende un sentido para lo profundo. Pero cree que nosotros destruimos tal significación por la «furia» de la explicación. Penetramos en la realidad en lugar de abrirnos a ella y permitirle que «se abra». Por eso ya no «vemos» la tierra, no «escuchamos» el canto de los pájaros, y se ha «secado» el lenguaje entre los hombres. Hölderlin califica este estado como «noche de los dioses», y previene frente a la «hipocresía» con que se abusa de los temas y nombres mitológicos para desarrollar un juego meramente artístico.

De todos modos, en la evocación del mundo de los dioses griegos presente en la obra de Schiller no pueden pasar inadvertidos los rasgos artísticos. En ciertos pasajes la poesía puede leerse como un quién es quién en el mundo de los dioses griegos. En ella se nota a veces que el autor utilizó intensamente el *Léxico Mitológico* de Benjamin Hederich, una enciclopedia muy usada en la época. Por tanto, para entender detalles particulares del poema hay que consultar el *Léxico*. Ya Körner había criticado la saturada erudición del poema, y Goethe lo encontró expresivo, pero demasiado largo y sobrecargado.

Ni Schiller ni Goethe creían que los dioses que aquellos versos evocaban podían ser poderes actuales, más allá del mundo poético. Hölderlin había admirado a Schiller por encima de todo, pero cuando en 1795 pasó algún tiempo en Jena cerca de su maestro, se sintió cohibido y apenas escribió una sola línea. ¿Por qué? Porque en las proximidades de Schiller temía por su fe. «Si me quitáis mis dioses», dijo una vez, «me matáis».

Para los admiradores de la antigüedad, desde Winckelmann hasta Moritz, Schiller, Goethe y Schlegel, los dioses eran símbolos artísticos. En cambio, para Hölderlin los dioses desbordan sus antiguas imágenes; desde su punto de vista, está fuera de toda duda que aquéllos no viven solamente en el «país de los poetas». Para él, están presentes, y esta presencia no se reduce al recuerdo histórico.

Afirma que el «aspecto vigoroso» le «conmovió constantemente» y que, con toda sinceridad, «Apolo le golpeó». Hölderlin no escribe esto en un poema, sino en una carta de noviembre de 1802 a Böhlendorff.

Habla de algo que le aconteció realmente en su camino a pie hacia Burdeos a través del Macizo Central.

¿Qué sucede en realidad cuando Hölderlin experimenta lo «divino» o los «dioses»?

Tal vez podríamos hablar aquí, con Nietzsche, de las «cumbres del arrobamiento», de sobrecogedores o silenciosamente fascinantes sucesos de la naturaleza:

> ¡Éter poderoso!, y tú, luz y tierra,
> enlazados los tres reinan y aman.
> ¡Dioses mecidos en duración eterna!,
> irrompibles hilos a vosotros me atan.

Esto incluye también amistad, amor y sociabilidad exaltada. Brillan esos instantes de crecida intensidad; sobre ellos se derrama una luz que arranca de los tonos grises y oscuros de la vida corriente. Donde se logra algo de forma tan seductora «habita un dios», y por eso hay tantos dioses, porque en todo momento logrado de la vida mora un dios peculiar. Hölderlin escribió en una ocasión a su hermano: «Y así también a la divinidad que está entre tu persona y la mía hemos de ofrecerle una dádiva de tiempo en tiempo, el don ágil y puro de que hablemos entre nosotros». También en el espacio que existe entre él y su hermano habita un dios, es el espíritu bueno que reina entre ellos en la feliz familiaridad, en la comprensión y en la participación recíproca. Y también es un dios el que abre un espacio entre él y su amada Susette Gontard. A este respecto escribe a su amigo Neuffer: «¡Ay!, junto a ella, podría olvidarme de mí y de todo durante un milenio en feliz contemplación [...]. En ella todo está unido en un conjunto divino...». Y de igual manera procede en los otros ámbitos. En cada momento pleno de la vida percibe la acción de una divinidad. De ahí que existan para él tantos dioses. Por eso atraen su interés las antiguas deidades con sus competencias especiales, y no el único Dios del cristianismo, que por tener que hacer de comodín en todas las jugadas quizá queda aplanado, un dios que al final conduce al hombre solamente a la conciencia moral.

Hölderlin no siente cristianamente, pero tampoco es panteísta. No equipara la naturaleza a Dios, sino que experimenta algunas ocasiones, relaciones y situaciones como divinas. Es divina una vida que crece desde su raíz, encuentra su forma adecuada y vuelve saciada a la tierra.

Una vida a la que le es dado realizar semejante ciclo se halla bajo el amparo divino. Es «enteramente lo que es, y por eso es tan bella». Es elegida, las «Parcas» le deparan su amistad. Éstas no cortan el hilo hasta que el fruto está maduro.

También los paisajes pueden ser divinos. Hiperión, lleno de tristeza por la antigüedad desaparecida, pisa otra vez el suelo griego, comparece ante su paisaje, y de pronto todo está de nuevo allí, el espíritu de los lugares se apodera de él. Viven todavía los dioses en los bosques, en la brisa, que sopla desde el mar, en las mujeres, que caminan con canastas por las colinas, en los hombres que, sentados tranquilamente junto al mar, tejen sus redes. «Finalmente noté algo más, y mi ser entero se abrió al poder maravilloso, que de pronto jugaba conmigo de forma dulce, silenciosa e inexplicable.» Lo divino no hace «acto de presencia» en la naturaleza entera, sino en determinados paisajes y configuraciones del enrejado humano. Llega y se va, en medio de un juego incesante de presencia y sustracción, aparición y desaparición. Lo infinito está en lo finito y lo eterno viene en el instante.

Lo divino se muestra en instantes de gran distensión. Vive en el entre, abre, y su lugar es lo abierto.

> Hoy está turbio, ¡ven a lo abierto, amigo!,
> dormitan las callejuelas y los caminos.
> ¿Acaso vivo en la época del plomo?,
> pregunta el ánimo en su interior de pronto.

Lo divino está presente allí donde la vida celebra. Es el principio vivificante por antonomasia. Vive en la relación y muere con ella. Se produce la muerte cuando la utilidad propia destruye el espacio intermedio, aquel espacio donde puede mostrarse lo «sagrado». Para Hölderlin, ésta es la característica del presente, una época de la «generación astuta», que cree conocer la naturaleza y la explota. Ahora bien, en la medida en que convierte en «siervos» los poderes divinos que actúan en ella, se convierte a sí misma en «esclava». Lo divino muere cuando los hombres se convierten recíprocamente en una cosa. Entonces, como si reinara una «nada» sobre nosotros, «nos sucede que nacemos para la nada, que amamos una nada, para pasar paulatinamente a la nada».

Lo divino es demasiado frágil, hemos de tomarlo bajo nuestra protección y conservarlo. También lo bello tiene que morir. En el *Hiperión* leemos:

> Una vez estábamos juntos en el puente por la noche; había pasado una tormenta fuerte, y el agua de color rojo de la montaña se disparaba como una flecha bajo nosotros. Pero al lado verdeaba tranquilo el bosque, y las claras hojas de las hayas apenas se movían. Esto nos sentó tan bien, que el verde lleno de alma no se fue como el torrente, y la hermosa primavera nos mantuvo tan silenciosos como un pájaro tranquilo. Pero ahora está más allá de las montañas [...]. Así tiene que marcharse también la felicidad, y previmos [...] cómo nadie puede decir que está firme cuando también lo bello madura hacia su destino, cuando incluso lo divino tiene que humillarse y compartir la mortalidad con todo lo mortal.

Nada es más fugaz que los dioses, escribe Hölderlin a Böhlendorff; ellos cambian sus moradas y dejan cenizas, unas cenizas bajo las cuales más tarde podemos encontrar rescoldos. Son quizá los poetas los que pueden reavivarlos. Han de serles propicios el lugar y el tiempo, y tienen que encontrar la «palabra alentadora».

Si lo divino es pasajero, es cuestión de proporcionarle cierta duración. Y ello ha de suceder en el lenguaje, en la poesía. Hölderlin traslada de nuevo a las imágenes del lenguaje aquellos dioses que le habían desbordado la imagen, a fin de que desde allí puedan aparecer renovados en la vida. Generaciones anteriores, llenas de unción, dieron el nombre de «profetismo» a ese procedimiento de Hölderlin.

Procede de Gottfried Benn la maliciosa frase de que en Alemania se da el nombre de «videntes» a personas que en su lenguaje no están a la altura de la concepción del mundo que proponen. En este sentido no hay duda de que Hölderlin no era ningún «vidente». En efecto, fuera la que fuese su concepción del mundo, lingüísticamente estaba a su altura. Pero, por otra parte, a él se le presentaba el problema de que su lenguaje lírico lo transportaba a algo que ya no podía unir con el resto de su vida. En Hölderlin el lenguaje era más poderoso que cualquier otro poder de la vida. En el punto culminante de su fuerza poética, en torno a 1800, Hölderlin, en su gran poema «Archipiélago», se atrevió a producir de nuevo el mundo entero de los dioses griegos, a inventarlos de nuevo en la palabra conjuradora, para que este mundo le saliera al encuentro.

> ¡Delicioso tiempo de primavera en Grecia!, cuando llegue nuestro otoño, cuando maduréis vosotros, espíritus del pasado. Volved y mirad: la consumación del año está próxima. Y entonces, que la fiesta os reciba tam-

bién a vosotros, días pasados. Que el pueblo mire hacia la Hélade y, con llanto y gratitud, se amanse en recuerdos el día orgulloso del triunfo.

Hölderlin vivía en sus poemas, en cuya esfera lingüística quería dar duración y sostén a sus instantes de epifanía. Quizá lo consiguió. Pero aspiraba a más. Quería algo completamente sencillo, algo que puede reproducirse muy bien. Quería, en efecto, que su espíritu alentador saliera de los límites de la poesía y se hiciera cotidiano en cierto modo. Había que eliminar desde la poesía el límite entre lo que poetiza y lo que vive, antes de que sucediera lo contrario, a saber, que la llamada realidad dura le socavara y arruinara su poesía.

Hölderlin sabía que sus dioses vivían en su lenguaje y que quizá solamente vivirían mientras su fuerza lingüística pudiera hacerlos presentes. La formulación sublime de esta idea sobre los «Celestes» se encuentra en el verso:

> Pues no siempre puede recibirlos una débil vasija,
> sólo a veces el hombre soporta la plenitud divina.

Lo menos sublime se encuentra en una carta a Schiller del 4 de septiembre de 1795: «Con demasiada frecuencia siento que no soy un hombre singular. Tirito a punto de congelarme en el entorno de invierno. Hierro es el cielo estelar y yo mismo soy un pedernal».

Por tanto, si para Hölderlin los dioses habían salido de sus antiguas imágenes y él quería retenerlos en sus propias imágenes, no podía menos de experimentar que estos dioses vivían de su fuerza lingüística en su ir de acá para allá, en su coyuntura. Pero quería más, pretendía que lo sagrado de la poesía se ligara de alguna manera con la sobriedad del resto de la vida. En el poema «Mitad de la vida», Hölderlin acuñó la expresión «santa sobriedad». Sin embargo, lo cierto es que no llegó a ser un santo sobrio, sino que se quedó en esta sorprendente imagen lingüística. Pero no es de admirar que a la postre se apoderara de él la aspiración a vivir solamente en sus imágenes, a desaparecer en la imagen. Quizás eso fue lo que al final sucedió con Hölderlin.

Para no dar pie a ninguna tergiversación romantizadora, Hölderlin se derrumbó; sin duda su espíritu estaba destruido y enfermo. El carpintero Zimmer, que lo cuidó con entrega durante muchos años en la torre de Tubinga, lo expresó a su manera suaba: «Su entusiasmo por el reluciente paganismo le hizo perder el seso. Y con todos sus pensamientos se quedó fijo en un punto en torno al cual sigue moviéndose todavía...».

El punto en el que se había quedado fijo era su propia obra. *Hiperión* permaneció abierto en su mesa de trabajo durante casi todos esos años, y Hölderlin lo leía sin descanso, buscaba allí su hogar.

Experimentó en su propio cuerpo que el mito necesita una comunidad. «Una mitología no es posible en singular», había dicho Schelling en sus lecciones de 1804 en Würzburg. Y Hölderlin escribe:

> ¡Padre éter!, así exclamó,
> y de lengua en lengua voló.
> ¿Quién puede en soledad vivir,
> en mil maneras diferentes?
> Repartidos se gozan esos bienes;
> si con extraños sabes dividir
> de júbilo te llegarás a henchir.

A la postre, Hölderlin se quedó solo con sus dioses. Pero los dioses que no se comparten desaparecen. No los pudo retener en solitario, y así siguió sus huellas.

Primero, para él los dioses habían desbordado las imágenes antiguas y se habían hecho actuales, luego él los desplazó a imágenes de su lenguaje, y por último desapareció en ellos.

# Capítulo 9

Los románticos, los hermanos Schlegel, Tieck, Novalis, Schleiermacher, habían saludado con entusiasmo la Revolución francesa. Por breve tiempo, lo político se convirtió en objeto de entusiasmo. El pensamiento sobre el destino del hombre, la imaginación y la complacencia en la experimentación encontraron desafíos y oportunidades en la política. Friedrich Schlegel escribía a su hermano en 1796: «Si con la política me llego a regalar, en alas de la felicidad voy a volar». Esto se producía mientras trabajaba en el *Ensayo sobre el concepto de republicanismo*, donde, en contra del concepto kantiano de una liga de los pueblos (en *Sobre la paz perpetua*, 1795), desarrolla la idea de una república mundial elegida democráticamente. Tres años más tarde, en 1799, cuando Napoleón se disponía a convertir la herencia de la Revolución francesa en un orden imperial, la pasión política de Schlegel ya se había evaporado. En el *Athenäum* escribe: «No desperdicies la fe y el amor en el mundo político; sacrifica tu recinto más íntimo en el mundo divino de la ciencia y del arte, en el sagrado torrente de fuego del eterno fuego configurador».

Schlegel alude a su amigo Novalis, que, con el título de *Fe y amor o el rey y la reina*, había publicado aforismos en los que ensalzaba caprichosamente a Federico Guillermo III y a su esposa Luise, presentándolos como encarnaciones de un verdadero republicanismo. El pueblo, escribe Novalis, puede reconocerse en ellos según una figura elevada. El monarca es una muestra de las capacidades del hombre. Es el modelo de una soberanía que dormita en cada uno como disposición. «Todos los hombres han de ser capaces del trono. El medio de educación para este fin lejano es el rey.» Novalis era plenamente consciente de que sus reflexiones no estaban alentadas por el realismo político. En una carta dice que él «no hace otra cosa que poesía».

Su ensayo *La cristiandad o Europa* era también, en lo esencial, poesía y no política. De todos modos, la obra contiene una serie de ideas políticas muy características del Romanticismo político en la época siguiente. Se trata de la tesis en virtud de la cual la «evaporación» del sentido sagrado eleva en tal grado el egoísmo del hombre, que un Estado basado en tal egoísmo no podrá sostenerse a largo plazo, sino que degenerará en revoluciones permanentes, en ausencia de paz y en violencia. De donde se deduce que el Estado no puede estar anclado solamente en la tierra, sino que ha de estar enlazado también con el cielo.

> El buen observador considera tranquilo y despreocupado los trastornos del Estado en los nuevos tiempos. Los revolucionarios del Estado, ¿no se parecen a Sísifo? Acaba de alcanzar la cúspide del equilibrio y ya rueda hacia abajo la pesada carga por la otra ladera. Nunca se quedará arriba si una atracción hacia el cielo no la mantiene equilibrada en la cumbre. Cualquier soporte es demasiado débil si vuestro Estado mantiene la tendencia hacia la tierra. Pero si lo vinculáis a las alturas del cielo mediante una añoranza superior, si le dais una relación con el todo del mundo, entonces tendréis en él un resorte infatigable y recibiréis abundante premio por vuestros esfuerzos.

También esta visión de una Europa cristianamente unida ha de entenderse como una respuesta a las reflexiones de Kant en *La paz perpetua*. Kant no recurre a una fundamentación religiosa. Es cierto que ve en el hombre el «mal radical», pero cree que éste es dominable, en primer lugar, mediante la razón moral y, en segundo lugar, mediante la conjugación de constitución republicana, un público político y el comercio mundial. Con ello el hombre se hace civilizado, por lo menos exteriormente, y puede mostrarse como buen ciudadano, sin necesidad de haberse purificado antes para ser un buen hombre. Kant estaba tan convencido de la benéfica repercusión de esta trinidad de república, opinión pública y comercio mundial, que a la postre llega a decir: «El problema de la institución del Estado, por duro que parezca, puede resolverse incluso en un pueblo de diablos (con tal de que tengan entendimiento)». Los «diablos están dotados de entendimiento si se comportan de modo racional y calculable de cara a la propia utilidad y conservación». Kant es consciente de que sólo así pueden salir las cuentas.

Pero los románticos miraron más profundamente a los abismos de los hombres. Por eso otorgan poca confianza a la racionalidad de la autoafirmación y del interés personal. La razón moral y el sistema racional, consistente en la república, la opinión pública y el comercio mundial, son para ellos solamente fuerzas mundanas, que necesitan por otra parte un apoyo religioso. Novalis escribe: «Es imposible que las fuerzas mundanas se pongan a sí mismas en equilibrio, sólo puede resolver esta tarea un tercer elemento, que es a la vez mundano y supraterrestre». Este «tercer» elemento es la Iglesia católica universal. Sólo ella garantiza un orden interno y externo que sea digno del hombre. No cesará la guerra en lo interior y lo exterior, escribe, «si no empuñamos la palma que sólo un poder espiritual puede entregarnos».

Cabe advertir que en Novalis, como sucederá más tarde en el caso de Schlegel, el inicial entusiasmo revolucionario se convierte en la idea de un orden religioso. En el momento en que sucumbía, el antiguo imperio se vio glorificado míticamente; nacía la visión de una convivencia pacífica de los pueblos bajo el paraguas de un cristiano poder protector, cuyo mandato no debía pasar a la Prusia protestante, sino que tenía que permanecer bajo los católicos Habsburgo. ¿Por qué la familia Habsburgo y no Prusia? Porque veían a los Habsburgo como conservadores de la idea del imperio y, por tanto, como un poder supranacional. Estos autores presentían el infortunio que aportaría un nacionalismo desencadenado. Soñaban con un imperio que fuera más que un Estado nacional ampliado a la condición de imperio. Familiarizados con la historia medieval, conocían la tradición vinculada al mito del imperio. Para esa tradición, el Imperio romano y su continuación como Imperio cristiano es el cuarto reino del mundo profetizado en el Libro de Daniel, con cuyo hundimiento perecería el mundo. En consecuencia, a este reino le incumbía desde una perspectiva escatológica la función del *«katechon»* (de lo que detiene), la fuerza que, según la segunda Carta de San Pablo a los tesalonicenses, podía detener al contradictor de Cristo y, con ello, el final del mundo.

Evidentemente, estas ideas no tienen que ver con la perspectiva de una política real, pero obedecen, lo mismo que antes, a una política revolucionaria, aunque en el sentido de una revolución conservadora. En la Europa napoleónica, el retorno al imaginado orden antiguo tendría que ser también revolucionario. Los románticos se inquietaban cuando querían volver a la quietud. Novalis escribe en 1798:

> Quizá todos nosotros queremos las revoluciones en ciertos años, buscamos competencia, combates y fenómenos democráticos. Pero en la mayoría estos años pasan, y nos sentimos atraídos por un mundo pacífico, donde una zona central dirige la danza, y preferimos girar como planetas a luchar destructivamente por llevar la batuta de la danza.

El individuo creador seguía estando en el centro, y sobre él se tendía aún la cúpula celeste, que, sin embargo, había de vigorizarse institucionalmente. Los románticos en sus rincones privados habían intentado audaces experimentos con círculos de amigos, relaciones amorosas, proyectos de revistas, habían revolucionado la literatura, la filosofía y la religión para su uso personal, y en todo ello habían establecido un vínculo entre individualismo extremo y cimbreante universalismo. Inicialmente lo universal era una trascendencia que no podía fijarse; era «sentido y gusto para lo infinito». Pero poco a poco esta trascendencia recibió una coloración política. En algunos adquirió el color de la Iglesia católica y de los Habsburgo; otros se hicieron patriotas, prusianos, defensores de la nación.

Puesto que Novalis se orientaba por el poder reconciliador de la Iglesia universal, no tenía necesidad de elevar la nación política al rango de nueva religión. De todos modos, el punto de vista nacional no es totalmente extraño para él. Y esto apenas podía ser de otra manera, pues desde la Revolución francesa el concepto de nación se había hecho indispensable para la conciencia pública.

La Revolución francesa había producido una *Grande Nation*, que, como un poder armado hasta los dientes, invadió Europa. La historia de estos éxitos tuvo un efecto contaminante. En consecuencia también en Alemania, que todavía no es, ni de lejos, una nación política con un Estado unitario, se plantea la pregunta de qué significa en realidad Alemania. ¿Es deseable el camino político que la convierta en una nación? ¿Hay que emular a las otras grandes naciones, o bien a este país de fronteras inciertas y una historia complicada le han deparado otro camino especial? También Novalis se planteó esta cuestión y respondió así:

> Alemania sigue un camino lento pero seguro por delante de los demás países europeos. Si ellos están ocupados con la guerra, la especulación y el espíritu de partido, el alemán se forma con toda diligencia como miembro de una cultura superior, y esta ventaja tiene que darle una gran supremacía sobre los demás en el curso del tiempo.

Ésta es la idea de Alemania como nación cultural, una idea que también Friedrich Schiller estaba desarrollando en aquella misma época. En el esbozo del poema inacabado «Grandeza alemana» leemos:

> El alemán, en estos instantes en los que sale sin gloria de sus guerras lamentables [...], ¿puede gloriarse y alegrarse de su nombre? [...] ¡Puede! [...] El imperio alemán y la nación alemana son dos cosas diferentes. La majestad de los alemanes no descansaba nunca en la cabeza de sus príncipes. El alemán, separado de lo político, ha fundado para sí un valor especial y, aunque el imperio sucumbiera, permanecería incontestada la dignidad alemana [...]. Ésta es una magnitud moral, y radica en la cultura.

Alemania no está representada en la gran política, pero su «dignidad» se muestra en la cultura. El círculo de los románticos compartía este movimiento, pensaba lo mismo que Schiller. Los alemanes, como nación política, entran tarde en la historia, pero de este retraso cabe obtener ventajas:

> Por fin moral y razón vencerán,
> el rudo poder a la forma ceda;
> y el cauto pueblo de marcha lenta
> a los veloces ha de alcanzar,

leemos en Schiller; y Novalis cuenta abiertamente con una futura «primacía cultural» sobre los demás. El inconveniente de la tardanza se convertirá en ventaja. Los hombres no se cerrarán prematuramente mediante luchas de poder. Mientras que otros se desuellan en luchas cotidianas, aun cuando se precipiten de victoria en victoria, Alemania trabajará «en el azul eterno de la formación humana» (Schiller), o se formará como «miembro de una cultura superior» (Novalis). Cuando esto haya sucedido, se mostrará finalmente en qué consiste el sentido de la lentitud:

> Cada uno de los muchos pueblos
> su día en la historia tiene,
> el día que en Alemania viene
> es la cosecha del tiempo entero.

Novalis cree con Schiller que es el «espíritu del mundo» el quc ha «elegido a los alemanes» para la gran misión de fomentar la libertad y la bella humanidad en Europa; ninguno de los dos pudo imaginar que de la tardanza en convertirse en nación habían de brotar no la madurez democrática y cultural, sino especiales histerias y resentimientos, que la cultura y la formación lentamente desarrolladas no serían suficientemente fuertes para impedir una barbarie futura, y que esta cultura incluso se dejaría utilizar para los fines de la barbarie.

La idea de nación de cultura todavía está formulada en Novalis y Schiller dentro del espíritu de una misión universalista; la valoración de lo propio aún no se vincula con el desprecio de lo extraño.

Pero en Fichte puede observarse cómo del universalismo surgirá el nacionalismo. *Los caracteres de la edad contemporánea* es un texto del año 1805 que todavía muestra rasgos universalistas. El autor sostiene que el «espíritu emparentado con el sol», que aspira a la libertad, al Derecho y a una cultura desarrollada, no está atado a nada que proceda de una determinada nación, pues la nación puede degenerar a través de un mal sistema político y reprimir el espíritu libre y creador. En un caso como éste, dicho espíritu se dirigirá hacia aquel lugar «donde hay luz y derecho». Fichte no quiere incluirse entre los «nacidos en la tierra» que sólo «reconocen su patria en el terruño, en el río, en la montaña». El «espíritu emparentado con el sol» no es terrígena, no está arraigado en lo local; más bien, busca su patria allí donde la libertad tiene una oportunidad; es cosmopolita. El punto de partida es y sigue siendo el individuo y su aspiración a la libertad y a *la propia realización.*

Un año más tarde, en los *Discursos a la nación alemana*, de 1807 y 1808, la patria no es el mero marco exterior, sino el auténtico sujeto de la libertad. El autor se sigue preocupando de la libertad en el Estado, pero el acento se desplaza desde la libertad interna a la externa, a la autoafirmación de la nación, entendida como un deber al que es llamada la Prusia derrotada por Napoleón. Fichte concibe al pueblo como un gran individuo. Las propiedades agradables del individuo, la libertad, la energía, el espíritu, la cultura, son atribuidas ahora al pueblo, y en consecuencia el concepto de educación, que Fichte desarrolla en sus *Discursos*, tiene la finalidad de convertir a cada individuo en un buen miembro del pueblo. Y este pueblo alemán en conjunto es glorificado como «pueblo originario» de la aspiración «germánica» a la libertad. Con ello desaparece el fundamental rasgo cosmopolita, universal, del primer Romanticismo.

El horizonte se estrecha. El lúdico espíritu libre, que con la pasión por lo infinito iba más allá de todo límite, comienza a llevar la trascendencia a la esfera política; primero con cautela en Novalis, que busca en la Iglesia la protección supraterrestre y terrestre, y luego, de manera más robusta y decidida, en otros que, como Fichte, se centran en el pueblo, la patria y el Estado.

Después de 1800 aumenta en los románticos la tendencia a pensar de cara a lo colectivo. Ello sucede de forma activista y con una referencia al futuro en el caso de Fichte, que eleva el yo y su «acción práctica» al gran yo del pueblo.

Pero en aquella misma tendencia también puede acentuarse la modalidad de la conservación. El interés renovado por el mito y la religión permite pensar en orígenes, en una historia que no hacemos, sino que nos conduce. Ya no basta formar el nuevo mundo con conciencia de sí mismo; más bien, se pregunta: ¿dónde estoy contenido?, ¿a qué pertenezco yo?, ¿qué me determina?, ¿cuáles son mis raíces? Se descubre el poder creador de la historia, que actúa «a través de silenciosas fuerzas internas, no a través de la arbitrariedad de un legislador» (Savigny).

La metafísica romántica de lo infinito se convierte en metafísica de la historia y de la sociedad, de los espíritus del pueblo y de la nación; y para el individuo se hace cada vez más difícil sustraerse a la sugestión del «nosotros». Entre el individuo y la gran trascendencia (Dios, el infinito) se interpone una trascendencia intermedia, conformada por la historia y la sociedad. Si antes existía un Dios de la historia, ahora la historia misma se convierte en Dios. Brilla bajo un nuevo esplendor mítico y concede sentido y significación. Ello tendrá consecuencias también para la percepción de la sociedad. Ésta se presenta ahora no tanto como proyecto y producto de la propia acción, cuanto como lo envolvente por antonomasia. No hemos de perder de vista, dice Adam Müller, que salimos del seno materno no hacia lo libre, sino hacia el cuerpo social, y que al hombre le falta todo «cuando ya no percibe el vínculo social o el Estado».

Adam Müller, el gran protagonista del Romanticismo social, se halla bajo el influjo de Edmund Burke, cuyas *Reflexiones sobre la Revolución francesa* (1790) impregnaron decisivamente el discurso antirrevolucionario en todo el continente europeo. A las ideas políticas de la Ilustración, a saber, los derechos del hombre, el contrato social y el derecho natural abstracto, Burke había contrapuesto la convicción, anclada en la vida social de Inglaterra, de que la constitución estatal y el orden social son configuraciones crecidas orgánicamente, son expresión de una alianza entre los muertos, los vivos y los no nacidos. La tradición, con sus instituciones y reglas, dice Burke, es la encarnación de la sabiduría de siglos y por eso es superior al conocimiento de individuos falibles y a los cambiantes temples de ánimo de la nación. Con el mismo espíritu de Burke, pregunta Adam Müller: «¿No radican todos los errores desdichados de la Revolución francesa en la ilusión de que el individuo puede salirse realmente de los vínculos sociales, y derribarlos y destruirlos desde fuera?».

Es digno de notarse cómo esta idea, que, con un deje de piedad hacia la historia, glorifica la sociedad como un organismo estable, tiene su coyuntura precisamente en un momento histórico de catástrofes y crisis políticas.

De hecho, se trataba de una crisis. El Sacro Imperio Romano Germánico había sucumbido en 1806 sin glorias ni ceremonias, bajo los golpes de Napoleón. Los estados de la Confederación del Rin, desde Baviera hasta Westfalia, se hallaban bajo la hegemonía de Francia. Después de la derrota de Jena y Auerstedt, Prusia había dejado de ser una gran potencia europea y se había convertido en un poder de tipo medio. Alemania estaba más lejos que nunca de ser una nación políticamente unida.

La voluntad de autoafirmación motivó una esforzada búsqueda de lo que hoy se llama «identidad alemana». El concepto de una nación cultural, tal como lo formulaba Schiller, ahora ya parecía insuficiente, pues empezaba demasiado alto, a saber, en un elevado nivel intelectual; y lo que entonces se buscaba eran las tradiciones populares. Precisamente A.W. Schlegel, un refinado representante de la cultura del espíritu, decía en 1802 que «los altos estamentos cultivados de nuestra nación no tienen ninguna literatura» en la que se refleje la vida de una nación, «mientras que el hombre común sí la tiene». Se refiere a los libros populares y alude a Tieck, que intenta acercarlos a los cultivados entre sus detractores. «Toda poesía verdaderamente creadora», escribe Schlegel, «sólo puede brotar de la vida interna de un pueblo y de las raíces de esta vida, de la religión.»

Entre 1806 y 1808 Heidelberg se convirtió en el cuartel principal de este interés romántico, dirigido a leyendas, mitos, canciones populares y otras tradiciones históricas. «Heidelberg es un Romanticismo espléndido; la primavera envuelve la casa y el patio, y rodea con sarmientos y flores todo lo cotidiano; los castillos y los bosques narran una leyenda prodigiosa del tiempo primitivo, como si en el mundo nada vulgar hubiera existido...» (Eichendorff). Los profesores Savigny y Creuzer fueron los primeros que, después de la refundación de la universidad en 1803, trabajaron conscientemente por convertir a Heidelberg, bajo la pauta de Jena, en punto de convergencia de los románticos. Creuzer escribía el 17 de abril de 1804 a Brentano:

> De hecho, cuando ahora en mis paseos solitarios a través de las ruinas poderosas del castillo local siento nuestra nueva pequeñez alemana, percibo vivamente que esta ciudad es un lugar para hombres que llevan en su corazón a la gran Alemania, para verdaderos poetas como usted y como Tieck, que son capaces de captar el antiguo canto romántico en su profundidad y de darle nueva vida en una manera digna.

Brentano llegó acompañado de la escritora Sophie Mereau, con la que se había casado poco antes. Luego, atrajo a su amigo Achim von Arnim. Los amigos, junto con Joseph Görres, que impartía clases como profesor particular, constituían la famosa «estrella de tres puntas» de Heidelberg, de la que Eichendorff, que por entonces estudiaba en Heidelberg, hablaría con entusiasmo en su vejez: «Una espléndida tormenta nocturna aquí escondía abismos, allí descubría súbitamente nuevos paisajes inesperados, y en todas partes era colosal, despertaba y encendía para una plenitud de vida». Junto a Görres había dos «amigos y compañeros»: Achim von Arnim y Clemens Brentano. «Vivían en el "Faulpelz", un local decoroso, pero oscuro en el castillo de la montaña. Tenían una gran sala ventilada, con seis ventanas a través de las cuales la mirada se extendía sobre la ciudad y el campo; las ventanas ofrecían además la más grandiosa pintura mural, los rayos que salían de la esfera del reloj de la torre». Eichendorff recordaba imborrablemente cómo Brentano, pequeño, flexible y de cabellos negros y rizados, estaba sentado en el banco de la ventana y, mirando a la corriente del Neckar, improvisaba canciones para acompañamiento de guitarra; todo ello era «verdaderamente encantador». En aquella pareja de amigos Brentano era la muchacha coqueta y Achim von Arnim era el hombre guapo. Tan guapo era que una berlinesa, al verlo, prorrumpió en la ingeniosa exclamación: «¡Ay! En sus brazos».* En Heidelberg los amigos

* Estas palabras provienen de un juego de palabras con el nombre Achim Arnim, descompuesto en la forma: *Ach im Arm ihm* (al pie de la letra: «¡Ay! En el brazo para él», es decir, «en sus brazos»). *(N. del T.)*

editaron la colección de canciones *El cuerno maravilloso del muchacho*, el segundo libro de culto del Romanticismo, después de *Franz Sternbald*, de Tieck. Incluso Goethe le tributó sus alabanzas.

A Heidelberg se había trasladado también Johann Heinrich Voss, especialista en filología antigua y traductor de Homero, como si quisiera estar tan cerca como fuera posible de aquellos a los que había jurado enemistad, a saber, los románticos. No ahorró invectivas y explosiones de ira. Calificaba la colección de cantos de los amigos como un «montón de inmundicias mezcladas con paja, lleno de petulantes falsificaciones e incluso con chapucerías intercaladas». La aversión era recíproca. Voss, se decía en tono de burla, está condenado a extinguirse en su sequedad, y Görres inició una lección con estas palabras: «¡Señores!, hay solamente dos clases de hombres: en primer lugar los que están ungidos con el espíritu poético, y en segundo lugar los filisteos». Era obvio que Voss figuraba como el cabecilla de estos últimos. Era un tiempo vivo, pero también amargo. Sophie Mereau murió en el sobreparto, y Brentano cayó en una desesperación tan grande que a punto estuvo de perder el juicio. Karoline von Günderrode se suicida cuando Creuzer, su amado, incumple la promesa de separarse de su mujer. Al final quedó solamente Achim von Arnim, que en 1808 editó durante un año entero el *Periódico de los Ermitaños*. Eichendorff recuerda:

> La hoja, que tenía un renombre singular era en realidad un programa de Romanticismo; por una parte, una declaración de guerra al público de filisteos [...] y, por otra, un muestrario de las nuevas tendencias: iluminación de la Edad Media olvidada y de sus poéticas obras maestras [...]. El sorprendente periódico no tuvo muchos años de vida, pero cumplió por completo su fin de ser un proyectil luminoso y una señal de fuego.

Achim von Arnim había puesto aquella publicación completamente al servicio de sus esfuerzos por dar nueva vida a la antigua poesía popular. Se manifestó programáticamente sobre él en el ensayo con que concluía la colección de canciones:

> A quien está en denso e íntimo contacto con el pueblo [...] se le ha puesto en las manos la sabiduría acreditada por los siglos, para que la anuncie a todos. [...] Él congrega a su pueblo disperso [...], cantando a un tiempo nuevo bajo su bandera [...], pues todos nosotros buscamos algo superior, el toisón de oro, que pertenece a todos [...], el tejido de un lar-

go tiempo, lo que lo acompaña en el placer y en la muerte: canciones, leyendas, noticias, sentencias, historias, profecías y melodías [...].

Los románticos romantizan la poesía popular, o lo que tenían por tal. En el genio, había dicho Schelling, crea la naturaleza inconsciente. Esta afirmación se aplicaba ahora al «espíritu del pueblo», del cual se creía que también produce de manera inconsciente sus leyendas, canciones y mitos. «La poesía popular vive, por así decirlo, en estado de inocencia; en cambio, el arte tiene la conciencia.» Ahora lo inconsciente era tenido por lo profundo. ¿No había caracterizado Görres la humanidad temprana de «sonámbula»? La poesía popular, escribe Görres, es como el «murmullo quedo» de quien está sumido en el sueño. En ella se expresa el alma colectiva. La conciencia del presente es un mal intérprete a este respecto, escribe Jacob Grimm. «Nada es más torcido que la pretensión de querer dar forma poética a los poemas épicos (en el sentido de la poesía popular), o de fingirla en ellas, pues tales poemas son fruto exclusivo de su propia creación poética.»

Schiller, en *Sobre poesía ingenua y poesía sentimental*, había prevenido frente al peligro de imitar lo natural con artificiosidad y lo ingenuo con refinamiento. Pero esto es precisamente lo que entonces se intenta. Ludwig Tieck narra en el tono de los antiguos libros populares la leyenda de *Los cuatro hijos de Aimón;* Brentano y Achim von Arnim mezclan poesías propias entre su colección de canciones populares *El cuerno maravilloso del muchacho;* y los hermanos Grimm, más que encontrar, puede decirse que inventaron el estilo de sus leyendas.

No cabe la menor duda del trasfondo político que hay en este nuevo amor a la poesía popular:

> Cuando hace poco tiempo Alemania yacía en una profunda humillación, cuando los príncipes servían, la nobleza perseguía honores extraños [...] y los intelectuales sacrificaban a los ídolos importados, sólo el pueblo permaneció fiel a sí mismo. Por tal preservación sin duda se ha conquistado el derecho de que aquellos que han sido aclamados como sus caudillos, atiendan a su inclinación y a los sentimientos de su corazón, de que veneren como la conciencia externa de su Estado la voz que en su medio confluye conjuntamente desde los sonidos de todos.

La vencida Prusia no tuvo que entrar en la Confederación del Rin, pero se le impusieron colosales reparaciones de guerra, y la ocupación francesa dejó muchas rémoras. En el mundo alemán, tan sólo la Austria de los Habsburgo conservó su independencia. Y sólo desde Viena se continuó la lucha contra Napoleón, todavía sin Rusia, que se abstuvo. En Viena se había procedido a movilizar desde abajo las fuerzas patrióticas. En el Tirol, a semejanza de las luchas de guerrilleros en España, los tiroleses del sur, al mando de Andreas Hofer, combatían contra el dominio francés. En Prusia, el primer ministro Stein había comenzado practicando (1807-1808) una política de eficacia y coexistencia, con la esperanza de que así podría llevar a cabo la reconstrucción del destruido país. Pero cuando por fin comprendió que Napoleón no le concedía ningún espacio de juego, pasó a una política de resistencia bajo el impacto de los éxitos españoles en la lucha antinapoleónica. Junto con Gneisenau emprendió desde 1808 lo que hasta entonces había sido impensable: un levantamiento popular en la Alemania del norte contra el dominio napoleónico. Sin embargo, para incitar al pueblo a la lucha, había que tomar en consideración la libertad de los labradores, una reforma de la comunidad y una constitución con elementos democráticos. Pero lo cierto es que sus planes de levantamiento cayeron en manos de la policía secreta francesa. Prusia tuvo que destituir a Stein. Napoleón lo declaró enemigo de Francia, hizo confiscar sus bienes, y lo amenazó con la prisión y la muerte. Stein huyó a Bohemia y desde allí actuó como símbolo de la resistencia contra Napoleón. Entonces Harl August Hardenberg llevó a la práctica, con atenuaciones, sus planes de reforma. La idea de la guerra popular y nacional, desarrollada por Stein y Gneisenau, fue aceptada, aunque con vacilaciones, cuando Prusia se alejó de Napoleón después del fracaso en la expedición militar contra Rusia a finales de 1812.

La derrota prusiana de 1806 se dio a conocer todavía en el estilo antiguo: «El rey ha perdido una batalla. Ahora la tranquilidad es el primer deber de los ciudadanos». Hasta qué punto había prosperado mientras tanto la movilización del patriotismo nacional lo pone de manifiesto la proclama del Gobierno prusiano en 1813: «Por altos que sean los sacrificios impuestos a los individuos, resultan pequeños en comparación con los bienes por los que los ofrecemos, por los que luchamos y debemos vencer, si no queremos dejar de ser prusianos y alemanes».

Es la hora del Romanticismo político. El trabajo en la conciencia de la identidad alemana con la conjuración de los espíritus del pueblo y de la mitología germánica, las colecciones de poesía popular y la visión de la educación nacional en Fichte, son ahora elementos que pueden confluir y crear un temple de ánimo público capaz de impulsar a la participación activa de las fuerzas nacionales y patrióticas. En suelo alemán se produce durante estos meses de guerra de liberación antinapoleónica el nacimiento de la propaganda política. Stein, contra la inundación de Alemania con «arrogantes y mentirosos boletines y proclamas» procedentes de la imprenta militar de Napoleón, recomienda levantar un dique de propaganda patriótica hecha en casa. El poder de Napoleón, afirma Ernst Moritz Arndt, tiene un apoyo importante en el miedo que difunde, en consecuencia hay que instruir al pueblo sobre su propia fuerza. Eso es tarea de los escritores, que ahora están investidos de un mandato político, precisamente oficial. Stein dice: «En una nación tan ávida de lectura los escritores constituyen una especie de poder gracias a su influjo en la opinión pública». En Viena Metternich funda el periódico *El Observador Austriaco* y nombra director a Friedrich Schlegel, que diez años antes, en *Lucinde,* había calificado la opinión pública de «feo monstruo». Schlegel lleva consigo a Adam Müller.

«La sociedad, la dueña de las fuerzas materiales», anunciaba Fichte en los días turbulentos de marzo de 1813 en Berlín, ha de cobrar fuerzas para la acción práctica colectiva. Él mismo quiere ser capellán militar en el cuartel general de Prusia; pero se ríen de él y le sugieren retirar la propuesta. En enero de 1814, este hombre bizarro muere de fiebre nerviosa, una fiebre que han traído los heridos en la guerra de liberación. El 28 de marzo de 1813 se proclama oficialmente la guerra contra Napoleón con un acto religioso, tal como procede. Schleiermacher habla desde el púlpito, el público escucha vestido de uniforme, dispuesto a la marcha, las carabinas están apoyadas fuera, en los muros de la iglesia, detrás de la sacristía comen los caballos. «Con piadoso entusiasmo, hablando desde el corazón, penetraba en cada corazón», narra un testigo. En abril de 1813 comienza la organización del llamamiento general. Quien no es útil para las armas, es enviado al trabajo en las fronteras delante de la ciudad. Allí trabajan al completo las facultades de la Universidad de Berlín, fundada recientemente. Pero la nueva generación de científicos está armada. Solger, el teórico de la ironía romántica, se dedica a la organización de un fondo de apoyo a las viudas, y envía a su mujer a Silesia por seguridad; por desgracia, la envía en la dirección equivocada, pues en esa región se ha apostado el Ejército enemigo. Reina un fuerte nerviosismo. Bettina von Arnim, que se aferra a Berlín, ciudad convertida en un campamento militar, ofrece en una carta una descripción intuitiva de la cohorte de eruditos románticos.

> También era sorprendente ver cómo personas y amigos conocidos corrían a través de la calle con todo tipo de armas a cualquier hora del día, en particular algunos de los que antes apenas se habría podido pensar que llegarían a ser soldados. Por ejemplo, imagínate a Savigny, que, cuando la campana da las tres, corre como un poseso por la calle con una larga lanza [...], o bien al filósofo Fichte, con un escudo de hierro y un largo puñal; el filólogo Wolf, con su larga nariz, llevaba un cinturón tirolés repleto de pistolas, cuchillos de todo tipo y hachas de guerra [...]; en compañía de Arnim se encontraba siempre un grupo de mozas, convencidas de que la milicia les sentaba bien por delante y por detrás [...].

Achim von Arnim, Theodor Körner, Eichendorff, Ernst Moritz Arndt, apoyados por otros muchos poetas doctrinarios, abogados y funcionarios del servicio de sanidad, se convirtieron en bardos del nuevo movimiento patriótico. «El Dios que hizo crecer el hierro, no quería ningún siervo», escribe Arndt en tono poético. En Eichendorff leemos: «Fusil en mano, la guardia hago». Sin duda el poema más famoso fue el del cuerpo de voluntarios de Körner sobre «La osada caza salvaje de Lützow». Se movilizan los sentimientos románticos y las imágenes de la naturaleza, el «susurrar del bosque», los árboles, que están en pie como «héroes», el fuego de campamento en noche de luna; «así se enciende ahora el fuego en nombre de Dios». Al enemigo se le odia con auténtico ardor. También esto es nuevo. Ernst Moritz Arndt escribe: «Quiero el odio contra los franceses, no sólo en el transcurso de esta guerra, lo quiero por largo tiempo, lo quiero para siempre [...]. Que brille este odio como la religión del pueblo alemán, como un delirio sagrado en todos los corazones, y nos conserve siempre en nuestra fidelidad, lealtad y valentía...».

El odio se dirige sobre todo contra Napoleón. Si al principio los románticos lo habían admirado, ahora reniegan de él. Los hermanos Schlegel, Tieck, Schleiermacher, lo habían celebrado como la encarnación de la revolución sagrada. Beethoven había querido dedicarle su tercera sinfonía. Todos estos personajes veían en él a uno de los suyos, de origen corriente y dirigido por sentimientos revolucionarios igual que ellos. Su carrera meteórica les da la certeza: se impone el poder natural del genio, se eleva, rompe todo lo recibido. Es la encarnación del sujeto trascendental de la historia; la categoría laboriosamente lograda monta ahora a caballo. «He visto cabalgar a esta alma del mundo», cuenta Hegel en 1806 desde Jena. Para los espíritus ingeniosos de Jena y de Berlín este hombre encarna al artista romántico por excelencia. Él ha transformado toda la historia universal en una irónica obra de arte, juega con el material de la historia como el autor romántico con sus materias y formas. En todas partes se vende el busto de Napoleón. Goethe nunca tiene bastantes. Posee uno Tieck, e igualmente Jean Paul, que se complace en regalarlos, y los hermanos Schlegel, que van con él a todas partes. Sin embargo, después de Jena y Auerstedt, en 1806, comienza el cambio repentino. Napoleón, que, junto con algunas modernizaciones, trae también mucha opresión y humillación, ciertamente no pierde nada de su genio ante los ojos de sus coetáneos, pues sigue siendo la encarnación del espíritu del mundo, pero ahora es un espíritu malo, demoniaco, el que actúa en él y a través de él; es el antiespíritu, el infierno, la naturaleza caída, una mezcla de Prometeo y Mefistófeles.

Pocas veces una persona ha sido odiada con tanta vehemencia como este Napoleón. Todas las corrientes espirituales han desarrollado su propio odio a Napoleón: unos odian al déspota, otros al revolucionario, y finalmente hay quienes detestan al traidor a la revolución. Se odia en él al furor del racionalismo, para el que ningún vínculo es sagrado, al oportunista cinismo del poder, a la figura híbrida del yo desencadenado, para el que el resto del mundo se convierte en no yo y en material. Y, naturalmente, se odia en él a aquel que ha hecho grande una nación para esclavizar a la otra, la alemana. La grandeza de Napoleón –de quien Goethe llegó a decir: «Ese hombre es demasiado grande para vosotros»– tenía que dar al odio un giro en el plano de la filosofía de la historia. La historia o Dios, da lo mismo, ha tenido que darle un encargo oscuro. Arndt escribe: «La naturaleza, que lo ha creado, que le deja actuar en forma tan terrible, tiene que proponerse un trabajo a través de él». Napoleón, dice Adam Müller, es el «destructor necesario», que trae el «evangelio de la muerte». La naturaleza omnipotente actúa en él, pero no la clara de Rousseau, que en tiempos fue glorificada en el *Sturm und Drang*. La naturaleza muestra su otra cara, Napoleón es su cabeza de medusa.

E.T.A. Hoffmann, que tampoco puede sustraerse a ella, encuentra un tema especial en esta alteración general. Napoleón se convierte para él en una figura monumental que procede del «magnetismo animal», un fenómeno que comienza a fascinar a los contemporáneos como práctica médica y como especulación en el campo de la filosofía de la naturaleza. Así pues, Napoleón es visto como un gran magnetizador, que con sus imanes produce el sueño y el delirio en una extensa región de la tierra, como un dios del cielo vacío y de la época nueva, regida por el principio de que la política es el destino.

Aunque no suele aparecer incluido entre los románticos, Heinrich von Kleist es una de las grandes figuras en cuyo pecho bulle el odio. Pero si tomamos como base la definición de Carl Schmitt, según el cual son románticos aquellos que de «forma ocasionalista» toman la realidad respectiva como ocasión para desencadenar imaginariamente su propio yo, entonces Kleist, especialmente en aquellos tiempos de excitación política, fue un romántico genial con el extremismo de sus sentimientos y el absolutismo de su yo. Pero fue también un romántico peligroso. Pues en su ejemplo se muestra cómo todo un mundo imaginario, que encontró una expresión perfecta en su obra, irrumpe sin mediaciones en la esfera política y engendra allí un sofocante fanatismo. El odio es un sentimiento fuerte, y Kleist en general es un maestro de los sentimientos fuertes y sobrecogedores, pero no sólo éstos son destructivos, ya que también pueden serlo los tiernos, dulces y soñadores. Kätchen von Heilbronn es una hermana dulce de la delirante Pentesilea. Kleist es un maestro en llevar los sentimientos hasta el punto de ebullición, o bien hasta la absoluta distensión. Se muestran en la obra como el insecto en el ámbar, y así son dominados. En la vida, y más aún en la política, las cosas son diferentes.

En el año 1809, cuando Kleist mantiene contactos con las fuerzas de Prusia y Austria que querían iniciar el levantamiento contra Napoleón, escribe en la oda «Germania a sus hijos»:

> Chozas y casas, ¡adiós!,
> delante el emperador.
> Espuma de mar sin orillas
> sobre los francos vienen,
> en plazas y ciudades se extienden
> y de blanco con sus huesos pintan.
> Si cuervo y zorra rechazan,
> los blandos peces entregadles.
> Al Rin un dique levantadle
> con sus cadáveres en masa.

En el mismo año redacta Kleist la obra teatral *La batalla de Hermann,* una singular glorificación apasionada de la guerra de aniquilación total. Bajo la protección del sentimiento político se regala Kleist con fantasías de aniquilación, que permanecerían incomprensibles si hubieran de atribuirse exclusivamente a un motivo político, a una pasión política. Kleist mismo hubo de percibirlo cuando en la oda mencionada componía la rima con referencia a Napoleón: «¡Mátalo! El juicio del mundo, / no mires a la razón del asunto». Estas fantasías de destrucción acumuladas en las pasiones políticas apuntan a una singular complacencia en la crueldad imaginaria, que también en otros contextos puede advertirse en Kleist. Ningún otro escritor del siglo XIX representó con tanto placer como Kleist el acto de matar. Esto puede decirse de Michael Kohlhaas, que muere con un sentimiento de felicidad porque puede precipitar en la perdición a su adversario, al príncipe electo de Sajonia, y también de la escena final de *Pentesilea,* donde la reina de las amazonas devora con los dientes al amado Aquiles. En *El terremoto de Chile* se describe con toda exactitud cómo el asesino gira por los aires a un niño hasta que lo arroja contra un pilar de la iglesia y al final se ve cómo «la médula sale del encéfalo».

Estas fantasías relacionadas con el acto de matar no resultan de la enemistad con esta u otra realidad, sino de la enemistad con la realidad en general, en cuanto ésta se resiste a su exigencia de intensidad. Sólo se sentía vivo en la tensión de todas las fuerzas relacionadas con la atención, la percepción y la creación. Le perseguía el pánico al vacío, que podía precipitarse lo mismo desde dentro que desde fuera. «Deambulaba inactivo en mi habitación, me acerqué a la ventana abierta [...], apretaba mi cabeza contra el cojín del sofá, un vacío inefable llenaba mi interior, había fracasado también el último medio de elevarme», escribía el 22 de marzo de 1801 a su esposa, Wilhelmine von Zenge. El *horror vacui* fue el compañero constante de Kleist. Y este *elevarse* para no caer fue el esfuerzo constante de su vida. Sólo obtenía auxilio olvidándose de sí mismo cuando se sumergía en una actividad, en un sueño, en un sentimiento. Asimismo, hablaba con suma intensidad y muy rápidamente; de lo contrario caía en el tartamudeo y luego en una incubación silenciosa. Lo mismo que no le interesaba lo que no podía ocuparlo por entero, exigía igualmente de los otros esta exclusividad. Su esposa sólo podía alegrarse de cosas que estuvieran relacionadas con él, y, aunque durante un tiempo ambos vivieron en casas contiguas, le escribía a diario las cartas más apasionadas y esperaba de ella correspondencia del mismo tenor. En todas sus empresas se comportaba como si no pudiese haber ninguna laguna, ninguna grieta por la que pudiera penetrar algo que perturbara la entrega o la inmersión del momento. También era característico de esta actitud su plan de vida esbozado en 1799. El 12 de noviembre escribía a su hermana: «Me he propuesto un fin que exige la actividad ininterrumpida de todas mis fuerzas y el aprovechamiento de cada minuto de tiempo si pretendo llevarlo a cabo». Hay que desvirtuar las dolorosas «casualidades» que pudieran apartarle del camino. Hay que poner en juego la autodeterminación frente a la determinación ajena, el plan frente a la casualidad, el infatigable aprovechamiento del tiempo frente a su disipación, la concentración de todas las fuerzas en un punto frente a la distracción. En todo lo que hacía tenía que llegar al límite, de manera que si se paraba todo se derrumbaba; el sentimiento, el pensamiento, la obra. En su ensayo sobre las marionetas escribe que con la conciencia se ha perdido la ingenuidad paradisiaca y, por tanto, hay que incrementar la conciencia hasta el máximo, a través de un «infinito pasar por entre las cosas», para conseguir de nuevo aquella gracia del principio. Aspiraba siempre a soluciones definitivas. Por eso intentó repetidamente convencer a amigos, amadas o simplemente conocidos de que se suicidaran con él. Finalmente encontró a una mujer dispuesta a dejarse matar por él, para que luego él pudiera suicidarse.

¿Qué tiene que ver todo eso con su política?

En su odio a Napoleón y a los franceses él mismo declara que no hay que preguntar por la «razón». Se trata solamente de la intensidad, que es tanto mayor, cuanto menor es la razón. Si algo está fundado, hay siempre una referencia racional retrospectiva, que en todo momento lleva en sí algo explicativo, moderador. En Kleist el odio es como el amor, un éxtasis de la entrega. Para no perder su intensidad en el curso ordinario de las cosas, en las casualidades, tiene que incrementar sus pasiones. Es evidente que Kleist también argumentó políticamente; pero se nota que su preocupación no son los fines y los motivos políticos cuando las fundamentaciones que ofrece comienzan a caer en lo demencial. En respuesta a la pregunta de «¿Qué está en juego en esta guerra?», menciona motivos que resaltan lo valioso de la comunidad que debemos defender. La acumulación de los motivos según una escala creciente conduce en definitiva a lo involuntariamente cómico o absurdo. «Está en juego una comunidad que los salvajes de los mares del sur, si la conocieran, acudirían en masa a defenderla; una comunidad [...] que sólo puede ser llevada al sepulcro con sangre, ante la que el sol se oscurece». Se advierte que también aquí acentúa la furia. El autor glorifica una comunidad que lo atormentó con indiferencia hasta que la abandonó y pasó a Francia, para morir allí «el hermoso día de las batallas», pero no en lucha contra Napoleón, sino en las filas de su Ejército. Es posible que también odiara tanto a los franceses y a su emperador porque éstos no le permitieron entregarse a él.

Probablemente Nietzsche dio en el clavo cuando escribió sobre las consecuencias de esta indiferencia: «Heinrich von Kleist se hundió por esta falta de aprecio, y el antídoto más terrible para los hombres extraordinarios es sumergirlos con tanta profundidad en sí mismos, que su salida a flote se convierte en una irrupción volcánica».

# Capítulo 10

A los románticos les une el malestar ante la normalidad, ante la vida cotidiana. ¿Cuál es su vida en Alemania en torno a 1800? En primer lugar, es la vida cotidiana de escritores, es decir, de personas para las que los asuntos espirituales no son una bella cuestión secundaria, sino lo principal, y para las que lo espiritual está unido todavía con lo religioso. Y eso no ha de sorprendernos, pues muchos de ellos descienden de familias de párrocos. Ciertamente, también entre ellos la Ilustración ha vaciado la antigua fe; mas, por eso mismo, para proteger la vida ordinaria frente al desencanto, prospectan nuevas fuentes de lo misterioso. Las encuentran en el espíritu poético, en la fantasía, en la especulación filosófica y a veces también en la política; aunque sea una política que pertenece al reino de la fantasía.

Los románticos, con su malestar ante la normalidad, anticipan aquella desazón por el «desencanto del mundo a causa de la racionalización» que, un siglo más tarde, Max Weber expresará críticamente en su famosa conferencia sobre *La ciencia como profesión* (1919).

Max Weber da un doble sentido a la expresión «desencanto del mundo». En primer lugar, el hecho de que, con la marcha victoriosa de las ciencias empíricas, hay parcelas crecientes de la realidad que son explicables «en principio», es decir, han de tenerse por racionales. Y en segundo lugar, la expresión mencionada significa para Max Weber que los ámbitos de la vida y del trabajo se organizan cada vez más según la forma de una «racionalidad instrumental». Lo racional y lo instrumental juntos se condensan en lo que Weber llama la «jaula de acero» de la modernidad.

Sin embargo, tan de «acero» no era la jaula en tiempos de los románticos. Pero algo se podía presentir, sobre todo cuando se era tan sensible como ellos. Notaban ya el crecimiento de lo racional y de lo instrumental. Lo racional era la Ilustración consciente de sí misma, que tenían que estudiar a fondo. Y lo instrumental les sale al encuentro en el pragmático pensamiento utilitario de la burguesía, que se difundía entonces poderosamente.

Las ciencias experimentales de tipo técnico estaban todavía en sus comienzos, pero su principio empezaba a resaltarse bajo la idea de que la naturaleza tiene como base un mecanismo que se puede conocer y, cosa más importante todavía, que se puede utilizar para los propios fines. Eichendorff afirma: «Los hombres han dispuesto el mundo para ellos como un mecanismo de relojería, que sigue funcionando por sí mismo». En Novalis leemos que la naturaleza ha sido «denigrada a la condición [...] de una máquina uniforme», de modo que el curso del mundo es considerado como efecto de una legalidad fiable y calculable, que garantiza la existencia de las cosas. A pesar del cambio, de la evolución y de las catástrofes, se cree ver en la actuación de la naturaleza algo siempre igual y fiable, un mecanismo. La forma moderna de pensar, tal como dice Novalis, convierte «la música infinitamente creadora del universo en el matraqueo uniforme de un molino monstruoso».

El *Lovell* de Tieck se queja de que la modernidad «ha descifrado» osadamente todos los encantos, y de que el crepúsculo misterioso ha cedido su puesto a una artificial luz del día.

> Odio a los hombres que, con su pequeño sol de imitación, arrojan luz en todo crepúsculo íntimo y expulsan los deliciosos fantasmas de sombras, que habitaban tan seguros bajo la glorieta abovedada. En nuestro tiempo ha surgido una especie de día, pero la iluminación romántica de la noche y de la mañana era más bella que esta luz gris del cielo nublado.

Esta «luz gris» de la Ilustración corriente se producía para los románticos no sólo en las cabezas, sino también en la realidad social, que ellos experimentaron como un mecanismo cada vez más reglamentado y uniforme.

En su cuento titulado *El pequeño Zacarías,* Hoffmann narra cómo el joven soberano Paphnutius introduce la Ilustración en el país donde se desarrolla la historia. Según el relato, antes el pequeño país se parecía a un «admirable jardín delicioso», donde moraban «diversas hadas primorosas», de manera que «casi en cada pueblo, preferentemente en los bosques, con gran frecuencia se producían los más agradables prodigios». La introducción de la reforma de Paphnutius significa que, por una parte, «se talan los árboles, se hace navegable la corriente, se cultivan patatas, se mejoran las escuelas de los pueblos [...], se construyen carreteras y se inyectan vacunas», y, por otra parte, hay que erradicar también las ominosas hadas», si no pueden transformarse «en miembros del Estado ilustrado», pues ellas «desarrollan un negocio peligroso con lo maravilloso y, en nombre de la poesía, no temen difundir un veneno secreto que hace a las personas totalmente incapaces de servir a la Ilustración».

La Ilustración práctica fue experimentada como el gobierno cada vez más poderoso de la actividad económica. «Desde la muerte de Federico Guillermo I ningún Estado», escribe Novalis en tono de lamento, «ha sido administrado como si fuera una fábrica tanto como Prusia.»

La penetración de la vida con el principio de la utilidad se torna particularmente enojosa para los románticos cuando también el arte y los artistas son llevados ante el foro de la utilidad en el plano social, económico y político. Sobre las exigencias que van unidas a esto, encontramos una sátira amarga en la exposición que Hoffmann hace de los sufrimientos del maestro de capilla Kreisler.

El escenario de estos sufrimientos son las veladas musicales en las mejores casas, donde el genial pero humillado maestro de capilla tiene que actuar de animador musical y de peón. «Se han ido todos», son las palabras con que empieza la descripción de una de estas veladas en casa del consejero privado Röderlein, que ofrece siempre a sus huéspedes «té, ponche, vino, helado» y también un poco de «música», que «el bello mundo recibe de forma muy placentera...». Esta vez termina la velada con un escándalo provocado por Kreisler. Al interpretar las *Variaciones Goldberg*, de Bach, demasiado difíciles para ser un divertimiento, disolvió la sociedad. Ahora Kreisler se sienta solitario al piano, y toca y escribe los sufrimientos del alma durante esta noche. Ya la situación de partida presenta a grandes rasgos la problemática entera: el artista solitario que no entiende a su público y precisamente por eso lo provoca, que huye de él y a la vez lo hace huir, que está a su servicio y, sin embargo, se sabe inmensamente superior a él. Kreisler se encuentra en estado de guerra, las variaciones de Bach son sus armas. Pero ¿qué le ha hecho la gente? Han recurrido a él para la distracción musical. Quieren alcanzar un estado de ánimo agradable. Para eso se atavían, beben y comen, para eso se canta y se toca la *Marcha de Dessau* y otras piezas pertinentes, sin perder nunca de vista el fin de la reunión, a saber, «un agradable entretenimiento y distracción». Y, por descontado, a este fin supremo se subordina también la música, que, «bien escogida, no tiene nada de perturbador». Por tanto, lo sublime, el arte elevado, ha de servir a lo bajo, tal como lo ve Kreisler. Entre estos bajos fondos se encuentran también las luchas de rivalidad y autoafirmación, que tales encuentros sociales cultivan. Vistas las cosas más de cerca, hay siempre en juego «beneficio y ganancia», aunque se trate de ocasiones entretenidas. Se trata de labrarse una carrera dando clases de canto a las hijas de la alta sociedad. Y eso es lo que tiene encomendado el pobre Kreisler. Como músico profesional, es un funcionario del interés burgués por la distracción y la exhibición de sí mismo; realiza un trabajo alienado y, por lo demás, ha de considerarse «un sujeto completamente subordinado». El único hombre con el que se entiende el maestro de capilla es el criado doméstico Gottlieb. Ante él y ante sí mismo exclama al final: «¡Tira el odiado traje de sirviente!».

A esta concepción burguesa del arte como servicio contrapone Kreisler su metafísica del arte, que lo eleva a la dignidad del sacerdocio. Cree que «el arte hace presentir al hombre su principio superior y, arrancándolo del insensato tráfago de la vida ordinaria, lo conduce al templo de Isis, donde la naturaleza habla con él a través de sonidos sagrados, nunca oídos y, sin embargo, comprensibles».

En Hoffmann queda siempre un tono concomitante de ironía en tales exaltaciones enfáticas de un arte elevado al cielo. Que debido al arte sea posible enemistarse con el resto del mundo, que el amor al arte pueda trocarse en odio al hombre, es algo que puede despertar su interés y le parece digno de cuestionarse, pues este impulso no le es extraño. Por eso, en su relato quizá más famoso, a saber, *La señorita de Scuderi*, hace que el orfebre Cardillac se convierta en asesino. A él le resulta insoportable ver que sus alhajas, centro de su amor y saber, estén en manos y cuellos de extraños, en posesión de personas que no les dan más destino que el de halagar su vanidad y ayudarles en aventuras galantes. Kreisler insulta a su público; en el caso de Cardillac se producirá un asesinato del público en gran estilo. Es otra forma de resolver el conflicto del arte y del artista con el principio de la utilidad burguesa; también así puede bramar el valor enfático de expresión del arte contra su valor de cambio.

Desde la perspectiva del artista, el público burgués, con su principio de «ganancia y pérdida», con la mentalidad de la utilidad económica y social, puede considerarse una esfera singular de lo impío. Por eso, el caballero Gluck, en el relato compuesto por E.T.A. Hoffmann con este título, dice también ante la necesidad de venderse en el mercado del arte: «Traicioné impíamente lo sagrado».

También la novela *Sternbald,* de Tieck, aborda este motivo de la santificación del arte, en contraposición a la amenaza que proviene de la normalidad burguesa. La novela romántica de Tieck pasa a la ofensiva y es una respuesta compensatoria al desencanto de la sublimidad artística ante la mentalidad utilitarista de la burguesía. Y los románticos exaltan forzadamente su religión del arte para acallar sus propias dudas.

En la *Historia del bravo Gaspar y la bella Anita,* Clemens Brentano presenta a un escritor que, cuando ha de explicar su profesión a un hombre normal, se avergüenza de su oficio. Es un sentimiento, dice el narrador, «que se apodera de todo el que ha de negociar con bienes libres y espirituales, con dones inmediatos del cielo». Esta vergüenza presupone todavía el sentimiento de la sublimidad del arte. Pero hay cosas más graves todavía, pues el artista rastrea la sospecha de que en su acción puede tratarse, en realidad, de algo enfermizo y perverso. Si se mira con los ojos de un hombre normal, tiene la impresión de ser un ganso cuyo hígado se ha vuelto descomunal:

> Todo hombre, lo mismo que tiene cerebro, corazón, estómago, bazo, hígado y otras vísceras, lleva también una poesía en el cuerpo; pero quien sobrealimenta uno de estos miembros, le da pienso, lo ceba y lo exagera por encima de todo lo demás, e incluso lo convierte en el propio oficio, ha de avergonzarse ante todo el resto de su ser humano. Quien vive de la poesía ha perdido el equilibrio, y un hígado demasiado grande de ganso, por buen sabor que tenga, presupone siempre un ganso enfermo.

En la relación tensa con la sociedad burguesa puede suceder, por tanto, que los artistas románticos pierdan la confianza vital en sí mismos, que dirijan la mirada a la «vida sólida, firme en sus fines», como advierte Hegel con aire de suficiencia. También entre los románticos satisfechos de sí mismos lo artístico se pone una y otra vez a la defensiva frente al espíritu del realismo y de la utilidad. Acerca de un hábil comerciante, Hoffmann narra que, después de escuchar una sinfonía, preguntó a un vecino manifiestamente emocionado: «¡Señor!, ¿y qué nos demuestra esto?...».

Los románticos llaman «filisteo» a quien se prescribe a sí mismo por completo la utilidad. Un romántico se siente orgulloso de no ser filisteo, y presiente, sin embargo, que apenas podrá evitar serlo cuando se haga mayor. La expresión «filisteo» proviene de la jerga estudiantil y designa despectivamente en la época al no estudiante, o bien a una persona que lo fue, pero ahora está inmerso en la vida normal de la burguesía, sin las libertades estudiantiles. Para los románticos, el «filisteo» se convierte en emblema del hombre corriente por antonomasia, del cual quieren distanciarse. El filisteo no es simplemente alguien que aprecia lo normal, lo regular, pues a veces esto lo hacen también los románticos, sino alguien que explica de manera prosaica lo maravilloso, lo prodigioso, e intenta reducirlo a una medida normal. El filisteo es un hombre inmerso en el resentimiento, un hombre que toma lo extraordinario por ordinario e intenta empequeñecer lo sublime. Se trata, por tanto, de personas que se prohíben a sí mismas la sorpresa y la admiración. Esos seres «se mueven eternamente en el círculo» de sus amadas costumbres». No sólo carecen de fantasía, sino que para ellos es además sospechoso todo el que la tiene en demasía. Quieren simplemente «seguir trotando en el mismo carril». Van siempre por el camino del medio. También los románticos necesitan un medio, pero, tal como se expresa Schleiermacher, no es el filisteo término medio, «que nunca se abandona», sino el «verdadero medio», que llevamos también con nosotros «en las rutas excéntricas del entusiasmo y de la energía».

Si alguna vez el burgués se entrega a lo «excéntrico», lo hace solamente desde un suelo seguro, a ser posible desde la ventana; pero permanece en casa y no se deja seducir de forma duradera hacia la lejanía. «Tuvo pronto peso de muchachito y, desde un secreto rinconcito, miraba al campo con gusto» (Eichendorff). El fondo de seguridad es decisivo entre los filisteos. Una economía ordenada de la vida sólo permite excesos bien dosificados. Novalis se pronuncia así sobre los filisteos: «Mezclan la poesía sólo como cierta necesidad, puesto que están acostumbrados a una interrupción de su curso cotidiano. Por lo regular esta interrupción se produce cada siete días, y podría caracterizarse como una poética fiebre septenaria». La poesía es útil para los filisteos en la medida en que, como interrupción refrescante, repara la capacidad normal de trabajo. Los filisteos carecen de trascendencia, «lo hacen todo por mor de la vida terrena». Pero el filisteo quiere vivir esta vida terrena siempre como la misma, su identidad es muy valiosa para él; en todas las circunstancias quiere permanecer calculable para sí mismo y para los demás.

Para Hoffmann, representan este impulso a una identidad sin sorpresas, por ejemplo, todos aquellos ciudadanos honrados que no quieren ser objeto de bromas. En *El caldero de oro* aparecen tipos como el registrador Heerbrand, que incluso en sueños busca y encuentra unas actas perdidas. Esas personas desconocen por completo el gusto de la transformación, a lo sumo hacen carrera, como una especie de modalidad burguesa de la desaparición o transformación. Evitan también entregarse al conocimiento de sí mismos, eso les aburriría. Se sientan «en el cristal», tal como leemos en *El caldero de oro*. Allí, el exaltado Anselmo, cuando llega transitoriamente a «cierta dosis de razón» y ha perdido la fe en lo prodigioso y la fuerza transformadora de la fantasía, con lo cual se sitúa en el mismo nivel que los filisteos ilustrados, es desterrado a una botella de cristal por Archivarius Lindhorst, el mágico príncipe de las salamandras. Anselmo se encuentra de nuevo en una estantería. Para su sorpresa descubre en torno a él numerosas botellas, en las que están encerrados algunos de sus compañeros y otros conocidos. Ellos no notan su cautiverio. «Encerrados en botellas de cristal, están tan bien sentados como yo», dice Anselmo, y sus compañeros, que no sufren en absoluto, responden: «Sin duda, usted desvaría [...], nunca nos hemos encontrado mejor que ahora». Entonces Anselmo solloza: «¡Ay!, no saben lo que es libertad y vida en la fe y el amor, por eso no advierten la opresión del cautiverio al que el príncipe de las salamandras los desterró por culpa de su necedad, de su sentido vulgar».

El filisteo no sabe que lo es. Si lo supiera, habría ido ya más allá de sí mismo. Pero ¿no ha ido ya una vez más allá de sí mismo cada uno de nosotros cuando no sabíamos quiénes éramos, o sea, en la niñez? Sin duda alguna, y por eso pertenece a la condición del filisteo olvidar los sueños de su infancia, o traicionarlos; y, a la inversa, los románticos intentan permanecer fieles a los sueños de su infancia, toman a pecho la admirable exhortación del Marqués de Poza a Don Carlos: «Dígale: a los sueños de la juventud has de atender, cuando un hombre hecho alcances a ser...».

El principio de la utilidad olvidada del sueño en el mundo burgués es una de las razones del malestar romántico con la normalidad. Otra razón del romántico para disputar con la realidad es una evolución que Hoffmann llama «pérdida de la multiplicidad». En la narración de Hoffmann *Elección de esposa*, que se desarrolla en el viejo Berlín del siglo XVI, se encuentra esta anotación: «Entonces nuestro Berlín era con creces mucho más alegre y variopinto que ahora, cuando todo está acuñado en una única manera, y en el aburrimiento mismo se busca y encuentra el placer de aburrirse».

Friedrich Schlegel descubre en la pérdida de la multiplicidad la repercusión que la Revolución francesa tuvo en la época. Ve que se cierne en el horizonte la amenaza de una «igualdad revolucionaria», y que la tendencia se encamina a «fusionar todo lo peculiar del lugar en lo referente a las costumbres y a las instituciones provinciales». También Eichendorff se queja de la nueva uniformidad:

> Se apodera del viajero un opresivo aburrimiento cuando éste, dondequiera que dirija el timón, encuentra por doquier la misma fisonomía en las ciudades y costumbres [...]. Así pues, en lugar de esta rica multiplicidad de formas y direcciones, vemos exclusivamente una forma y casi solamente una dirección principal: la militar. Pero la uniformidad indiferente no sólo no es una unidad, sino que es precisamente el impedimento de la misma.

Donde antaño existía una «peculiaridad» crecida históricamente, ahora domina la «uniformidad». Achim von Arnim comienza su narración *Los dueños del mayorazgo* (1820) con las frases:

> Hojeamos antiguos calendarios, en cuyos grabados al cobre se reflejan algunas necedades de su época, que hemos dejado atrás como un mundo de fábulas. ¡Qué ricamente lleno estaba entonces el mundo!, antes de que la Revolución francesa, que recibió de Francia su nombre, derrumbara todas las formas; y ¡qué uniformemente pobre se ha hecho ahora! Parece que desde aquel tiempo han pasado siglos, y sólo a duras penas nos acordamos de que nuestros años tempranos pertenecían a él.

Estas descripciones hablan con frecuencia de monotonía y aburrimiento. Se apodera de los románticos la impresión de que es posiblemente el espíritu de la geometría el que penetra la vida actual. Tieck escribe en *El joven ebanista:* «En la línea recta, porque sigue siempre el camino más corto, porque es tan aguda y precisa, me pareció ver la necesidad de expresar la primera base fundamental de la prosa de la vida». Frente a esto, desaparecen las líneas «curvas», los arreglos, que apuntan a lo «inagotable del juego, del adorno, del amor suave», donde son posibles todavía las «oscilaciones infinitas» de la vida. Lo intrincado, también lo oscuro, atrae con tal de que permita digresiones y divagaciones, con tal de que esté dispuesto a las sorpresas y permita una «excitante confusión» (Eichendorff). Por esta misma razón se ensalza la laberíntica ciudad medieval y se prefieren los jardines naturales al acompasado parque francés. Hoffmann se burla de la Ilustración cuando, refiriéndose a Berlín, su capital, en el relato *Extravíos* lo describe como un «espacio desierto», lleno de alineaciones: «En conjunto la ciudad tiene una construcción bonita, con calles completamente rectas y grandes plazas, de vez en cuando se encuentran avenidas con árboles medio secos, cuyo pardusco follaje sacude tristemente el viento cuando en su terrible silbar empuja delante de sí nubes de polvo».

Lo recto y medido, aunque exteriormente sea espacioso, tiene el efecto paradójico de provocar un sentimiento de estrechez. En Hoffmann leemos: «Aunque el espacio parezca amplio, sin embargo, las personas racionales lo hacen tremendamente estrecho para nuestros semejantes». Eso se debe a que la regularidad en el espacio tiene el mismo efecto que la repetición en el tiempo. Tal regularidad o repetición, dosificada con moderación, da un sentimiento de ritmo y articulación, e incluso de belleza; pero si se emplea en exceso hace que desaparezca todo momento de sorpresa; se abre paso la impresión de monotonía y uniformidad, experimentaba como una sensación de estrechez por causa de lo siempre igual. De modo que, para los románticos, el espacio y el tiempo geometrizados se convierten en el espectro de una mala Ilustración. El amplio mundo se encoge cuando la razón, como prudencia de la vida o como explicación racional del mundo, convierte lo extraordinario en ordinario y lo imprevisible en algo calculable, por lo cual el ya citado programa romántico que Novalis contrapone se formula así: «dar alto sentido a lo ordinario, a lo conocido dignidad de desconocido, apariencia infinita a lo finito».

Es un programa contra el aburrimiento y sus implicaciones: la conciencia del vacío y de la nada. Este aburrimiento, para la generación caída de la antigua fe y no satisfecha por la razón, pero incitada por la Revolución francesa a los vuelos más audaces de la imaginación, es el verdadero enemigo y la amenaza real. El malestar por la normalidad se concentra en el miedo al aburrimiento. Éste, como amenaza, está presente por todas partes en las obras de los románticos. En su *William Lovell,* Tieck proporciona una descripción penetrante de este sentimiento:

> Sin duda el aburrimiento es el tormento del infierno, pues hasta ahora no he conocido otro mayor; los dolores del cuerpo y del alma ocupan el espíritu; el infeliz se sacude el tiempo con quejas y, bajo la multitud de ideas que le asaltan, las horas vuelan con rapidez e inadvertidamente; pero se sienta y contempla las uñas, a la manera como yo lo hago, y va de aquí para allá en la habitación, para sentarse de nuevo, frota las cejas para reflexionar sobre algo, no se sabe sobre qué; luego vuelve a sentarse ante la ventana, para arrojarse después en el sofá. ¡Ay! [...], dime una pena que equivalga a este cáncer, que poco a poco devora el tiempo, y donde se cuenta minuto a minuto, donde son tan largos los días y tantas las horas, para luego, al cabo de un mes, exclamar sorprendido: ¡Dios mío, qué fugaz es el tiempo!

Con los románticos, el aburrimiento aparece como el gran tema de la modernidad.

Kant define el aburrimiento como «hastío de la propia existencia por el vacío de sensaciones en el ánimo, a las que éste aspira incesantemente». Este «hastío» puede crecer hasta el «horror», que Kant llama «*horror vacui*». Kant, como antes Pascal, evita hablar de aquel vacío que es una consecuencia del alejamiento de Dios. Si Dios es lo sublime, el vacío percibido es su sombra: lo negativamente sublime, la nada. En el aburrimiento, dice Pascal, el hombre «en lo profundo de su alma» siente esta nada, este vacío. No puede soportarla «sin pasión, sin actividad, sin distracción». Y así surgen, de acuerdo con Pascal, el ajetreo y el tráfago modernos.

Los «grandes», escribe, por ejemplo, Montesquieu, están tan enredados en sus juegos de poder y en su despliegue representativo, que permanecen cerradas para ellos las «alegrías psíquicas» del ser activo. «Su grandeza les obliga a aburrirse.» Y resume lacónicamente este pensamiento: «Todos los príncipes se aburren: una prueba de esto es que van de caza». Otros se han expresado con mayor acritud todavía diciendo: puesto que los grandes señores se aburren, van a la guerra. Rousseau, cuyos estímulos repercuten en Kant, asume esta idea, que ve en el aburrimiento una enfermedad propia de las elites:

> El pueblo no se aburre; lleva una vida activa [...]. La alternancia entre largo trabajo y breve musa es el condimento de sus distracciones. El azote de los ricos es el aburrimiento. En medio de muchas y costosas distracciones, en medio de tanta gente que se afana por agradarles, se aburren mortalmente. Pasan su vida huyendo del aburrimiento, para ser de nuevo su presa.

Por tanto, entre Pascal y Kant, en el análisis del aburrimiento se ceja paulatinamente en el esfuerzo por resaltar la relación negativa con Dios. La nada del aburrimiento había perdido, por el momento, su sublimidad depresiva. Esto cambia dramáticamente en el Romanticismo. ¿Por qué?

Los románticos habían pasado a través de la escuela de la sensibilidad, de la filosofía de la reflexión y del culto al yo. Con ello, todo se convirtió más en una vivencia del yo que en una vivencia de la realidad. Esta subjetivación iba a tener consecuencias. En las pseudónimas *Vigilias de Buenaventura,* el aburrimiento se describe de forma penetrante como la euforia del malhumor del yo:

> Había dejado de pensar en cualquier otra cosa, y me pensaba tan sólo a mí mismo: ningún objeto podía encontrarse a mi alrededor fuera del gran y terrible yo, que se alimentaba de sí mismo, y en el devorarse volvía siempre a engendrarse a sí mismo. Yo no me hundía, pues ya no había más espacio, lo mismo que no tenía sensación de levantar el vuelo. La variedad había desaparecido a su vez con el tiempo, y reinaba un terrible aburrimiento eternamente desértico. Intenté aniquilarme y salir fuera de mí, pero resistí y me sentí inmortal.

La relación romántica consigo mismo, que se cerciora de su participación en el espíritu inmortal, es conducida al absurdo de forma casi paródica: puede sentirse inmortal, pero inmortalmente aburrida.

Los románticos, aburridos de su conciencia, comienzan a aspirar a lo inconsciente. En *Lovell,* de Tieck, leemos: «No hay en el hombre nada superior al estado de inconsciencia; entonces es feliz, entonces puede decir que está contento». Los románticos sueñan con la vida tranquila, que oscila en un ritmo uniforme. Lo que es vivido como monotonía, de pronto aparece como una dicha lejana. Hölderlin dice:

> Humea frugal el fogón
> en la casa del labrador,
> tranquilo está en su choza
> sentado en la fresca sombra.
> Del sueldo y del trabajo
> todos los mortales viven,
> quietud y fatiga alternando,
> aliento de alegría exhiben...

En contraste con ello, el poeta percibe su inquietud y sus excitaciones como una carencia: «¿Por qué jamás duerme en mi pecho el aguijón?».

Algunos creen que estos aliviadores órdenes de la vida pueden descubrirse en ambientes tradicionales. Frente a ellos, las nuevas formas de vida moderna en las ciudades suscitan la sospecha de la monotonía y del sinsentido. En la novela de Eichendorff *Presentimiento y presente*, de 1815, la vida de la ciudad se describe en estos términos:

> Sin duda el mercado mundial de las grandes ciudades [...] es el espejo más fiel de su tiempo; allí han cogido en sus máquinas y ruedas el antiguo torrente poderoso, para que corra siempre deprisa y más deprisa; pero la pobre vida de las fábricas extiende en el lecho seco sus orgullosos tapices, cuyo reverso son desagradables, escuetas e incoloras superficies [...]. Lo vulgar y lo más grande es arrojado violentamente lo uno contra lo otro, se convierte en palabra y golpe [...]. La debilidad se hace atrevida a través de la aglomeración; lo elevado combate solo.

La ciudad aparece como vacío ajetreo del tiempo y aburrimiento petrificado. De esta forma, los románticos anticipan los fantasmas de la «delirante inacción», que encontrarán su coyuntura en el siglo XX.

La descripción romántica más impresionante de las maquinaciones vacías del tiempo no se refiere, de todos modos, a la ciudad, sino que nos traslada a un entorno legendario y simbólico. Se trata de un texto de Wackenroder: *Cuento oriental de un santo desnudo*. El santo de la leyenda oye incesantemente cómo «la rueda del destino» emprende su «zumbante movimiento», y por eso debe realizar una y otra vez los fuertes movimientos de un hombre «que se esfuerza por hacer girar una rueda enorme». Este santo desnudo pone enteramente de manifiesto el concepto de la moderna sociedad de trabajo. Ya no es cuestión del resultado, del producto, sino del proceso mismo de trabajo, al que todo tiene que servir: el consumo, la inversión de capital, la destrucción productiva. Todo es estar ocupado. Quien cae del zumbante movimiento del proceso de trabajo, cae del mundo. Al igual que el santo desnudo, que hace girar la «enorme rueda», en el proceso de trabajo podemos preguntarnos: ¿para qué esta totalidad? Lo mismo que el santo, hay que atender «con todo el esfuerzo de su cuerpo al furioso [...] movimiento, para que el tiempo no corra el peligro de pararse un solo momento». Este santo político de la ocupación difícilmente puede soportar a los críticos de la cultura, que parlotean al lado y miran criticando. Él

> se enfurecía al ver cómo los caminantes que venían a su encuentro estaban totalmente quietos y tenían la mirada puesta en él, o iban de acá para allá y hablaban entre sí. Temblaba intensamente y les mostraba el movimiento indetenible de la rueda eterna, el uniforme y acompasado galope del tiempo; le rechinaban los dientes porque tales caminantes nada sentían ni notaban del movimiento en el que estaban implicados y que los arrastraba; los arrojaba a distancia de él cuando se le acercaban demasiado en el delirio.

Los románticos oyeron esta «estrepitosa rueda del tiempo». Encontraron constelaciones y personas que nos precipitan al gran vacío, donde se oye el estrépito fundamental de la existencia, fijaron instantes en los que ya no se trata de nada, no se ofrece ningún contenido del mundo al que podamos aferrarnos, o con el que podamos sentirnos a nosotros mismos, instantes de un vacío transcurrir del tiempo, de un tiempo puro, su pura presencia, momentos, por tanto, en los que se nota cómo pasa el tiempo, y se nota precisamente porque éste no quiere pasar, porque no es posible expulsarlo, manipularlo o, como se dice, llenarlo de sentido. Las correspondientes descripciones no son simplemente psicológicas, sino metafísicas, pues muestran que, si no sabemos emprender nada con nosotros mismos, la consecuencia es que es la nada la que emprende algo con nosotros. Entonces se teme tener que oír incesantemente el sabio susurro del tiempo, como el «santo desnudo» en el cuento de Wackenroder.

¿Cómo podemos sustraernos a esta agitada nada? ¿Cómo salir del desierto del aburrimiento?

Novalis recomienda el «arte de la excitación del ánimo», su técnica de romantización, lo cual significa fundamentalmente: darse un tono de ánimo elevado. Como genio autosugestivo tenía a disposición medios importantes en relación con este punto. Tras la muerte de Sophie, cuando él mismo aspiraba también a la muerte, a punto estuvo de poner un pie en el más allá. No todos los románticos conquistaron tales impulsos elevadores. Pero reinaba la unanimidad en que, frente al desierto del desencanto, sólo ayudan los secretos mágicos. Y así se hace diáfanamente claro contra qué luchan en verdad los románticos cuando defienden el misterio. Aquello contra lo que luchan es el peligro del nihilismo moderno.

Durante largo tiempo, el misterio no necesitó ninguna defensa especial. Cuando la investigación empírica de la realidad externa no estaba tan desarrollada todavía, los hombres se hallaban envueltos en lo inexplicable, lo oscuro y numinoso. Mientras todavía eran rudimentarios los sistemas de seguridad mediante el saber, la técnica y la organización, se trataba ante todo de sacar a la luz el misterio tanto como fuera posible y, además, de hacerse propicio de algún modo lo misterioso y divino. Cuando las sociedades modernas comienzan a cuidar mejor de la seguridad, naturalmente el vínculo religioso se hace más débil. Sólo entonces puede abrirse paso la necesidad de defender el misterio, por la simple razón de que éste ya no es amenazador. En esta situación se hace amenazadora otra cosa, a saber, los sentimientos de sinsentido y de aburrimiento ante una vida supuestamente clara como el día, segura y reglamentada. Entonces se pregunta, ya no por un Dios para la seguridad, sino por un Dios contra el aburrimiento.

Este Dios contra el aburrimiento es el romántico. Los románticos necesitan un Dios estético, no tanto un Dios que ayuda y protege y funda la moral, cuanto un Dios que envuelve de nuevo el mundo en el misterio. Sólo así puede evitarse el gran bostezo ante un mundo desencantado hasta el nihilismo. La modernidad de los románticos radica en que eran artistas metafísicos de la distracción en un sentido muy exigente, pues sabían con toda exactitud que necesitaban ser distraídos *(unterhalten)* o, más exactamente, mantenidos abajo *(unter-gehalten)* los que están en peligro de precipitarse. Y así se sentían a sí mismos los románticos, como expuestos al peligro de caer, y esto los convierte en nuestros contemporáneos. La conciencia premoderna no podía imaginarse una caída del mundo. Siempre había un más allá. Sólo la modernidad se ve confrontada con la finitud sin un sostén metafísico; ya no cuenta con la evidencia de estar soportada por un mundo henchido de sentido. La inmensidad de los espacios en los que nos perdemos como un átomo, el zumbido del tiempo, la indiferencia de la materia frente a nuestra conciencia en busca de sentido, los mecanismos anónimos de la vida social, ofrecen pocos apoyos. Más bien, podrían paralizar o precipitar en la desesperación, si no se ofrece algo contra ello. En la existencia cotidiana son el trabajo y la costumbre los que estrechan la mirada, y por eso protegen. Para los románticos, es demasiado poco; contra la amenaza del aburrimiento ponen en juego la bella confusión, a la que llaman «romantizar».

Pero la ironía romántica sabe también que «romantizar» es un encantamiento a través de lo irreal. Y por eso el Romanticismo descubre su secreto industrial, el irónico «como si», allí donde es más romántico.

El poema «Noche de luna» de Eichendorff comienza así:

> Era como si el cielo
> la tierra hubiera besado;
> y en floreciente destello
> tenía de qué estar soñando.
> Y mi alma tendía
> todo el ancho de sus alas,
> en silencio las batía
> como si volara a casa.

# Capítulo 11

Cuando la realidad adquiere el aspecto aburrido de un «teatro miserable», tal como Tieck pone en la pluma de William Lovell, a los románticos se les ocurre algo, buscan el misterio, aquel sentimiento que «nos empuja hacia desconocidas regiones lejanas», aunque puede suceder que se caiga en una equivocación; que, como Lovell, se sigan las promesas de una ominosa sociedad secreta, se pierda la libertad y uno se convierta en marioneta de un maquinador oscuro. Los románticos conocían muy bien los peligros del afán de misterios. A pesar de todo, se protegían también de la otra tentación, a saber, la de ceder al realismo llano e instalarse en un mundo que se prescribe una utilidad sin fantasías y hace sospechoso el talento humano para la trascendencia y la imaginación. Nuestros pensamientos, dudas y cálculos, «que lo exterminan todo y, por así decirlo, trazan estrías a través de un vacío monstruoso, a través de un país que ellos mismos han despoblado», si no quieren que crezca el desierto, han de hacer que brote de nuevo aquel sentimiento «que cultiva el desierto abandonado».

En las *Opiniones del gato Murr sobre la vida*, de E.T.A. Hoffmann, hay un episodio donde se narra el susto mortal que se lleva Kreisler cuando cree ver a su doble en un jardín. Pero al advertir que la aparición es solamente el efecto de un oculto espejo cóncavo, se enfada «como todo aquel a quien se le evapora lo maravilloso en lo que cree. Al hombre un horror profundo le agrada más que el esclarecimiento natural de lo que le parece un fantasma, no se conforma con este mundo...».

Y así, por lo menos en la literatura, irrumpen estos artistas, soñadores, jóvenes artesanos itinerantes y tunantes románticos a la búsqueda del prometedor misterio, escuchando añorantes la trompeta de postillón, cuando «sopla y flamea la aurora» y se alza el sol sobre el horizonte, cuando la lejanía atrae con sus «mágicas noches de luna», sus hechizados jardines, sus ensimismadas y angulosas ciudades, de cuyas casas asciende el humo y donde los hombres se sientan por la noche delante de las puertas o en torno a un tilo, donde los castillos saludan desde las montañas y susurran las fuentes. Eichendorff escribe:

A quien Dios quiere otorgar favor,
decide enviarlo al mundo ancho,
prodigios le pone bajo el sol,
en mundos y bosques, fuentes y campos.

En *Enrique de Ofterdingen,* al protagonista el mundo se le hace estrecho, una vez que ha soñado con la flor azul. Quiere evitar el destino de su padre, que hace su trabajo resignado y sin alicientes. Enrique emprende un viaje a lo imprevisible. Cuando le preguntan hacia dónde se encamina, responde: «Siempre hacia casa». Lo que busca es una manera mayor, una manera terrible de estar en casa. Novalis quería hacer que Heinrich la encontrara, quizás en el quinto o en el sexto tomo de una novela planificada como un ciclo enorme. Pero murió, y la obra no pasó de ser un torso de la aspiración romántica a ponerse en marcha.

El final prematuro de la marcha también puede presentarse de otra manera. En la novela de Eichendorff *El poeta y sus compañeros,* Fortunat anima a Walter, amigo de la época de estudios, que ahora es un sedentario, a que le siga, pero vuelve a quedarse en la próxima estación, en un puerto matrimonial, donde se prohíbe a sí mismo toda otra salida. La novela es un único compendio de marchas e interrupciones alegres, resignadas, desesperadas y violentas. Victor, el secreto y también terrible protagonista de la obra, representa el máximo exponente de la tendencia al viaje. No hay en absoluto manera de detenerlo, es un virtuoso de la despedida; para él la aurora no acaba nunca, lo que no debe admirarnos, pues al final se ha prometido a su patria supraterrestre, a la que ahora quiere servir en el mundo. Y así, parte de nuevo, mientras que los otros se quedan. Otra vez se nos ofrece una mirada grandiosa a un paisaje tal como lo habría podido pintar Caspar David Friedrich; luego, Victor desaparece y la novela termina con los enigmáticos versos:

Fieles a la guardia nos retiramos,
la noche eterna pronto nos llega,
las pompas terrestres consigo lleva;
¡mundo hermoso!, anda con cuidado.

Los prometedores horizontes también pueden engañar. El motivo de las sirenas está presente por doquier en la literatura romántica. Eichendorff, en el poema «Viaje de primavera», mide la amplitud de los movimientos viajeros:

> Salieron dos robustos compañeros,
> por primera vez salían de casa;
> de alto júbilo iban repletos
> hacia olas que sonoras cantan,
> fuera donde primavera exhala.

Al primero sus ansias no lo llevan muy lejos:

> Ya cerca encontró un amor,
> la suegra tierra y casa compró,
> pronto a un muchachuelo pesó;
> desde el rincón del cuarto miraba
> feliz cuanto en campos pasara.

El segundo, en cambio, no es tan modesto; su aspiración a lo ilimitado no podía saciarse con ofertas de una realidad apetecible:

> Las mil voces en el fondo
> eran rimas atractivas,
> las sirenas seducían
> en los mares clamorosos,
> gargantas de color sonoro.
> Cuando de la garganta sale
> ya está cansado y viejo;
> su nave en el fondo yace,
> los alrededores quedos,
> fría la brisa de los mares.

Y, sin embargo, no aparece ninguna exhortación frente a los excesos, la marcha no es denunciada enfáticamente, aunque tampoco no se nieguen los riesgos. La marcha es vitalidad, hay que correr el riesgo, todo lo demás es encomendado a la confianza en Dios:

De canto las olas sonoras henchidas,
hay sobre mí delicias de primavera,
lágrimas blandas en mi ojo destilan.
¡Oh, Dios!, llévanos con amor a tu vera.

No todos los románticos tenían esta confianza casi infantil en Dios. Ésta es una peculiaridad de Eichendorff, que permaneció familiarizado con su Dios desde la infancia; es el Dios de los bosques patrios, no el de la especulación y la filosofía. No hay necesidad de inventar este Dios, basta con encontrarlo de nuevo cuando se mantiene la fidelidad a los sueños de la infancia. Bajo la protección de este Dios se puede ser piadoso y atrevido, añorante de lo patrio y nostálgico de lejanías, desligado y atado a la vez o, quizá, desligado por estar atado. Así era para Eichendorff.

Su atadura se muestra en la preferencia por el motivo de la ventana. No sólo los filisteos miran desde cuartos secretos, también el que añora mira desde la ventana y oye las canciones de los caminantes sobre viajes que conducen a una lejanía, donde de nuevo ante «las hojas que alborean» hay muchachas «escuchando en la ventana» y mirando a una mayor lejanía. Las ventanas abren la mirada a ventanas abiertas, a imágenes que llevan a lo imprevisible, y quien escucha la «corneta de postillón en el país silencioso», que llama a ponerse en marcha, querría desaparecer en tales imágenes. Pero continúa ante la ventana. ¿Por qué? Quizá porque las ventanas no acaban; queda siempre una distancia, lo cual no es ninguna razón para permanecer sentado cuando resuena la trompeta.

Ventanas y puertas abiertas están.
De nada sirve oponer resistencia;
en ondas del corazón he de notar:
amor, prodigiosa existencia,
de nuevo a seducirme volverás.

Un canto sobre la seductora canción de las sirenas es el poema «Viaje sin rumbo», con el que Eichendorff abre la colección tardía de su lírica, como si quisiera con ello presentar de antemano una súplica por cierta timidez y por alguna contrariedad.

Aire templado de azul llega empapado
primavera, primavera tiene que ser,
hacia el bosque son de cuerno lanzado,
radiante destello de ojos valerosos es.
Y la confusión más y más abigarrada
llega a ser un mágico y salvaje río,
hacia abajo, al mundo del hermoso brillo
este torrencial saludo con vigor te llama.
No me puedo aquí por más tiempo mantener,
muy lejos de vosotros el viento me arroja,
en ondas de torrente me quiero mecer,
ciego de felicidad en luz esplendorosa.
Mil voces sonoras con atracción golpean,
hacia arriba la aurora flameante sopla.
¡De viaje! Mi alma para nada cuestiona
dónde las rutas del viaje a su final llegan.

Estos versos continúan el motivo tradicional de los grandes viajes y extravíos, que comienza con Odiseo y la leyenda de los argonautas, y llega hasta la edad moderna a través de las historias de locos en la Edad Media y del holandés errante. De ellos extraen los románticos el viaje sin llegada ni meta, el viaje sin fin, y Rimbaud continuará el tema con su *Barco ebrio*. Estos viajes infinitos obedecen a una inspiración dionisiaca, y es sorprendente que Eichendorff, de vida conservadora, escribiera uno de los más hermosos poemas de desenfreno romántico. La entrega a la meta del viaje infinitamente desplazada está en consonancia con el cumplimiento del sentido demorado sin fin. Eichendorff no es un poeta de la patria, sino de la nostalgia, no de la llegada, sino de la partida.

Eichendorff, nacido en 1788, había crecido en una propiedad familiar situada en la Alta Silesia. Allí tuvo una niñez tan hermosa, que parecía imposible ser arrojado de ella. Pero eso fue lo que sucedió, pues su padre sufrió pérdidas en especulaciones bursátiles y sus bienes desaparecieron. El nuevo mercado del capital se convirtió para él en una fatalidad; y Eichendorff, a partir de ese momento, tuvo que afirmarse en la vida burguesa como funcionario prusiano. En la guerra de liberación antinapoleónica se alistó en el cuerpo de voluntarios de Lützow, y da la impresión de querer defender tan sólo el mundo de su niñez y su juventud, hundida en los bosques de la Alta Silesia:

¡Oh, valles anchos y alturas!
¡Oh, hermoso y verde bosque!
Tú de mis suspiros y goces
tan piadosa cobertura.
Fuera siempre engañado
trota el mundo comercial.
Vuélveme a rodear,
verde tienda con tu arco.

Al final comprende que lo pasado sólo puede salvarse en el recuerdo poético; por eso se mantiene conservador, sin hacerse reaccionario. Ya no son los lugares reales de la infancia los que se conservan, sino la forma de la vivencia que va unida a estos lugares.

De arroyo oigo murmullo,
en el bosque serpentea,
en bosques y en murmullos
ignoro cuál mi sitio sea.

El empobrecido barón y consejero del Gobierno prusiano evoca un paisaje patrio que nunca se ha dado, pero que puede surgir siempre de nuevo a través de la palabra. Es un paisaje cuyo diseño sólo está en el atlas de la poesía.

¿Qué relación guarda la poesía con la realidad? ¿Dónde tiene su lugar legítimo en la sociedad? Estas preguntas ocuparon ya al joven noble, que evitó hacer de su poesía una «profesión», una ocupación laboral. «No me basta el juego de la poesía. ¡Dios!, déjame hacer algo adecuado», anotaba en su época de estudios en Viena, cuando escribía su primera novela, *Presentimiento y presencia.* Al buen estilo romántico reflexiona Eichendorff sobre el sentido de la poesía, pero sus respuestas no son tan seguras de sí mismas como las de los primeros románticos, que perseguían el proyecto de la «poesía universal», y que, por tanto, con ayuda del espíritu poético querían transformar toda la vida. «El juego de la poesía no me basta», decía en época temprana. Esta frase tendrá validez todavía para el anciano Eichendorff, que en su última novela, *El poeta y sus compañeros,* sitúa en el centro la pregunta por la significación de la poesía para la vida individual y social. Eichendorff hace comparecer allí a una serie de poetas y a otras personas que se tienen por tales. Aparece el conde Victor von Hohenstein, un poeta reconocido y venerado por todos, para quien en la cumbre de su fama la poesía se hace problemática como mera apariencia; por eso se mezcla entre los actores con amarga ironía contra sí mismo. Luego se hace eremita y al final, un enérgico luchador en aras de la difusión del cristianismo. Cambia de lo espiritual poético a lo religioso. El cristianismo se convierte para él en una especie de poesía realmente existente. Esta idea no era ajena al anciano Eichendorff, aun cuando a su juicio ésta es una manera demasiado sencilla de resolver la tensión entre poesía y vida. Por eso confiere un rasgo legendario a la desaparición de Victor.

La figura opuesta a Victor es Dryander, el virtuoso de la escenificación, al que no acecha ninguna duda de sí mismo. Hace mucho ruido en torno a nada. Se le deja el cometido de artista de la distracción y personaje efectista, tarea con la que se conforma, sin exigir más. Es el «interesante», que cautiva por corto tiempo. Luego se pasa de nuevo al orden del día; a Dryander tiene que ocurrírsele algo nuevo. En él la poesía no es otra cosa que el arte de despertar la atención por tiempo limitado. No es presentado de forma despectiva, sino irónica. Es un jugador y nada más, aunque tampoco menos. ¿Por qué la crítica habría de adoptar un ademán demasiado serio...?

También aparece Otto, que a expensas de la prudencia y habilidad de la vida, sigue su ambición poética con extremada seriedad y a la postre desgaja de la vida real el mundo de las palabras, con la consecuencia de que esta vida real primero lo considera como loco y luego lo hace fracasar estrepitosamente en el trabajo y en la vida.

Fortunat, poeta y a la vez artista de la vida, sin duda es el que más se ajusta al ideal de Eichendorff. Una mañana emprende la tarea de escribir una novela:

> Pero entonces le suceden cosas sorprendentes. El lúdico viento matutino arroja sus papeles a la hierba, donde las gallinas los picotean; y detrás de él las copas de los árboles entonan su primigenia canción, que no encaja en ninguna novela. Entretanto, los pájaros del bosque emiten notas completamente extrañas, las nubes vuelan sobre el país y le gritan: ¡Criatura humana, no seas loco! Y entonces incluso el guardabosques bajó a cazar. [...] Por fin arrojó pluma y papel y se lanzó con su caballo en la fresca y brillante mañana.

La escena quiere mostrar que la poesía de la vida es siempre más fuerte que la poesía que aparece en los libros. Fortunat ha experimentado un instante poético, y después intenta retenerlo en unos versos:

Poesía en el bosque rimaba
himnos de héroe con esplendor,
historias por vericuetos enlazaba
desde una profunda inspiración.
Locuaces los árboles susurraban,
brotaban los arroyos del peñón;
cantoras miles de voces sonaban,
y luego en silencio se quedaban.
Fresco de brisa el pecho sentía,
jubilosa voz al aire lanzó;
pero de los héroes no quedó
aquel agrado que antes había.
Regreso otra vez a la ciudad;
de campos y bosques traigo frío,
vienen los cantos al corazón mío
de lejos en revuelta tempestad.
Viejos dolores y placer resuenan
en tenue murmullo una vez más,
antiguas melancolías despiertan,
tejen en el corazón un telar.
Y mientras tanto aires de invierno
tallos de flores en el campo talan;
y entonces por aburrimiento
nace una poesía muy larga.

La poesía llega siempre demasiado tarde o demasiado pronto, un presente vigoroso le disputa el puesto. Y está bien así, opina Eichendorff; primero hay que descubrir la poesía en la vida, antes de encerrarla en el mundo de las palabras. Pero Eichendorff sabe también que es la caducidad la que proporciona a la poesía un alimento incesantemente nuevo.

A lo largo de la montaña
un cortejo nupcial pasaba,
escuchaba cómo las alas
bandas de pájaros batían.
Veo relámpagos que brillan,
y muchos caballeros desfilan;
el cuerno de caza sonó,

alegre voz de cacería;
en instantes, ¿quién lo diría?
todo esto se extinguió.
La ronda en noche se pierde
y ya sólo desde los montes
murmulla todavía el bosque
en el anochecer que viene.
Estremecido de miedo
el fondo del corazón siento.

En la poesía lo fugaz se convierte en forma permanente. El prodigio de la poesía es que en ella permanece lo que no puede permanecer.

Eichendorff se consideraba poeta de ocasión, si bien en el sentido privilegiado que también Goethe reivindicaba para sí. Poetizo, decía, cuando llega el momento, en las grandes ocasiones, en los escasos instantes creadores. Los asuntos oficiales del consejero del Gobierno en Königsberg, Danzig y, finalmente, en Berlín no iban a verse perjudicados por culpa del arte. Eichendorff los atendía concienzudamente, con liberalidad personal y principios conservadores. Presunción y aires de importancia estaban lejos de él, no se atribuía ninguna misión especial en sus asuntos oficiales; mantuvo una distancia irónica. En *El poeta y sus compañeros* pone en boca de Fortunat, en relación con Walter, que está apegado a su oficio y a sus dignidades:

Sí, he pensado ya muchas veces sobre el fundamento de este amor tierno de muchos al servicio estatal [...]. Temo que en la mayoría es el prurito de la comodidad de trabajar colosalmente y con gran espectáculo, sin ideas y sin esfuerzo especial, es la satisfacción de acabar casi cada hora algo redondeado, mientras que el arte y las ciencias en la tierra nunca acabarán algo semejante, y ni en toda la eternidad van a tener un fin a la vista.

Lo que estaba vigente en los asuntos oficiales no había de tener menor validez en la actividad poética. En el poema «El Isegrimm» se burla de la sobrevaloración de ambos menesteres:

Legajos por la noche devorar,
parlotear como el mundo hace,
y la rueda de gran noria forzar
a la manera que el buey sabe,

también lo tengo a mi alcance.
Pero creer que el trasto viejo
para nada es un trasto viejo,
sino un prodigio importante,
es algo que no está en mi seso.
Siempre por juego de locos tengo
con sorna a los oyentes contarles
que el edificio del mundo elevo
y con caña de pluma lo sostengo.

Lo que en definitiva podía relativizar en su significación tanto la poesía como la profesión burguesa era, para Eichendorff, la fe religiosa. Él era realmente un hombre piadoso, y lo era sin las exaltaciones románticas de las que Friedrich Schlegel, Brentano o Görres no se libraron en años posteriores. Esta devoción sencilla, expresada en las palabras «¡Oh, Dios!, llévanos con amor a tu vera», despertó en algunos la impresión de que Eichendorff era más un Biedermeier que un romántico. No osaban considerarlo como un «tunante». Los que lo conocían mejor ya no encontraban sorprendente que este hombre piadoso pudiera haber escrito la historia genial del anarquista poético, del soñador, mal trabajador y vagabundo, que se sustrae a todo orden burgués, pues el tunante, por confianza en Dios, «ha descuidado sus asuntos». También para él valen mucho las palabras: «¡Ve de viaje! Yo no quiero preguntar dónde el viaje llega a su fin». Él no se conserva, pero es conservado. Hijo de un molinero, se rebela contra la coacción al trabajo, y se entrega a placeres, impresiones y galanteos; es un Papageno con violín. Por breve tiempo se domicilia establemente como recaudador de aduanas; entonces «se sienta vestido con su batín rojo con lunares amarillos», fuma su pipa y deja que la gente siga su camino. «Arrojé fuera las patatas y las legumbres que encontré en mi pequeño jardín y lo cultivé con las flores más escogidas». Pero luego le entra el cosquilleo de calzarse sus botas de viaje; también está enamorado. Y así, de nuevo se pone en marcha sin meta, salta a la diligencia, trabaja de estribero y jardinero con damas de alta alcurnia, se deja llevar por caballeros enmascarados, naturalmente hacia Italia, y por último encuentra una forma de vida con su amada en un pequeño castillo, que ha obtenido como regalo. En ocasiones se apodera de él la melancolía: «Entonces el mundo se me presentaba tan tremendamente extenso y grande, y yo me sentía allí tan solo, que habría querido llorar en el fondo de mi corazón». Recurre al violín, un par de notas, una vuelta, y la frivolidad se apodera otra vez de él. Quizá sin música la vida sería un error. Mientras ésta suene, nada hemos de temer. La narración termina con esta frase:

> De lejos sonaba continuamente la música hacia aquí, y fuegos artificiales volaban desde el castillo a través de la noche silenciosa sobre los jardines; el Danubio fluía con estrépito; y todo, todo estaba bien.

Eichendorff se tomó la libertad de la locura, no sólo por ser poeta, sino, sobre todo, por ser devoto. El tunante es un loco en Cristo. Una piadosa ironía envuelve todo lo que se concede excesiva importancia a sí mismo, y lo traslada al estado de fluctuación del «como si», tanto en lo referente a la poesía como en lo relativo a la vida burguesa.

Si Eichendorff era ya un romántico del «como si», E.T.A. Hoffmann lo era en un sentido todavía más radical, pues él tuvo que componérselas sin fe religiosa. A diferencia de Eichendorff, Hoffmann no tuvo la dicha de una juventud idílica, que le hubiera podido dar la materia para sus fantasías y sueños románticos. Crece sin padre en un ambiente familiar pedantemente burgués en la ciudad de Königsberg. Está rodeado de tíos, tías y abuelos, celosos del deber, de la decencia y la puntualidad, pero incapaces de ofrecer algo en el plano intelectual. El joven sueña con la existencia de los artistas, escribe novelas para el cajón y compone. A regañadientes, pero sumiso, sigue el camino que, según el deseo de la familia, lo conduce al jurídico «árbol del pan»; sólo se siente dichoso en sus fantasías artísticas sobre viajes. Se convierte en un brillante abogado y obtiene el puesto de consejero ministerial en Posen, Varsovia y finalmente en la audiencia de Berlín. Tras el derrumbamiento de Prusia intenta abrirse paso como maestro de capilla en Bamberg, Dresde y Leipzig. Prescindiendo de este interludio, Hoffmann siempre ejerció la composición, la pintura y la escritura solamente como actividad secundaria; y el éxito se hizo esperar durante largo tiempo. Tiene 27 años cuando en 1809 aparece por primera vez algo impreso de su pluma, a saber, *El caballero Gluck*. Está a mediados de la treintena cuando se desatan las masas estancadas de fantasías musicales y literarias. Ahora ya no se produce ninguna demora. A las pocas semanas, toda la Alemania literaria ya habla de él. Pronto lo llaman el «fantasma Hoffmann». Pasa a ser el divo de los libros de bolsillo para mujeres. Comienzan sus días y noches berlineses en la

Gendarmenmarkt. Acude a la taberna Lutter und Wegner para ver allí al gnomo, con rostro de ágiles rasgos, y para ver también cómo empina el codo, junto con el inevitable actor Devrient. Ambos se arrojan sus ocurrencias, mezclan la seriedad y el juego, ironizan e imitan a la gente y a sí mismos, se hacen confesiones, se consuelan, presentan sus fantasmas nocturnos. En las noches con Devrient se estrenaron las narraciones de Hoffmann. Como consejero de la audiencia es muy bien visto entre los liberales de la ciudad, pues en las llamadas «persecuciones de los demagogos» defendió tenazmente, después de 1817, los principios del derecho estatal frente a sus superiores, y por este motivo afrontó incluso un proceso disciplinario; Hoffmann es famoso, pero entre algunos tiene mala fama. Se cumple otro deseo y tiene éxito también como compositor. Su ópera *Undine* sube a los escenarios de Berlín. Pero sólo se representa ocho veces; luego se quema el teatro de la ópera, y los cuadros de Schinkel en el escenario quedan destruidos. Es una historia que podría haber inventado Hoffmann. En la cúspide de su fama se frota los ojos admirado. ¿Todo esto ya ha quedado atrás? Sigue adelante, pero tiene que escanciarse más vino. Ama la vida y muere entre protestas.

En *La princesa Brambilla,* un cuento fascinante de ambiente carnavalesco, leemos: «Nada es más aburrido que estar radicado en el suelo y tener por ello que atender a cada mirada, a cada palabra».

Como no está «firmemente radicado en la literatura», ni en la profesión jurídica, ni como compositor y pintor, Hoffmann pagó el precio de que en ninguna parte fue tomado completamente en serio. Él lo compensó no tomando tampoco nada completamente en serio. Por eso era mal visto entre las grandes autoridades. Goethe tuvo de él una opinión tan negativa como Schuckmann, ministro prusiano del Interior, que calificó a Hoffmann de libertino, de un libertino que «trabajaba sobre todo para su vida tabernaria». No carecía de razón el malintencionado burócrata: Hoffmann no quería privarse de los paraísos artificiales de la ebriedad, y su famoso cuento *El caldero de oro* llevará la sopera del ponche al santuario de la literatura.

Si hubo alguien que se acercó realmente al ideal romántico del jugador en la vida y en la obra, ése fue Hoffmann. Lo que realizó, escribir, asuntos oficiales, componer, lo hizo a conciencia, pero casi siempre con la ligereza de lo accesorio; no cargaba el peso sobre ninguna de esas cosas. Por ejemplo, concibió la famosa narración *El hombre de la arena* durante una aburrida sesión en la audiencia de Berlín.

Podía templar muchos instrumentos y mirar a la realidad desde muchos ojos. Sólo así, con riqueza de perspectivas y fantasía puede captarse la realidad, que siempre es mucho más fantástica que toda fantasía.

Una de sus últimas narraciones, *El mirador del primo,* nos conduce al cuarto de un escritor inválido, al que sólo le queda la mirada desde la ventana al multicolor gentío del mercado. A un visitante que, rebosante de salud, acude a visitarle como quien va a la escuela de la vida, el moribundo le declara: «Pero esta ventana es mi consuelo, aquí se me ha abierto de nuevo la vida multicolor, y siento amistad con su movimiento nunca satisfecho. ¡Ve, primo, mira fuera!».

En el caso de Eichendorff, desde la ventana se mira a la lejanía inalcanzable. En el de Hoffmann, se mira también a lo cercano, que de este modo se convierte en lejanía. Mas para esto es necesario estar dispuesto a dejarse sorprender, hay que despedirse de juicios preconcebidos y costumbres en la manera de ver, pues todo esto estrecha la mirada y con especial intensidad convierte lo ordinario en realmente ordinario. Hoffmann descubre por medio de la fantasía lo monstruoso detrás de la fachada lisa de lo real, pero también la fantasía le proporciona la distancia frente a lo terrible que existe en la realidad.

En un baile público en Bamberg vio Hoffmann en 1812 cómo de golpe un bailador se derrumbaba mortalmente. Enseguida compuso un esbozo de aquel suceso y lo enseñó a sus amigos, que, según cuenta su editor Kunz, se indignaron por la manera en que el autor abordaba con «el estado de ánimo más alegre un suceso que llenó de espanto a todos los presentes». Naturalmente, en semejante «alegría» se nota lo forzado, lo intencionado. Ante el espanto, Hoffmann se ejercita en el arte del «prodigioso salir de sí mismo», tal como leemos en *El elixir del diablo.* Mantiene la distancia y se conserva la curiosidad.

Durante las guerras de liberación, Hoffmann entra con curiosidad en un campo de batalla junto a Dresde llevando un vaso de vino en la mano. Es la estética del pánico como reacción al horror. O bien actúa como un mirón, o bien se aparta, en ambos casos la fantasía actúa. Mientras retumba todavía la batalla alrededor de Dresde, inicia en 1813 *El caldero de oro, Un cuento de los nuevos tiempos,* tal como leemos en el subtítulo.

El estudiante Anselmo está sentado a orillas del Elba, a su paso por Dresde, bajo un saúco, y se entrega a ensueños placenteros en el restaurante al aire libre y en medio de las bellas muchachas allí presentes, que lo eluden porque ha perdido su dinero. Y así sueña saliéndose de una realidad y entrando en otra. Encuentra al archivero Lindhorst y a su bella hija Serpentina. Lindhorst es una de aquellas personas que, cuando se han despedido de uno con un apretón de manos, pueden oírse todavía durante algún tiempo en la calleja que resuena, hasta que se alzan a cierta distancia y como un águila vuelan de allí en el crepúsculo vespertino. ¿O, diríamos mejor, como una gigantesca salamandra? En todo caso, Lindhorst «eleva hacia el azul celeste la vida cotidiana de los hombres corrientes». Anselmo querría volar tras él. Al final obtiene a su Serpentina y desaparece hacia Atlantis. Se queda el narrador, triste y agotado. No logra describir a su protagonista. Se ha apoderado de él el desencanto, le falta un trago. Y lo cierto es que Lindhorst, también llamado Salamandra, no lo deja sentado en seco. Aparece «con una hermosa copa de oro en la mano, en la que chisporrotea una llama azul. "Aquí", dijo él, "le traigo la bebida preferida de su amigo, del maestro de capilla Johannes Kreisler. Es aguardiente de arroz [...]. Beba por lo menos un traguito"». Así, las artes de Salamandra ofrecen a nuestros ojos una visión completamente artificial. El paraíso está a la vista.

Pero también lo está el infierno: los abismos del alma. La fantasía puede alcanzarlo igualmente. Poco después de *El caldero de oro,* Hoffmann escribe la novela *El elixir del diablo*. Aquí penetra en la atmósfera de un horror en parte repulsivo, en parte sublime. Atento al éxito del público, se apropia de elementos de acción tomados de las novelas de terror, entonces muy leídas, pero su tratamiento del género, tanto en el plano psicológico como en el poético, carece de precedentes.

La novela narra la vida del monje Medardo. Éste, de origen enigmático y destinado desde la niñez a la vida conventual, se convierte en un famoso predicador. En el confesonario se enamora; el convento se le hace demasiado estrecho, lo abandona para buscar a la amada. Encuentra a un doble, cree haberlo matado, lo suplanta, comete algunos asesinatos más y, por descuido, a punto está de matar a la amada. Huye, se esconde en un manicomio, duda de si ha cometido aquellas acciones crueles, se ve envuelto en intrigas y al final va a parar a los calabozos del Vaticano. Vuelve al convento patrio, quiere hacer penitencia, es testigo de cómo su doble, que súbitamente aparece de nuevo, mata a la amada. Renuncia al mundo y al final encuentra solamente la fuerza de narrar su entero destino cruel, como un último ejercicio de penitencia.

Es la historia de una escisión de la personalidad. Hasta entonces no se había escrito algo así con tanta empatía. Hoffmann estaba aquí en su elemento, pues vivía con miedo a enloquecer, sobre todo cuando sus fantasías lo avasallaban. En la novela describe uno de estos horribles instantes de encuentro esquizofrénico consigo mismo. Medardo está sentado en la cárcel acusado de asesinato. Se oyen golpes bajo el suelo, suena un grito, algo raspea. Alguien quiere entrar. Medardo tiene miedo y, sin embargo, comienza a romper piedras del suelo:

> El que estaba debajo empuja hacia arriba tambaleante [...] entonces súbitamente se elevó desde la profundidad un hombre desnudo hasta las caderas y me miró fijamente, como un fantasma, con la risa espantosa y sarcástica de la locura. El pleno brillo de la lámpara cayó sobre el rostro; yo me reconocí a mí mismo, se me desvanecían los sentidos.

Medardo nunca se deshará de su doble, acurrucado a sus espaldas, y lo llevará por oscuros bosques. Hoffmann mismo escapará a este destino. Logró, una y otra vez, desenmarañar el nudo de fantasía y realidad. Era suficientemente realista, y por eso podía permitirse el placer de la confusión, que de la forma más bella escenificó en la *La princesa Brambilla.*

Recibió el impulso para este «magnífico capricho» a través de los *Balli di Sfessania,* serie de grabados de Callot que representan a los personajes de la Commedia dell'arte. Hoffmann escribe en una carta que aquella obra iba a ser el «más audaz» de sus cuentos.

Algunos ya no podían seguir a Hoffmann en las turbulentas y confusas correrías de su imaginación. Otros, como Heine o Baudelaire, consideraban que Brambilla era lo más genial que Hoffmann había escrito. Heine afirmaba que, quien a través de *La princesa Brambilla* no pierde la razón, no tiene ninguna razón que pueda perder.

En esta narración se confunden la fantasía y la realidad, pero todo queda irradiado por el conocimiento alegre de la «duplicidad de todo ser». Bajo su luz puede comenzar un juego que se mantiene arraigado en el suelo y, sin embargo, no renuncia a los vuelos de altura, a la fantasía transformadora.

Este juego es antiguo, no lo inventó Hoffmann. Es el juego transformador del carnaval. Hoffmann, rechazando las exigencias de lo exterior y familiarizado con los abismos del interior, se convertirá en el gran carnavalista del siglo XIX.

El mago y charlatán Celionati, conocido también como príncipe Bastianello di Pistoia, se encarga de la dirección. Durante el carnaval romano escenifica un teatro que no tiene ninguna rampa para entrar en escena y donde los actores no saben que son actores. Se crea un pequeño teatro del mundo en el Corso romano, que puede recorrerse en una hora. Todo está perfectamente dispuesto. Se representa el antiguo juego del amor, «se alejan y reconcilian dos amantes, se separan y encuentran de nuevo», tal como Goethe describe las escenas de carnaval en el *Viaje a Italia.*

En *La princesa Brambilla* el punto principal de este juego consiste en que los dos amantes, el actor Giglio y la modista Giacinta, se separan, pues ambos persiguen la imagen quimérica que el uno tiene del otro. El charlatán Celionati se cuida con ostentación carnavalesca de que ambos experimenten su respectiva quimera como realidad. El sueño que ambos tienen el uno del otro «entra en la vida», y como ahora se sienten amados por su imagen quimérica, cada uno de ellos se transforma en aquello por lo que el otro lo tiene en sus sueños. Celionati impide durante un tiempo que puedan unir quimera y realidad. Se separan para buscarse. Se encuentran finalmente cuando riendo descubren la realidad en la quimera y la quimera en la realidad. Todo el confuso juego es una escenificación del humor, sólo éste puede «invertir el dolor del ser en elevado placer».

¿Qué «dolor del ser»? Es la experiencia de que en toda persona se esconden muchas personas. Giglio es presa de la confusión por esta razón: «Por eso, porque estoy encerrado en un receptáculo tan pequeño, se confunden también las muchas figuras, juegan a bolos y los arrojan con barullo, de modo que no logro ninguna claridad».

Es una situación de locura. ¿Cómo se puede reír de una cosa así? El carnaval, que permite la persona múltiple, puede hacerlo. El afán de transformación, reprimido en la cotidianidad burguesa bajo la coacción de una identidad no contradictoria, puede ahora llevarse a la vida. La risa del carnaval redime de esta coacción.

¿De qué se ríe el carnaval? Lo decisivo es que se ríe de todo. Su risa es universal. Se ríe de la moral y las costumbres. Los remiendos son su traje preferido, y no se asusta ante la desnudez. Se ríe del poder, lo parodia, por ejemplo: se elige a un rey de los locos, la misa es una mascarada. Se ríe de lo que normalmente asusta y angustia. El diablo se convierte en un arlequín para la burla. Pero también se hacen ridículos los que quieren expulsarlo, los clérigos. El carnaval lleva a cabo su juego de inversión con el arriba y el abajo, el bien y el mal, lo bello y lo feo, el hombre y la mujer. Entre otros detalles: la nariz nunca es suficientemente larga, la locura camina sobre las manos, la careta se lleva en el cogote. El carnaval descubre la verdad del mundo puesto boca abajo. Las jerarquías desaparecen en la gran familia del carnaval. Los hombres se vuelven excéntricos: pierden su fuerza, el centro de la vida, las normas y todo lo demás que consideran como su yo. Lo que en general ha de estar junto se separa, y lo que no forma un todo coherente se vuelve vulgar. El carnaval lo arrastra todo al juego de su alegre relativismo, también los hechos fundamentales de la vida: nacimiento, amor, muerte.

En el ambiente de este carnaval aprenden Giglio y Giacinta a reírse de su vida y sus relaciones amorosas, del abismo entre añoranza y consumación. Notan cómo se transforman y, sin embargo, no pueden desprenderse ni de uno mismo ni del otro. Hacen «muecas», pero viven, y quizá viven precisamente porque hacen «muecas». Un nihilismo vitalista, alegre, barre toda amargura cínica, como efecto de un humor que Hoffmann define así: «Una fuerza admirable del pensamiento, nacida de la más profunda intuición de la naturaleza, para construir su propio doble irónico, en cuyas muecas singulares reconoce a los suyos y, por mantener el descarado término, las muecas del ser entero aquí abajo, una fuerza que además se recrea en todo ello».

El humor de Hoffmann se sumerge en la vida, no lo aleja de su cuerpo. No está lleno de renuncias. Aun cuando al final las aspiraciones quizá se encuentren con el desencanto, no renuncia a los elevados vuelos de los deseos; y no se conforma con el languidecer de la renuncia a la consumación. Es necesario haber osado algo para poder reírse de uno mismo y del mundo; para notar quiénes somos, es necesario que hayamos salido de nosotros. La complacencia en la transformación no es la peor manera de conocerse a sí mismo. Giglio y Giacinta son adiestrados en ese conocimiento alegre de sí mismos. A este respecto es indispensable el modisto. Él «es el que», según la expresión de Giglio, «con su aguja creadora nos ha llevado por primera vez a la escena bajo aquella forma que está condicionada por nuestra esencia más íntima».

En el punto culminante del torbellino de carnaval se encuentran Giglio y Giacinta, sin reconocerse, pero danzan juntos y esta danza es un desencadenamiento extático, una verdadera danza dionisiaca. Juegan con las fuerzas de gravitación del yo. «¿Qué piensas de este salto, de esta posición, en la que confío mi yo entero a la fuerza de gravedad de la punta de mi pie izquierdo?» Se entienden en el arte del desasimiento, en esta cercanía viva de los amantes. «Nada es tan aburrido como, estando firmemente radicado en el suelo, tener que atender a toda mirada, a toda palabra.»

La complacencia en la transformación triunfa sobre el deseo de conservarse. Eichendorff conoce el atractivo de ese triunfo, que no carece de peligro: «Y yo no quiero conservarme...». En Eichendorff el desencadenamiento tiene lugar con la confianza puesta en Dios; en Hoffmann tiene lugar entre grandes risas.

Humor e ironía eran en tiempos de Hoffmann categorías conocidas, con peso en el mundo filosófico. Se habían revestido de una gran seriedad, por ejemplo, Friedrich Schlegel dice: «La consumada ironía absoluta deja de ser ironía y se hace seria». La ironía romántica, su «bufonería trascendental», mira de reojo al cielo. «Lo terrestre ha de consumirse.» Por el contrario, en la cultura de la risa de siglos anteriores, se trataba abiertamente de una profanación. Precisamente las ascensiones al cielo y los idealismos eran blanco de las degradaciones y los contactos con la tierra de la literatura carnavalesca. El mundo puesto boca abajo en la cultura de la risa devora la trascendencia. La risa pantagruélica en Rabelais tiene este sentido. Tiende a desacreditar el espíritu frente a la infinita fuerza generadora de la tierra y del cuerpo. La ironía romántica es distinta. No mira hacia abajo, sino hacia arriba: Schlegel: «Uno puede sentarse en cualquier cielo».

Pero en Hoffmann puede advertirse algo todavía de la risa pantagruélica, que procede del contacto con la tierra, de la profanación, de la burla sobre la fugacidad del cielo. No hay duda de que también Hoffmann conoce un cielo, un cielo que no es sino la «mina de diamantes en nuestro interior». Si al final en este autor hay risa, esto se debe a que, a pesar de este cielo interior, seguimos siendo «mercenarios de la naturaleza», y con esta riqueza interior no pasamos de producir «muecas».

Giacinta y Giglio andan errantes a través de las calles del carnaval, se rehúyen, se buscan, se extravían admirablemente en el laberinto de las danzas y transformaciones, y todo corre hacia esta única cosa: se consiguen y luego tendrán descendencia. Así permanecen en los andadores de los fines de la naturaleza. Dan ganas de reír: cielo y tierra en movimiento para fundar un matrimonio.

Las risas que resuenan en *La princesa Brambilla* han encontrado su filosofía adecuada en la metafísica del amor entre los sexos que desarrolla Schopenhauer:

> Los poetas de todos los tiempos se han ocupado incesantemente en el intento de expresar con innumerables giros la aspiración amorosa [...], esta añoranza que vincula la representación de una felicidad infinita con la posesión de una determinada mujer, así como un dolor inefable con el pensamiento de no poderla conseguir. Esta añoranza y este dolor del amor no pueden tomar su materia de las necesidades de un individuo efímero, sino que son el suspiro del espíritu de la especie, que ve aquí un medio insustituible para lograr o echar a perder sus fines y, por tanto, suspira profundamente.

La fuerza transformadora del amor es el gran esfuerzo que la naturaleza realiza con nosotros para llevar a cabo sus sencillos «fines». De ello se ríen Giacinta y Giglio una vez que se han descubierto y encontrado en el laberinto del carnaval y de su fantasía. Con su alegría se hallan a la altura de aquella persuasión que Hoffmann expresó así en el diálogo de los hermanos Serapión: «Hay un mundo interior y la fuerza espiritual para verlo con plena claridad en el resplandor consumado de la vida más activa, pero viene dado con nuestra herencia que el mundo exterior, en el que estamos encerrados, actúa como la palanca que pone en movimiento aquella fuerza».

La «palanca del mundo exterior» es la naturaleza que pone la fuerza por la que Giacinta y Giglio se sienten impulsados el uno al otro. Pero también es una realidad el magnífico centelleo de su mundo interior, que en el carnaval se convierte en exterior. En la risa se mantienen ambas realidades: la de que somos un «mercenario de la naturaleza», y la de que hay oculta «en nuestro interior una mina no sellada de diamantes», una mina que nos da el sentimiento de elevación infinita por encima de todos los fines.

E.T.A. Hoffmann, con el que se cierra el Romanticismo como época, era un gran soñador y, por ello, tan romántico como podamos imaginarnos. Pero era más que eso. Tuvo siempre un pie puesto en un realismo liberal. Era un soñador escéptico.

# Segunda parte
# Lo romántico

no estamos muy seguros, no nos sentimos
en casa en el mundo interpretado.

Rainer Maria Rilke, «I Elegía de Duino»

# Capítulo 12

La gran época del Romanticismo quedó atrás en torno a los años veinte del siglo XIX, ello, a pesar de que continuaron apareciendo obras románticas. Achim von Arnim y Joseph von Eichendorff siguen creando. Friedrich de la Motte Fouqué no dejó de escribir sus historias de caballeros, doncellas nobles y duendes, y de parafrasear leyendas nórdicas, que tanto éxito le granjeaban entre el gran público; en efecto, era muy leído, lo mismo que E.T.A. Hoffmann, que en el Berlín de la época puso en marcha el aquelarre. Lo mágico, lo medieval, lo relativo a los fantasmas y también la santurronería seguían teniendo su coyuntura. Estos asuntos habían caído ahora en las profundidades de las bibliotecas de préstamo y de los libros de bolsillo para mujeres. Los círculos más ambiciosos se burlaban. Y el impulso revolucionario, innovador y seguro de sí mismo estaba roto.

En las otras artes, los impulsos románticos sólo ahora alcanzaban su pleno éxito; en la música, con Schumann y Schubert; y en la pintura, por ejemplo, con los nazarenos, lo cual provocó el enfado de Goethe, que en 1818 aprovechó la ocasión para pasar cuentas con toda esa dirección, por más que antaño hubiera apreciado mucho a los hermanos Schlegel y les hubiera prestado su apoyo. Junto con Johann Heinrich Meyer, su adlátere artístico, redactó el ensayo *Nuevo arte patriótico de tendencia alemana y religiosa.* Sus autores replican tanto a las tendencias religiosas como a las patrióticas en el arte con una rotunda y despectiva negativa. Simplemente no es verdad, leemos allí, que el «entusiasmo piadoso» y los «sentimientos religiosos [...] sean condiciones indispensables de la capacidad artística». Más bien, la habilidad artesanal, la conciencia de la forma, el sentido para la naturaleza y un «ánimo» incólume son condiciones suficientes del arte. La religión, en todo caso, puede hacer su aportación si, como sucedía en la antigüedad, santifica lo terrestre con toda su alegría sensible y no se regala con lo suprasensible, donde el artista tiene poco que hacer. Y por lo que se refiere al patriotismo, si bien es cierto que la religión en sus orígenes se halla vinculada al lugar, sin embargo, eso mismo hace que esté caracterizada por el hecho de representar lo universal en lo particular.

Con esta censura, a la que había precedido una crítica racionalista igualmente eficaz de Johann Heinrich Voss, se impuso en una parte del público la imagen poética de un Romanticismo beato, fijado en la Edad Media, propenso a la fe católica y al germanismo. El hecho de que Friedrich Schlegel y Adam Müller se pusieran a disposición de Metternich en aras de la Santa Alianza, era coherente con esta imagen, que hizo olvidar los rasgos experimentales, fantásticos, altamente reflexivos e incluso revolucionarios del Romanticismo. Friedrich Schlegel se esforzaba muy celosamente por retocarlos o denunciarlos. En 1820, en su obra *Sello de la época,* escribe que entonces «sucedió lo que acontece siempre cuando la sangre y la fuerza vital se suben excesivamente a la cabeza». En tales situaciones, dice, el individuo se toma a sí mismo por demasiado importante junto con sus ideas y ocurrencias. Por suerte, se produjo tan sólo un «caos de ideas» y nada más; había poderes del orden y tradiciones con más fuerza que la «arbitrariedad subjetiva». Y por eso, sólo las ideas, y no los pueblos, fueron puestos cabeza abajo. O, mejor dicho, es bueno seguir a las autoridades acreditadas y no a la propia cabeza.

En Alemania hubo quienes se ocuparon de ello después de 1815. En Berlín fue Hegel el que transformó sus comienzos románticos en un impresionante pensamiento del orden, pero sin ahorrar críticas a la arbitrariedad y al subjetivismo romántico.

Altenstein, ministro prusiano de Enseñanza y político relativamente liberal, se hallaba entre los admiradores del filósofo e intercedió por su traslado a Berlín, que se produjo en 1818. Altenstein apreciaba en Hegel algo que llamaba la atención y fascinaba a un público que quería librarse de las turbulencias de los últimos años: la manera singular con que este filósofo elaboró los impulsos de modernización desde la Revolución francesa, uniéndolos a la vez con una actitud conservadora, que respeta el Estado. Cuando en 1820 apareció su *Filosofía del derecho,* con aquella famosa frase en el prólogo: «Lo que es racional es real; y lo que es real es racional», Altenstein felicitó al autor con estas palabras:

> Usted da [...] a la filosofía [...] la única posición adecuada en la realidad, y con ello consigue, de la manera más segura, preservar a los oyentes de la arrogancia nociva que rechaza lo existente sin haberlo conocido y que, sobre todo en relación con el Estado, se complace en la creación arbitraria de ideales vacíos de contenido.

En el pasado, los románticos habían promovido la «progresiva poesía universal», y Hegel estaba ahora en vías de desarrollar su progresiva filosofía universal, aunque siempre criticando claramente la «arbitrariedad de los sujetos pretenciosos», que equiparaba al espíritu romántico. Por ejemplo, Hegel caracterizaba al filósofo Fries, discípulo de Fichte perseguido por las autoridades estatales, como un «caudillo de esta superficialidad que se llama filosofía», y que, «en la papilla del corazón, de la amistad y del entusiasmo», pretende amalgamar el Estado, una construcción que se ha formado en el «trabajo» duradero de la «razón».

En Hegel semejante polémica, protegida por el poder, contra el Romanticismo subjetivo, se compaginaba a las mil maravillas con una actitud, mantenida hasta el final de su vida, que, en recuerdo de la Revolución francesa, le indujo a beber un vaso de vino cada 14 de julio. En su momento, había plantado, con Schelling y Hölderlin, un árbol de la libertad en la pradera del Neckar, y había iniciado el desarrollo de una filosofía de la socialización mediante el amor. La Revolución siguió siendo para él «una revelación grandiosa», el «tremendo descubrimiento sobre lo más íntimo de la libertad». Todavía en 1822, en la misma época en que incitaba a las autoridades prusianas a tomar medidas contra una hoja literaria en la que se criticaba su filosofía, dice sobre la Revolución francesa: «Desde que el sol está en el firmamento y los planetas giran en torno a él, no se había visto que el hombre se alzara sobre su cabeza, es decir, sobre los pensamientos, y construyera la realidad de acuerdo con éstos».

Hegel rechaza la acción revolucionaria y los sueños románticos de «sujetos arrogantes», y lleva en cambio el impulso revolucionario y fantástico al corazón palpitante del espíritu del mundo, que desarrolla su trabajo sin que el filósofo haya de intervenir. Éste puede desarrollar, y tiene que desarrollar, en conceptos lo que de todos modos ha de suceder. Es el necesario proceso progresivo, que constituye una historia de la llegada a sí del espíritu en la realidad material de la vida social. El todo es lo verdadero, porque el todo se hace lo verdadero, y, cuando se ha consumado, la filosofía puede accesoriamente reconocerse allí. «La lechuza de Minerva no inicia su vuelo hasta la llegada del crepúsculo.» Para Hegel, la historia es de hecho el juicio del mundo. Ella somete a proceso todo lo que sobrevive, todo lo que se resiste al impulso del espíritu a la propia realización. Para ello no necesita rebeldes, románticos ni demagogos. Éstos se hunden ellos mismos. De ahí las manifestaciones hegelianas de lealtad al Estado, que está a punto de apartar del tráfico a los «Demagogos». Hegel escribe a Nithammer:

> Me atengo a que el espíritu del mundo ha dado al tiempo el mandato de avanzar; se obedecerá a ese mandato; este ser avanza como una falange acorazada, en formación compacta, irresistible, y lo hace a través de todos los obstáculos con un movimiento tan imperceptible como el del sol; innumerables tropas ligeras hacen de flanco a su alrededor con acción ofensiva y defensiva; la mayoría no saben de qué se trata, y se limitan a recibir golpes en la cabeza, como si los diera una mano invisible.

Sin duda, hay que contar a los románticos entre estas «tropas ligeras», que reciben un golpe desagradable en la cabeza.

Hegel conspira con el espíritu del mundo y no tiene necesidad de inmiscuirse en los asuntos del día. Tiempo atrás, cuando Napoleón avanzaba sobre Jena mientras Hegel escribía las últimas frases de su *Fenomenología del espíritu*, este último tuvo que poner pies en polvorosa para huir de la ciudad en llamas. El espíritu del mundo lo había golpeado duramente, pero ya entonces nada pudo disuadirlo de rendirle admiración. «Es de hecho una sensación prodigiosa ver a un individuo así, a un individuo que, montado a caballo, se apodera del mundo y lo domina.»

También en relación con el espíritu del mundo puede decirse que donde se cepilla caen virutas. En Jena, Hegel pertenecía todavía a las virutas. Ahora, en Berlín se ha acercado mucho más a los que cepillan.

La atmósfera política y social en la que Hegel celebraba sus éxitos era la de un aire tranquilo y un celo laborioso, sin entusiasmos innecesarios. La filosofía de Hegel, que presenta también al espíritu del mundo como un ser trabajador, se compagina bien con este temple de ánimo. Al trabajo sigue el esparcimiento. Son malos tiempos para un arte que quiera ser algo más que una distracción. Por tanto, malos tiempos para lo sublime y los vuelos de altura de los románticos. Y buenos tiempos para el teatro y la ópera, en la medida en que se hacen ligeros para el público y aspiran a grandes y toscos efectos. Cuando al mundo se le cortaba el aliento ante Napoleón, apareció en Alemania la tragedia del destino. Cuando Napoleón se derrumbó, con las grandes acciones y el gran destino terminó también el juego en torno a tales temas de peso. Lo ligero se hizo cada vez más ligero. Los actores triunfaron representando a monos. Los bastidores se hicieron cada vez más espléndidos, de lo que se aprovechó bien la pieza *Ondina,* de Hoffmann. La representación de *El cazador furtivo,* de Carl Maria von Weber, fue fastuosa. Pero se llegó al cenit de lo colosal con Spontini, cuando entraron elefantes en el escenario y hubo disparos de cañones.

Hay un deseo de recuperarse de los esfuerzos de los tres últimos decenios. Como en la sala de descanso del teatro durante la pausa, se oye una algarabía en la que se percibe el reflujo de las últimas excitaciones. La gran filosofía de Hegel parece la recensión placentera de sucesos que otrora dejaban a todos sin aliento y ahora son el pasado. Es época de cosecha, de mirar y conservar el caudal obtenido. Es la época Biedermeier.

Ahora bien, el espíritu del tiempo es más refinado de lo que puede parecer a primera vista. La política de la restauración posterior a 1815 quiere llevar la vida, por la fuerza, al orden del siglo XVIII, como si nada hubiera pasado. Pero habían sucedido demasiadas cosas. La confianza en que lo recibido es sostenible y fiable tiene algo de forzado e intencionado. Se produce una entrega a lo dado con el quedo sentimiento de un doble fondo. Las convicciones comienzan a parpadear, la moral bizquea. Las personas se acurrucan, hunden la cabeza, se busca la comodidad y «desde cuartos secretos» contemplan plácidamente el campo libre (Eichendorff), donde la vida se desarrolla abismalmente, entre «dos luces». No es de admirar que las narraciones de Hoffmann tengan su coyuntura. Hegel lo incluye en la «infantería ligera», y cree que también él merece recibir un golpe en la cabeza:

> Sobre todo en época reciente se ha puesto de moda un desgarro interior sin punto de apoyo, un desgarro que recorre todas las disonancias más adversas, y ha traído un humor atroz y una ironía grotesca, donde Theodor Hoffmann, por ejemplo, se mueve a sus anchas.

Hegel encuentra otro tipo de subjetiva arbitrariedad romántica en Kleist, cuya obra no comenzó a conocerse un poco hasta los años veinte del siglo XIX. «Kleist sufre por causa de la común y desdichada incapacidad de cifrar el interés principal en la naturaleza y la verdad, y debido a la tendencia a buscarlo en desfiguraciones.» Según eso, también en él se da un «misticismo arbitrario», que surge tan sólo por el hecho de que un individuo se separa de los intereses sustanciales y de los contenidos morales objetivos, e intercala en su mismidad un interior todavía más profundo, un interior «más allá», extraño, desde el cual han de brillar luego los «primores superiores del ánimo». Pero con ello, según Hegel, la poesía «tiene que hacerse notar en lo nebuloso, vano y vacío». El resultado de todo esto se echa de ver en el príncipe de Homburg, que sueña dentro de sí mismo en lugar de escuchar las instrucciones para el combate. A su juicio, eso es «insulso» e inadecuado como motivo de una tragedia.

En aquella época, la verdad está para Hegel en lo sólido, como bien se nota. Lo aventurero, lo excitante, para él es ya pasado. Tienen validez para el pasado, ya no para el presente, estas palabras: «Lo verdadero es una bacanal donde no hay miembro que no esté ebrio». Centra su energía en el desarrollo de un sistema de la razón histórica, que acredita el presente como resultado de un largo proceso y ejerce efectos de desencanto en lo que se refiere al futuro ulterior. Se trata de estar maduro para ser cómplice de la razón objetiva. También así es posible instalarse espiritualmente.

En un terreno oscilante, donde los hombres se comportan como si fuera firme, comienza un gran parloteo. Nunca se había dado tanto esparcimiento social. En Berlín brotan de debajo de la tierra los clubes, las asociaciones, las mesas redondas y las reuniones de amigos. Se da la «sociedad sin ley», la cual no muestra otra tendencia que la de «comer a mediodía a la buena manera alemana»; y también Hegel participa en ella a veces. La sociedad de las sutilezas toma la forma de los «pensamientos y acciones». La alianza de las muchas artes quiere «despertar el alma de su sueño», y en la Friedrichstrasse tiene su lugar de encuentro la Asociación de Disputantes para el Estudio de Preguntas Abiertas. En parte se trata también de formas de sociabilidad con trasfondo político que quieren zafarse de la inspección policial. Pero se trata, en mayor medida, de la satisfacción y de asegurarse recíprocamente de que los participantes están en terreno firme. Aquellos que se sienten como ruedas y tornillos mantienen en todo caso suficiente curiosidad, tanta como para querer saber cómo funciona la maquinaria y para qué está montado todo el tinglado. Pero la curiosidad no se lleva hasta el extremo de dejarse inquietar. Esa curiosidad temerosa del riesgo puede satisfacerse adecuadamente en el círculo de Hegel. Por eso afluyen a sus lecciones veterinarios, agentes de seguros, funcionarios de la administración, tenores de ópera y empleados de comercio. Quizá no todos ellos entendían especialmente bien a Hegel, pero era suficiente comprender que allí había alguien que lo entendía todo y que lo encontraba todo en su puesto.

En octubre de 1829 Hegel fue elegido rector de la Universidad de Berlín. La confianza del Gobierno en su persona era tan grande, que se le otorgó el puesto de plenipotenciario estatal para el control de la universidad, cargo creado también en el contexto de la persecución de los demagogos. Con esta unión personal, Hegel encarnaba una síntesis sorprendente: él representaba la autonomía del espíritu universal y a la vez la superación de la misma.

En la época del rectorado de Hegel se produce en Francia la revolución de julio de 1830, que significó una cesura también para la cultura intelectual y política en Alemania. Durante el rectorado de Hegel, hasta finales de 1830 sólo se había encerrado a un estudiante, por haber llevado una escarapela francesa. Las restantes faltas de disciplina no dieron lugar a ningún temor serio. A lo sumo, se había descubierto a doce estudiantes fumando donde no estaba permitido, tres se habían batido en duelo, quince habían intentado pelearse, treinta habían montado escándalos en las tabernas, nada de ello tenía que ver con la política. Al menos así parecía a primera vista desde la superficie, pero los sucesos de 1830, la segunda gran revolución al otro lado del Rin, repercutieron con fuerza. Conducirán a los intentos, incesantes desde ahora, de invertir a Hegel de pies a cabeza, a que una nueva generación, y también un nuevo Romanticismo político, invierta la herencia de la metafísica hegeliana en un más aquí preñado de futuro.

Así lo anuncia el crecimiento de los debates políticos, acerca de los cuales Hegel, en una de sus últimas cartas, escrita el 13 de diciembre de 1830, se queja con estas palabras: «En la actualidad el tremendo interés político ha devorado todos los demás, y se alza con ello una crisis en la que todo lo que había estado vigente parece hacerse problemático». Así era, pero el método para problematizar, la famosa dialéctica, procedía de Hegel, que murió a causa del cólera en el otoño de 1831.

En el verano de 1830 Heine, que entonces se halla en la isla de Helgoland, saluda los acontecimientos franceses:

Ya no puedo dormir; y los más extravagantes espectros nocturnos persiguen al espíritu sobreexcitado. Sueños en vela [...] para volverse loco [...]; la noche pasada corría yo por todos los países e incluso por pequeños países de Alemania, llamaba a las puertas de mis amigos, y turbaba el sueño de la gente [...]. A algunos filisteos gordos, que roncaban de forma muy molesta, les golpeé con fuerza en las costillas, y bostezando preguntaron: «¿Qué hora es?». En París, queridos amigos, ha cantado el gallo; eso es todo lo que sé.

Durante la siguiente década y media, el gallo no dejará de cantar, tampoco en la filosofía. En 1844 Karl Marx terminará la introducción de su *Crítica de la filosofía del derecho de Hegel* con este aldabonazo: «La filosofía no puede realizarse sin suprimir el proletariado, y el proletariado no puede suprimirse sin realizar la filosofía. Cuando se hayan cumplido todas las condiciones internas, se anunciará el día alemán de la resurrección a través del canto del gallo francés».

Para Marx, lo mismo que en la escena cultural posterior a 1830, la cuestión es la *realización*. La nueva generación, la de Gutzkow, Wienbarg, Heine, Börne y Mundt, se desgaja del «reino aéreo del sueño» (Heine). El Romanticismo, afirman, ha hecho poesía de la realidad, ahora se trata de realizar la poesía. Los filósofos dicen en correspondencia con ello: hasta ahora se han dado interpretaciones del mundo, ahora se trata de transformarlo. Gutzkow, un portavoz del movimiento llamado Joven Alemania, incluye las siguientes rimas en su obra dramática *Nerón:*

> Finalmente, en lugar de la huera fantasía
> de falsos reflejos del espíritu llena
> de un tiempo perdido en confusión sofista,
> construyamos una realidad tan verdadera,
> que otro mundo mejor, más puro y real sea.

La figura fundamental de la crítica es la siguiente: en la filosofía y la poesía tenemos ya el sueño de una verdad que todavía hemos de tirar hacia abajo, hacia la tierra. Hemos de acabar realizando aquello en lo que hemos soñado. Tenemos que recuperar los tesoros desperdiciados en el cielo y convertirlos en nuestra propiedad. Pero, tal como sabe el movimiento, si lo interpretamos correctamente, eso sólo tendrá éxito si entendemos tres cosas.

Hemos de comprender en primer lugar que nos oprimimos a nosotros mismos. Frente a eso se aduce como solución la emancipación de la carne. Theodor Mundt, en su *Venus desnuda*, escribe: «Siento una gran veneración por el cuerpo humano, pues el alma está en él».

En segundo lugar, hemos de comprender que el establecimiento de la vida adecuada es una empresa que no tiene que responder ante ninguna tradición y no puede consolarse con ningún futuro. Todo tiene que decidirse aquí y ahora. Ser «moderno» es la bandera del movimiento. Glassbrenner escribe: «Lo antiguo ha muerto, y lo que es verdadero es moderno». Otros escriben: el «estado del presente nos entusiasma, el instante ejerce sus derechos». Por esto Goethe, que muere en 1832, tiene poco peso en este aspecto. Los ávidos del presente no querían saber nada de las llamadas a mantener la medida que lanzaba el «loco de la estabilidad» (Börne) y el «siervo del príncipe» (Wienbarg).

No basta la exigencia de humanismo, según la cual hemos de formarnos como «personalidad», pues hay que entender una tercera cosa: la liberación no puede conseguirse por propia iniciativa, sino que es más bien una empresa colectiva. Y así nos encontramos constantemente con el tópico de la literatura del movimiento. «Nosotros, los hombres del movimiento», escribe Heine con ligera ironía en *La escuela romántica*. En los años cuarenta, la sensación de movimiento se condensa en la conciencia de partido. Los de uno y otro lado se preguntan recíprocamente los puntos de vista, y dan la solución: «tomar partido»; la cabeza ha de buscar el corazón del movimiento, que primeramente es el «pueblo» sin más, y luego, con Marx, pasa a ser el «proletariado». Entretanto, se ha mostrado de hecho un movimiento social, en la fiesta de Hambach de 1832, y en el levantamiento de los tejedores de Silesia del año 1844. Sin embargo, los campesinos denuncian a la policía *El mensajero rural de Hessen*, un panfleto de Büchner que los incita a la rebelión...

Los activistas de los años cuarenta miran despectivamente a los autores de folletines de los años treinta, calificándoles de tormenta en un vaso de agua, y censurando la ostentación de vanidad y excesiva estima de sí mismos. Freiligrath, el folletinista, todavía proclamaba: «El poeta está en una atalaya más alta que la azotea del partido». Pero Herwegh, el activista, le contestó con su poema «El partido», donde leemos:

¡Partido!, ¡partido!, ¿quién no lo va a tener
si en padre de toda batalla se pudo erguir?
¿Cómo un poeta tal palabra podrá proscribir,
cuando todo lo grandioso supo sostener?

Ahora se tiende a evitar la nota personal; por ejemplo, a Heine se le toma a mal que sea presumido y poco fiable. En esta época ávida de disputas Heine responde:

Porque tan brillantemente relampagueo,
creéis que yo truenos lanzar no puedo.
Grave es vuestro error, pues yo poseo
también para los truenos un gran talento.

En esa cuarta década del siglo se llega a una auténtica competición de los radicalismos. Se da entonces una notoria duplicación: la crítica crítica y luego en Marx, con otra vuelta de tuerca: la crítica de la crítica crítica. Y se usan igualmente expresiones como: la realidad real, o el verdadero socialismo. La competición se produce con extraordinario encarnizamiento. Los «partidos» caen unos sobre otros. Herwegh condena a Freiligrath; entran en batalla Engels contra Heine; Heine contra Börne y a la inversa. Feuerbach critica a Strauss, y Bauer critica a Feuerbach. Stirner quiere superarlos a todos, y luego llega Marx, que los pone a todos en el mismo saco: *La ideología alemana.*

En el año 1835 no sólo se construye la primera línea de ferrocarril de Alemania, entre Nuremberg y Fürth, también en el mundo del espíritu hay dos sucesos de contundente modernidad. Como no podría ser de otra manera, estos sucesos consisten en descubrimientos. Se apartan los encubrimientos, se avanza hacia la realidad real.

En un caso se trata de la novela de Gutzkow *Wally, la escéptica.* El tema es aquí la «emancipación de la carne». El amante de Wally dice a la amada: «Muéstrame que no tienes ningún misterio para mí, ninguno; fuimos una sola cosa y conservaré esta bendición para toda mi vida». Wally y el autor se resisten. Luego ambos transigen, y el autor hace que su Wally se muestre «desnuda» durante un tiempo en una ventana ante la comunidad congregada de lectores. Pero la Confederación Germánica no perdona al autor semejante obscenidad. La novela es prohibida, y con este motivo también los demás escritos de la Joven Alemania son puestos inmediatamente en el Índice.

La prohibición no se fundaba exclusivamente en la inadmisible desnudez; también las dudas de Wally resultaban escandalosas. Ésta se había mostrado partidaria de la naturalidad no sólo en la escena de la ventana, sino también en materia de religión. Ella toma partido a favor de la religión del corazón y en contra de los dogmas de la fe eclesiástica. «No tendremos ningún cielo nuevo y ninguna tierra nueva; y parece que el puente entre ambos tiene que construirse de nuevo», escribe Wally en su diario.

El segundo gran descubrimiento se refiere en exclusiva al tema religioso. En 1835 aparece la *Vida de Jesús,* escrita por David Friedrich Strauss. Apenas hubo otro libro en el siglo XIX que tuviera un éxito comparable.

Strauss, un discípulo de Hegel, extrajo una consecuencia radical de su filosofía de la religión. Hegel había enseñado que la filosofía «se sitúa por encima de la forma de la fe, pero que el contenido es el mismo». Lo cual significa que la reflexión filosófica toma la religión como expresión de un espíritu que habita también dentro del hombre. Dicho de otro modo: el espíritu humano puede llegar por sí mismo a los contenidos de la religión, no necesita ninguna revelación proveniente del más allá. De este pensamiento deduce Strauss consecuencias radicales, unas consecuencias que no sacó Hegel, autor preocupado por mantener el equilibrio con los poderes existentes. Él había hablado todavía de una «autorrevelación del espíritu» en el hombre, y con ello había concedido cierto acontecer de la revelación. La cosa cambia con Strauss. Para éste no hay ninguna revelación; sólo se da, por una parte, el Jesús histórico y, por otra, el mito de Cristo, que no es sino un producto del espíritu humano, una imagen donde el hombre expresa su comprensión acerca de su naturaleza superior y de su tarea histórica. Con ayuda del método de la crítica histórica, desarrollado desde el Romanticismo, Strauss extrae de la tradición bíblica el Jesús histórico y lo contrapone al mito de Cristo. Este mito, dice, también contiene su verdad, que él entiende dentro de la línea hegeliana. Según Strauss, en Cristo se expresa la idea de la especie; el hombre puede y debe llegar a ser como Cristo. Los milagros de Cristo también han de entenderse de forma meramente simbólica, indican «que el espíritu se apodera en forma cada vez más completa de la naturaleza». El Cristo sin pecado significa para la humanidad que el «curso de su evolución es impecable, que la impureza va ligada siempre al individuo solamente, mientras que en la historia o en la especie, está superada». La muerte en la cruz es imagen de que el progreso exige entrega desinteresada y también sacrificio, y la ascensión al cielo no es más que la promesa mítica de un futuro glorioso.

De la noche a la mañana, la *Vida de Jesús* se convirtió en libro de cabecera de la burguesía cultivada, en la que se había afianzado la fe en su futuro terrenal. Si el libro hizo época (en pocos años se superaron con mucho los cien mil ejemplares vendidos), se debió a la unión de dos componentes, unión que era típica de ese periodo, a saber: por una parte, el espíritu del descubrimiento. Se penetra en un núcleo *real*, o sea, se lleva a cabo una desmitificación. Por otra parte, se descubre algo como *realidad* que está en el fondo, lo cual propicia el optimismo, la idea de un progreso de la humanidad. De Strauss partió aquel gran estímulo que Feuerbach revistió poco más tarde con estas palabras: los «candidatos» del más allá finalmente habrían de hacerse «estudiantes del más acá».

Nietzsche caricaturizará a Strauss, una generación más tarde, como un perverso filisteo antirromántico, y dirá de él en tono de burla que, con su entusiasmo por «los calcetines de fieltro con los que anda de puntillas», establece su morada en un mundo acerca del cual no deja de creer que está ahí por amor a él.

Pero de hecho, Strauss no destruye el entusiasmo romántico; más bien, por lo menos de acuerdo con su propia comprensión de sí mismo, lo baja del cielo para traerlo a la tierra. A Strauss le sigue Ludwig Feuerbach, que escribe: «Fue Dios mi primer pensamiento, la razón el segundo, y el hombre mi tercer y último pensamiento». Tampoco eso ha de tergiversarse como si fuera una desilusión, también aquí está en juego un entusiasmo por el progreso humano. En Strauss el entusiasmo era todavía moderado en el tono, en Feuerbach se hace exaltado. Éste enseña que el hombre es un virtuoso de la alienación. Desde su punto de vista, el hombre proyecta sus mejores fuerzas en una imagen de Dios y, por tanto, hace de ellas un poder que lo domina. Hace que su propio poder le resulte extraño, se aliena. Este mecanismo está oculto para nosotros mismos. Tenemos que descubrirlo. Y eso será nuestra liberación. El mecanismo de la alienación, que Feuerbach llama dialéctica, en buena terminología hegeliana, actúa en diversos niveles. Existe la sociedad, el cuerpo y el tú. En estas tres esferas actúa la alienación. La fuerza creadora de los hombres socializados se aliena en la imagen de Dios. Pero también tenemos miedo de nuestro cuerpo y de sus necesidades, pues nos hemos alienado en él por captarlo como una cosa exterior, como materia corporal. La materia corporal que tenemos ha de convertirse de nuevo en el cuerpo animado que somos. Nos comportamos con miedo a los otros porque no los experimentamos como un tú, sino solamente como desviación de nuestro yo, y así nos alienamos en relación con ellos. No obstante, hemos de entender que el tú nos ofrece la oportunidad de la aventura del amor y de la comunidad.

Para Feuerbach el camino desde Dios, a través de la razón, hasta llegar al hombre corporal, es un camino hacia la luz. Con pasión sagrada habla de su santuario -cuerpo, tú, comunidad- y muestra con ello que en cierto modo ha recorrido en sentido contrario este camino de Dios al hombre, convirtiéndolo en un camino del hombre a lo divino o, más exactamente, al hombre divinizado. Por ejemplo, denomina a los sentidos corporales «órgano del absoluto», y acerca del «tú» y de la «comunidad» escribe: «Soledad es finitud y limitación, comunidad es libertad e infinitud. El hombre para sí es hombre (en el sentido usual); el hombre con el hombre, la unidad de yo y tú es Dios».

Y finalmente sigue una línea parecida Karl Marx. También él pertenece a la historia de aquel movimiento que, en la búsqueda de la realidad real, baja del cielo el romántico más allá y lo implanta en el más acá o, mejor dicho, en el futuro.

Lo mismo que Feuerbach descubre el cuerpo, el tú, la comunidad, de igual manera Marx descubre el cuerpo social y su centro: el proletariado. Hay aquí una pasión filosófica dirigida al sufrimiento social. Es el pensamiento el que empuja hacia la realidad. Este vástago de la burguesía se siente atraído por el proletariado porque ha pensado para éste una función filosófica. Si en el caso de Feuerbach tenemos el sentimiento de que no habla del cuerpo real, sino que nos presenta siempre el cuerpo bajo una función filosófica, en Marx no se trata del proletariado real, sino de una categoría con numerosas piernas. Ciertamente, Marx había afirmado que los filósofos se han limitado a «interpretar el mundo de diversas maneras», y que se trata de «transformarlo», pero esta transformación es una continuación de la filosofía con otros medios. Si Marx hubiera sido calificado de político social, sólo habría podido entender esa calificación como una ofensa.

El Marx de los años cuarenta está absolutamente ocupado con liberarse de Hegel. En Hegel, dice, el espíritu determina el ser. Pero hemos de afirmar más bien a la inversa: «El ser determina la conciencia».

Pero ¿qué es el ser? En Marx es el hombre en su metabolismo con la naturaleza, es el hombre que trabaja y se socializa a través del trabajo. En el trabajo manifiesta el hombre sus fuerzas esenciales, se produce a sí mismo y produce la sociedad. Pero el trabajo se realiza de forma «alienada», de una forma «calcada de la naturaleza». Reina un mecanismo ciego: el mercado. Los productos que el hombre confecciona y las relaciones sociales que contrae tienen poder sobre él y en consecuencia se «alienan de él». Vuelve aquí de nuevo la crítica de la religión de Feuerbach. La dialéctica, por la que lo propio se constituye como un poder extraño, en el pensamiento de Marx se traslada a los cuerpos sociales y a su lógica. Según Marx, no sólo proyectamos un Dios, sino que además se forma un mecanismo social que como mercado y fetiche de las mercancías domina sobre el hombre como un «embrujador» poder natural. Acerca de su propia empresa teórica dice Marx que quiere pasar de la crítica de la alienación sagrada a la crítica de la alienación profana: «Por tanto, una vez que ha desaparecido el más allá de la verdad, la tarea de la historia es establecer la verdad aquí abajo [...]. La crítica del cielo se transforma en una crítica de la tierra».

En esta crítica trabaja un furor romántico, pero además hay en ella la pretensión de ser la última crítica. La filosofía hace una última aparición y entonces puede desaparecer en la felicidad realizada. Para Hegel la lechuza de Minerva iniciaba el vuelo una vez que la realidad estaba concluida. Para Marx, la lechuza de Minerva ha de volar hacia la aurora: «La crítica ha deshojado las flores imaginarias en las cadenas, y lo ha hecho no para que el hombre lleve la cadena despojada de fantasía y consuelo, sino para que arroje las cadenas y separe la flor viva».

Novalis había buscado en el sueño la «flor viva». Y Marx, superando al Romanticismo, anuncia: «La reforma de la conciencia consiste en despertar al mundo [...] del sueño que tiene sobre sí mismo, en explicarle sus propias acciones. [...] Se verá entonces que hace tiempo que el mundo sueña con algo que sólo poseerá realmente cuando posea la conciencia de ello».

Hay que despertar al Romanticismo soñador no para desencantarlo, sino para convertir la rosa soñada en otra real. Marx quiere continuar el Romanticismo con medios despiertos. Los sueños se verán superados por la posesión real; ésa es la gran promesa de su filosofía.

El fin es la realización de un sueño romántico, antes vienen fatigas de la llanura, donde las cosas no tienen en absoluto nada de romántico. Para el pensamiento contemporáneo de la primera época de las máquinas, la historia de la liberación comienza a funcionar como una especie de máquina. Se puede confiar a ella la producción de la vida lograda, con el supuesto de que la mantengamos en condiciones de funcionar. La burguesía produjo «sobre todo sus propios sepultureros. Su ocaso y la victoria del proletariado son inevitables por igual», leemos en Karl Marx. Esta historia se hará «inevitable» si dejamos que la máquina de las leyes históricas trabaje sin perturbaciones. Se cuidan de esto los «doctores de la revolución» (Heine), que hemos de concebir como ingenieros de la sociedad. Las rebeliones y las visiones del futuro han de moderarse de acuerdo con la naturaleza del asunto, y deben marginarse los factores perturbadores. Los movimientos desordenados y espontáneos han de llegar a configurarse como partidos. Hemos de contar con plazos más largos, hay que desarrollar estrategias y tácticas y, usando un concepto posterior de Lenin, es necesario desarrollar un «Romanticismo acerado». La espontaneidad no ha de poner en peligro frívolamente la consecución de los grandes fines. Hay que poder contar con los luchadores. De ahí la polémica contra elementos que suscitan poca confianza, como Heinrich Heine, contra los anarquistas y los teóricos de una libertad inmediata, como Max Stirner y Mijaíl Bakunin.

Los sueños de la liberación omnímoda siguen siendo románticos, pero los comportamientos personales no pueden serlo. Lo romántico se involucra en el proceso objetivo; los sujetos, en cambio, no pueden hacer algo semejante. Y así nos encontramos con que en esos círculos, que vistos objetivamente se mueven en un clima de Romanticismo social, la palabra «romántico» se convierte en un insulto, pasa a designar una actitud de la que unos y otros se hacen sospechosos respectivamente y que debe ser desenmascarada.

En diciembre de 1843 Heinrich Heine conoció en París a Karl Marx, veintiún años más joven que él. Quedó tan fascinado por su figura como ya le sucedería dos años antes a Moses Hess, que escribió a Berthold Auerbach: «El doctor Marx, así se llama mi ídolo, es todavía un hombre muy joven [...]. Une el humor más mordaz con la más profunda seriedad filosófica; imagínate a Rousseau, Voltaire, Holbach, Lessing, Heine y Hegel unidos en una persona, y tendrás a Marx». Marx quiere ganar a Heine para sus diversos órganos de publicación, y Heine, al que ciertamente lisonjea este intento de conquista, en el año 1844 confía al nuevo amigo la mayor parte de sus trabajos, entre ellos *Alemania. Un cuento de invierno,* para que los imprima.

Eso sucede en una época en que Heine, por lo demás, no es bien visto entre los «hombres de la revolución» y los liberales. Tras la edición en 1840 de un libro crítico sobre Börne, tres años después de la muerte de éste, la fama de Heine estaba definitivamente arruinada en esos círculos. Desconfiaban ya de él por el mero hecho de que Heine era muy crítico con el nacionalismo, un movimiento que entre los liberales se había difundido en aras del patriotismo. No tenía inconveniente en admitir la visión de Börne de una Alemania democráticamente unida. Ahora bien, el oficial chauvinismo francés en 1840 empezó a reivindicar de nuevo territorios a la izquierda del Rin. Como reacción, se produjo en Alemania una oleada nacionalista: en todas partes se cantaban *El libre y alemán Rin, jamás ellos han de conseguir*, de Becker y *La guardia en el Rin*, de Schneckenburg. En esas circunstancias, Heine previno frente a un nacionalismo que luchaba por la libertad de Alemania, pero no por la libertad de los alemanes. Además él, que era judío, no podía dejar de ver que, con el crecimiento de temples de ánimo nacionalistas, también el antisemitismo adquiría formas amenazadoras. Afirmaba: «El que se come a los franceses, normalmente se come después a un judío, para tener un buen sabor». En *Un cuento de invierno,* Heine distinguirá con toda precisión entre su amor a Alemania y su desprecio de la actitud sumisa:

> A su alrededor rígidos aún zanquean,
> rectos como un cirio ataviados
> parece que un bastón se hayan tragado,
> el bastón con que antes golpes les dieran.

Se burla del deseo de unidad política, que acepta la unión aduanera como medio exterior de unificación y la censura, como medio interior. No hay que combatir a los franceses, dice Heine; más bien, hay que superarlos en la creación de «instituciones libres». En el prólogo a *Un cuento de invierno* confiesa la peculiaridad de su patriotismo:

> Si acabamos lo que los franceses han comenzado, si los sobrepujamos en la acción como ya lo hemos hecho en el pensamiento, si destruimos el estado de servidumbre hasta el último escondrijo, el cielo, si salvamos de su humillación al Dios que en la tierra habita en el hombre [...] y devolvemos su dignidad a la belleza deshonrada, caerá de nuestro lado Francia entera, Europa entera, el mundo entero, el mundo entero se hará alemán. Cuando camino bajo encinas, sueño frecuentemente con esta misión y este dominio universal de Alemania. Ése es mi patriotismo.

Por más que Heine siga aquí el programa de la izquierda hegeliana, el de la desdivinización del cielo y divinización del hombre, no logra despertar confianza. En todas estas palabras grandes y biensonantes, dicen sus oponentes, en definitiva se trata solamente de la «belleza deshonrada».

En opinión de los «patriotas oficiales» y de los «doctores de la revolución», Heine era y seguía siendo un artista vanidoso, para el que una broma, una rima, una metáfora, un bello sonido significaban más que los imperativos de la conciencia social y la política de la liberación. Era tenido también por epicúreo, por hombre de los sentidos, al que se le daba más abrir el pecho al disfrute de la brisa que arrimar el hombro a la acción social. Incluso llegaron a considerarlo sobornable. En 1832 el propio Börne contribuyó a poner en circulación el rumor de que Prusia pagaba a Heine como espía. El hecho es que Heine no recibía dinero de Prusia, sino del Gobierno francés, el cual lo protegió de las asechanzas prusianas y le concedió un apoyo en forma de pensión estatal, hecha efectiva desde los cuarenta años. Pero ello no representó para Heine ningún motivo de dependencia, lo mismo que no pasó a depender de James Rothschild por recibir regalos de él. Los regalos de este último no impidieron que siguiera burlándose de él.

Marx no se dejó impresionar por los rumores adversos y los ataques a Heine. Según un relato de su hija, Marx juzgó con la «mayor indulgencia» las «debilidades políticas» del poeta. De acuerdo con ese testimonio, Marx dijo: «Los poetas son mochuelos especiales; hay que dejarlos ir por su camino. No es posible medirlos con el patrón de los hombres ordinarios, ni siquiera de los extraordinarios». Marx apreciaba tanto al poeta no fiable políticamente, que cuando fue expulsado de París a principios de 1845 le escribió: «A gusto lo llevaría junto con mi equipaje». Juzgaba de distinta manera Friedrich Engels, que por el mismo tiempo aproximadamente declaraba: «No todos caen tan postrados como el nuevo Tannhäuser Heine».

Desde Ludwig Tieck y *El cuerno maravilloso del muchacho*, Tannhäuser, que cae bajo el hechizo de la montaña de Venus, es una figura simbólica de tipo erótico para el Romanticismo. Al designar a Heine como un «nuevo Tannhäuser» no sólo se trata de dar en el blanco del romántico, sino también de denunciar al libertino y al corruptor de las costumbres. Ya antes de que en 1848 la enfermedad de Heine se manifestara con toda virulencia, circulaban habladurías de que padecía un mal venéreo.

Heine nunca se avergonzó de presentarse como romántico erótico. Lo «dionisiaco», según el término que luego usará Nietzsche, era para él un elemento de la vida y un estímulo poético, si bien roto irónicamente, como en su famoso poema *Loreley*. El canto de las sirenas se apodera con «salvaje sufrimiento» del navegante, pero la melodía fascinante de los versos se transforma en una sobriedad burlona:

> Yo creo que al final las olas,
> navegante y barca devoran.
> Y eso es lo que con su canto
> la Lore-Ley ha proporcionado.

Pero la seducción continúa aún en la lejanía. Heine, igual que en el pasado el astuto Odiseo, no quiso renunciar a escuchar el canto de las sirenas, y, de nuevo a semejanza de Odiseo, que se hizo atar al mástil, adoptó medidas para no ser absorbido por el canto de las sirenas. La ironía puede ser un medio. Sin embargo, Heine sabe que no se puede disponer de la ironía de forma duradera. En *Los espíritus elementales* introduce la antigua canción de Tannhäuser con esta observación:

> Pero el hombre no siempre está dispuesto a reír, a veces se queda silencioso y serio, y piensa de nuevo en el pasado. En efecto, el pasado es la auténtica patria de su alma; y se apodera de él una añoranza según los sentimientos que antaño tuvo, aunque hayan sido sentimientos de dolor. Así le sucedió en concreto a Tannhäuser...

Y en el comentario a esta canción leemos: «Percibía los tonos de aquellos censurados ruiseñores que, durante el tiempo de pasión en la Edad Media, tenían que mantenerse escondidos con piquitos silenciosos». Aquí aparece la doble imagen del Romanticismo en Heine.

Hay un Romanticismo al que se mantiene fiel y otro que critica. Su Romanticismo es el de los «ruiseñores»; el Romanticismo visto críticamente es el que glorifica «la época de pasión de la Edad Media», el que mira hacia atrás, el cristiano, enemigo de los sentidos y dado a la renuncia. Lo mismo que la Joven Alemania, Heine condena también lo reaccionario del Romanticismo histórico: la santa alianza con medios estéticos. Pero a diferencia de la Joven Alemania, Heine sabe que el Romanticismo de ninguna manera se agota en este aspecto.

En su gran ensayo de 1835, *La escuela romántica*, Heine rindió cuentas acerca de su relación con el Romanticismo. Escribe que el Romanticismo era «una flor de la pasión, brotada de la sangre de Cristo», era fugitivo hacia el más allá, era «tuberculoso» como Novalis, el espíritu de especulación daba vida a sus flores. Políticamente era necio y sumiso cuando los dominadores imponían el patriotismo con su mandato. También en este aspecto las cosas se llevaron hasta la «locura alemana». En cambio, el Romanticismo de los «ruiseñores», que él ama, es diferente: hay en él una extrañeza frente al mundo, una voluntad de belleza, una aversión contra la utilidad. El encanto lírico, el arrobamiento, los excesos de la fantasía, el sentido de lo terrible, por ejemplo, en Achim von Arnim y E.T.A. Hoffmann, el juego irónico, la complacencia en las fábulas, son para Heine componentes de una tradición a la que no querría renunciar, pues se siente emparentado con ella y lo estimula a la creación. Pasaba cuentas con el Romanticismo de tal manera que le fuera posible permanecer romántico, aun cuando presentía que los signos del tiempo no eran propicios para este tipo de Romanticismo. El 3 de enero de 1846 escribe a Varnhagen von Ense: «El reino milenario del Romanticismo llega a su fin, y yo mismo he sido su último y abdicado rey de la fábula». En *Atta Troll* (1841) sostiene que ha osado una vez más «desbravarse con los antiguos compañeros de sueños a la luz de la luna». Es, añade, «un canto de cisne de un periodo que declina».

Alumbrada por la «luz de luna» y en medio de la «caza salvaje de las quimeras», anda a tientas la figura grotesca del Atta Troll. En ella ha de tomar cuerpo la literatura política del círculo de Börne y de la Joven Alemania, un círculo de convicciones arraigadas, aunque carente de talento. El oso danza, pero no sabe hacerlo. Al final es cazado. Con su piel hacen una alfombra para la alcoba de Juliette, en la que se reconoce sin dificultad la Mathilde de Heine. El conjunto está escrito «en la extravagante forma de sueño de aquella escuela romántica donde yo pasé los años más agradables de mi juventud».

Heine actúa con el Romanticismo contra el Romanticismo. En el libro *Ludwig Börne. Un memorial*, acuña para esta constelación la fórmula: griegos contra nazarenos. «Los hombres son [...] o bien seres con tendencias ascéticas, adversas a las imágenes, ávidas de espiritualización (los nazarenos), o bien seres realistas, dotados de alegría vital y de un orgulloso sentimiento de desarrollo» (los griegos).

Heine se siente romántico en la versión griega y a la vez fuertemente oprimido por la nueva versión de los nazarenos. Éstos, naturalmente, no se entienden a sí mismos como románticos, mas para Heine lo son. Los antiguos románticos miraban con felicidad al pasado, los nuevos dirigen su devoción al futuro; ambos echan a perder el presente. Requiere una aclaración el hecho de que Heine califique de «realista» su dirección espiritual. En este contexto, «realista» no significa otra cosa que presencia de espíritu en el sentido epicúreo. Heine quiere apropiarse la riqueza de los placeres reales e imaginarios frente a todos los consuelos de un futuro supraterrenal o terrenal, y frente a todo moralismo político. E incluso puede entregarse a la magia de la Edad Media, que era la época de las catedrales, de las doncellas y de los trovadores, sin que esa entrega implique una actitud restaurativa, ni miedo a ser acusado de tal actitud. Quien dice A no tiene que decir B. Ser consecuente es un asunto de doctrinarios, pero no de «ruiseñores».

Y, sin embargo, Heine era también una cabeza política. Cuando escribió su libro sobre *La escuela romántica*, se hallaba bajo el influjo del saint-simonismo, cuya exigencia fundamental, la supresión de la explotación del hombre por el hombre, le parecía tan diáfana como la convicción de que no puede haber ninguna sociedad de iguales. Desde su punto de vista, en la sociedad tiene que haber rangos y jerarquías según la capacidad y el rendimiento, pero no en virtud de privilegios innatos. Ante todo, tenía que resultarle atractivo el que el saint-simonismo atribuyera una función casi sacerdotal a los poetas. En el prólogo francés a *Cuadros de viaje* escribe Heine en 1834:

> Nuestro antiguo grito de guerra contra el estado sacerdotal [...] ha sido sustituido por una solución mejor. Ya no se trata de destruir violentamente la antigua Iglesia, sino, más bien, de construir una nueva; y, lejos de pretender aniquilar el sacerdocio, ahora queremos elevarnos a nosotros mismos al sacerdocio.

Heine cultivaba la amistad con Prospère Enfantin, el caudillo de los saint-simonistas de París, a quien incluso dedicó en 1834 la redacción francesa de la *Historia de la religión y de la filosofía en Alemania*. Heine podía abrigar esperanzas fundadas de ser reconocido como «sacerdote» de la nueva Iglesia. Sin embargo, cuando conoció más de cerca no sólo las doctrinas, sino también a los doctrinarios del saint-simonismo, la perspectiva de ser un sacerdote poeta ya no le pareció tan atractiva. En las *Cartas sobre la escena francesa* (1837) habla de las «erróneas exigencias de la nueva Iglesia» a los artistas, que habrían de subordinar sus obras al fin de aportar «dicha y hermosura al género humano». «Las llamo erróneas», continúa Heine, «... por cuanto yo estoy a favor de la autonomía del arte; éste no ha de prestar servicios de esclavo ni a la religión ni a la política; él es su propio fin, como el mundo mismo.»

Un decenio más tarde Heine simpatiza con los comunistas, y pronto se le plantea esta tensión entre el utilitarismo en el campo político y social, por un lado, y la reivindicación de la «autonomía del arte», por otro. De nuevo se ve envuelto en dificultades con sus «ruiseñores» románticos. Cuando el punto de vista de la utilidad social y política se hace cada vez más poderoso, hasta tal extremo que él mismo le reconoce su legitimidad, el valor propio, la tierna inutilidad de la poesía, cae bajo la coacción de tener que legitimarse. Heine pasa por fases de pusilanimidad. En una ocasión le escribe a Immermann: «De hecho, la poesía es sólo un bello asunto secundario». Hablaba así tras una cena festiva en casa de Rothschild; y después de asistir a una asamblea de «revolucionarios» en un local lleno de humo, anota: la poesía es solamente un «juguete sagrado». Nada bueno espera de los «hombres del pueblo» que encuentra aquí. Teme la barbarie de la plebe y la ignorancia de sus portavoces. Si Börne afirma que, en el caso de que un rey estrechara su mano, la pondría en el fuego para purificarla, Heine afirma, por su parte: «Si el pueblo me estrecha la mano, luego me la lavaré». La revolución sólo es sublime cuando leemos acerca de ella. En realidad, escribe, es sucia, y el fango se acumula. La falta de gusto se granjea una buena conciencia. La rabia contra la injusticia se une con el odio a la cultura. Se quiere destrozar aquello a lo que antes no se tenía acceso. Pero ¿acaso no podemos entenderlo? ¿No tiene razón la gente pobre? Sin duda. Ahora bien, ¿qué servicio se le presta con la desaparición de los «ruiseñores»?

Heine se mueve en el círculo de estas preguntas. Börne le ofrece un espectáculo espantoso. Éste había sido abogado de los pobres y de los despojados de sus derechos. ¿Qué había conseguido? Poca cosa. Por eso al final se tapó las «orejas con el gorro, sin querer ver ni oír, y se precipitó en el bramante abismo». Se había revolcado «en el fango plebeyo» y había asumido «los modales triviales de un demagogo». Por tanto, ¿vale la pena traicionar a los «ruiseñores»?

En 1855, un año antes de su muerte, en el prólogo a *Lutecia*, Heine hace una confesión que no puede pasar inadvertida. Dice que ha prestado apoyo a las ideas comunistas y socialistas, aun a sabiendas de que, si llegan a tener éxito, traerán un tiempo en el que quizás al hombre le vaya materialmente mejor, pero los «ruiseñores» habrán dejado de cantar.

> Sólo con espanto y horror puedo pensar en un tiempo en el que llegasen a dominar aquellos oscuros iconoclastas. Ellos, con sus rudos puños, rompen a golpes las imágenes de mármol de mi amado mundo del arte, trituran todas aquellas fantásticas fruslerías que tanto amaba el poeta...; los ruiseñores, los cantores inútiles, son expulsados; y, ¡ay!, mi *Libro de canciones* caerá en manos de los vendedores de hierbas para verter allí café o rapé, destinado a las mujeres ancianas del futuro.

Hay dos voces en su pecho. Una es la que acabamos de exponer. La otra está hechizada por un «silogismo terrible»: «Si no puedo contradecir la premisa de *que todos los hombres tienen derecho a comer,* tengo que someterme también a todas las consecuencias». Y las consecuencias son: en un mundo lleno de mal y de injusticia, es un lujo elitista retirarse con su poesía a la isla de los bienaventurados. ¿No habla en la tierna poesía una voz sin corazón? El joven Hofmannsthal expresará en los siguientes versos esta duda del arte acerca de sí mismo ante la conciencia social:

> Algunos la muerte encontrarán abajo,
> donde pesados remos de la nave estrían,
> y otros habitan junto al timón arriba,
> ven aves en vuelo y países de los astros.

Estamos ante la antigua pregunta de la teodicea, ahora trasladada al arte. En el pasado, la pregunta era: ante la presencia del mal en el mundo, ¿cómo puede justificarse la existencia de Dios? Ahora la pregunta se dirige al arte y se formula así: ante la presencia del mal en el mundo, ¿cómo puede justificarse la lujosa empresa de la poesía? ¿No es su mera existencia una expresión de la injusticia en el mundo? ¿Cómo pueden compaginarse el canto de los ruiseñores y el lamento del mundo?

En torno a estas preguntas se debate Heine. Belleza, espíritu y poesía tienen su fin en sí mismos, son un gran juego; no se justifican simplemente por servir a algún fin político, nacional o social. Nunca pierde esto de vista, e interpreta como una admonición el hecho de que algunos colegas traicionan al arte por solidaridad con la miseria. El dilema al que vuelve siempre Heine después de dudas y preguntas es: o bien el arte se justifica por sí mismo, o bien busca justificación en otros puntos de vista, a saber, sociales, políticos, económicos. Mas en cuanto el arte toma este segundo camino, sufre pérdidas de inmediato.

En el pasado, Heine había escrito: «Quiero una espada en mi sepulcro, pues yo fui un soldado valiente en las guerras de liberación de la humanidad». En las *Confesiones*, escritas poco antes de su muerte, leemos: «Expresándome en los términos que usa la gente, diré que no he conseguido nada en esta bella tierra. No he llegado a ser nada, no he pasado de ser un poeta».

El romántico Heine tiene la última palabra.

# Capítulo 13

Richard Wagner vivía inmerso en las nuevas ideas alemanas de libertad, unidad nacional y progreso cuando, en 1838, empezó a elaborar *Rienzi,* su gran ópera dedicada a un fracasado intento de revolución en el año 1347 en Roma. Wagner, maestro de capilla en Riga, está triplemente humillado: por la miserable situación de la vida teatral local, por sus creyentes, que le oprimen, y por su mujer Minna, que se ha dado a la fuga con su amante. De igual forma que en su momento hizo Herder, Wagner abandona Riga a toda prisa para alcanzar suelo francés a través de un arriesgado viaje marítimo, llevando en el equipaje *Rienzi* sin acabar; una tormenta terrible les obliga a un anclaje de emergencia en la costa de Noruega. Permanece en París hasta 1842; son años de frialdad exterior e interior, de sentirse perdido, de miseria. Entabla amistad con Heinrich Heine, que lo apoya económicamente y, de cara a trabajos posteriores, le pone a disposición materias románticas, como la historia de Tannhäuser y del holandés errante. Teniendo a la vista la posición brillante de Meyerbeer, odia cada vez más la ciudad, que no le concede el reconocimiento que cree merecer. Más tarde, en una carta a Theodor Uhlig, escribe: «La única revolución en la que yo creería, sería la que comenzara con el incendio de París».

El París de 1840 se le convierte en la Roma de 1347, donde Cola di Rienzi, hijo de un fondista, quiere erigir una república al estilo de la antigua Roma fundándose en un movimiento popular contra la aristocracia dominante; pero luego ve cómo el pueblo se aleja de él. Rienzi, en aquella ópera de Wagner, intenta ganarse por última vez, desde un balcón del Capitolio, a la masa que un legado papal ha concitado contra él; pero lo único que cosecha es una lluvia de piedras. El edificio es incendiado, se derrumba y entierra a Rienzi junto con su utopía de la felicidad del pueblo y de la libertad.

Rienzi y la Roma depravada es la constelación en la que Richard

Wagner, el tribuno del pueblo que compone música, puede reconocer muy bien su propio destino. Pero hay alguien más que se reconocerá en Rienzi. Un joven de diecisiete años, después de la representación de la ópera romántica en la ciudad de Linz en el año 1906, llega al convencimiento, preñado de consecuencias, de que en esta «música bendecida por Dios también yo habría de lograr unir el imperio alemán y engrandecerlo». Así se lo contó más tarde Adolf Hitler a Albert Speer.

La ópera de Richard Wagner dedicada a un revolucionario fracasado será todo un éxito en Europa. Pompa teatral, escenas de masas, magia de los bastidores, eran un desafío para grandes escenarios, en los que Wagner centraba también sus esfuerzos para salir finalmente de la «miseria».

Cuando el compositor abandona París en 1842, ya es un hombre famoso. Llegará a ser maestro de capilla en Dresde. Pero pronto está de nuevo insatisfecho. El sueldo que recibe no cubre su pródigo estilo de vida. Vuelven a crecer sus cuantiosas deudas. Se ve a sí mismo con su actividad artística en la garra de los intereses financieros. Esboza un proyecto de reforma que ha de elevar la capacidad de rendimiento del escenario y concentrar en sus manos la dirección absoluta. El teatro de la ópera no sólo ha de servir al lujo y a la distracción, sino que debe dar también impulsos progresistas, democráticos. Pero no se abre camino con sus propuestas de reforma. Los asuntos rutinarios le fastidian. En ese contexto, las inquietudes revolucionarias de 1848 y 1849 se cuidan por fin de ofrecer variedad. Recordando los excitantes meses anteriores, escribe a Minna el 14 de mayo de 1849:

> Así, en el máximo descontento con mi posición y casi con mi arte [...], profundamente endeudado [...], me derrumbé con todo este mundo, dejé de ser artista y me convertí con mi actitud, aunque no fuera con mi acción, exclusivamente en un revolucionario, es decir, sólo en un mundo transformado por completo buscaba yo el suelo para nuevas creaciones artísticas de mi espíritu.

En realidad Richard Wagner se hace revolucionario no sólo con su actitud, sino también con su actividad. Redacta panfletos contra la aristocracia y contra el dominio burgués del dinero. Cuando en abril de 1849 el rey de Sajonia disuelve el Gobierno elegido, quebrantando abiertamente la Constitución, y sus tropas prusianas amenazan la ciudad, por lo cual se da la voz de alarma a los ciudadanos, Richard Wagner, junto con Bakunin, con quien ahora le unen lazos de amistad, participa en los preparativos de una rebelión armada. Según parece, incluso proporcionó cierto número de granadas de mano. El talento de organización práctica de Wagner impresionó a Bakunin, que había propuesto al amigo la composición de un terceto en el que el tenor cantara siempre «cortadle la cabeza», el soprano «colgadlo» y el bajo «¡fuego!, ¡fuego!». Pero las ideas artísticas de Wagner van en otra dirección. Le da vueltas a la creación de un drama sobre Jesús de Nazaret, presentado como rebelde social y redentor de la propiedad privada. En aquella situación revolucionaria a Wagner le invade una «satisfacción grande e incluso desbordante», y recuerda las sensaciones de Goethe en la cañonada de Valmy. Comienza una nueva época y él puede decir que estaba allí cuando a principios de mayo el rey y sus ministros huyeron de la ciudad y la población rebelde formó un Gobierno provisional. Wagner utiliza la tregua para una empresa audaz. Distribuye octavillas entre los soldados para incitarles a hacer causa común con la defensa ciudadana. Desde la torre de la iglesia de la Santa Cruz observa las luchas e intenta coordinar los movimientos de las tropas rebeldes entre las barricadas, que han sido construidas bajo la dirección competente del arquitecto Semper. El 6 de mayo, el antiguo teatro de la ópera es pasto de las llamas, y más tarde se afirmará que Wagner fue el causante del incendio. El 8 de mayo de 1849 es aplastado el levantamiento de Dresde. Los jefes de la conspiración son encarcelados; Richard Wagner puede escapar, primero a Weimar, donde han comenzado los ensayos orquestales de *Tannhäuser*. Cuando el 16 de mayo aparece el acta de prisión, Franz Liszt le ayuda en su huida a Zúrich.

Durante los meses revolucionarios ha preparado un primer esbozo del drama de los Nibelungos, que todavía está concentrado por entero en la figura de Sigfrido, que a semejanza de Cristo, con su sacrificio traerá la liberación de un falso estado del mundo.

Wagner quiere componer un «mito» revolucionario; llega a Zúrich con esta intención y la persigue a lo largo de veinte años, hasta que en 1874 concluya *El anillo de los Nibelungos* y finalmente se realicen los sueños de una nueva mitología del primer Romanticismo.

Recordemos que fueron dos motivos los que entonces pusieron en marcha la búsqueda de una nueva mitología. Por una parte, el arte tenía que convertirse en sucesor de la religión pública, que había quedado desvirtuada. La nueva mitología había de fundar un nuevo mito desde «la más honda profundidad del espíritu» (Schlegel); o sea, debía ser algo inventado y no algo revelado. De ahí que se hablara también de la «mitología de la razón». El segundo motivo se cifraba en la experiencia de la época de revolución social a principios del siglo XIX. Faltaba una idea envolvente de la vida social; en su lugar reinaba un egoísmo sin espíritu y un pensamiento económico de la utilidad, y por eso el principal efecto de la nueva mitología tenía que consistir en «unir a los hombres en una visión común». Los románticos habían aprendido de la tradición que no es posible salir adelante sin mitos, y el espíritu de la modernidad, que es un espíritu del hacer, los animaba a construir ellos mismos tales mitos en caso de necesidad.

Richard Wagner empieza a realizar la visión de una nueva mitología medio siglo más tarde. Se apoya en la leyenda de los Nibelungos, que los románticos habían sacado nuevamente a la luz, pero su tratamiento del asunto es muy peculiar. Se basa, ante todo, en las reflexiones románticas acerca de la función formadora de mitos y unificadora de la sociedad en la antigüedad.

En *El arte y la revolución*, de 1849, Wagner contrasta la cultura idealizada de la antigua polis griega con la situación cultural de la moderna sociedad burguesa, vista desde la perspectiva del anticapitalismo del socialismo temprano. Wagner domina este terreno, y quizá también había oído o leído algo de Karl Marx. En la polis griega, escribe, están reconciliados entre sí la sociedad y el individuo, el interés público y el privado, y por eso el arte era un verdadero asunto público, un acontecimiento a través del cual un pueblo veía representados ante sus ojos el sentido y los principios de su vida común en un marco solemne, sacral:

> Este pueblo [...] confluía desde las reuniones estatales, desde el partido judicial, desde la región, desde los barcos, desde los campamentos militares, desde las regiones más lejanas, y llenaba el anfiteatro en número de treinta mil personas, para ver representada la más profunda de todas las tragedias, *Prometeo*, para congregarse ante la colosal obra de arte, comprenderse a sí mismo, comprender su propia actividad, fundirse con su esencia, con su gremio, con su Dios en la más íntima unidad, y así, en la más noble y profunda quietud, llegar a ser de nuevo lo que los participantes habían sido pocas horas antes en una excitación incansable y en la individualidad más separada.

En el arte moderno, dice Wagner, no se da semejante vida pública. Aquí el arte se ha convertido en mercado, de modo que ha caído bajo las coacciones de la comercialización y de la privatización. El arte, lo mismo que otros productos, tiene que ofrecerse y venderse en el mercado como una mercancía. También el artista se ha convertido en un productor, que no produce por mor de la obra, sino por mor de la ganancia de dinero. Y eso es un acontecimiento escandaloso, pues el arte, como expresión de la fuerza creadora del hombre, habría de poseer una dignidad que fuera fin en sí misma. La esclavitud del capitalismo denigra el arte, lo rebaja a la condición de mero medio: «Distracción para las masas, placer de lujo para los ricos». Y a la vez el arte se privatiza en la medida «en que el espíritu común se astilla en mil direcciones egoístas». Con ello pesa sobre el artista la coacción de una originalidad superficial. El que quiere tenerse por algo, ha de distinguirse de sus competidores. Y, al igual que los artistas particulares, cada una de las artes abandona «el baile en rueda en el que antes se habían movido, para tomar cada una su camino por separado, para seguir formándose autónomamente, pero de modo solitario y egoísta».

La signatura de la época presente se cifra en un astillamiento de las artes y de los artistas, en la disolución del vínculo que unifica las aspiraciones creadoras. Como único vínculo han quedado la «industria», el capital y el trabajo dirigido por éste. El anticapitalismo de Wagner será luego el punto de partida de su notorio antisemitismo, del que hablaremos seguidamente.

La orientación por la actividad económica domina la industria, el dinero, el afán industrial. Ésa es la religión del presente, una religión que no establece vínculos de unidad, sino que atomiza y empuja a la competencia. Se requiere un nuevo vínculo de unión.

Para Wagner, que de momento es todavía un seguidor de Feuerbach, ese vínculo ya no puede crearlo la antigua religión, ni la de los griegos ni la cristiana. De acuerdo con Feuerbach, ve en los dioses proyecciones de la libre fuerza creadora del hombre, y por eso la idea del hombre libre ha de ocupar el puesto de la religión. La figura de Sigfrido es para él una encarnación de la libertad en consonancia con esa pauta, y en cuanto tal puede utilizarse artísticamente. En esa figura puede hacerse intuitivo qué le espera al hombre que se ha emancipado del poder de los dioses. Con la mirada puesta en los antiguos, Wagner había resaltado la figura de Prometeo. Sigfrido es para él un nuevo Prometeo, y también un nuevo Cristo. En lo que se refiere a la fragmentación de las artes y de los artistas, Wagner sueña con una nueva obra de arte conjunta, que unifique de nuevo muchas artes: la música, la representación teatral, la literatura, la pintura y la escultura. La obra de arte total requiere un artista total. ¿Es posible una producción colectiva? Es indudable que no; la responsabilidad sigue estando en el artista individual, concebido como alguien en quien se congregan las fuerzas creadoras del pueblo y de sus tradiciones. También en lo tocante a la práctica de la ejecución toma como parámetro el prototipo antiguo. Han de ser fiestas en las que la comunidad pueda comprenderse y celebrarse como tal comunidad, unida por valores compartidos.

El Wagner desencantado por el fracaso de la revolución está persuadido todavía de que «sin una transformación revolucionaria de la sociedad [...] el arte no puede encontrar su verdadera esencia», de modo que éste sigue estando abocado a la revolución. Pero esto no significa que se rebaje a la condición de siervo de la política, pues arte y revolución se hallan en una relación recíproca. La revolución necesita el arte, y el arte necesita la revolución. Ambos tienen un fin común: «Este fin es el hombre fuerte y bello; la revolución ha de darle la fortaleza y el arte la belleza». Por tanto, el arte, cuando sirve a la revolución, sirve a su propio desarrollo. Precisamente después de la derrota política hay que atenerse con firmeza a la función revolucionaria del arte y crear obras artísticas que muestren «al torrente del apasionado movimiento social un fin bello y elevado, el fin de una noble humanidad».

Su obra de arte, a la que atribuye esta tarea, será el drama de los Nibelungos, que en los años siguientes se desarrolla como una tetralogía.

Pero el revolucionario perseguido en Zúrich por vía de requisitoria sabe que de momento no puede pensarse en encontrar en Alemania una forma adecuada de praxis que lleve a cabo este proyecto:

> Con esta nueva concepción mía me salgo por entero de toda relación con nuestros actuales teatro y público [...]. Sólo después de la revolución podré pensar en la posibilidad de ponerla en escena [...]. En el Rin construiré entonces un teatro e invitaré a una gran fiesta. Después de un año de preparación, representaré a lo largo de cuatro días mi obra entera; con ella daré a conocer a los hombres de la revolución la significación de su empresa en su sentido más noble. Este público me entenderá, el actual no puede hacerlo.

A Wagner incluso llegó a pasarle por la cabeza la posibilidad de que, después de la representación única de su ciclo, no sólo se derribara su teatro, sino que además se quemara la partitura.

Cuando en la época siguiente se represente el *Anillo,* sin revolución previa, Wagner tendrá que determinar de otra manera el efecto de su drama. Primero quería hacer sentir por lo menos la necesidad de una revolución futura. Y luego, en los últimos decenios de su vida, políticamente resignado, pero en el cenit de su fama como artista, atribuyó a su arte la capacidad de ofrecer una compensación o incluso una sustitución por una transformación social que no se había producido. Finalmente, en el *Parsifal,* la vivencia del arte se convertirá de modo explícito en el instante sagrado de redención, incluso en preludio y promesa de la gran redención al final de los tiempos. El arte se convierte en religión. Y más tarde Nietzsche, indignado y desencantado, encontrará en ello el motivo para separarse de Wagner.

Pero aún no hemos llegado tan lejos. Wagner está ocupado todavía en crear un mito en el que los dioses mueren cuando aparece el hombre libre. En todo caso, ésta es la religión del hombre divinizado. Wagner deja el cielo a los gorriones, como el Heine del *Cuento de invierno.*

Wagner trabaja un cuarto de siglo en *El anillo de los Nibelungos;* comienza con el esbozo en prosa, *El mito de los Nibelungos*, de 1848, y termina en noviembre de 1874. «No digo nada más», escribe en la última página de la partitura de la tetralogía. En 1876 todo *El anillo* se representa por primera vez, a lo largo de cuatro días, en la inauguración del teatro en Bayreuth.

Lo que representa es la gran historia del ocaso de los dioses. ¿Qué son los dioses, y qué los hace perecer? El esbozo en prosa de 1848 lo expresa claramente. Los dioses habían conseguido su propósito, leemos allí, cuando por la creación del hombre «se aniquilaron a sí mismos, a saber, en la libertad de la conciencia humana tuvieron que abstenerse de su influjo inmediato». Esto está escrito todavía en total acuerdo con el espíritu de Feuerbach, en el sentido de que los dioses no perecen en otro lugar que en la conciencia humana, cuando ésta descubre el mecanismo por el que proyecta su propio poder en las imágenes de los dioses. En los juegos de poder de los dioses, los hombres pueden descubrir su propia obsesión por el poder. Y pueden reconocer que sus dioses, como ellos mismos, no dan en el blanco de la verdad más profunda de la vida, a saber, la reconciliación entre poder y amor. También los dioses permanecen atrapados en los poderes enemigos de la vida. Si los dioses no pueden unir poder y amor, eso significa que son los hombres los que todavía no han conjugado sus fuerzas esenciales. En el destino de los dioses los hombres pueden reconocer las razones de su propio fracaso. De este modo, el mito del ocaso de los dioses narra la historia simbólica de la superación de la alienación humana. Por tanto, a los dioses que aparecen en este espectáculo hay que sustraerles la fe, para que puedan aparecer aquellos poderes muy humanos cuya encarnación fantástica son las figuras de las divinidades.

Vayamos ahora al mito mismo, tal como lo narra Wagner y tal como le compuso la música correspondiente.

Comienza con el famoso tritono en mi bemol, el pensamiento acústico del comienzo de todas las cosas, que es el agitado elemento originario del agua. De la disolución del primer sonido se desarrolla todo lo demás. El instante de la creación se hace audible cuando se añade el sonido que simboliza el sol. El fuego del sol hace que el agua brille como el oro. El oro se convierte en un tesoro en el fondo del agua. Las hijas del Rin lo protegen. Todavía se ve inmune a la codicia de valorización, todavía no está incluido en el círculo fatal de poder y posesión; constituye la inocencia y unidad del mundo natural. Alberico el Negro, un príncipe de las tinieblas y señor de los Nibelungos, carece de cualquier sentido para la belleza del tesoro; quiere poseerlo para acrecentar su poder. El amor haría que el tesoro y su belleza descansaran en sí, dejaría que el ser fuera en sí mismo lo que es. Pero quien renuncia al amor, querrá robarlo y convertirlo en valor. Alberico logra robarlo, porque su poder no está impedido por ningún amor. Esta escena inicial contiene ya todo el conflicto del drama. La relación tensa entre poder y amor, avidez de posesión y entrega, juego y coacción, determinará *El anillo* hasta el final.

Alberico esclaviza a los Nibelungos, que han de trabajar para él. Éstos forjan un anillo con el oro del tesoro, que otorga un poder ilimitado al que lo lleva. No hay duda de que Wagner ve en el reino de los Nibelungos el espíritu demoniaco de la época industrial. Bajo la impresión que las instalaciones del puerto de Londres le produjeron, transmitió a Cosima esta observación: «Se cumple aquí el sueño de Alberico. Ciudad de tesoros, dominio del mundo, actividad, trabajo, por doquier la presión del vapor y la niebla».

También Wotan, el luminoso dios supremo, se ha dejado enredar en el mundo del poder y de la posesión. Hace que los gigantes Fafner y Fasolt le construyan su Walhalla, el castillo de los dioses. Por ese trabajo adquiere una obligación contractual y tiene que darles a Freia, la diosa de la eterna juventud, en concepto de pignoración. Sin ella, también los dioses envejecen y ven encanecer sus cabellos; por tanto, quiere rescatarla y para conseguirlo roba el tesoro de Alberico y no lo devuelve a las hijas del Rin. Atado por el contrato con los gigantes, no puede restablecer la antigua inocencia del ser. Por eso Erda, la originaria madre telúrica, le niega el reconocimiento: «Tú no eres lo que te llamas». El afán de posesión y poder vence sobre la justicia natural del ser: «Pues yo, que por contratos fui señor, / de contratos soy ahora servidor».

Por tanto, el mundo mítico tiene tres niveles: abajo está el ser originario de la belleza y del amor, encarnado en las hijas del Rin y en la madre terrestre Erda; encima se halla el reino de los Nibelungos, donde todo gira en torno al poder, la posesión y la esclavitud; y está desafortunadamente entrelazado con ese reino un tercer mundo, el de los dioses, que se han alienado de sus orígenes telúricos. Al final de *El oro del Rin* se quejan las hijas del Rin:

> Abajo en la profundidad
> lo íntimo y fiel habita,
> las alegrías de allá arriba
> son cobardía y falsedad.

Los dioses participan en la corrupción general del mundo. Son carne de la carne. La salvación no vendrá de ellos. Sólo puede producirla el hombre libre, que sale del círculo fatal de poder, posesión y trueque contractual, que mata al dragón sin mandato divino ni afán de posesión, recupera el tesoro y lo entrega de nuevo a las hijas del Rin. El nuevo comienzo ha de lograrse sin los dioses. Éstos, cansados por su desacertada creación, estarán prontos para el destino de la muerte en cuanto despierte el hombre investido del amor y de la belleza. Ese hombre entra en escena con Sigfrido, que mata al dragón, toma ingenuamente el tesoro y le da a Brunilda el anillo como regalo de amor. Pero le faltan la prudencia y el saber. En consecuencia será víctima de una intriga fruto de la envidia, la voluntad de poder y el afán de posesión. Hagen, el hijo de Alberico, lo mata. Sigfrido no ha logrado la transformación, Brunilda consuma su obra y devuelve el anillo al Rin. El Walhalla estalla en llamas, arden los dioses. Brunilda canta al final:

«Ni bien, ni oro, ni boato divino [...], ni turbios contratos, alianza engañosa, ni fingidas costumbres, dura ley: deja que sea solamente el amor, feliz en los placeres y en el dolor».

El hombre que se libera del peso opresivo de un mundo de dioses, que aprende a tener en jaque su voluntad de poder mediante la fuerza del amor, encuentra en *El anillo de los Nibelungos* un escenario esplendoroso. La imagen contraria, el mundo alienado de poder y posesión, se encuentra en el reino de Alberico, en los Nibelungos, donde reinan el oro y el dinero. Pero, en realidad, tampoco contra este mundo se moviliza ningún odio. El espíritu del amor y la benevolencia del arte no lo permitirían.

No obstante, Wagner conservaba un recinto de odio, que no entró directamente en la obra, sino que buscó otros caminos. Según hemos insinuado antes, para Wagner los habitantes del reino sombrío de Alberico tienen un rostro determinado: son los judíos, que desde su punto de vista son la personificación del dinero y del espíritu comercial, no sólo en la vida de los negocios, sino también en la cultura.

Meyerbeer, por ejemplo, su contrincante en los años de París, es para él símbolo de este capitalismo sin gusto. En Wagner la imagen del espíritu monetario entre los judíos crecerá hasta la idea fija de una conjuración judía en el mundo desde el espíritu del dinero. A principios de los años cincuenta, en la misma época en que reflexiona sobre el arte y la revolución, así como sobre la obra de arte del futuro, publica el ensayo *El judaísmo en la música*, donde escribe: «Si nos atenemos al estado actual de las cosas de este mundo, el judío está ya más que emancipado: él domina, y seguirá dominando mientras el dinero sea el poder ante el cual todas nuestras empresas y acciones pierden su fuerza».

De forma más agresiva se manifestaba Wagner en conversaciones y cartas. Tal como se deduce de la anotación que escribió Cosima el 11 de octubre en su diario, en 1879 aboga por la expulsión de los judíos del imperio alemán. En otra ocasión declara que habría de derogarse la asimilación, pues es un peligroso escondite para los judíos. Si muere el organismo vivo de una cultura, escribe en *El judaísmo en la música*, «la carne de este cuerpo» se disuelve «en una pululante vida de gusanos». Y eso son los judíos. Para salvar el organismo cultural, hay que cortar la carne muerta llena de gusanos. Aquí se advierte ya cómo de un antisemitismo anticapitalista y culturalista se pasa a una esfera biológica y racial. Contra la propuesta de fomentar la integración de los judíos mediante matrimonios mixtos, objeta en 1873: «Entonces en el futuro ya no habría ningún alemán, la rubia sangre alemana no es suficientemente fuerte para soportar esta "lejía"».

En los últimos años de su vida, Wagner incrementa sus fantasías relativas a la extinción definitiva del judaísmo. Según relata Cosima, con tono de «dura broma» dice en forma de diálogo que «habrían de quemarse todos los judíos en una representación de *Nathan*». Al final del ensayo *Conócete a ti mismo*, escrito en la época del *Parsifal*, el autor toma abiertamente en consideración la asesina solución final de la cuestión judía. Cuando el pueblo alemán se comprenda finalmente a sí mismo, leemos allí, «ya no habrá ningún judío. Esta gran solución [...] quizá sea más factible para nosotros los alemanes que para ninguna otra nación». Y en tono de amenaza continúa: «El que tenga una honda capacidad de presentir verá cómo está insinuado que nosotros, si penetramos con suficiente profundidad en este asunto, una vez superada la falsa vergüenza no escatimaremos ningún medio para atenernos a las consecuencias del veredicto final». Si después de la muerte de Wagner las *Bayreuther Blätter* se transforman abiertamente en la plataforma de un racismo fanático y un antisemitismo eliminatorio, lo hacen siguiendo enteramente el espíritu del *maestro*, que había comenzado con semejante látigo y, sin embargo, demostró suficiente sentido artístico para mantener su obra lejos de este asunto.

En el escenario, el mundo dominado por la voluntad de poder y el afán de posesión no es el judío, sino el del capitalismo burgués; y lo que le prepara el ocaso no es el odio, sino el nuevo mundo de amor y belleza. Wagner no sólo quiere contar esto como quien narra un cuento. Quiere más. Se propone conseguir en los espectadores y oyentes una transformación del hombre interior, comparable a la conversión religiosa. Apunta nada menos que a la presencia de la redención desde el espíritu del arte aquí y ahora. Wagner mismo habla de una vivencia «mítica» que quiere despertar.

¿Cómo hemos de representarnos esto? La historia mítica que cuenta *El anillo de los Nibelungos*, ¿admite otra interpretación que no sea la ficción? ¿No se limitó Wagner a elaborar mera materia mitológica, que no está animada por ninguna fe, y que está tomada de la *Canción de los Nibelungos*, los *Edda* y de la *Deutsche Mythologie* de Jacob Grimm? ¿No está abocada, pues, su obra a una recepción estética, de modo que con ello se neutraliza su eficacia mítica? Esto es lo que demuestran sus numerosos ensayos, los cuales, sin embargo, anuncian también la intención de hacer estallar los límites de lo meramente estético, para producir aquella conciencia que él llama «mítica». Es evidente que no se pretende una restauración de la fe en los dioses que han perecido, pues el tema de *El anillo* es precisamente el ocaso de los dioses.

Preguntemos de nuevo: ¿qué es vivencia mítica? Es una vivencia potenciada, a la que se abre una inesperada plenitud de significación. Wagner la delimita frente a la percepción científica y a la cotidiana, en las que es decisiva la actitud objetiva. Pero la distancia desaparece si de pronto somos estimulados como «seres que participan»; entonces se nos abre algo y nos abrimos en algo, en situaciones, hombres, impresiones de la naturaleza, lenguaje, música, poderes de la vida, donde la conciencia aislada rebasa sus límites y participa en aquello que se le abre. Wagner caracteriza tales instantes como «una figura condensada de la vida real».

En el drama musical quiere que esa figura se haga inmediatamente intuitiva y audible. Por tanto, llama «mítica» a aquella actitud en la que se supera momentáneamente la separación, por lo demás evidente, entre sujeto y objeto; y esa superación puede tener un efecto embelesador, beatificante y también subyugador. Comoquiera que sea en cada caso, se trata de otra experiencia del ser, de una experiencia distinta de la cotidiana. Richard Wagner manifiesta de modo muy explícito que, con su drama musical, pretende abrir otro «escenario del ser», no como mera construcción que puede reproducirse conceptualmente, sino en forma de vivencia, es decir, en forma de presencia real. Ahora bien, según Wagner, sólo se puede llegar a semejante presencia mediante la colaboración de todas las fuerzas que contribuyen a ella. Entre esas fuerzas están: la música, que encuentra un lenguaje para lo inefable y que sólo entiende la sensación; las palabras, que se unen con la música y junto con ella constituyen una nueva esfera de significación; el ritmo en la acción y el movimiento; la posición recíproca de las personas; las tensiones del espacio; los bastidores y los mundos de imágenes en el trasfondo; los gestos y la mímica, la distribución de la luz y de las sombras. No hay ningún elemento en este conjunto de lo visible y audible que no esté incluido en el gran juego de la significación. Y a todo ello se añade todavía el ritual de la ejecución, de los días de las representaciones, el anfiteatro del teatro, que corta al público los caminos de huida.

La vivencia mítica es extraordinaria, pues normalmente nuestra experiencia es diferente, es más fugaz y artificial. No sólo se transforma el sujeto de la vivencia; también el objeto logra profundidad y significación. Nosotros nos hacemos distintos, el mundo se hace diferente, brilla. En un sentido traslaticio, los dioses regresan. Pero ahora ellos no se entronizan sobre el mundo; más bien, entran en la vida y en las cosas como una fuerza intensificadora, las *habitan*, tal como se expresaban los antiguos. Nietzsche lo resume según esta fórmula: Wagner nos da instantes de «recta percepción».

Las «rectas percepciones» pertenecen a un ámbito que ya había abordado Schopenhauer, el filósofo que para Nietzsche y Wagner representa una vivencia decisiva en su formación. Ese ámbito es lo oscuro, la esfera instintiva y dinámica del inconsciente y de lo semiconsciente. Es el mundo de la voluntad en Schopenhauer y de lo dionisiaco en Nietzsche. Es también el mundo romántico de lo nocturno. La idea romántica de que el cono de luz de nuestro conocimiento no ilumina todos los ámbitos de nuestra experiencia, de que la conciencia no puede captar todo nuestro ser, de que estamos unidos con el proceso de la vida de una forma más íntima que la capacidad de percibir de nuestra razón, es una convicción que se ha expresado enérgicamente en la filosofía de la voluntad de Schopenhauer, y que sigue repercutiendo en Wagner y Nietzsche. En esto son románticos, igual que lo fue Schopenhauer.

Schopenhauer había sintetizado el pensamiento de la unión, en cierto modo subterránea, de la vida del individuo con el todo:

> Pues, así como en el mar enfurecido, ilimitado en todas las direcciones, en medio del cual se levantan y hunden bramantes montañas de agua, hay un barquero, sentado en su barca, que confía en su débil vehículo; de igual manera en medio de un mundo de tormentos se sienta tranquilo el hombre particular, apoyado y confiado en el principio de individuación.

Para Schopenhauer se da un sentimiento de «horror» cuando el individuo es arrancado de sus límites y experimenta la unión universal con la vida. Para otros románticos, como, por ejemplo, Novalis, era un encanto hundirse en el «oscuro y seductor seno de la naturaleza». Pero en la mayoría de los casos, es un sentimiento mezclado de placer y dolor, éxtasis y entumecimiento, horror de muerte y fiesta de la vida, el que acompaña a tal desbordamiento. Richard Wagner lleva todo esto a la música. «La orquesta», escribe, «es [...] el suelo de un sentimiento infinito, universal, del cual crece el sentimiento individual de cada actor particular hasta la suprema plenitud.» En otro pasaje compara el sonido de la orquesta con el mar, y la melodía, dice, es la nave que se mueve allí.

Pero la esfera de la voluntad en Schopenhauer está completamente erotizada en Wagner, a semejanza de Novalis. *Tristán e Isolda* muestra en su punto supremo el romanticismo de Wagner, su juego con el sentimiento oceánico. Los amantes son llamados los «consagrados», mueren la muerte de amor, se disuelven en el dinámico acontecer fundamental del *muere y llega a ser.*

Todo ello se pone en escena de una manera tan efectiva que con este drama musical, convertido en un acontecimiento europeo, también fuera de Alemania se empieza a comprender qué es lo que sucede con el Romanticismo alemán. Wagner escribe a Mathilde von Wesendonk: «¡Hija!, este *Tristán* será algo terrible. ¡¡¡El último acto!!! Temo que se prohíba esta ópera, de no ser que por una mala ejecución todo se convierta en una parodia [...]. Una ejecución perfecta debería enloquecer a la gente...».

De hecho, Wagner enloqueció a no poca gente. En Francia, por ejemplo, a Baudelaire, que ya con *Tannhäuser* tuvo la vivencia de una embriaguez de opio:

> Al escuchar esta música ardiente y despótica, a veces me parece como si encontrara de nuevo las huellas mareantes del opio pintadas en el fondo del abismo [...]. Tenía por completo la impresión de un alma que se mueve en un entorno de luz clara, de un éxtasis nacido del placer y del conocimiento, que me hacía levitar a lo alto y a lo lejos sobre el mundo natural.

En Francia, aunque no exclusivamente allí, Wagner se convirtió en el ídolo de los círculos de artistas cósmicos y de los simbolistas desencadenados. Para la *Revue Wagnérienne,* una revista de la vanguardia (y no un difamatorio periódico antisemita como las *Bayreuther Blätter),* Wagner era «un guía y estimulador en todos los campos absolutamente». Los decadentistas y el Fin de Siècle, ya fuera en París, Viena o Múnich, encontraron gracias a Wagner su universo del mundo vuelto al revés, donde triunfaban la enfermedad sobre la salud, la muerte sobre la vida, la artificiosidad sobre la naturalidad, la inutilidad sobre la utilidad, la entrega sobre la autoafirmación racional. Aquí el mundo se veía envuelto de nuevo en el misterio, se mostraba lo demoniaco y lo dionisiaco, y se oía la encantadora queja sobre el desierto de la época burguesa. Huysmans, D'Annunzio, el joven Thomas Mann, Schnitzler, Hofmannsthal y Mallarmé estaban fascinados todos ellos por los motivos de la muerte de amor y del ocaso de los dioses, por los sonidos de un mundo oscuro en el que se percibe la voz del destino, de Eros y Thanatos. Para estos admiradores, los tornados de la orquesta y la melodía infinita hacen que el oyente se hunda en el subsuelo psíquico y en sus oscuras promesas, que se encuentre en los ojos del huracán, en el interior de los poderes de la forma.

Aun cuando se trata de cosas delicadas y finas, Richard Wagner echa mano siempre de todos los registros de su capacidad de producir efectos, para salir de la reserva de las artes meramente bellas y hacer posible la vivencia mítica o el arrobamiento embriagador. Tal como ya advertían críticamente sus coetáneos, su arte se convierte en «un ataque general a todos los sentidos». Eso confiere una modernidad peculiar a su obra, que protesta contra la modernidad capitalista. Pues la primacía del efecto y de la voluntad de producirlo caracterizan esta modernidad, en la que lo público se organiza como mercado. Las artes también tienen que competir entre ellas, para llamar la atención. A veces tienen que recurrir a medios fuertes y toscos para hacer propaganda a favor del tierno empirismo de sus obras. Charles Baudelaire recomendaba a los artistas que aprendieran del espíritu de los anuncios de manera completamente abierta, sin disimulos: «Si despertáis tanto mayor interés con los nuevos medios [...], duplicad, triplicad, multiplicad la dosis». El mercado ha llevado el público al poder. Quiere que lo lisonjeen, lo seduzcan, o incluso lo subyuguen. En política y en arte exige sus héroes. Richard Wagner era uno de esos héroes, podía pasar por un Napoleón del teatro europeo de la música. Él, que inducía a la vivencia mítica, tuvo la habilidad de erigir su propia persona como un mito público. Es probable que exista aquí una conexión: la producción de mitos en la modernidad exige la propia mitificación del que los produce. Wagner inicia en París su campaña para conquistar al público no con la representación de sus obras, sino alquilando una suntuosa vivienda, que en realidad no podía permitirse, pero que despierta el interés por su persona. Con Wagner comienza el culto a la persona en gran estilo.

El ocaso de los dioses dejó espacio para los artistas divinizados. Acerca de la colocación de la primera piedra en la colina de los festivales, el 22 de mayo de 1872, cuenta Adelheid von Schorn, una amiga de Franz Liszt y una wagneriana de primera hora:

> El día de la colocación de la primera piedra caía una tremenda lluvia torrencial, el suelo de barro en la colina se había reblandecido en tal medida, que todo se convirtió literalmente en agua [...]. Pero yo me sentía tremendamente ansiosa [...]. Subí y me coloqué bajo el andamio de madera, al lado de otra mujer [...]. Ambas estábamos detrás de Richard Wagner cuando éste dio tres solemnes golpes con el martillo en la piedra [...]. En el momento de volverse [...] estaba pálido como un cadáver y de sus ojos brotaban las lágrimas. Fue un momento indescriptiblemente ceremonioso, que a buen seguro nadie de los allí presentes ha olvidado...

# Capítulo 14

El 22 de mayo de 1872, en el cincuenta y nueve aniversario del nacimiento de Wagner, Friedrich Nietzsche estuvo presente en la ceremonia de colocación de la primera piedra del teatro de Bayreuth. En la cuarta *Consideración intempestiva,* escribió: «Es la primera vuelta al mundo en el reino del arte. Con lo cual, según parece, no sólo se ha descubierto el nuevo arte, sino también el arte mismo».

La relación de Nietzsche y Wagner es una historia larga y complicada. Alborearon los felices días de Tribschen, cuando el joven profesor Nietzsche iba y volvía desde Basilea a casa del maestro. Este idilio ha sido descrito con frecuencia: los paseos a orillas del lago; Cosima, del brazo de Nietzsche; las amenas veladas en el círculo familiar, cuando el maestro, después de la lectura común de *El caldero de oro,* de E.T.A. Hoffmann, asigna a Cosima el papel de la serpiente prodigiosa Serpentina, a sí mismo el del demoniaco archivero Lindhort y a Friedrich Nietzsche el de Anselmo, el estudiante soñador y desmañado; el celo de Nietzsche cuando compra en Basilea copas de vino, bandas de tul con estrellas doradas y lunares, un niño Jesús tallado y otros juguetes para Cosima, y en las fiestas navideñas ayuda a dorar manzanas y nueces, y lee las primeras pruebas de la autobiografía de Wagner; la mañana del primer día de Navidad, cuando en 1870 una pequeña orquesta ejecuta en las escaleras de la casa, como homenaje a Cosima en su cumpleaños, lo que después será conocido con el título de *Idilio de Sigfrido;* Nietzsche improvisando al piano, ocasión en la que Cosima escucha cortésmente y Richard Wagner abandona la habitación conteniendo la risa.

Pero aunque no tardaron en producirse las ofensas, Wagner sigue significando para Nietzsche «la primera vuelta al mundo en el reino del arte». Considera que con Wagner el arte ha vuelto a su origen en la antigüedad griega. Se convierte otra vez en el acontecimiento sagrado de la sociedad, en un evento que celebra la significación mística de la vida. El arte recupera aquel escenario en el que la sociedad se comprende a sí misma, en el que puede revelarse el sentido de toda actividad para la visión común. Pero ¿en qué consiste este *sentido*?

Nietzsche no se demora largamente en los detalles mitológicos de la creación poética de Wagner. Descubre lo mítico del arte de Wagner casi exclusivamente en la música, que él llama el lenguaje de la «recta percepción». Es necesario haber padecido la enfermedad de nuestra cultura, dice Nietzsche, para poder recibir con gratitud el don de la música de Wagner. Por tanto, entiende el drama musical de Wagner como una respuesta romántica al gran malestar ante una cultura plana y unidimensional. Según Nietzsche, Wagner notó que el lenguaje está enfermo, que el progreso de las ciencias ha destruido las imágenes intuitivas del mundo. Por ejemplo, vemos a diario que el sol sale, pero sabemos que no hace tal cosa. En lo grande y en lo pequeño, el reino de los pensamientos se extiende hasta lo invisible. Pero a la vez la civilización se hace cada vez más compleja e inaccesible a nuestra intuición. Aumentan la especialización y la división de trabajo, las cadenas de acción por las que cada uno está unido con el todo se hacen más largas y se confunden. A la postre el lenguaje niega su servicio a quien intenta captar el todo en el que vive. Ya no aprehende el todo, ni llega a la profundidad del individuo. Se muestra demasiado pobre y limitado. Y a la vez el enlace más denso del tejido social lleva consigo que el lenguaje experimente un crecimiento de poder público. Se hace ideológico; Nietzsche lo explica de este modo: «La locura de los conceptos generales, que agarran al individuo con brazos de fantasma y lo arrastran hacia donde él no quiere. ¿Y hacia dónde empuja el espíritu del tiempo?». Para Nietzsche no hay duda de que el desierto crece, de modo que tenemos ante nosotros los horrores de una llanura que se extiende ante nuestros ojos sin ver su fin. Demorémonos por un momento en aquella normalidad social en torno a 1870, en este horror de lo común, contra la cual Nietzsche ofrece el Romanticismo de lo dionisiaco.

Nietzsche ha de vérselas con una época en la que la ciencia celebra triunfos enormes. Positivismo, empirismo y economicismo en unión con una excesiva mentalidad utilitaria determinan el espíritu del tiempo. Y sobre todo, la moda del optimismo. Nietzsche advierte con indignación cómo la fundación del imperio alemán se considera «un golpe aniquilador contra todo filosofar *pesimista*». Su diagnóstico de la época afirma que es «sincera y honrada», pero al modo plebeyo, que es «más sumisa ante la realidad de todo tipo, más verdadera». Busca por todas partes teorías, añade, que sean apropiadas para justificar una «sumisión a lo fáctico».

Aquí Nietzsche tenía todavía ante sus ojos el aspecto Biedermeier y pusilánime de este realismo. Pero desde mediados del siglo XIX se difundió un realismo que se sometía a lo fáctico para poderlo dominar mejor y transformarlo a voluntad. La «voluntad de poder», que Nietzsche anunciará más tarde, celebra ya triunfos, aunque no en la cumbre del «superhombre», sino en el laborioso trabajo de hormiguita en una civilización que en todos los asuntos prácticos cree en la ciencia. Esto tenía validez en relación con el mundo burgués, pero también en relación con el movimiento obrero, cuya contundente solución era: *saber es poder*. La educación había de traer ascenso social y resistencia contra engaños de todo tipo. Al que sabe algo, ya no es fácil andarle con ficciones; lo impresionante en el saber es que, si disponemos de él, ya no es necesario dejarse impresionar. Se prefiere un tipo de saber que nos permita preservarnos de la tentación del «entusiasmo». No hay que dar entrada a la exaltación. Quien resuelve sus cosas llana y objetivamente llega más lejos y puede conseguir un aumento de soberanía. Se procura rebajar las cosas y llevarlas en lo posible al triste formato reducido de uno mismo. Es ya sorprendente cómo desde mediados del siglo XIX, después de los altos vuelos idealistas del espíritu absoluto, de pronto asoma por doquier el afán de empequeñecer al hombre. Comienza la carrera de esta figura de pensamiento: «el hombre no es otra cosa que...». Para los románticos, el mundo empezaba a cantar tan pronto como se encontraba la palabra mágica. La poesía y la filosofía de la primera mitad del siglo tenía el proyecto arrebatador de encontrar siempre nuevas palabras mágicas, de encontrar significaciones rebosantes.

En la crítica de la mentalidad prosaica de su época, Nietzsche entra en cauces románticos más claramente de lo que más adelante dará por bueno. Ya como alumno se las había tenido con un maestro de su escuela cuando defendió a Hölderlin, su poeta preferido. La mentalidad de la segunda mitad de siglo ya no era propicia para las grandes espadas en el escenario del espíritu. Cuando los realistas asoman con su sentido de los hechos y armados con la fórmula «no es otra cosa que», tales figuras aparecen como niños. El grupo de aficionados idealistas y románticos se habían comportado frenéticamente, lo habían arrojado todo en una mezcla confusa; ahora, en cambio, se trata de escombrar, comienza la seriedad de la vida; de esto se cuidarán los realistas. El realismo de la segunda mitad del siglo XIX tendrá la habilidad de pensar sobre el hombre como si fuera algo pequeño y, sin embargo, emprender con él cosas grandes, si queremos llamar «grande» a la moderna civilización científica, de la que todos nos aprovechamos. En cualquier caso, empezó en el tercer tercio del siglo XIX la modernidad más reciente, con una mentalidad contraria a todo lo exaltado y fantástico. Pocos presentían entonces, con la clarividencia de Nietzsche, qué monstruosidades había de traer el espíritu de la sobriedad positivista.

El saneamiento del idealismo alemán trajo a mediados del siglo un materialismo de figura marcadamente rechoncha. Algunos breviarios del desencanto se convirtieron de pronto en superventas. Tuvieron su momento entonces: Karl Vogt, con sus *Cartas fisiológicas* (1845) y su escrito polémico *Fe de carbonero y ciencia* (1854); Jakob Moleschott, *Círculo de la vida* (1852); Ludwig Büchner, *Fuerza y materia* (1855); y Heinrich Czolbe, *Nueva exposición del sensualismo* (1855). La actitud de este materialismo de fuerza, impulso y secreciones glandulares fue caracterizada por Czolbe de este modo:

> Es una prueba de [...] arrogancia y vanidad querer mejorar el mundo sensible mediante la invención de otro suprasensible, y pretender convertir al hombre en un ser elevado por encima de la naturaleza mediante la adición de una parte suprasensible. Sin duda alguna el descontento con el mundo de las apariciones, que constituye el fundamento más profundo de la concepción suprasensible [...], es una debilidad moral [...]. Confórmate con el mundo dado.

¡Cuántas cosas estaban dadas a esa peculiaridad de los sentidos! Le era accesible el mundo del devenir y del ser, pero solamente como torbellinos de materiales y transformaciones de energías. Nietzsche se siente incitado a defender el mundo del atomista Demócrito por encima de los materialistas coetáneos. Sin duda ya no se necesitan el Nous de Anaxágoras, las ideas de Platón, ni, evidentemente, el Dios de los cristianos, la sustancia de Spinoza, el *cogito* de Descartes, el yo de Fichte, o el espíritu de Hegel. El espíritu, que vive en el hombre, no es otra cosa que una función cerebral, dicen los hombres de la época. Los pensamientos se comportan con el cerebro como la hiel con el hígado y la orina con los riñones. Hermann Lotze, uno de los pocos sobrevivientes del anterior linaje fuerte de los metafísicos, advertía entonces que había «algo poco filtrado» en estos pensamientos.

La marcha victoriosa del materialismo no podía detenerse mediante ninguna objeción prudente, sobre todo porque estaba mezclada con una pieza metafísica: la fe en el progreso. Si analizamos las cosas y la vida hasta sus partes elementales, entonces, enseña esta fe, descubriremos el secreto industrial de la naturaleza. Si descubrimos cómo está hecho todo, estaremos en condiciones de reproducirlo. Aquí actúa una conciencia que quiere descubrir los secretos de todo, también de la naturaleza, que en el experimento se pretende sorprender en su acción fresca, con la seguridad de que si sabemos cómo transcurre aquélla, podremos mostrar dónde va a proseguir.

Esta actitud intelectual también da impulso al marxismo en la segunda mitad del siglo XIX. Con esforzado y laborioso trabajo, Marx había seccionado el cuerpo social y había hecho un preparado de su alma: el capital. Al final ya no estaba completamente claro si llegará a tener una oportunidad la misión mesiánica del proletariado, que era la aportación de Marx al idealismo alemán antes de 1850, frente a la férrea legalidad del capital, que fue la contribución de Marx al espíritu determinista después de 1850. También Marx quiere analizar en un plano inferior lo que antes era elevado y sublime. Lo reduce, como superestructura, a la base del trabajo social.

En general todo está centrado en el trabajo. Éste, más allá de su importancia práctica, se convierte en un punto de referencia a partir del cual se interpretan y valoran cada vez más aspectos de la vida. El hombre es lo que él trabaja, y la sociedad es una sociedad de trabajo, y en cierto modo también la naturaleza se trabaja a sí misma a través de la evolución. El trabajo pasa a ser un nuevo santuario, una especie de mito, que mantiene unida la sociedad. La imagen de la gran máquina social, que convierte al individuo en una pequeña rueda y en un pequeño tornillo, se extiende a todas las interpretaciones del hombre y aporta el horizonte orientador. Es precisamente este punto de vista el que Nietzsche, en su crítica a Friedrich Strauss, el popular ilustrado de la segunda mitad del siglo, sitúa en el centro. David Friedrich Strauss, según hemos expuesto, con su primera obra, *Vida de Jesús* (1835), llevó la crítica racionalista del cristianismo a un amplio público. Y en su vejez publicó una confesión muy leída: *La antigua y la nueva fe* (1872). Strauss era un enemigo jurado de los nuevos mitos del arte propugnados por Wagner, y en general de todos los intentos de convertir el arte en una religión sustitutiva. Por eso Wagner lo odió íntimamente, y a la vez encauzó a Nietzsche tras las huellas de este autor, al que en sus *Consideraciones intempestivas* despacha como síntoma de toda esta sociedad feliz con su trabajo y entregaba a la cultura de la utilidad.

El mensaje de Strauss puede resumirse así. Hay muchas razones para estar contentos con la actualidad y sus logros: el tren, las vacunas preventivas, los altos hornos, la crítica de la Biblia, la fundación del imperio, los abonos químicos, los periódicos, el correo. ¿Por qué escapar de la rica realidad y refugiarse en la metafísica y la religión? Cuando la física aprende a volar, los pilotos de la metafísica acaban estrellándose y tienen que aprender a conformarse con vivir decentemente en tierra firme. Se exige sentido de la realidad; y ese sentido producirá las obras prodigiosas del futuro. Tampoco hay que dejarse engañar por el arte. Éste, prudentemente dosificado, es útil y bueno, e incluso indispensable. Precisamente porque nuestro mundo se ha convertido en una gran máquina, puede afirmarse también: «No sólo se mueven en él ruedas despiadadas, también se le pone aceite lubricante». Ese lubricante es el arte. Strauss considera la música de Haydn como «una sopa decente», y la de Beethoven como un «confite», y añade que cuando escucha la *Heroica* se siente impulsado a «sobrepasarse y buscar una aventura»; pero lo cierto es que pronto vuelve a las delicias de la cotidianidad en la fiebre fundacional de la Alemania unida. Mientras tanto, Nietzsche derrama sarcasmo y burla acerca de este «entusiasmado andar de puntillas con calcetines de fieltro».

Se nota en Nietzsche toda la indignación de quien en el arte, especialmente en la música, se figura estar en el corazón del mundo, de quien en el «hechizo del arte» encuentra su verdadero ser y, por tanto, lucha contra una mentalidad para la que el arte es una bella cosa secundaria, quizá la más bella, pero sólo secundaria. Esta indignación contra los profanadores burgueses del templo del arte, a los que Nietzsche llama «filisteos de la cultura», la hemos encontrado ya en los autores románticos como motivo constante. En esta tradición de censura romántica al público se halla también Nietzsche, con su crítica a David Friedrich Strauss. También él se complace con las fantasías de venganza de un indignado amigo del arte: «¡Ay de todos los maestros fatuos y de todo el estético reino de los cielos cuando el tigre [...] sale de caza». ¿El tigre? Éste había entrado ya en escena en el libro sobre la tragedia, donde simboliza el espíritu del salvaje arte dionisiaco. Lo que tanto enfurece a Nietzsche es que la actitud de la cultura burguesa transforma lo monstruoso en algo confortable.

Esto se refiere en primer lugar al arte, pero puede decirse igualmente de la naturaleza, pues también el darwinismo, que al principio arrancó con fuerza, en Strauss es trivializado, aunque sin sacar de él las consecuencias importantes, tal como Nietzsche advierte críticamente. Strauss se dedica a extraer de aquella teoría el ateísmo; la cuestión ya no es Dios, sino el mono. Strauss ciertamente se pone «el revestimiento cabelludo de nuestra genealogía simiesca», pero se avergüenza de sacar las consecuencias éticas de esta genealogía natural. Si hubiese sido valeroso, del «*bellum omnium contra omnes* y del privilegio del más fuerte habría podido deducir prescripciones morales para la vida». Strauss, con el fin de satisfacer la necesidad de seguridad y comodidad, evita las consecuencias nihilistas del materialismo y da a sus reflexiones un giro placentero y lleno de sentimientos, cosa que hace descubriendo en la naturaleza una nueva «revelación de la bondad eterna». En cambio, para Nietzsche la naturaleza es lo simplemente monstruoso.

Para ponerse al abrigo de semejantes filisteos, Nietzsche quiere cultivar siempre y en toda circunstancia aquella presencia de espíritu que mantiene a la vista lo «monstruoso». Es el enemigo jurado de toda «actitud confortable». Por eso entra en batalla también con el historicismo, que, junto con el materialismo y el realismo, es otra tendencia poderosa de estos años.

En la Alemania de la época fundacional este historicismo había asumido un colorido especial. El historicismo miraba hacia el pasado histórico, para afianzarse en la conciencia de los grandiosos éxitos obtenidos. Pero al mismo tiempo se trata de compensar una inseguridad en el sentimiento de la vida y en el estilo. No se sabía muy a ciencia cierta quién es uno y hacia dónde se quiere ir. De modo que este historicismo se unía también con la complacencia en lo imitado, en lo inauténtico. De nuevo triunfa el espíritu del «como si». Causaba impresión aquello que se parecía a algo. Toda materia empleada quería representar más de lo que era. Se llegó a una inflación en la ficción del material: el mármol era madera pintada; el resplandeciente alabastro era yeso; lo nuevo tenía que parecerse a lo antiguo: se erigían columnas griegas en la entrada de la Bolsa, la fábrica presentaba el aspecto de un castillo medieval y se mantenía una apariencia de ruinas en la edificación nueva. Se cultivaba la asociación histórica, por ejemplo, los edificios judiciales recuerdan a los palacios del dux; el cuarto de estar burgués alberga sillas de Lutero, copas de estaño y Biblias de Gutenberg, en cuyo interior hay un cajoncito para objetos de coser. Después de la proclamación del imperio alemán en el salón de los espejos de Versalles, el poder político irradiaba también en brillo de oropel. Esta voluntad de poder no era completamente auténtica, era más voluntad que poder. Se deseaba la escenificación. Nadie lo sabía tan bien como Richard Wagner, que apuró todos los registros de la magia teatral para llevar a escena eficazmente los primitivos tiempos germánicos. Todo ello era compatible con una actitud realista. Precisamente porque este sentido se mostraba tan activo, había que embellecerlo un poco, adornarlo, festonearlo, cincelarlo, para que el todo tuviera aspecto de algo y valor de algo.

Nietzsche no puede eludir la sospecha de que el historicismo tiene la misión de compensar una falta de fuerza vital. Y esta fuerza vital está debilitada precisamente porque, en la furia recolectora del saber, ha perdido la orientación:

> Imaginémonos una cultura que no tiene un firme y sagrado puesto originario, sino que está condenada a agotar todas las posibilidades y alimentarse miserablemente de todas las culturas, ¡eso es precisamente el presente! [...] ¿Hacia dónde apunta la monstruosa necesidad histórica de la insatisfecha cultura moderna, su congregar en torno a sí numerosas otras culturas, el devorador querer conocer, sino a la pérdida del mito, a la pérdida de la patria mítica, del mítico suelo materno?

No hay duda de que el mundo del realismo, de la utilidad, del celo por el trabajo, de la placidez sin misterio y del historicismo es el punto de partida de lo que en el ensayo de Nietzsche sobre Wagner se denomina «locura de los conceptos generales», que agarran al individuo «como brazos de fantasma». Es la locura de lo plano, que inflige las heridas cuya curación espera Nietzsche del maestro de la música:

> Cuando en una humanidad así herida suena la música de nuestro maestro alemán, ¿qué es lo que en realidad suena? Ni más ni menos que la recta percepción, la enemiga de toda convención, de toda alienación artística y de toda incomprensión entre los hombres. Esta música es un retorno a la naturaleza, y a la vez purificación y transformación de la naturaleza; pues en el alma del hombre más amante ha surgido la necesidad de ese retorno, y en su arte suena la naturaleza transformada en amor.

La recta percepción es para Nietzsche aquel sentimiento que considera como poder mítico de la vida y cuyo nombre conocemos: lo dionisiaco. Ya los románticos lo habían puesto en circulación; Friedrich Schlegel, por ejemplo, cuando exclamaba contra la prosaica cultura cotidiana del racionalismo: «¡Ha llegado el tiempo [...], todos los misterios pueden desvelarse!», se refería a los misterios dionisiacos de la sensibilidad espiritual y del «bello caos», a una especie de unidad ebria con la sustancia del mundo, con el misterio del ser creador. Del drama musical de Wagner espera Nietzsche igualmente la reunificación dionisiaca en los estratos profundos del sentimiento, aquella comunión a través del arte que mediante el ejemplo griego describe en su libro sobre *El nacimiento de la tragedia desde el espíritu de la música:*

> Con la magia de lo dionisiaco [...] se restablece la alianza entre hombre y hombre [...]. Ahora [...] cada uno no sólo se siente unido, reconciliado, fundido con su prójimo, sino que se siente simplemente uno, como si se hubiera rasgado el velo de Maya y no hiciera ya otra cosa que aletear en harapos ante el misterioso uno originario.

Nietzsche vive el drama musical de Wagner como un gran juego dionisiaco del mundo. Para tomar conciencia de esta vivencia, aplica a Wagner su distinción entre lo apolíneo y lo dionisiaco.

Lo apolíneo son los destinos y caracteres de las figuras particulares, su hablar y actuar, sus conflictos y oposiciones. En cambio, el fondo que suena es lo dionisiaco, donde ciertamente hay también diferencias, según lo acentúa explícitamente la técnica wagneriana del motivo director, pero de tal manera que todo lo diferente vuelve a hundirse una y otra vez en el mar que resuena. La ebriedad de la música dionisiaca disuelve las máscaras del carácter a favor de un simpatético sentimiento del todo y de la unidad. La música de Wagner es para Nietzsche un acontecimiento mítico porque expresa la unidad tensa de lo vivo.

Nietzsche experimenta el drama musical de Wagner como retorno de lo dionisiaco, como un medio que le abre el acceso a los estratos elementales de la vida; y su filosofía de la música, apoyada en Wagner, es el intento de entender el mundo de los sonidos musicales como revelación de una verdad abismal sobre el hombre. Nietzsche comienza aquí con pesquisas cuyo recuerdo evocará más tarde Claude Lévi-Strauss en *Mitologías,* su libro más importante, cuando afirme que en la música y especialmente en la esencia de la melodía está la clave del «misterio último del hombre». La música es para ambos el más antiguo lenguaje universal, un lenguaje que es comprensible para todos y, sin embargo, no puede traducirse a ningún otro idioma. ¿Qué hemos de imaginarnos bajo este «misterio», del que hablan Nietzsche y Lévi-Strauss?

Si pensamos que hoy la música, desde Bach hasta la música pop, es el único medio universal de comunicación, no podremos menos de entenderla como un poder que triunfa sobre la confusión babilónica de las lenguas. Es antiquísima la representación de que la música está más cerca del ser que cualquier otro producto de nuestra conciencia; por ejemplo, se halla en el fondo de las doctrinas órficas y pitagóricas. La música guió a Kepler en el cálculo de las órbitas planetarias. Era tenida por el lenguaje del universo, por un sentido figurado; y Schopenhauer la considerará más adelante como expresión inmediata de la voluntad del mundo.

Si el logos rompe el silencio de las cosas que carecen de lenguaje y luego fracasa al intentar expresar su ser inagotable en el concepto, y si, por otra parte, es el mito el que quiere decir lo que la palabra no puede captar, en consecuencia hemos de afirmar que la música pertenece al ámbito mítico. Ésta se ha afirmado como una fuerza mítica y está presente en todas partes. Es un tapiz de sonidos, una atmósfera, un medio.

Ahora se ha convertido en susurro fundamental de nuestra existencia. Quien circula en metro o corre por el parque con los auriculares, vive en dos mundos. Apolíneamente viaja o corre, dionisiacamente escucha. La música ha socializado el trascender y lo ha convertido en un deporte de masas. Las discotecas y los recintos de conciertos son las catedrales actuales. Una parte considerable de la humanidad entre los trece y los treinta años vive hoy en los prelógicos y prelingüísticos espacios dionisiacos del rock y del pop. El oleaje de la música no conoce límites, socava los territorios de la política y de las ideologías, tal como se puso de manifiesto en las convulsiones de 1989. La música funda nuevas comunidades y nos traslada a un estado diferente. La música abre otro ser. El espacio en el que se oye la música permite encerrar al individuo y hacer que el mundo exterior desaparezca; y, sin embargo, en otro plano la música envuelve juntos a todos los oyentes. Éstos pueden convertirse en mónadas sin ventanas, pero no son unos solitarios cuando suena para ellos una misma cosa. La música posibilita una profunda coherencia social en un estrato de la conciencia que antes hemos llamado «mítico».

Nietzsche cita la «moda audaz» de Schiller, la cual separa a los hombres entre sí y levanta a los unos contra los otros, y expresa la esperanza de que la «bella centella de los dioses» traiga de nuevo la gran unificación. Atribuye esta tarea al drama musical de Wagner, que ha de eliminar «las rígidas y adversas delimitaciones» en un nuevo «evangelio de la armonía del mundo».

¿Armonía del mundo? No nos representemos el asunto de forma demasiado alegre. El éxtasis está bañado en lo trágico. La euforia de la armonía del mundo incluye la conciencia del ocaso y del sacrificio. Es una conciencia a la que «el uno originario» se le presenta «como lo que eternamente sufre y está lleno de contradicciones», y a la que «la construcción lúdica y la destrucción de la individualidad» se le muestra como «el flujo de un placer originario [...], a semejanza de la manera en que Heráclito el oscuro compara la fuerza creadora del mundo con un niño, que jugando coloca piedras aquí y allá, construye montones de arena y luego los derriba».

El oyente de la tragedia o del drama musical se identifica con el héroe trágico, por ejemplo, con Sigfrido, pero lo ve en primer plano, como una fotografía, sobre el trasfondo oscuro de la vida dionisiaca, y desde allí suena «poderosa y agradable» la música; ésta procede del abismo del dolor y del placer, a manera de un orgiástico acontecer musical. Friedrich Schlegel y Novalis tuvieron que limitarse a soñar con tal acontecimiento cuando intentaban provocarlo con hechizos mediante conceptos ebrios y la imaginación poética.

Según la convicción romántica, desde Friedrich Schlegel hasta Nietzsche, en el arte actúan energías dionisiacas, que no están dirigidas a un más allá radiante, sino al claroscuro del monstruoso y dinámico proceso de la vida. Desde el punto de vista de la vida cotidiana se trata de una trascendencia, si bien de una trascendencia abismal, con placer y sufrimiento. Para Nietzsche lo abismal se abre según dos aspectos: como la «terrible tendencia de la llamada historia universal a aniquilar» y como la «crueldad de la naturaleza». La conciencia dionisiaca se adentra en lo monstruoso de la vida mediante la evidencia, facilitada por la representación artística, de que no hay ninguna disolución terrestre de la gran disonancia de la vida. La vida siempre será injusta con el individuo, al que sólo le queda la comunión aliviadora con el proceso de la vida en conjunto. Éste es para Nietzsche «el consuelo metafísico» que concede el arte. Tal consuelo es de índole puramente estética, lo cual se manifiesta ya en que su efecto permanece limitado.

«Como en el sueño», escribe Nietzsche, «la valoración de las cosas ha cambiado mientras nos mantenemos en el encanto del arte.» Pero sólo durante ese tiempo. «Necesitamos precisamente al autor del drama total para que nos redima por lo menos durante algunas horas de la terrible tensión.» El «consuelo metafísico del arte» no se cifra en un mundo del más allá, con sus recompensas y alivios y su promesa de un reino futuro con la gran justicia. Este consuelo religioso no se da. Sólo se da el estético: «Solamente como fenómeno estético están eternamente justificados el mundo y la existencia». Esta especie de consuelo está en rigurosa oposición con una moral que espera mejorar el mundo y allanar sus contradicciones. La moral, dice Nietzsche, se ha convertido en un verdadero *«deus ex machina»* de la modernidad secularizada. Le falta «sabiduría dionisiaca»; la moral no arriesga la mirada despiadada a la vida abismal. Es diferente el arte lleno de espíritu dionisiaco. Encerrado en la ilusión del arte, puede renunciar a hacerse ilusiones en relación con la vida. Nietzsche defiende la alegría del arte en cuanto pone de manifiesto su seriedad especial.

Pero el público contemporáneo deberá recorrer un segundo camino de ennoblecimiento, antes de que llegue a tomar el arte con tanta alegría y seriedad como se merece, según la concepción de Nietzsche. A saber, hay que pasar a través de un temple de ánimo trágico para poder valorar verdaderamente la alegría estética. Hay que vivir sin ilusiones y a la vez estar apasionadamente enamorado de la vida, a pesar de haber descubierto su gran futilidad. Nietzsche exige mucho de quien haya madurado para la tragedia. Éste ha tenido que abrirse en primer lugar a la consternación y a los horrores, y luego tiene que poder olvidar esta «angustia terrible» mediante la experiencia de que «le puede salir al encuentro algo sagrado en el más pequeño instante, en el más breve átomo del curso de su vida». El instante estético es un átomo de dicha de ese tipo, un átomo que equilibra toda lucha y toda penuria. Nietzsche concluye así este proceso de pensamiento:

> Y si la humanidad entera ha de morir algún día -¡quién duda de esto!-, precisamente por ello se le plantea como tarea futura en todos los tiempos venideros crecer conjuntamente hacia lo uno y común, de tal manera que como un todo camine con actitud trágica al encuentro del ocaso que le espera; en esta tarea suprema está incluido todo el ennoblecimiento del hombre.

Por tanto, la tarea suprema consiste en la producción o captación de instantes sumamente logrados, sea en un hombre, sea en una obra. En sus apuntes, Nietzsche eligió una sola vez la singular expresión: «La cumbre del arrobamiento del mundo». Pueden pensarse a este respecto aquellos instantes de peligro supremo en los que, por ejemplo, en el «cerebro del que se está ahogando», se comprime un tiempo infinito en un segundo. En esos instantes, cuando toda la vida se ilumina antes de perecer, se da el máximo arrobamiento y el supremo dolor. Las imágenes y las iluminaciones del genio son de este género. Si el individuo en estos instantes comprende su vida entera y la puede experimentar como justificada, también la historia entera de la humanidad recibirá claridad procedente de la luz de esas imágenes iluminadoras y quedará justificada. La cima en semejante «cumbre del arrobamiento» realiza el sentido de la cultura.

Una de esas «cumbres del arrobamiento» fue para Nietzsche el drama musical de Wagner, ante todo la persona del artista. El filósofo admiraba la audacia con que el músico puso el arte en la cumbre de todas las posibles series de fines en la vida burguesa, la arrogancia con que se negó a ver en el arte un mero elemento secundario, la voluntad de poder con que impuso sin paliativos su arte a la sociedad. Por suerte, Wagner es un Napoleón del arte, y en consecuencia Nietzsche espera de él que pueda vencer la falta de espíritu de la época. Poco tiempo antes de que se celebren los primeros festivales en Bayreuth, Nietzsche describe una vez más toda la decadencia del arte en el mundo burgués:

> Una singular ofuscación del juicio, un mal disimulado afán de regocijo, de distracción a cualquier precio, las consideraciones eruditas, los aires de importancia y teatralidad en relación con la seriedad del arte por parte de los actores, un brutal afán de lucro por parte de los empresarios, la vaciedad e irreflexión de una sociedad [...], todo esto junto constituye el sofocante y pernicioso aire de nuestra situación actual del arte.

Nietzsche verá con desencanto cómo Bayreuth no va a cambiar en absoluto esta situación del arte. Todo lo contrario. A finales de julio de 1876, el filósofo viaja a Bayreuth para los ensayos y se encuentra con todo el barullo: la llegada del emperador, la actitud cortesana de Richard Wagner en la colina del festival y la casa Wahnfried, la comedia involuntaria de la escenificación, el cencerreo del aparato de los mitos, la sociedad del buen humor, saturada y sin ninguna necesidad de redención en torno al acontecimiento del arte, las turbulencias en la toma del restaurante por asalto después de las representaciones. Nietzsche está consternado, herido e incluso enfermo, de modo que se va del lugar a los pocos días. Antes de la partida había escrito:

> En Bayreuth también el espectador es digno de contemplarse, aquí encontraréis espectadores preparados y consagrados, la conmoción de hombres que se encuentran en la cumbre de su dicha y en ella sienten todo su ser recogido, para dejarse fortalecer en orden a otras y más altas delicias.

En vano busca Nietzsche tales espectadores en Bayreuth. Tiene que admitir que, simplemente, se los ha imaginado.

¿No ha construido demasiados castillos en el aire en torno a la música de Wagner y a la música en general? ¿No se ha forjado excesivas esperanzas en relación con ella? Tras el desengaño en Bayreuth el año 1876, Nietzsche comenzará a trabajar en su libro *Humano, demasiado humano*, a fin de asegurarse el terreno para no sufrir desengaños en el futuro.

Pero no ha llegado tan lejos todavía, aún está encaprichado con el «consuelo metafísico» del arte. Más tarde dirá que fue una debilidad romántica suya el haber considerado necesario el «arte del consuelo metafísico». «¡No y tres veces no! ¡Vosotros, jóvenes románticos: no tendría que ser necesario!», escribe en el *Ensayo de autocrítica* dedicado al libro sobre la tragedia. En este momento, 1886, ya no quiere ser un romántico, y niega haberlo sido realmente. Pero no hemos de dejarnos inducir a error. La crítica de Nietzsche a lo romántico y su tendencia a distanciarse de ello se refieren a un Romanticismo que pregona el retorno al cristianismo. Por tanto, Nietzsche no tiene a la vista el temprano Romanticismo de la «bella confusión» (Novalis) y de la «orgía espiritual» (Friedrich Schlegel), sino en todo caso el Romanticismo tardío, el de tendencia católica, identificado con la concepción del orden político en la Santa Alianza. Cuando Nietzsche empezó a escribir, el Romanticismo era tenido por el espíritu de la reacción política y religiosa, cuya superación no estaba muy distante. Y es este concepto el que está en el fondo de su distanciamiento. Por tanto, Nietzsche de ninguna manera era un romántico en el sentido de un retorno romántico al cristianismo, pero lo era por la forma en que entendía lo dionisiaco como centro de incitación de lo real. Lo mismo que los románticos, empuña su lanza contra la somnolencia de la moral convencional, contra los «armónicamente planos», que están infatigablemente ocupados en «disolver todo lo divino y humano en el almíbar de la humanidad» (Friedrich Schlegel). Nietzsche se siente impulsado también por la aspiración romántica a lo salvaje, a lo monstruoso. El trascender romántico, desde Schlegel hasta Nietzsche, no va en la dirección de la gran quietud, sino que se dirige a la aventura; lo típico a este respecto es la imagen del viaje a través de un mar tormentoso, de la irrupción en él.

En contraste con Kant, puede ilustrarse bien hacia dónde empujaba la curiosidad romántica. En la *Crítica de la razón pura,* Kant había encontrado una imagen poética para la limitación de la razón. Esta imagen, que el Romanticismo no aceptó, aparece en el siguiente texto:

> Ahora no sólo hemos recorrido el país de la razón pura [...], sino que además lo hemos medido y hemos determinado el lugar que en él corresponde a cada cosa. Pero este país es una isla [...], que está rodeada por un amplio océano tormentoso [...], donde algunos bancos de niebla y algunos bloques de hielo a punto de fundirse simulan nuevos países, y, en cuanto engañan al navegante ávido de descubrimientos con esperanzas vacías, lo enredan en aventuras que nunca puede abandonar y, sin embargo, nunca puede conducir a su fin.

Kant se quedó en la isla y dio al «océano tormentoso» la denominación de la ominosa «cosa en sí»; Schopenhauer osó ir más lejos cuando bautizó el océano con el nombre de «voluntad». Los románticos encontraron algunos otros nombres para designarlo: el «caos», las «saturnalias» del ser, la «naturaleza creadora». Y en Nietzsche la realidad absoluta es lo «dionisiaco», con las palabras de Goethe, que aquél cita: «Un mar eterno, un tejer cambiante, una vida ardiente». Como si respondiera inmediatamente a la metáfora kantiana del océano de lo incognoscible, el dionisiaco Nietzsche escribe en *La gaya ciencia:* «Finalmente nuestras naves pueden partir de nuevo, pueden zarpar hacia todo peligro, de nuevo está permitido cualquier riesgo del conocimiento, el mar, nuestro mar, está de nuevo abierto, quizá nunca hubo un *mar tan abierto*».

Lo dionisiaco significa el «uno originario», el ser envolvente, que, en definitiva, no podemos comprender. El concepto de lo dionisiaco implica, obviamente, una decisión teórica, que a su vez se remonta a una experiencia fundamental. Ya en el joven Nietzsche el ser es algo movido, amenazador y seductor a la vez. Lo experimenta en «el relámpago, la tormenta y el granizo», y muy pronto aparece en sus apuntes el «niño del mundo» de Heráclito, el niño que jugando construye y destruye mundos. Es el mismo pensamiento expresado en la *Lucinde*, de Schlegel, donde leemos: «Aniquilar y crear, uno y todo».

Lo romántico en los jóvenes románticos y en Nietzsche es la experiencia del ser como algo monstruoso, que induce a una placentera disolución de sí mismo, en todo caso es la experiencia de un ser donde la vida despertada a la conciencia no puede encontrarse segura. El ser se muestra dionisiacamente cuando la intimidad del ánimo dirige sus velas a lo monstruoso.

Nietzsche llama «sabiduría dionisiaca» a la fuerza capaz de soportar la realidad dionisiaca así entendida. A este respecto hay que soportar dos cosas: un «placer nunca conocido» y una «aversión». La disolución dionisiaca de la conciencia individual es un placer, pues con ello desaparecen «las barreras y los límites de la existencia». Pero cuando este estado ha pasado, cuando la conciencia cotidiana de nuevo se hace dueña del pensamiento y de la vivencia, entonces el hastío se apodera del dionisiaco que ha vuelto hacia sí. Este hastío puede incrementarse hasta el horror: «En la conciencia de la verdad intuida una vez, ahora el hombre ve por doquier lo horroroso y absurdo del ser». ¿Qué sucede aquí? ¿Dónde se muestra lo horroroso? ¿Es esto la «verdad intuida» de lo dionisiaco, o bien es la realidad cotidiana la que adopta una apariencia espantosa en cuanto se han experimentado las delicias de la superación dionisiaca de las fronteras? Nietzsche se refiere a un doble horror. Por una parte, lo dionisiaco, visto desde la conciencia cotidiana, es terrible; y, a la inversa, la realidad cotidiana, vista desde lo dionisiaco, es horrible. La vida consciente se mueve entre ambas posibilidades. Pero se trata de un movimiento que equivale más bien a un desgarro. El hombre está arrastrado por lo dionisiaco, con lo que la vida ha de mantener contacto para no quedar desolada; y a la vez está abocado a los dispositivos protectores de la civilización, para que no caiga bajo el poder disolvente de lo dionisiaco. No sorprende que Nietzsche reconozca la imagen de esta situación precaria en el destino de Odiseo, que se hace atar en el mástil de una nave para poder escuchar el canto de las sirenas, sin verse forzado a seguirlo y perderse. En Odiseo se encarna la sabiduría dionisiaca. Él oye lo monstruoso, pero, para conservarse, acepta las ataduras a través de las costumbres estabilizadoras de la cultura, o a través de la religión, que funda orden y aquieta.

Y en esto se apoya la crítica de Nietzsche a un Romanticismo que se ha hecho cristiano. Éste ha oído el canto de las sirenas, pero se ha dejado atar de nuevo por el cristianismo positivo. A la postre, ha doblado las rodillas. En *La gaya ciencia* define Nietzsche lo que él entiende por tal Romanticismo, en contraposición a la sabiduría dionisiaca. El dionisiaco es suficientemente fuerte «desde la plenitud de la vida para poder soportar también la visión de su aspecto trágico», mientras que los románticos «buscan la quietud, el silencio, el mar liso, la redención de sí mismo a través del arte y del conocimiento». Estas palabras no apuntan solamente a los románticos históricos, van dirigidas también a Richard Wagner, al que censura porque, después del *Parsifal,* ha dejado de ser dionisiaco y se ha hecho de nuevo cristiano y, con ello, romántico.

Sin embargo, Nietzsche mismo, a pesar de algunos giros y transformaciones, siguió siendo dionisiaco, y logró conocimientos más profundos de la producción de mitos. Y él sabe que el hombre particular, lo mismo que culturas enteras, necesita un «horizonte rodeado de mitos» para cerrar en una «unidad» su mundo de la vida. Para este fin, si no se encuentra refugio en un Dios, también la posesión, la técnica y la ciencia pueden convertirse en un mito fundador de sentido, pero se trata sobre todo de confesar honradamente que todo eso son sólo aderezos. En Wagner echa de menos este rigor y «sinceridad»: lo tiene por un gran actor que al final ya no quiere darse cuenta de que lo es; por un mago que a la postre se hechiza a sí mismo.

El *Anillo* de Wagner también había merecido el aplauso de Nietzsche porque aquél renunciaba a un consuelo metafísico. Lo mítico que Wagner había buscado significaba una divinización de la vida y de su libertad, y no precisamente una huida trascendente ante los embrollos trágicos de la existencia. Pero no podía pasar inadvertido a Nietzsche que en Wagner se había producido una evolución desde la metafísica de los artistas hacia la celebración artística del mito cristiano de la redención. En el año 1880, cuando trabaja en el *Parsifal,* Wagner escribe: «Podría decirse que allí donde la religión es artística queda reservado al arte salvar el núcleo de la religión. Pero el núcleo de la religión está en el conocimiento de la caducidad del mundo y en la consecuente orientación para liberarse de ella».

Este giro religioso también tuvo consecuencias para el desarrollo de los festivales, que se convirtieron en lo que Wagner mismo llamó «festivales de la consagración del teatro». Nietzsche repudió profundamente esta sacralidad forzada, y detestaba también la comunidad wagneriana, que ahora peregrinaba hacia Bayreuth. Llamaba «chusma» a esa gente que se tenía por juiciosa para ser religiosa en sentido tradicional y, sin embargo, buscaba en el arte el buen gusto religioso.

Nietzsche se separó de Wagner en el instante en que notó cómo éste, y más todavía su comunidad, se confiaba a una segunda ingenuidad en la que se veneraba lo hecho por uno mismo, lo artificial, como si viniera del cielo. «Seamos cautos. Impugnemos nuestra ambición, que quisiera fundar religiones.» Echa en cara a Wagner no sólo que «bese la cruz» cuando en el *Parsifal* revitaliza mitos cristianos y góticos de la redención, sino, sobre todo, que no se confiese a sí mismo la dimensión estética artificial de toda su empresa de la redención. Nietzsche, por su parte, incita a liberarse de la necesidad de redención y a dejar la vía libre para la actividad artística, que sabe apreciar en el mito el hecho de que es una producción propia, pero no se inmola a él como una víctima, lo cual significa que no se cree en él para que otorgue un consuelo metafísico.

En el *Ensayo de autocrítica* de 1886 leemos:

> Habéis de aprender en primer lugar el arte del consuelo de aquí; habéis de aprender a reír, mis jóvenes amigos, si por lo demás queréis permanecer pesimistas; y quizá luego, con vuestro temple de risa, enviaréis al diablo todos los consuelos metafísicos, ¡y ante todo la metafísica! O bien, expresándonos en el lenguaje de aquel demonio metafísico que se llama Zaratustra: «[...] Esta corona del que ríe, esta corona de rosas: ¡a vosotros, hermanos míos, os arrojo esta corona! He declarado santa la risa: ¡vosotros, hombres superiores, aprended a reír».

Nietzsche se ríe de una voluntad de verdad que hace el ridículo una y otra vez ante la necesidad que la vida tiene de «apariencia, arte, engaño, óptica, perspectiva y error». Nietzsche se ríe del «autoengaño idealista» de un arte del «consuelo metafísico». No se burla de él por la apariencia, sino por la falsa fe en la apariencia. No critica que nos hagamos el traje a nuestra medida, critica que nos creamos lo que hemos producido, o sea, que olvidemos que nos hemos hecho el traje a nuestra medida. La vida, por supuesto, tiene que producir sus valores y perspectivas, pero no ha de falsificarlos convirtiéndolos en verdades eternas. El dionisiaco Nietzsche se mantiene firme en el poder y la riqueza de vida que se da en la apariencia, y, sin embargo, no cae en la segunda ingenuidad que echa en cara a Wagner. No objeta nada contra la imaginación; exige solamente que seamos soberanos de nuestra fuerza configuradora. Tampoco tiene nada contra el mito, siempre que confesemos que somos sus creadores. Sólo es autoengaño la voluntad inconfesada de apariencia y engaño. La voluntad de apariencia y de engaño, si la confesamos y tomamos bajo nuestra dirección consciente, se convierte en un elemento de elevación de la vida.

En el cuarto libro de *La gaya ciencia*, la obra que prepara la aparición de Zaratustra, esta voluntad afirmativa de apariencia se describe de este modo:

> ¿Qué medios tenemos para hacernos las cosas bellas, atractivas, apetecibles, si no lo son? [...]. Hemos de aprender algo de los médicos, y más todavía de los artistas, que propiamente siempre están empeñados en lograr tales inventos y muestras de habilidad [...]. Pero nosotros queremos ser los poetas de nuestras vidas, primeramente en lo más pequeño y cotidiano.

Con la figura de Zaratustra, Nietzsche inventa una instancia espiritual que utiliza conscientemente para configurar la propia vida y darle sentido. Con su *Zaratustra* responde al retorno de Wagner al seno de la tradicional fe cristiana. Contra el dogma cristiano de la culpa y de la consiguiente necesidad de redención, Nietzsche establece en *Zaratustra* el himno a la inocencia divina de todas las cosas, al «sí y amén» a todo lo que vive. Pero quien quiere amar la vida tiene que empezar por sí mismo. «Toda la belleza y la sublimidad que nosotros hemos otorgado a las cosas reales y a las imaginadas, quiero exigirlas de nuevo como propiedad y engendro del hombre: como su más hermosa apología. El hombre como poeta, pensador, dios, amor, poder.»

En *Zaratustra* encuentra Nietzsche imágenes plásticas para este proceso de reclamación. Por ejemplo, el hombre primero es «camello», cargado con el puro «tú debes». El camello se transforma en un «león». El león lucha contra todo este mundo del «tú debes». Lucha porque ha descubierto su «yo quiero». Ahora bien, porque lucha, permanece encadenado negativamente al «tú debes». Su poder ser se gasta en la coacción de tener que rebelarse. Aquí hay todavía demasiada resistencia y rigidez en el juego, que, por tanto, aún no es un juego distendido. Sólo conseguimos este juego cuando nos hacemos de nuevo «niños», cuando volvemos a conseguir en un nuevo estadio la primera espontaneidad de lo vivo. «Inocencia y olvido es el niño, un nuevo comienzo, un juego, una rueda que se mueve desde sí misma, un primer movimiento, un santo decir sí. ¡Sí, hermanos míos!, para el juego de la creación se requiere un santo decir sí.»

La tarea es ahora santificar el más aquí. Eso distingue el ateísmo de Nietzsche del nihilismo moderno. Se ha dado a la vida un sentido y un valor trascendental. Si desaparece este sentido del más allá, la vida queda vaciada. Hemos santificado un más allá y ahora nos encontramos con un más acá profanado. El nihilismo moderno pierde los valores del más allá, sin ganar el más acá como valor. Pero el *Zaratustra* de Nietzsche instruye acerca de cómo se gana cuando se pierde. Todos los éxtasis, todas las beatificaciones, las ascensiones del sentimiento al cielo, todas las intensidades que antes se adherían a un más allá, han de concentrarse ahora en la vida presente. Rebasar y a la vez «permanecer fiel a la tierra» es lo que Nietzsche exige a su «superhombre». El superhombre, tal como lo diseña Nietzsche, está libre de religión, no porque la haya perdido, sino porque la ha recogido en sí mismo.

Nietzsche quiere salvar para el presente las fuerzas santificantes. Con este fin inventa su mito del «eterno retorno», que pone en boca de Zaratustra. Es antiquísima la idea del tiempo que gira en sí mismo y reproduce una y otra vez el contenido limitado del mundo. Aparece ya en los mitos indios, en los presocráticos, en las corrientes heréticas del Occidente cristiano. Por lo regular, en la imagen del eterno retorno se expresa un resignado cansancio del mundo. El movimiento circular del tiempo vacía el acontecer hasta el absurdo.

Pero Nietzsche utiliza este mito como fórmula autosugestiva para la persuasión de que, si cada instante retorna, el aquí y ahora recibe la dignidad de lo eterno. El retorno no vacía, sino que, por el contrario, condensa:

> Si este pensamiento se apoderara de ti, te transformaría tal como eres y quizá te pulverizaría; la pregunta en todas y cada una de las cosas, a saber: «¿quieres esto todavía otra vez e innumerables veces?», sería lo que más pesara sobre tu acción. O ¿cómo habrías de hacerte bueno para ti mismo y para la vida, de tal manera que no aspiraras a nada más que a esta confirmación eterna, a este sello eterno?

Nietzsche, que quisiera arrojar de sí todo «tú debes», aquí enseña un nuevo «tú debes»: has de vivir el instante de tal manera que éste pueda volver para ti sin producirte ningún horror. Has de poder decirle a cada instante: ¡otra vez!

Nietzsche conjura enérgicamente esta beatificación en el ahora bajo la perspectiva del eterno retorno. Para quitarle todo cariz de lo paralizante y pesado, lo piensa con la imagen del gran juego del mundo. También el juego se basa en la repetición y, sin embargo, lo vivimos con agrado. Para Nietzsche, con la muerte de Dios se pone de manifiesto el carácter de riesgo y juego de la existencia humana.

Es «superhombre» el que tiene la fuerza y la agilidad de penetrar hasta esta dimensión del juego del mundo. El trascender de Nietzsche va en esta dirección: hacia el juego como fundamento del ser. El Zaratustra de Nietzsche danza cuando ha llegado a este fondo, danza como Shiva, el dios indio de los mundos.

He aquí también un retorno sorprendente a un primer impulso del Romanticismo temprano, a la frase de Schiller: el hombre «sólo es enteramente hombre cuando juega». Nietzsche, dentro de un espíritu enteramente romántico, incita a convertir la propia vida en obra de arte. La ominosa voluntad de poder tiene en primer lugar este significado: la soberanía de la propia configuración:

> Has de adquirir el señorío sobre ti mismo, también sobre tus propias virtudes. Antes éstas mandaban en ti, pero no han de ser otra cosa que instrumentos junto a otros instrumentos. Tú has de adquirir poder sobre tu pro y tu contra, y tienes que aprender a colgarlos y descolgarlos según tus fines superiores. Has de aprender a comprender lo que hay de perspectiva en cada valoración…

No hay duda de que Nietzsche en sus mejores instantes logra una agilidad lúdica de lenguaje y pensamiento, una facilidad que, también bajo el sufrimiento y la pesada carga de los pensamientos, sabe danzar y, a pesar de todos los contratiempos, se mece en la alegría, en una mezcla de éxtasis y serenidad. Alcanza puntos de vista a partir de los cuales la vida aparece como un gran juego. Nietzsche juega también con sus perspectivas, se pone máscaras y ensaya papeles, hace ensayos de «espíritu libre, de príncipe sin ley, de Zaratustra». Mientras Nietzsche estuvo mentalmente despierto, pudo seguir jugando y cuidarse de que las propias ideas no lo avasallaran, por ejemplo, la idea del «superhombre», que liquida a los «degenerados». Con la voluntad de poder entendida en un sentido personal y lúdico, entendida como dominio sobre sí mismo, pudo exhibir festivamente sus gigantescos proyectos. Escribe: «No quiero ser ningún santo, prefiero ser un bufón», o bien:

> No es en absoluto necesario, ni siquiera deseado, tomar partido por mí; por el contrario, una dosis de curiosidad, como la que se siente frente a una excrecencia extraña, con una resistencia irónica, me parecería una posición incomparablemente más inteligente para conmigo (a Carl Fuchs el 29 de julio de 1888).

Nietzsche lucha desesperado hasta el final por esta «resistencia heroica» también contra sí mismo. Lo que él se exige es la ironía romántica bajo una modalidad existencial. La tragedia comienza cuando Nietzsche se confunde a sí mismo consigo mismo y se precipita con cuerpo y alma en aquellas imágenes que él se había creado. Pero todavía en aquella carta o cédula de demencia que él envía al mundo cuando se produce su derrumbamiento mental, la «resistencia irónica» despliega su último y fantástico juego. A Jakob Burckhardt, el amigo paternal de Basilea, le escribe el 6 de enero de 1889:

> Al final, preferiría mucho más ser profesor en Basilea que ser Dios; pero no he osado llevar tan lejos mi egoísmo privado como para omitir por su culpa la creación del mundo. Ya ve, hay que sacrificarse dondequiera y comoquiera que uno viva.

# Capítulo 15

Pocos meses después de su derrumbamiento, el mundo intelectual y elegante descubrió a Nietzsche. El final en la locura confería retroactivamente a su obra una verdad oscura: alguien había penetrado tan profundamente en el misterio del ser, que había terminado perdiendo la inteligencia. En el famoso fragmento de *La gaya ciencia,* Nietzsche había llamado «locos» a los negadores de Dios, y ahora él mismo se había vuelto loco. Este hecho excitó a una imaginación que andaba a la búsqueda de misterios. Esta curiosidad es romántica, pues la empatía estremecedora con un mundo muy prometedor en el límite de la locura es puro Romanticismo. El último editor de Nietzsche, C.G. Naumann, olfateaba el gran negocio. En el año 1890 sacó ya nuevas ediciones de las obras de Nietzsche, y finalmente éstas tuvieron una buena salida. Cuando su hermana Elisabeth volvió de Paraguay en 1893, tomó hábil y escrupulosamente en sus manos la comercialización ulterior de su hermano. Todavía en vida de éste fundó el Archivo de Nietzsche en Weimar, y puso en marcha las primeras ediciones generales. Mostró estar dotada de voluntad de poder, pues intentó imponer en el público una determinada imagen de su hermano, y no se avergonzó de incurrir en falsificaciones. Todo esto es hoy suficientemente conocido. Quiso hacer de Nietzsche un chauvinista nacional de Alemania, un racista y un militarista; y tuvo éxito en una parte del público, un éxito que se extiende hasta nuestros días. E incluso supo complacer las más refinadas necesidades del espíritu de la época. En Villa Silberblick, en Weimar, donde se instaló el Archivo de Nietzsche desde 1897, la hermana había hecho erigir un podio en el que un Nietzsche aletargado aparece como mártir del espíritu. La hermana era suficientemente wagneriana como para poder sacar del destino de su hermano efectos sublimes y estremecedores. En Villa Silberblick se ofreció ante la «podredumbre de la nobleza», según una expresión de Gottfried Benn, un metafísico juego final. Medio siglo antes, Thomas Carlyle, persona apreciada en estos círculos, aun cuando Nietzsche no lo tuviera en muy alta estima, había formulado así el cálculo romántico de semejantes juegos finales:

> Has de saber que este universo es lo que pretende ser: una realidad infinita. No intentes devorarlo, confiándote a tu capacidad de digestión lógica; más bien, debes estar agradecido si tú, hundiendo con habilidad esta o la otra columna en el caos, logras que no te trague.

Según esto, a Nietzsche se lo había tragado el universo; se había atrevido a ir demasiado lejos. Se había perdido en lo monstruoso de la vida.

Sobre todo a través de Nietzsche, aunque no exclusivamente a través de él, la palabra «vida» obtuvo una nueva resonancia, un tono tan misterioso y seductor, que quienes exigían valores sólidos prevenían frente al «simple revoltijo de la vida». Pero con ello no podía detenerse el renacimiento del sentimiento romántico de la vida. «Vida» se convirtió en un concepto central, tan central como antes lo fueron «Ser», «Naturaleza», «Dios», «Yo», y pasó a ser un concepto de lucha contra dos frentes. Por una parte, contra el idealismo de medias tintas que se centraba en el deber y se cultivaba en las cátedras alemanas, en la oficial retórica política y en las burguesas convenciones morales. Por otra parte, la palabra «vida» se dirigía contra un materialismo desalmado, que era la herencia de finales del siglo XIX. «Vida» significaba la unidad de cuerpo y alma, así como dinamismo y creatividad. Se repitió la protesta del *Sturm und Drang* y del Romanticismo. Entonces «naturaleza» o «espíritu» habían sido las consignas contra el racionalismo y el materialismo. Ahora ejerce esta función la palabra vida. Vida es plenitud de formas, riqueza inventiva, un océano de posibilidades, tan imprevisible y aventurero que ya no necesitamos ningún más allá. Es suficiente lo que nos ofrece el más acá. Vida es irrupción en orillas lejanas y al mismo tiempo lo completamente cercano, la propia vitalidad, que exige una configuración peculiar. La vida se convierte en consigna del movimiento de la juventud, del Jugendstil, del neorromanticismo, de la pedagogía de la reforma. En 1896 se fundó la influyente revista *Jugend*. El manifiesto de la fundación dice a manera de programa: «Juventud es alegría de la existencia, capacidad de disfrute, esperanza y amor, fe en el hombre; juventud es vida, color, forma y luz». En estos años, Hugo Höppener, que se hacía llamar Fidus, empieza a pintar sus desnudas figuras de adoradores del sol y a fundar proyectos de colonización con el propósito de reformar la vida. *Zaratustra* tiene su círculo de lectores. Su exhortación de «permanecer fieles a la tierra» se escucha y se sigue con ardor. También los adoradores del sol y los nudistas pueden sentirse discípulos de Zaratustra. En uno de los muchos textos de partida y comienzo del temprano impresionismo leemos: «Con manos estrechadas, hacia la montaña; con desnudez divina, toma de mis manos todos los soles, se ilumina el mundo, la noche se rompe, se abre a la luz, ¡oh hombre!, a la luz».

En tiempos de Nietzsche la juventud burguesa quería parecer adulta. Entonces, ser joven era más bien un inconveniente para la carrera. Se recomendaban medios que supuestamente aceleraban el crecimiento de la barba, y las gafas se tenían por símbolo de estatus. Se imitaba a los padres y se llevaba cuello duro; los púberes tenían que embutirse en sus levitas y aprender la manera adecuada de andar. La «vida» se consideraba algo de lo que había que desilusionarse; en contacto con ella la juventud tenía que entrar en razón. Ahora, en cambio, la vida es lo impetuoso y propenso a la marcha, y con ello lo juvenil mismo. Ser «joven» ya no es una mancha que deba esconderse. Por el contrario, es la edad lo que tiene que justificarse, pues se halla bajo la sospecha de estar anquilosada y muerta. Toda una cultura, la guillermina, es citada ante el «tribunal de la vida» (Wilhelm Dilthey) y es confrontada con una pregunta: ¿vive todavía esta vida?

En primer lugar, el horizonte es magnífico si se mira al aumento de poder en Alemania después de la fundación del imperio, y si se tienen en cuenta el desarrollo industrial, la técnica, el nivel general de formación, el elevado estándar de vida también en las clases inferiores y la implantación de la seguridad social. Alemania estaba ahora a la cabeza de Europa en todos estos ámbitos; y con orgullo lo proclamaron incesantemente los representantes de la Alemania oficial. Hacia finales de siglo, Werner von Siemens pasa revista al espíritu de aquella centuria, tal como él lo entiende, en el circo Renz, el mayor lugar de reunión en Berlín. Es indudable que habló desde el alma a círculos burgueses y también proletarios:

> Señores, no nos dejemos desviar de la creencia en que nuestra actividad de investigación e invención lleva a la humanidad a niveles superiores de cultura, la ennoblece y le hace accesibles las aspiraciones ideales, en que la época [...] naciente disminuirá la penuria de su vida y sus enfermeda-

des, aumentará el disfrute de su vida, la hará mejor, más feliz y más satisfecha con su destino. Y aun cuando no siempre podamos conocer claramente el camino que conduce a estos estados superiores, queremos mantenernos firmes en nuestra fe de que la luz de la verdad, que nosotros investigamos, no llevará por caminos erróneos, y de que la plenitud de poder que esa luz aporta a la humanidad no puede denigrarla, sino que ha de elevarla a un nuevo nivel de la existencia.

Según Siemens, entre los presupuestos de este éxito se halla un sentido despierto de la realidad, o sea, un adelgazamiento en lo espiritual y una curiosidad por lo más inmediato. Eso implica también la disposición a dejarse incluir en las modernas formas de organización de la vida técnica y económica. A la postre, la «jaula de acero» (Max Weber) de la modernidad se convertirá en un lugar agradable para permanecer en él, sobre todo cuando se vislumbra la recompensa de obtener una creciente participación en la riqueza social, siempre y cuando los hombres se comporten adecuadamente.

Para el movimiento obrero de la línea socialdemócrata, que representaba la oposición más fuerte en la época guillermina, el comportamiento adecuado consistía en dejar que las contradicciones del sistema industrial del capitalismo trabajaran por sí mismas, confiando en que al final condujeran al Estado popular y a la economía comunitaria; pero, eso sí, en el marco del sistema industrial, frente al cual de momento no podía imaginarse ninguna alternativa. Hasta entonces se trataba, no sólo de hacer oposición, sino además de crear un nexo de vida que diera sentido al presente y confianza de cara al futuro. Para los «camaradas apátridas» de la socialdemocracia el partido se convirtió en su nueva patria, que pronto había de abrirse para todos, y August Bebel era el antiemperador. Un escritor obrero decía en 1888:

> La dimensión puramente política o económica del movimiento obrero no es suficiente para explicar su significación. Para cientos de miles de hombres se ha convertido también en una patria psíquica, en un plano puramente humano ha pasado a ser un contenido vivo de la existencia, un contenido lleno de alegrías.

No sólo se querían conquistar metas, sino también organizar ya ahora una vida nueva y mejor. Se trataba de un orden de la vida con asociaciones, seguro de entierro, centros educativos, vecindarios, fiestas, canciones. En todo ello había un Romanticismo muy peculiar: «Con nosotros llega el tiempo nuevo...».

El movimiento obrero era una marcha más bien sosegada; se sabía que los plazos eran largos y estaba vigente la persuasión de que se podía confiar en una ley supuestamente objetiva del progreso; se sabía que «no está en nuestro poder hacer esta revolución, ni está en manos de nuestros enemigos impedirla». En cambio, las irrupciones de los amigos neorrománticos de la vida y de la reforma de la vida eran más impacientes, y más radicales en lo referente a la transformación del hombre interior.

El movimiento obrero no quería superar, sino asumir el mundo burgués. El trabajador había de encontrar en él su puesto adecuado. No se pensaba en un hombre nuevo. Eso se consideraba un mal Romanticismo de pequeñoburgués. Y, por el contrario, los reformadores de la vida, los que medraban, los exploradores, los nuevos colonizadores y los anarquistas no tenían en muy alta estima el movimiento obrero de la socialdemocracia, al que calificaban de «socialistas de las máquinas de vapor». Gustav Landauer se burla en su *Llamada al socialismo*: «El padre del marxismo es el vapor. Las mujeres ancianas profetizan desde los posos del café. Karl Marx profetiza desde el vapor».

Gustav Landauer, hoy olvidado casi por completo, era una de las figuras más importantes de estas alianzas neorrománticas en los años noventa del siglo XIX. En torno a Landauer y a los hermanos Hart se había formado alrededor de 1900 la Nueva Comunidad, cuyo fin era nada menos que crear una religión de la comunidad según el espíritu de la marcha en el primer Romanticismo, una religión que debía construirse sobre principios atribuidos a Fichte y a Novalis. Primero había que entrar en sí mismo y encontrar su centro mítico, su verdadero yo; y eso se consideraba el camino de Fichte. Luego, a partir del yo aprehendido de nuevo, había que crear una nueva comunidad en un sentimiento de simpatía y unidad, según el espíritu de Novalis. Ese proceso era sucesivo: primero hay que encontrarse a uno mismo separándose de los otros, para poder superar la alienación social y poder hacerse de nuevo capaz de comunidad. En una obra con el título programático de *Por la separación a la comunidad,* Landauer escribe:

> Y si nos hundimos profundamente en nosotros mismos, al final encontramos en el núcleo más íntimo de nuestra esencia escondida la sociedad más primitiva y universal: con el género humano y con el universo [...].

> ¡Lejos del Estado!, en la medida en que éste nos deje escapar o nosotros seamos capaces de acabar con él, ¡lejos de la sociedad de las mercancías y del comercio!, ¡lejos de los filisteos! Creemos una pequeña comunidad en la alegría y la actividad, transformémonos a nosotros mismos como hombres que viven ejemplarmente [...]. Nuestro orgullo nos ha de prohibir que vivamos del trabajo de estos hombres de nuestro propio linaje [...]. Aprendamos a trabajar, a trabajar corporalmente, a ser activos productivamente.

Cerca de Berlín, de aquel «gran Moloc», se fundó una comuna rural, con explotación campesina, artesanado e instituciones docentes. De noche había conferencias y recitales; se reflexionaba sobre la educación integral de los niños (Rudolf Steiner pertenecía al amplio círculo de la Nueva Comunidad); Fidus configuró los espacios y Henry van de Velde se encargó de crear los decorados interiores. La Nueva Comunidad se entendía enteramente como «un nuevo convento sin las limitaciones del monacato», como una «orden de la verdadera vida», que «había de configurar enteramente la vida a manera de una obra de arte en forma ética, religiosa y estética» (Heinrich Hart). La Nueva Comunidad era famosa por sus fiestas, a las que peregrinaba la crema cultural de Berlín: la Fiesta Tao, las Nuevas Dionisiacas, las Fiestas de las Tormentas de Primavera y en Navidad la Fiesta de la Autorredención. Una carta de Landauer nos describe una de estas ceremonias:

> Era un bello momento lleno de sentimiento religioso; estábamos acampados en un hermoso lugar a la orilla del lago; una luz preciosa de atardecer se derramaba en el lago y en los pinos, nubes de tormenta en el cielo y truenos lejanos, mientras se recitaba como introducción un poema de Heinrich Hart, al que siguió una conferencia de Julius Hart inspirada en las profundidades [...]. ¡Vida!, ¡Vida!, sonaba en las palabras de los dos hermanos, y la naturaleza nos devolvía el mismo grito.

La Nueva Comunidad fue una de las muchas comunas rurales, sin duda la más conocida, formadas en el marco del excursionismo y del movimiento de colonización. Ofrecía un modelo y, por la personalidad de Landauer, resultaba especialmente atractiva para artistas, escritores y filósofos, que querían dar a la vida de nuevo una significación romántica, inspirándose en Nietzsche.

Mientras tanto, el nombre de Nietzsche, también en otros círculos, se había convertido en distintivo de los nuevos románticos. Quien defendía la vida frente a convenciones burguesas, pensamiento utilitario y racionalismo, se remitía con gusto a Nietzsche. Las corrientes artísticas importantes a principios de siglo, el simbolismo, el Jugendstil, el expresionismo, se inspiran todas en Nietzsche. En estos círculos, todo el que se tenía por algo, gozaba de alguna *experiencia de Nietzsche.* Harry Kessler formuló en forma especialmente condensada cómo los miembros de su generación experimentaban a Nietzsche:

> No sólo hablaba al entendimiento y a la fantasía. Su repercusión era más amplia, profunda y misteriosa. Su eco, que era cada vez más intenso, significaba la irrupción de una mística en un tiempo racionalizado y mecanizado. Tendió el velo del heroísmo entre nosotros y el abismo de la realidad. A través de él, fuimos arrancados de esta época gélida, como hechizados y arrobados.

Frente a la cultura oficial en la Alemania guillermina, lo que sucedió en torno a 1900 fue precisamente la «irrupción de una mística». En Múnich se congregó alrededor de Alfred Schuler el círculo de los «cósmicos». También pertenecieron a él durante un tiempo Ludwig Klages y Stefan George. Schuler se hallaba influido por la investigación de los mitos de Görres y Bachofen, y había estudiado a fondo los textos ocultistas, desde los primeros gnósticos hasta Svedenborg. Pero no se sentía un investigador o receptor de los conocimientos correspondientes, sino un médium. Determinados objetos y temas, un viejo instrumento de culto, el sonido de un cacharro, ciertas personas, podían hacerlo vibrar, y entonces un torrente retórico se derramaba sobre los oyentes, un torrente que parecía cósmico a los familiarizados con el asunto y simplemente cómico a los extraños. Schuler encomiaba a las heteras y predicaba la homosexualidad; contra la enfermedad de la época recomendaba como medio salvífico los antiguos misterios, cuyo mensaje, decía, sólo es comprensible a los embriagados dionisiacamente y a los arrobados. Había meditado totalmente en serio un plan para rescatar de sus tinieblas al enfermo mental Nietzsche mediante danzas de coribantes. Sólo renunció a su propósito ante la falta de dinero para el equipo de danza que requería. Schuler no sólo recordó los antiguos mensajes y «recopilaciones de leyes consuetudinarias», sino que tenía también los suyos propios, que proclamaba medio en trance, por ejemplo, la doctrina del periodo originario, que podía representarse como irradiado de luz, lo mismo que el pleroma de los gnósticos. Según él, esta época áurea pereció con la catástrofe del «oscurecimiento»; siguió el periodo de la «vida escindida», de la alienación, de la formación de castas, de la coacción. Los poderes oscuros se manifiestan actualmente sobre todo en el «culto al dinero», y así se hacen con el dominio. Desencadenan un fanático activismo económico, que amenaza con transformar la Tierra en un paisaje lunar. Odian y persiguen a los portadores de las centellas de luz que todavía quedan, a los guardianes del «linaje luminoso». Schuler todavía no identifica abiertamente a los «ladrones de la luz» con los judíos, algo que sí hará más adelante Ludwig Klages cuando desarrolle las doctrinas de su amigo.

Los cósmicos buscaban una alternativa mística el desencanto del mundo moderno, y la buscaban en especulaciones filosóficas, en conjuros líricos, en conjuras secretas y en acciones rituales, que con frecuencia desembocaron involuntariamente en danzas de carnaval. Pero eso a veces también sucedía voluntariamente, pues los cósmicos se hicieron famosos por sus fiestas de carnaval. En tales ocasiones Stefan George actuó de César, Schuler de madre originaria Gea, Wolfskehl de Dioniso. Se danzaba en corros báquicos, se tocaba la flauta de Pan, se acampaba en pieles de tigre y se encendían lámparas con resplandor azul. En ocasiones, participaron ninfas de los distritos marginales de Múnich, y también robustos muchachos labriegos, en los que, en caso de necesidad, podía encarnarse el originario espíritu pagano de Germania. Al contemplar esa mística embriaguez festiva, Thomas Mann habla en el *Doktor Faustus* de la «permanente libertad de máscaras» en Schwabing antes de 1914.

La «irrupción de una mística» (Kessler), el retorno de la añoranza romántica de lo misterioso, se realizó también en formas sublimes y sin mistagogos.

En el periódico berlinés *Der Tag,* uno de los mayores diarios en lengua alemana, los días 17 y 18 de octubre de 1902 se publicó el relato titulado *Una carta,* de Hugo von Hofmannsthal. El subtítulo completo de esta obra de ficción es: «Una carta que Philip, Lord Chandos, hijo menor del conde de Bath, escribió a Francis Bacon, posteriormente Lord Verulam y vizconde de St. Alban, para excusarse ante este amigo por la renuncia total a la actividad literaria».

Con el tiempo, esta carta fue considerada un documento moderno relativo al escepticismo del lenguaje, en consonancia con el espíritu de Fritz Mauthner y del joven Wittgenstein, y como testimonio de una crisis creadora de la literatura moderna, que a través de uno de sus genios se expresó en la atmósfera de la Viena de fin de siglo. De hecho, la *Carta* narra la crisis de la decadencia del lenguaje y del pensamiento. Lord Chandos, mirando conscientemente a su rica y exitosa obra anterior, escribe: «He perdido completamente la capacidad de pensar o hablar coherentemente sobre cosa alguna».

Pero lo cierto es que ni el Lord ni Hofmannsthal perdieron en absoluto la capacidad de pensar y hablar con coherencia. La *Carta* misma demuestra brillantemente lo contrario. El autor escribe con pulcritud, en ingeniosos y vibrantes periodos, y en ellos piensa con exactitud y coherencia, con tanta coherencia que indica exactamente el punto en el que comienza el incitante misterio y se produce la ominosa «irrupción de una mística». Lord Chandos no enmudece, sino que escribe sobre el enmudecer y penetra en el terreno de lo supuestamente inefable. Con ello Hofmannsthal descubrió un nuevo continente para la literatura moderna y lo dejó despejado para la posterior colonización lingüística.

Se repite un proceso del Romanticismo histórico. Tampoco entonces los representantes de este movimiento se conformaban con la confesión de que más allá del lenguaje y del pensamiento está el misterio impenetrable. Querían penetrar en las zonas oscuras, y con esta exigencia, el lenguaje y el pensamiento tenían que hacerse elásticos y extenderse. Movilizaron un nuevo ejército de metáforas. Lo que se tenía por irracional, se encerró en una red de racionalidad ampliada. Es cierto que en presencia de lo monstruoso a veces sólo quedaba un ¡ay! al estilo de Kleist. Pero también esto era en todo caso un signo, era más que un mero enmudecer. Y tampoco en esta obra de Hofmannsthal sobre la crisis del lenguaje hay ningún enmudecer; más bien, captamos en ella el mismo movimiento, el mismo impulso de la conquista romántica del país. ¿De qué país se trata?

Antes de centrar nuestra mirada en este país que ha de conquistarse de nuevo para el lenguaje, hemos de esclarecer esta pregunta: ¿a qué se refiere la crisis y la experiencia vinculada a ella de la decadencia del lenguaje? ¿Cuál es el país de la erosión, que se transforma en un desierto y que había que abandonar?

La *Carta* nombra dos zonas críticas de la decadencia del lenguaje. Por una parte están las «concepciones religiosas», que le parecen «telas de araña a través de las cuales mis pensamientos disparan fuera, en el vacío». Por tanto, se da una decadencia del lenguaje en lo totalmente lejano, en lo sumamente universal, en Dios. Y luego se da también una erosión del lenguaje en lo medianamente universal, en los conceptos abstractos, que resumen ámbitos enteros del ser, o abarcan bajo su ámbito los usuales juicios axiológicos del bien y del mal. «Percibía una desazón inexplicable por el mero hecho de pronunciar las palabras "espíritu", "alma", o "cuerpo" [...]. Las palabras abstractas, de las que la lengua tiene que servirse por naturaleza para emitir algún juicio, se me descomponían en la boca como setas podridas.» Cuando maneja estos conceptos y juicios, tiene la impresión de hallarse en medio de un juego vacío del que ha escapado la realidad. «Entendía bien estos conceptos: veía que ascendía ante mí su admirable juego de relaciones como grandiosos surtidores que juegan con globos dorados.»

Por tanto, se trata de setas podridas o de grandiosos juegos de agua, pero ambos alejados de la realidad. ¿Qué realidad? También aquí se mencionan dos regiones, dos regiones de las que propiamente se trata y que habrían de hacerse accesibles de nuevo para el lenguaje. Son la individualidad de las cosas y de los hombres concretos, y la individualidad de la propia mismidad, dos esferas que se encubren en el misterio, a pesar de estar tan cercanas. He aquí la esfera que Lord Chandos menciona: «Lo más profundo, lo personal de mi pensamiento», y también la esfera de las cosas y esencias particulares fuera en el mundo: «Una regadera, un rastrillo abandonado en el campo, un perro al sol, un pobre cementerio, un tullido, una pequeña casa de labrador...».

Las reflexiones llevan al punto que la tradición filosófica del nominalismo medieval, que Hofmannsthal conocía a través de su profesor de filosofía Ernst Mach, formula así: el individuo es inefable. Hofmannsthal tiene que habérselas con el antiguo problema que los nominalistas llamaron la *haecceitas*, el «esto aquí». La realidad consta de puras cosas que son «esto aquí», también la propia mismidad es un «esto aquí» de ese tipo. Lo respectivo de cada uno es algo singular en su punto del espacio y del tiempo. Esa singularidad es su individualidad. Frente a esto, argumentan los nominalistas, todo concepto es algo abstracto, una mera palabra, que no desciende al plano de lo concreto, y tampoco asciende al rebosante concreto que llamamos Dios. Nunca podremos comprender a Dios, pero tampoco lo singular. Ni lo uno ni lo otro puede representarse exhaustivamente. Es inagotable lo totalmente lejano y lo cercano; por eso lo misterioso comienza en las cosas particulares, sean lo que fueren. Cuando Lord Chandos dice que la regadera, la casa de labradores, o el perro son para él «un receptáculo de mi revelación», no únicamente responde a su experiencia íntima, existencial, sino que se debe asimismo a la lógica del escepticismo nominalista del lenguaje y del concepto, que retorna con Hofmannsthal.

Su *Carta* es el texto programático de la mística poética, que quisiera otorgar lenguaje al interior inefable y a las cosas carentes de palabra. El lenguaje posibilita el «fluir más allá». ¿Hacia dónde? Allí están, por ejemplo, las ratas en su lucha mortal, y el escarabajo que se ahoga en una regadera. En todo ello no se trata de compasión, resalta Chandos, está de por medio algo que es simultáneamente más y menos que la compasión, algo que es un sumergirse en el «fluido de la vida y de la muerte», pero también una «participación» viva en las llamadas cosas muertas, que se nos muestran como si nosotros, cuando las percibimos y les damos nombre, hubiéramos de otorgarles por primera vez la confirmación de su ser, como si estuvieran ahí por primera vez cuando se reflejan en nuestra mirada y en nuestras palabras.

La *Carta* reflexiona sobre una crisis del lenguaje y a la vez quiere llevar al lenguaje algo no dicho todavía. El hombre se descubre en medio de la naturaleza como un ser que tiene lenguaje y al que, debido a ello, las cosas y las esencias pueden aparecerle como algo que impulsa a ser nombrado y comentado, encontrando en esta dimensión verbal algo así como palabras de redención. El hombre con su lenguaje da a la naturaleza un escenario en el que ésta puede aparecer. Sin el lenguaje humano, permanecería hundida y muda en sí misma. En *El origen del drama barroco alemán*, que Walter Benjamin publicó dos decenios después de la *Carta* y que Hofmannsthal elogió, su autor afirma: «La naturaleza se aflige porque es muda».

Se trata del misterio del mundo sin lenguaje. Concebir a un dios es un juego de niños en comparación con la dificultad de penetrar con el pensamiento en, digamos, una piedra. El verdadero misterio no es Dios, sino la piedra. Podemos entender muy bien a Dios como un principio espiritual, como un ser espiritual. Tiene una forma de ser como la nuestra. El caso de la piedra es diferente. Es claramente imposible imaginarse algo que no es espíritu ni alma y, sin embargo, está ahí, imaginarse esta piedra sin conciencia. ¿Qué tipo de mundo es ese que, como las piedras, es puro ser sin conciencia? ¿Cómo puede estar ahí si no sabe que está ahí? La conciencia ordinaria no capitula ante Dios, sino ante el ser sin conciencia, ante las piedras. Pero quizá los poetas no capitulan. En todo caso Hofmannsthal estaba dispuesto a aceptar este desafío, el de llevar al lenguaje un mundo «a través del cual los ojos nos conducen con obvia indiferencia».

Exactamente en este sentido entendió la tarea de la poesía Rilke, que tenía la misma edad que Hofmannsthal. También él proviene de la experiencia del escepticismo del lenguaje. Algunos años antes de la *Carta* de Hofmannsthal, escribió estos versos:

Tengo mucho miedo a la palabra humana,
los hombres dicen todo con suma claridad,
esto es un perro y aquello una casa,
aquí está el comienzo y allá el final.
Y temo su sentido, su juego a las burlas,
lo saben todo, lo que será y lo que fue,
en ninguna montaña les admiran alturas,
en Dios están los lindes de su jardín y bien;
clamo siempre y mando: lejos permaneced.
Oír cantar las cosas es el cielo que me gusta;
las tocáis: duras están y permanecen mudas.
¿Por qué todas las cosas muertas queréis ver?

Hay que tener precaución al hacer las palabras, pues ellas pueden vaciar el mundo, o provocar que se quede estrecho hasta convertirse en una prisión; no sólo designan, sino que también interpretan. Y esto puede convertirse en problema, pues hemos de advertir que «no estamos muy seguros, no nos sentimos en casa en el mundo interpretado».

Lo mismo que en Hofmannsthal, también en el Rilke de la crisis y del escepticismo del lenguaje brota una mística poética, que en la poesía crea un «espacio interior del mundo» en el que pueden resucitar las cosas de la vida exterior. En la novena *Elegía de Duino* leemos:

Y estas cosas que viven de la partida
entienden que tú su caducidad ensalzas;
salvación para lo perecedero ansían,
en corazones invisibles transformadas
quieren verse y tu ayuda solicitan;
en un infinito en nosotros transformadas,
por más que quién seas a decir no atinan.

Rilke, junto con Hofmannsthal y, naturalmente, con Stefan George, el gran tercero en la alianza, se hicieron representantes de la autoconciencia poética de un amplio público, y esto en una medida que no había vuelto a darse desde la aparición del Romanticismo temprano un siglo antes. En el *Diálogo sobre poesía* de 1903, Hofmannsthal escribe algo que los otros dos habrían podido decir de igual manera: «Si algo hace la poesía, es sorber con sedienta avidez de toda configuración del mundo y del sueño lo que posee de más propio y esencial, a la manera de aquellos legendarios fuegos fatuos que siempre chupan el oro».

El propio Hofmannsthal, no sólo su ficticio Lord Chandos, cuando escribió la *Carta* ya tenía a sus espaldas una obra rica que parecía haber creado con mano genialmente ágil: poesías, pequeños fragmentos, ensayos. Fue un niño prodigio; publicó sus primeros poemas cuando todavía era estudiante de bachiller; tuvo una irradiación hechizadora. Estaba enamorado de sí mismo y hundido en un mundo estético que había creado en torno a él. Constituía el punto central del círculo de artistas en Viena, tenía su corte en el café Griensteidl. Allí buscó Stefan George a principios de los años noventa al joven poeta. Lo más probable es que George estuviera un poco enamorado de Hofmannsthal. Y, sobre todo, éste era para George, que ya se sentía un maestro, el único que estaba a su altura. George se acercó a la mesa donde Hofmannsthal bebía su taza de café y hojeaba una revista ilustrada, y le hizo la ruda declaración de que diversos indicios apuntaban a que el joven «era uno de los pocos en Europa (y en Austria, el único) con el que deseaba entrar en contacto: se trata de la unión de aquellos que vislumbran qué es lo poético...». Así lo narró más tarde Hofmannsthal. Según parece, George se esforzó con mucha insistencia por conquistar al más joven. Estaba persuadido de que era necesario incluirlo en el círculo de la comunidad que comenzaba a congregarse en torno a él. Pero Hofmannsthal se cerró, aun cuando admiraba a George. Tras el primer encuentro en diciembre de 1891 le envió un poema con el texto:

> Muchas son las cosas por ti advertidas
> que en recintos secretos de mi ser están,
> tú fuiste para las cuerdas del alma mía
> los vientos que en la noche susurros dan.

De puertas afuera, Hofmannsthal siguió siendo cortés y complaciente, tal como correspondía a su manera de ser, pero en su diario anotó: «Miedo creciente: la necesidad de criticar al ausente». Lo cierto es que de hecho no lo criticó. Todavía mucho tiempo después del rechazo definitivo de la invitación personal, Hofmannsthal, en su *Diálogo sobre poesía* (1903), cita el poema «Venid al llamado parque muerto y mirad...», de George, como ejemplo de perfección lírica en el presente. Por tanto, Hofmannsthal se había sustraído, pero no dejó de admirar a George por haber logrado concluir el lírico círculo mágico en un momento en que a él mismo no se le daba la gran poesía. Hofmannsthal, en la *Carta* de Chandos, había elevado tanto las pretensiones de la mística poética, la cual había de espiar la auténtica esencia de las cosas del mundo, que con ello se excluyó a sí mismo de la producción lírica. George, en cambio, extendió su círculo, y fundó su *Estado estético*, tal como se lo había imaginado Friedrich Schlegel en sus audaces sueños. No deja lugar a dudas que Stefan George también era un romántico, incluso un romántico de estricta observancia. Basta con recordar aquella admirable poesía del *Nuevo Imperio* que se titula «La canción»:

> Un criado al bosque subió
> con barba aún sin poblar,
> en bosque de encantos se perdió,
> nunca más lo vimos regresar.
> El pueblo entero fue tras él
> del alba al atardecer.
> Ni rastro había de sus huellas,
> ya su muerte segura era.
> Siete años transcurrieron;
> pero una mañana estaba
> de pronto cercano al pueblo
> y al borde de la fuente andaba.
> ¿Quién puede ser éste?, dijeron,
> y extraños su rostro miraban.
> La madre muerta y el padre muerto,
> nadie más conoce su cara.
> Me perdí hace ya muchos días
> en el bosque prodigioso,
> llegué en ocasión festiva
> y a casa me llevaron pronto.
> Pelo dorado lleva la gente
> y piel como la nieve tiene...;

sol y luna allí así se llaman,
así el lago y la montaña.
Los presentes se carcajearon,
¿tan temprano de vino cargado?
Vacuno le dieron a guardar,
y dijeron: loco ha de andar.
Cada día al campo caminaba
y se sentaba en una piedra.
Hasta la noche profunda canta
y nadie por él despierta;
sólo niños su canción celebran
y se sientan a su vera;
tiempos hace que está muerto
y hasta muy tarde cantan ellos.

Hofmannsthal, Rilke y George aportaron un nuevo brote romántico, otra vez se logró aquel «y el mundo empieza a cantar si encuentras la palabra mágica...». En cierta manera, actuaron de dignatarios oficiales y embajadores del reino poético, y en cuanto tales tuvieron gran repercusión. Son una excepción de la regla que el 27 de abril de 1838 formuló con cierta acritud Friedrich Hebbel en una carta: «Exceptuados los pocos que producen algo incluso en lo lírico, no llegan hoy a cinco los hombres que en Alemania tienen un juicio sobre estos tiernos nacimientos del alma».

En la Alemania guillermina se daba también un Romanticismo de tipo especial al margen de la «irrupción de una mística» y de la sublimación lírica. Oswald Spengler decía: «Cuando [...] hombres de la nueva generación se dirigen a la técnica en lugar de la lírica, a la marina en lugar de la pintura, a la política en lugar de la crítica del conocimiento, hacen lo que yo deseo, y no se les puede desear nada mejor». De hecho, en el ascendente poder industrial de Alemania, la atención se dirigió cada vez más a la técnica, a la marina y a la política, y el representante supremo, el emperador, encarnaba esta nueva voluntad de poder de forma ingeniosa, sobre todo después del asunto de Eulenburg, que lo convirtió en sospechoso de ser un afeminado romántico, y que le hizo adoptar una actitud especialmente beligerante. Además, su talento de actor lo inducía a escenificar la política como baile de disfraces, en el que podía triunfar como jefe de los hunos, cruzado y jefe industrial.

Cuando Lord Haldane, ministro inglés de la Guerra, que había cursado estudios filosóficos y había traducido a Hegel, llegó a Berlín en febrero de 1912 para lograr que Alemania se moderara en la dotación armada de la flota, visitó el cementerio de Dorotheenstadt. Encontró bastante descuidados los sepulcros de Fichte y Hegel y lo comentó por la noche en el banquete. El emperador contestó riendo y rechinando: «Sí, en mi imperio no hay ningún puesto para tipos como Hegel y Fichte». No es ninguna casualidad que esa escaramuza en el banquete estuviera en conexión con la política referida a la construcción de la flota, pues ésta era una pieza del Romanticismo que realmente existía en el imperio alemán. Marina en lugar de poesía, había proclamado Oswald Spengler, y el emperador añadió: «Marina en lugar de Hegel y Fichte».

Marina y Romanticismo, ¿qué relación guardan? La marina era un asunto del corazón de la sociedad burguesa. La construcción de la flota militar, con la que la política oficial después de la salida de Bismarck quería señalar sus límites a Inglaterra y conquistar una posición imperial en la escena mundial, era una empresa no sólo práctica, sino también simbólica, era un respiro para los frustrados sueños de poder de los burgueses, a los que, por otra parte, se mantenía alejados del poder político. *«A las naves»,* había sido la consigna de la marcha romántica, desde Herder hasta Nietzsche; y ahora los ingenieros, apoderados y profesores de instituto la tradujeron a una realidad robusta con un nuevo giro romántico. El domingo los niños vestían de marineros, los restaurantes al aire libre se empavesaban con los emblemas de los famosos barcos de guerra, en las asociaciones de constructores de la flota naval se presentaban orquestas de instrumentos de viento y coros masculinos. En el Ejército, la antigua nobleza seguía marcando el tono; por el contrario, en la marina la burguesía podía hacer carrera. El programa de la flota se hizo tan popular, que casi se convirtió en símbolo de la conciencia nacional, que soñaba con su poder en el mundo, acerca del cual se creía entonces que sólo se podía conseguir como poder marítimo. Tirpitz, el director del programa, se mostró como un genial especialista en propaganda y en organización. A finales del siglo XIX se convirtió en inventor y pionero de la moderna movilización de masas, que luego el siglo XX desarrolló con suprema perfección.

Y sin embargo, todo eso era romántico, en el sencillo sentido de no realista y de soñador. La flota irritó a Inglaterra y dio impulso a una coalición enemiga; y a la hora de la verdad fue poco eficaz, como se demostró luego en la guerra. Los barcos alemanes habían sido construidos para grandes y decisivas batallas, a las cuales Inglaterra no tenía por qué prestarse. Inglaterra podía construir líneas de bloqueo lejos de las costas alemanas y asegurarlas con naves pequeñas y ágiles, mientras que la flota alemana de alta mar se quedó en sus puertos sin cumplir ninguna función, y mostró lo que en realidad era: el arte por el arte, el juguete romántico de una burguesía que se había dedicado a soñar, en lugar de actuar racionalmente. El hecho de que, precisamente en estos barcos, comience al final de la primera guerra mundial la revolución de noviembre, es la ironía de esta historia de un Romanticismo político en la Alemania guillermina.

Al principio de aquel conflicto, Thomas Mann es uno más de aquellos ciudadanos que se arrobaban con sentimientos patrióticos. Inicialmente comparten ese sentimiento los ciudadanos normales. En agosto de 1914 las letras alemanas sacaron a la luz un millón y medio de poemas dedicados a la guerra. Incluso Rilke había escrito: «Estoy salvado, pues la exaltación cunde».

La exaltación o conmoción se hacía notar en todas partes mientras en las horribles batallas reales no se experimentó la seriedad de la guerra, y mientras se mantuvo vivo el recuerdo glorificado de las victoriosas y rápidas guerras de 1866 y 1870. En agosto de 1914 los soldados marcharon al campo de batalla con la expectativa de una lucha entre caballeros a la antigua usanza, y quedaron sorprendidos por las nuevas técnicas de la matanza industrial de masas, que sustrajeron al Romanticismo el suelo de la lucha viril. Había también una insatisfacción y un aburrimiento a causa del largo periodo de paz. Aluden a ello los versos de Rilke: «Al fin un Dios. Puesto que ya no solemos sentir al pacífico, de golpe es el Dios de la batalla el que nos ha exaltado». Las ideas que en agosto de 1914 escribió Thomas Mann en *Pensamientos en la guerra* están redactados en el mismo tono. En ellos habla de «modales cancaneantes» de la época de paz, que ahora encuentra su final merecido: «Espantoso mundo, que ahora ya no es, o que nunca más llegará a ser, cuando haya pasado el vendaval». Thomas Mann escribía esto mientras averiguaba por carta entre sus conocidos cuál era el mejor medio para no ser llamado a filas. Puesto que tuvo la suerte de librarse, pudo limitarse muy relajadamente a «vivir al estilo de un soldado, pero no como soldado». Con estas palabras entendía «el servicio de los pensamientos con el arma», tal como puede leerse en el prólogo a *Consideraciones de un apolítico*.

Thomas Mann había iniciado este escrito indignado por la carta abierta de Romain Rolland a Gerhart Hauptmann, en la que censuraba que las tropas alemanas hubiesen violado la neutralidad belga, recordaba a los escritores y agentes culturales de Alemania la tradición humanista y los invitaba a una alianza pacífica de la inteligencia. La carta distinguía entre la Alemania de Goethe, que es la verdadera, y la militar, que es la falsa. Este documento, junto con otras declaraciones de contenido parecido que procedían de extranjeros adversarios a la guerra, brindaron la ocasión para numerosas tomas de posición de intelectuales contrarios a la guerra, por ejemplo, la Declaración del 16 de octubre de 1914, suscrita por 3016 profesores universitarios. Los que suscriben este documento están indignados porque «los enemigos de Alemania [...], supuestamente en aras de nuestro bien, quieren hacer una distinción entre el espíritu de la ciencia alemana y lo que ellos llaman militarismo prusiano». Se extendió la tendencia a no distanciarse del «militarismo», pero tampoco se quería asumirlo simplemente como un hecho bruto; se quería extraer de él algo significativo. Una fiebre de interpretación sin igual se apoderó de los exaltados. Erich Marcks, en una frase que daba en la diana del tono fundamental de esta marea de toma de posiciones, escribía: «En verdad son precisamente las fuerzas más profundas de nuestra cultura, de nuestro espíritu y de nuestra historia las que soportan y animan esta guerra». Tienen ahora su coyuntura proclamas de identidad nacional de muy robusta naturaleza. También Thomas Mann se deja influir por este clima. Afirma que la guerra es un acontecimiento en el que «la individualidad de los pueblos particulares aparece poderosamente con sus fisonomías eternas», las cuales sólo pueden captarse con una «psicología al estilo de la pintura al fresco». Con fines combativos, se diseñan rápidas tipologías de filosofía de la cultura de gran estilo. En Inglaterra se habla de un vendaval de los hunos contra la civilización europea, y en Francia se dice que la barbarie asiática está en lucha contra la razón. En Alemania las antítesis se desarrollan rápidamente: comunidad orgánica frente a la sociedad fría, héroes contra comerciantes, sentimiento frente al entendimiento, las ideas de 1789 –libertad, igualdad, fraternidad– contra las ideas alemanas de 1914: deber, orden, justicia.

En los frentes patrios las matanzas sangrientas son interpretadas como batallas entre espíritus. Max Scheler escribe que en la guerra crece el hambre de «concepción autónoma y original del mundo». Pero de hecho las concepciones apenas son originales, en general son las transmitidas, que ahora reciben una interpretación nueva para atribuir a la guerra profundidad y significación. Las cabezas realmente políticas, desde Max Weber hasta Carl Schmitt, tenían un sentimiento de repugnancia ante esta atmósfera. Max Weber fustiga las «habladurías y maneras de escribir de los literatos», que confunden los productos de su mentalidad con el pensamiento político. Y para Carl Schmitt, tal como escribirá más tarde en su crítica del Romanticismo político, la exaltación metafísica de lo político es «ocasionalismo» desnudo, o sea, una actitud que toma lo real tan sólo como ocasión para una producción de ideas enamoradas de sí mismas.

Cuando Thomas Mann desarrolla las *Consideraciones de un apolítico*, que habían sido pensadas originalmente como un escrito de ocasión, y les da el peso y la extensión de una obra principal, que lo ocupará durante cuatro años, también procede de manera ocasionalista, pues toma la disputa con la política bélica y el pacifismo como ocasión para reflexionar sobre su propia actividad artística y para establecer el nexo con la tradición cultural. A este respecto él se define, por expresarnos con un solo término, como romántico irónico, y acerca de la época romántica que es vinculante para él, sostiene: «Será celebrada siempre como un acontecimiento sumamente mágico de la historia europea del espíritu y de la cultura».

Thomas Mann se sirve de la distinción, ya en uso desde hacía mucho tiempo, entre cultura y civilización. Pero es nueva la agudización de la antítesis en la que se apoya, surgida al comienzo de la guerra. Hasta pocos años antes era usual en Alemania entender la civilización y la cultura como aspectos complementarios en el marco de una cultura total, que tiene, por una parte, aspectos civilizatorios, referidos a las formas técnicas y materiales de vida, así como a costumbres, y, por otra, aspectos culturales, entre los cuales están sobre todo las obras artísticas, científicas y religiosas. De ahí se deducía que lo civilizatorio era considerado más bien como exterior, y lo cultural como interior; pero no se cuestionaba que ambos aspectos desempeñan su función en las respectivas culturas nacionales. El hecho de que surgiera una oposición, que luego sirvió de elemento de contraste entre las naciones, es una interpretación que se insinúa en Paul de Lagarde y en Julius Langbehn, ambos filósofos populares de la cultura en Alemania a finales de siglo; mas por primera vez antes de la guerra, y durante la contienda, irrumpe la ominosa antítesis con energía polémica. Thomas Mann la utiliza y le da un significado especial, en el que irradia la distinción de

Nietzsche entre lo dionisiaco y lo apolíneo. Según este significado, la civilización es apolínea, tiende a conservar la vida, es optimista, alivia, es racional, fomenta los buenos modales. Ata las tendencias oscuras, las civiliza. Es una superficie en la que se puede vivir. En cambio, lo dionisiaco es profundo, elemental, instintivo, salvaje y también malo. En la civilización apolínea tenemos un sentimiento de familiaridad; lo dionisiaco, por el contrario, remite a lo monstruoso, que puede expresarse románticamente o de otras maneras, o bien dominarse o incluso eliminarse en el estilo apolíneo.

El Occidente es apolíneo y socrático, optimista. Pero la cultura alemana, según Thomas Mann, tiene en sí más fuerza elemental de tipo dionisiaco. Dicho con toda brevedad: es más música que democracia. Y música significa: tragedia, embriaguez, placer en la disolución y en la muerte, bajo figuras como Eros, Tristán y Dioniso. Thomas Mann se remite a Schopenhauer, Nietzsche y Wagner; a su juicio, ellos han tocado el fondo oscuro y, a partir de la «voluntad, de la locura y de la aflicción» han creado grandes obras modélicas. Thomas Mann es lo suficientemente arrogante para colocarse en esta serie, es un dionisiaco con camisa de cuello doblado y duro.

Para él lo dionisiaco es a la vez lo romántico. Y desde su punto de vista el Romanticismo es el conjunto de lo alejado de la política. Es «sueño, música, dejar ir, sonido de corneta de postillón, añoranza de lejanía y de la patria, lanzamiento de cohetes en el parque nocturno». Tomó esta caracterización de *De la vida de un tunante,* de Eichendorff, que a su juicio es el ejemplo más impresionante de una poesía que es tan perfecta porque, «de una forma que hoy es absolutamente desconcertante, se encuentra en un estado de inocencia y atrocidad política». El tunante es alegre, pero el narrador tiene un fondo melancólico, pues sabe que la dicha de la poesía no es enteramente de este mundo y no puede realizarse de otra manera que en la poesía. La política de lo «meliorativo» no puede cambiar nada en esto. En arranques y giros siempre nuevos delimita Thomas Mann el ámbito de la poesía, que merece ser protegido frente a la política en un doble sentido: ni puede sacarse política de la poesía, ni la política puede echar allí la zarpa. El gran adversario es el espíritu de la primacía de la política. Lo proyecta en la figura de los literatos de la civilización, para la cual, según es sabido, tomó como modelo a su hermano Heinrich.

Mas ¿por qué razón este miedo a la política? ¿Qué ha de temer de la política el espíritu del tunante? ¿Hay realmente un peligro por esta parte? Thomas Mann pinta en el muro el espectro terrorífico de una «Ilustración que se tiene simplemente por mejor» y de la «filantropía revolucionaria», como si el espíritu de progreso de la democracia social no tolerara la figura del tunante. En esta época Thomas Mann se equivocó en la dirección política. Lo que a él le horroriza como espíritu del oeste, sólo se hace realidad en 1917, con la Revolución rusa; en ella se produce la reducción terrorista del hombre a un animal de trabajo socialmente útil. Ahora los tunantes, los «ruiseñores» de Heine, corren peligro de verdad.

La bella falta de razón en los tunantes es para Thomas Mann uno de los resortes poéticos que debe conservarse. El otro es el asunto de la muerte y de su añoranza, este «fáustico aroma, esta cruz, muerte y sepultura». Teme que también esos sentimientos oscuros, de los que vive el arte, sean negados por el espíritu de la civilización, que se ha conjurado para conseguir a cualquier precio lo útil para la vida. Los «correctos» de la civilización en la época, escribe, no toleran ninguna tragedia, les resulta sospechoso el «pesimismo», y también el delicado enlace de Eros y Thanatos.

En el proceso de preparación de *Consideraciones de un apolítico* Thomas Mann tomó como patrón de medida a Nietzsche. A él se remite cuando ilumina dionisiacamente su actividad artística y mantiene distancia frente al espíritu del progreso, de la utilidad social y de la democracia.

Treinta años más tarde, en 1947, Thomas Mann dirige de nuevo la mirada a Nietzsche en el gran ensayo *La filosofía de Nietzsche a la luz de nuestra experiencia*, una pieza colateral de su trabajo sobre el *Doktor Faustus*. Ahora llama a Nietzsche el «esteta sin salvación», al que no se habría de imitar en un determinado aspecto. A diferencia de Nietzsche, no deberíamos avergonzarnos de los conceptos de «verdad, libertad y justicia», aunque no sean atractivos estéticamente. Habría que hacer lo políticamente racional, aunque estéticamente no sea interesante y, a la inversa, no habría que intentar traducir a la política sus obsesiones estéticas sobre «la cruz, la muerte y la sepultura», tal como él mismo había intentado en las *Consideraciones*, en este «servicio del pensamiento con el arma». Entonces había tomado posición contra la politización del arte y con su actitud antipolítica en definitiva hizo política al servicio del germanismo. Ahora ya sabe que es un peligro no sólo la politización del arte, sino también la estetización de la política. Los que «se rebelan en nombre de la belleza», escribe en el ensayo sobre Nietzsche, con frecuencia olvidan que la política ha de defender lo usual y el compromiso, que ha de estar al servicio de la posibilidad de vivir. Pero el arte se interesa por estados extremos, es radical, y sobre todo, en Thomas Mann está enamorado de la muerte. En artistas verdaderos la exigencia de intensidad es más fuerte que la voluntad de la propia conservación, a cuyo servicio está la política. Si la política pierde esta orientación, se hace peligrosa para la comunidad. Y por eso Thomas Mann previene frente a la «inquietante cercanía» entre «esteticismo y barbarie».

Thomas Mann se mantuvo fiel a sus *Consideraciones* durante toda su vida, pero en los años tardíos procuró que las obsesiones estéticas no se expandieran excesivamente en otros ámbitos de la existencia. Había comprendido muy bien la teoría de la diferenciación de esferas de valor de Max Weber. De acuerdo con él, el dionisiaco tiene que serenarse antes de entrar en el terreno político. Y así procedió Thomas Mann: estéticamente bebía vino, políticamente predicaba agua. E incluso pudo apoyarse para ello en la idea nietzscheana del sistema bicameral de la cultura, un sistema donde en una cámara se calienta genial y románticamente, mientras que en la otra se enfría racionalmente con miras a la conservación de la vida.

# Capítulo 16

«¿Dónde estamos? ¿Qué es esto? ¿Hacia dónde nos absorbe el sueño?» Éstas son las preguntas del narrador hacia el final de *La montaña mágica*. Hans Castorp lleva ya siete años en el sanatorio. Era auténticamente romántico lo que lo mantuvo hechizado allá arriba y lo retuvo por arte de magia: este contraste de Eros y Thanatos; este silbar del neumotórax; las meditaciones sobre el tiempo y el aburrimiento; el golpear de puertas de Madame Chauchat; los grandes debates entre Naphta y Settembrini sobre la Edad Media y la Ilustración, sobre el orden sagrado y el progreso humano; el duelo de pistolas en la nieve; este «se acabó»... de Mynheer Peeperkorn que corta cualquier explicación. Eran exuberancias en una «seguridad de sombras» en la que casi nada había cambiado. Sólo que Hans Castorp ahora también se sienta a veces en la mala mesa de los rusos y ya no se hace enviar los Maria Mancini de Bremen, sino que prefiere los cigarrillos suizos de la marca Rütlischwur.

Pero mientras tanto, en la llanura ha comenzado la guerra, que llama a los jóvenes a las armas. También Hans Castorp de pronto se encuentra de nuevo en el campo de batalla, bajo una lluvia de granadas, en el fango y en la muerte de Langemarck. También él canta, igual que, según se afirmaba, los regimientos de los jóvenes voluntarios de guerra, apenas instruidos en el uso de las armas, en la niebla flamenca de noviembre se lanzaron cantando contra las ametralladoras del ejército profesional británico y fueron pulverizados a millares en pocas horas. Hans Castorp, sin respiración y casi sin juicio, canta la canción romántica del *Lindenbaum:* «Y sus ramas susurran, como si me llamaran»; así «perdemos de vista» a este «niño achacoso» de una época que al final explota. En el momento en que el protagonista desaparece, el narrador le envía todavía el saludo:

Aventuras tuviste en la carne y el espíritu,
acciones que tu sencillez llevaron a medrar,
hicieron que tenga sobrevivencia en el espíritu,
lo que en la carne apenas ha de perdurar.

¿Cuánto Romanticismo sobrevivió a esta guerra?

Podría pensarse que en el horror de las batallas de material se quemó también todo resto de Romanticismo. Pero no fue éste el caso. Hubo románticos elegiacos que fueron a la guerra como exploradores, como quien va a un gran *viaje*, y que glorificaron su destino como un sacrificio. *El caminante entre dos mundos,* de Walter Flex, se convirtió en un libro de culto de esta generación. Se publicó en 1916 y fue uno de los libros más leídos en la época de Weimar. En torno al autor, que cayó en 1917, se formó un culto a los muertos, que cultivaron sobre todo los gremios de juventud y los círculos del romanticismo nacional. Una piedra conmemorativa en el alto frente al Wartburg se convirtió en lugar de peregrinación. En el centro de la narración autobiográfica se eleva Ernst Wurche, un estudiante de teología y explorador, un carismático caudillo joven que está igualmente cerca de ambos mundos, de la tierra y del cielo, de la vida y de la muerte, y que lleva consigo en la mochila los poemas de Goethe y el *Zaratustra* de Nietzsche. En una ocasión aparece en un alto, desnudo y vuelto al sol después del baño, como en el *Lichtgebet* de Fidus: «El joven aparecía, delgado y claro, sobre el fondo floreciente, a través de sus manos suavemente extendidas pasaba el sol resplandeciente». El narrador y Wurche, entre dos movilizaciones, experimentan los días encantadores de principios de verano, con largas excursiones y guardias nocturnas junto al fuego. El amigo, que después de estos días glorificados caerá en el siguiente combate, ya está señalado por la próxima muerte. El acontecer se halla envuelto en una atmósfera de entrega y melancolía, que recuerda de lejos *El gran Meaulnes,* de Alain-Fournier. Se describe una historia de amor homosexual en la guerra, suavemente erótica, entregada al destino y llena de añoranza, un recuerdo de la guerra, con lamentos, pero sin acusación, más melancólica que militante. Acierta con el tono del conjunto la poesía con que empieza la narración:

Ocas silvestres susurran por la noche,
con penetrante grito hacia el norte.
Viaje inconstante, ten gran cuidado,
lleno está el mundo de asesinados.

Había en el frente luchadores que encontraban en el horror y en la aniquilación otro aliciente oscuro. Ernst Jünger, herido en multitud de ocasiones y merecedor de altas condecoraciones es un ejemplo famoso. En los recuerdos de guerra contenidos en *Tempestades de acero* escribe: «Nos fue concedido vivir en los rayos invisibles de grandes sentimientos, ésa es nuestra ganancia incalculable». A este respecto los grandes sentimientos tienen que ver menos con el patriotismo que con Nietzsche. Jünger describe momentos extáticos en el límite de la muerte, aquellos instantes que Nietzsche llamó «cumbres del arrobamiento». Acerca de un fracasado asalto en las cercanías de Cambrai narra Jünger:

> Por fin me había alcanzado una bala. A la vez que percibía el balazo sentí que aquel proyectil me sajaba la vida [...]. Mientras caía pesadamente sobre el piso de la trinchera había alcanzado el convencimiento de que aquella vez todo había acabado, acabado de manera irrevocable. Y sin embargo, aunque parezca extraño, fue aquél uno de los poquísimos instantes de los que puedo decir que han sido felices de verdad. En él capté la estructura interna de la vida, como si un relámpago la iluminase.*

La guerra no es sólo destructiva. Según Jünger, también puede producir una transformación dramática. Se quema el confort material y espiritual de la civilización, y queda el núcleo endurecido de la persona, que ya no se engaña con ficciones y a la que ya no se le puede disimular nada. Para el que se ha endurecido en tempestades de acero es despreciable una cultura de la benevolencia y de la vida placentera. Una persona así evita la temperatura media y la actitud moderada. Le atraen lo caliente, lo frío y lo radical. El guerrero, tal como Ernst Jünger lo eleva a figura cultural, ya no se deja seducir por las delicias de la cotidianidad, y tampoco por el espíritu humanístico, que tan abiertamente experimentó su bancarrota en la guerra mundial. «La mejor respuesta a la alta traición del espíritu contra la vida es la alta traición del espíritu contra el espíritu; y pertenece a los altos y crueles disfrutes de nuestra época participar en este trabajo de minar y volar.» A través de un trabajo semejante han de despejarse los accesos al «espacio elemental». Ése es el espacio más allá, o por debajo, de la seguridad

* Ernst Jünger, *Tempestades de acero,* Tusquets Editores, col. Tiempo de Memoria n.º 45/1, Barcelona, 2005, pág. 299, trad. de Andrés Sánchez Pascual. *(N. del E.)*

burguesa. Es la versión belicista de lo dionisiaco. Jünger refiere explícitamente el espacio elemental al «espacio romántico». Romanticismo significa para él añoranza de peligro, de sentimientos fuertes, de vida en el límite; es la expresión de un «corazón aventurero». Pero el Romanticismo se limita a prometer una aventura, sin serlo él mismo. La verdadera aventura sólo la trajo la guerra, que abrió el espacio elemental. En comparación con esto el espacio romántico es un «parque nacional» o una sala de espera. En el espacio elemental ya no se añora el peligro, pues está allí, y ya no se vive en el límite, pues éste ha sido rebasado ya. Más allá de tales límites de protección burguesa, los corazones aventureros se rigen por esta pauta:

> Nunca nos pararemos en ningún lugar donde la llamarada no nos haya trazado el camino, donde el lanzallamas no haya realizado la gran limpieza a través de la nada. Porque nosotros somos los auténticos, verdaderos e implacables enemigos del burgués, su descomposición nos da alegría. Pero nosotros no somos ciudadanos. Somos hijos de guerras y de guerras civiles; y sólo cuando se haya limpiado todo esto, el espectáculo de los círculos que giran en el vacío, podrá desarrollarse lo que todavía se esconde en nosotros de naturaleza, de elemental, de auténticamente salvaje, de capacidad para la generación real con sangre y semilla. Sólo entonces se dará la posibilidad de nuevas formas.

Ernst Jünger declara explícitamente que los tunantes románticos de antaño son los guerreros de hoy. Lo que une a ambos, dice, es el asco por la «vida de los tenderos». Eichendorff da un sentido metafórico al grito de batalla: «¡Guerra a los filisteos!»; pero ese sentido metafórico se convirtió en sangrienta seriedad en los disturbios de la guerra civil de los años veinte. Los «hijos de la guerra y de la guerra civil», que Jünger ensalza, ya no buscaban lo extraordinario en lo imaginario, en el sueño y en la poesía, sino, en parte, también en la realidad del matar. Lucharon en el cuerpo de voluntarios de la República de Weimar, participaron en intentos de golpe de Estado y en muertes decretadas en secreto, y crearon aquel ambiente militante del que también procedía Adolf Hitler.

Pero este tipo de guerrero se daba también en la extrema izquierda y en el ambiente militante de los anarquistas, cuyos adictos pensaban de forma igualmente antiburguesa y se sentían unidos con lo elemental, contra el capitalismo y la gente provinciana de partido. Como correlato izquierdista de Ernst Jünger podemos referirnos a Franz Jung. Su libro sobre la lucha entre sexos, *El libro de los imbéciles,* fue celebrado como una culminación de la prosa expresionista. Se movía entre los bohemios anarquistas de Múnich y en Berlín pertenecía al círculo de los dadaístas. La época de lucha de Jung no tuvo lugar precisamente en la guerra, pues desertó y fue encerrado en un manicomio, sino después. Abandonó el Partido Comunista de Alemania porque lo encontraba poco militante. En 1920 se embarcó para asistir en Rusia al congreso de la Internacional Comunista. Junto con Max Hoelz participó como dirigente en las luchas de marzo del centro de Alemania y, según relató, fue utilizado por el funcionario comunista Ernst Reuter-Friesland, posterior alcalde en funciones de Berlín occidental, para preparar un atentado con bomba en un edificio de la Nollendorfplatz de Berlín. Después de 1924 se desligó de la política comunista, abrió una agencia de cambios que especuló con Rusia, y financió la ópera *Mahagonny*, de Brecht. Sin duda, Jung era un hombre de corazón aventurero. Abogaba por un Romanticismo objetivo, por un anarquismo capaz de servirse de las máquinas. El título programático de una de sus novelas es, precisamente, *La conquista de las máquinas.* El Estado es para él la suma del dominio del pasado muerto sobre la vida actual. En el ensayo *Técnica de la felicidad,* de 1920, dice: «El Estado, comoquiera que esté construido, nunca será la cristalización del contenido de lo vivo en la vida». Por tanto, hay que eliminarlo y crear algo nuevo en su lugar. Pero no aclaró en qué debía consistir la novedad. Lo nuevo ha de ser capaz de expresar en las formas institucionales solamente «el ritmo de la comunidad, que es a la vez la vida y la felicidad». «Ritmo» es la romántica palabra mágica de Franz Jung. El ritmo deshace la rigidez y hace que la sociedad se convierta en comunidad. Se trata de poner en «vibración» la vida y las cosas; ése es el Romanticismo de Franz Jung. El psicoenergético Franz Jung, radical de izquierdas, lo mismo que Ernst Jünger, orientado políticamente más bien hacia la derecha, están en relación con los impulsos románticos de los primeros años de la República de Weimar.

A principios de 1919, Max Weber, en sus dos famosos ensayos de Múnich sobre la *Ciencia como vocación* y la *Política como vocación* había analizado la exigencia de reencanto y prevenido frente a los «profetas de la cátedra», especialmente en los casos en los que el «pneuma profético» sopla en la arena política. Con su advertencia, Max Weber había revuelto poderosamente al público. Llovieron las críticas, las imputaciones y las calumnias. Murió en 1920 y, en caso de vivir, no habría podido componérselas con todo lo que salió a escena en lo tocante a profecías, visiones, doctrinas salvíficas y concepciones del mundo. En los primeros años de la República de Weimar, a los «profetas de la cátedra» les surgió una fuerte competencia. Era la época de la inflación de santos que querían redimir Alemania o el mundo en la calle, en los bosques, en los mercados, en las carpas de circo y en trastiendas de tabernas llenas de humo. *La decadencia de Occidente*, de Oswald Spengler, de la que se vendieron trescientos mil ejemplares en aquellos años, fue el mayor esbozo teórico (luego, mil veces imitado) por lo que se refiere a interpretaciones del mundo apocalípticas y basadas en un renacimiento radical. Casi todas las ciudades contaban con uno o más *salvadores*. En Karlsruhe, alguien que se hacía llamar Torbellino Originario prometía a sus adictos la participación en las energías cósmicas; en Stuttgart actuaba un Hijo del Hombre que invitaba a una redentora cena vegetariana; en Düsseldorf un nuevo Cristo predicaba el inminente final del mundo e invitaba a retirarse en la meseta montañosa Eifel. En Berlín el Monarca Espiritual Ludwig Haeusser llenaba grandes salas, donde exigía «la más consecuente ética de Jesús» en el sentido del comunismo originario, propagaba la anarquía del amor, y se ofrecía a sí mismo como «caudillo para la única posibilidad de evolución superior del pueblo, del Imperio y de la humanidad». Los numerosos profetas y sujetos carismáticos de aquellos años tienen casi todos una actitud milenarista y apocalíptica, son laberintos de revoluciones al final de la guerra, decisionistas de la revolución del mundo, metafísicos convertidos en salvajes y negociantes en la feria de las ideologías y de las religiones sustitutivas. Quien se preocupaba de ellas con seriedad, guardaba distancia frente a ese escenario de porquería, pero las transiciones eran fluidas. Y esto vale igualmente para la escena política en sentido estricto, donde también prosperaban con abundancia, a derecha e izquierda, el mesianismo y las doctrinas salvíficas. En la época de la República de Consejos de Múnich, un edicto redactado por Ernst Toller y Erich Mühsam anuncia la transformación del mundo en «una pradera de flores, en la que cada uno puede cultivar su parte»; quedan derogados el trabajo explotador y el pensamiento jurídico, y se exige a los periódicos que en la primera página, junto con los más recientes decretos de la revolución, publiquen poemas de Hölderlin o Schiller.

El espíritu febril de aquellos años se lanzó en todos los campamentos políticos a dar sentido a lo que carecía de él. Sólo los dadaístas, que se presentaban bajo la capa de cínicos y no hacían sino escenificar la ironía romántica, ofrecían indicios de estar escaldados y adelgazados metafísicamente.

Ya durante la guerra, en Berlín, Zúrich y otros lugares, los dadaístas se habían burlado del esteticismo del círculo de George, del apasionado «¡Oh, hombre!» del expresionismo, del tradicionalismo en los filisteos de la cultura, de las pinturas metafísicas del cielo, pues todas estas ideas habían vuelto a quedar estrepitosamente en ridículo ante la realidad de la guerra. La provocación de los dadaístas consistía sobre todo en que, a la pregunta de qué pretendían oponer a todo esto, respondían: ¡nada! Nosotros queremos eso que de hecho ya se da. En el *Manifiesto Dadá* leemos que el dadaísmo «dilacera todos los lemas que suenen a ética, cultura e interioridad». Eso significa: un tranvía es un tranvía, la guerra es guerra, un profesor es un profesor, una letrina es una letrina. Quien habla demuestra con ello que, ante la tautología lacónica del ser, se refugia en la tautología locuaz de la conciencia. «Con el dadaísmo adquiere sus derechos una nueva realidad.» Esta realidad nueva está abandonada por todos los buenos espíritus y ha demolido el confort cultural. «La palabra "Dada" simboliza la relación más primitiva con la realidad que nos rodea.» Se da sólo esto aquí, y esto aquí, y esto aquí. «Ser dadaísta significa dejarse arrojar por las cosas [...]; sentarse un momento en una silla significa poner la vida en peligro.» El dadaísta se burla de la añoranza romántica del más allá y de los asaltantes del cielo. ¿Por qué no dejarse caer a sí mismo y dejar caer las cosas? «No voy a perder tanto la cabeza como para no estudiar las leyes de la caída de los cuerpos mientras caigo», afirma Hugo Ball. Sin embargo, los dadaístas, por lo menos la mayoría de ellos, a pesar de su tendencia a destruir las imágenes y a su asco frente a la cultura, persisten en la búsqueda de lo prodigioso. Hugo Ball, después de un acto dadaísta, anota en su diario, titulado *La huida del tiempo:* «Sin duda hay también otros caminos para alcanzar el prodigio y también otros caminos de contradicción». Los dadaístas siguieron siendo a su manera metafísicos secretos e inquietos, aun cuando incitaran a la desconfianza frente a las bellas y altisonantes palabras. No hay que prestarse a las ficciones en tiempos de creciente disposición al abuso del crédito y a las ofertas de un futuro diferente, un futuro que de ninguna manera está en nuestras manos. Los dadaístas abogan por desocupar la colina de los estrategas de las grandes declaraciones sobre el mundo.

No obstante, estos virtuosos de la sobriedad no expresan la situación general del estado de ánimo. En general las personas no estaban dispuestas a aceptar el desencanto del mundo moderno, tampoco en la escena intelectual. El espíritu del realismo y de la política real (Coalición de Weimar) después de 1920 ya no podía alcanzar ninguna mayoría, y la llamada de Weber a la sobriedad encontró poca acogida entre los exaltados. Eduard Spranger resumió así en 1921 la protesta contra la objetividad de Weber y su renuncia a la metafísica: «La nueva generación [...] espera con fe un renacimiento íntimo [...]. El joven respira y vive hoy más que en ningún tiempo a través de la totalidad de sus órganos espirituales». Hay, añade, un «impulso a la totalidad» y a la vez «una añoranza religiosa: un nuevo intento de palpar el camino para pasar de las relaciones artificiales y mecánicas a la metafísica que brota eternamente».

En este contexto vamos a narrar un suceso prodigioso, un acontecimiento de auténtico encanto dionisiaco, ante el que Nietzsche no habría podido menos de recordar sus memorables frases:

> Con la magia de lo dionisiaco [...] se restablece la alianza entre hombre y hombre [...]. Ahora [...] cada uno no sólo se siente unido, reconciliado, fundido con su prójimo, sino que se siente simplemente uno, como si se hubiera rasgado el velo de Maya y no hiciera ya otra cosa que aletear en harapos ante el misterioso uno originario.

En el verano de 1920, uno de los representantes de esta inflación de santos desató una verdadera furia de danza en el antiguo país alemán de Turingia, y también un hermanamiento en el «ritmo de la comunidad» conjurado por Franz Jung. De repente se vio que Hegel tenía razón cuando dijo sobre la verdad que es «un delirio bacántico en el que no hay miembro que no esté ebrio». Lo cierto es que los danzantes no estaban ebrios en el sentido usual, si bien tampoco estaban serenos sin más. Digamos con Hölderlin que eran «santos serenos».

El 14 de mayo de 1920, un grupo de jóvenes sale de una pequeña ciudad en Erzgebirge para emprender una marcha a través de Franconia y Turingia. A medida que transcurre el verano, el grupo crece hasta convertirse en una marcha triunfal. Los participantes se denominan la Nueva Grey. Su aglutinante es Friedrich Muck-Lamberty, un pequeño y delgado tornero de Alsacia, de cabellos medianamente largos y peinados rigurosamente hacia atrás. Es un Cristo con sandalias. A la gente culta le evocaba la figura de Stefan George. Tiene una voz profunda y rica en modulaciones. Resulta agradable escucharlo. Habla sin adornos literarios, pero en tono suave y penetrante. Quien ha estado alguna vez con él, difícilmente lo olvidará. Un testigo presencial recuerda:

> Su agudo perfil se alzaba frente al sol poniente, y todos susurraban con devoción. Todavía hoy lo veo ante mi persona, sin poder decir cuál era el motivo de la fascinación que ejercía en mí y en los otros. Hablaba sobre Dios y el mundo, sobre el *tiempo nuevo*, que es un tiempo de penuria, y decía que se debe producir un *cambio necesario* [...], y que quien esté dispuesto a ir con él, ha de arrojar su dinero en la lona extendida.

Aunque Lamberty habla de «lucha por la comunidad del pueblo contra todo lo maligno, contra la explotación», en él y en los suyos todo se desarrolla muy pacíficamente. El movimiento popular de la juventud está en marcha, con guitarra y vestidos suaves y ondeantes elaborados con sus propias manos. Al principio son veinte, pero aquel verano llegaron a congregarse hasta cinco mil personas para recorrer el país.

En otro relato leemos:

> Encontré a Muck Lamberty y a su grey en Turingia. Me pareció una cruzada de la devoción. Jóvenes y muchachas en un santiamén convertían indolentes ciudades pequeñas en alegres y vivas comunidades de hombres. Muck predicaba devoción y veracidad *interior* [...] desde los púlpitos de las iglesias. Y todavía hoy este encuentro singular entre pequeñas ciudades y excursionistas está rodeado de tal resplandor, que todas las personas se acuerdan de él como una leyenda deliciosa.

La grey busca también soledad, se separa de la multitud, acampa en lugares recónditos. En Rudolfstadt, mientras se celebra una fiesta popular corre la noticia de que el grupo de Lamberty está en las cercanías. La gente sale en su búsqueda y la fiesta se vacía, algunos se enfadan y arman un escándalo, mientras fuera en la pradera se canta y danza. En Jena los estudiantes lo reciben en un tropel multicolor. La multitud se arremolina en torno a Lamberty para protegerlo. Lisa Tetzner, que en aquella época viaja a Turingia, encuentra la nueva grey precisamente cuando ésta abandona una ciudad:

Una masa innumerable de hombres se acerca arrolladoramente a la montaña. Parece que todos los varones de la ciudad se hubieran puesto en marcha. Por delante avanza un pequeño grupo de muchachos y muchachas especialmente vestidos [...]. Y por delante de ellos ondea una bandera azul con una cruz blanca gastada por el viento y el sol. Por doquier se añaden numerosos niños [...]. Pero no sólo siguen niños, sino todo un pueblo multicolor. Y sentí que de esta masa en marcha irradiaba algo, como si en esta hora hubieran recibido un gran mensaje y quisieran salir a buscar la salvación. Su caminar es un alado avanzar...

En las plazas de las ciudades y de los pueblos canta y danza la muchedumbre y arrebata a todos en el delirio de la danza, que se hace cada vez más fuerte según va creciendo la fama que precede a la multitud. Entrando en detalles: la muchedumbre forma un círculo, entona canciones populares o del cancionero *Zupfgeigenhansel.* Se añade gente y se forman otros círculos, que se mueven lentamente y se entrelazan, avanzando, saltando y sobre todo balanceándose. Balancearse es la expresión preferida de la grey de Lamberty. Los presentes se tutean y se toman las manos; naturalmente el estado de ánimo es erótico, pero con moderación. Se entona una y otra vez *Rundinella-rula.* Suenan los instrumentos: violines, flautas, laúdes. La Nueva Grey incluso lleva consigo una gaita. Les arrojan flores recién cogidas; desde las ventanas las personas mayores saludan con pañuelos de color. Cuando llega la noche se encienden farolillos en los árboles. La situación se prolonga varios días y cada vez se reúne más gente, llegada de los alrededores. De vez en cuando, los congregados ensayan, los niños en el patio de la escuela, los mayores detrás de la casa. Un estudiante de bachillerato de la época narra cómo en la plaza de la catedral de Erfurt contempló un mundo fuera de quicio. Era incapaz de reconocer a los profesores, incluso al director se le vio

danzar con una risa rabiosa en la cara mientras volaban los faldones de su levita. Nosotros nos burlábamos y gastábamos bromas pesadas, también sobre los otros profesores, que de la noche a la mañana parecían haber olvidado su dignidad académica. Pero, sorprendentemente, pasada media hora nosotros mismos empezamos a danzar; estábamos ebrios y a la vez sorprendentemente serenos, era un estado osadamente aventurero.

Erfurt fue el punto culminante de aquel delirio de la danza, pero también de la devoción. Ritzhaut, el párroco de la ciudad, que al principio se había pronunciado contra la actividad de la grey, relata:

> Llega la oscuridad. Se rompen los círculos. La multitud se acerca arrolladoramente a las altas escaleras de la catedral y asciende por ellas. La catedral contempló admirada el juego: ha visto ya muchas cosas, últimamente hasta la revolución, pero en la amplia plaza a sus pies nunca ha visto algo tan admirable y ajeno a toda guerra. Ya no son dos o tres mil, como por la tarde, al atardecer hay cinco o seis mil [...]. Nunca me ha producido una impresión tan fuerte una multitud humana que no deja de crecer [...], que en las horas crepusculares de la tarde reposa en lo alto de las escalas entre las poderosas construcciones monumentales de la Edad Media. Sobre nosotros hay un cielo claro y sin nubes. En las escaleras más altas reposa la grey en torno a su estandarte. Los hombres, mayores y pequeños, se acurrucan en las escaleras. En la plaza se ensancha la multitud, aligerándose en los márgenes, quebrándose en zigzag y perdiéndose en las calles más silenciosas. Comienzan los cantos.

Naturalmente esta historia termina como terminan todas las demás, con pecado original y expulsión. A principios de octubre de 1920, la Nueva Grey vuelve por la misma ruta a su punto de partida y se instala en el Leuchtenburg, junto a Kahla. En la primavera se proponía de nuevo «volar por el país». Hay proyectos para ocupar a la gente con trabajos de talla de madera y carpintería. Pero llegan rumores malignos. Una mujer del entorno de la grey acusa a Lamberty ante las autoridades de que «ha profanado el santuario de la feminidad» y «comercia con un harén». Era imposible negar aquellos rumores, pues sencillamente había demasiadas mujeres jóvenes que estaban enamoradas de Muck, y éste no ocultaba su propósito de no reducir el amor al matrimonio. Se propagaba difamatoriamente que Lamberty sin duda había confundido «el fervor con el amor sensual». La grey tuvo que abandonar Leuchtenburg. Permaneció unida, pero se retiró de los lugares públicos. Sin embargo, el legendario verano de 1920 permaneció inolvidable para propios y extraños.

Diez años más tarde, Hermann Hesse publicó la narración *El viaje a Oriente*, que comienza de este modo:

> Puesto que me fue concedido experimentar algo grande, puesto que yo he tenido la dicha de pertenecer a la alianza y de ser uno de los participantes en aquel viaje singular, cuyo prodigio irradió entonces como un meteoro y más tarde cayó tan sorprendentemente en el olvido, e incluso en descrédito, me he decidido a osar el intento de una breve descripción de este viaje inaudito.

Es un viaje fantástico, pero también hay en él numerosas resonancias de verdaderos *viajes,* alianzas y movimientos de marcha en los primeros años veinte. Y una vez incluso se encuentra una alusión explícita a los danzantes de Turingia:

> Nuestro pueblo [...], conmovido por la guerra, desesperado por las penurias y el hambre [...], también tuvo acceso a ciertas elevaciones del alma; había comunidades bacánticas de danza [...], aquí y allá había indicios que parecían apuntar al más allá y al prodigio.

A los viajeros al Oriente, a los de la narración y a los de la realidad, los une la «disposición para lo suprarreal». El sueño del Romanticismo, que la narración representa, se alimenta de los movimientos milenaristas de aquellos años, lo mismo que, a la inversa, estos movimientos se sienten unidos con lo imaginario, que les proporciona toda una tradición todavía viva. Por eso en la fiesta en Bremgarten, un punto cumbre de la narración, se encuentran todos juntos: Novalis, Hoffmann, Clemens Brentano; y también aparecen muchas figuras que ellos inventaron, y que actúan de un modo todavía más vivo que sus poetas.

En la «alianza» se unen los peregrinos románticos; es una Alemania secreta de la poesía, en camino hacia las metas añoradas, las cercanas y las lejanas, las presentes y las pasadas. Unos se sienten atraídos por la tierra santa de los cruzados en la época del emperador Hohenstaufen; otros por el viaje a través del Mar de la Luna hacia Famagusta; por la isla de las mariposas más allá de Zipango; por el convento en Maulbronn; por el Wartburg de los certámenes de trovadores; por las orgullosas casas patricias de la antigua Augsburgo o las extensiones que atravesó don Quijote. Pero el «Oriente» es el prototipo de la búsqueda romántica. No sólo era «un país o una región geográfica, sino que era además la patria y la juventud del alma, era el en todas partes y en ninguna, significaba la unificación de todos los tiempos».

Pero no sólo se trata de marchas románticas. El relato recuerda también que no sólo la poesía sino, ya antes, el horror de la guerra, ha creado «un extraordinario estado de irrealidad». Hay una conexión sutil entre esta «irrealidad» de la guerra y la «irrealidad» de lo poético. En la guerra la realidad misma parece tan loca, que en comparación con ella la locura del mundo poético puede presentarse como transición de la locura cruel a la bella. El narrador, que, después de la enigmática dispersión de la alianza y de la interrupción del gran viaje, intenta describir sus vivencias y se desespera porque no lo logra, se encuentra con un conocido que experimenta dificultades semejantes en la descripción de sus vivencias de la guerra, que son de tipo muy diferente. El viaje al Oriente y la guerra están unidos por la separación de lo cotidiano, de la vida ordinaria. Los «pueblos y bosques arrasados, los temblores de tierra bajo el fuego graneado» están tan «inefablemente lejos» como la mágica fiesta de la alianza en Bremgarten. Ambos acontecimientos se sustraen en la lejanía del sueño. El uno no puede narrar porque es demasiado terrible y el otro porque es demasiado bello. ¿Tenía razón Rilke cuando aseguraba que: «la belleza no es sino el comienzo de lo terrible»?

Lo que al final queda claro y no sorprende tratándose de Hesse es que la narración trata también de la exposición de un viaje hacia dentro, de la historia de la reunificación de una persona escindida. El narrador fracasa primero en el intento de describir aquel legendario viaje de alianza interrumpido en circunstancias sorprendentes, hasta que encuentra al sirviente Leo, súbitamente desaparecido. Leo es el centro mágico de la alianza, algo que sólo se advierte después de su separación. Sin él se deshace la magia. Leo es el espíritu de la poesía, y el narrador ha de comprender que no puede disponer de él, sino que permanece abocado a su donación. Lo creador es un acto de gracia.

Mas no es ésa la única razón de que el narrador se vea acechado por dudas sobre sí mismo y por tribulaciones. Dentro del estado de ánimo de la Nueva Objetividad, a finales de los años veinte, no puede menos de preguntarse: ¿en qué medida era realidad la alianza? ¿En qué medida era realidad el viaje? Y la pregunta no sólo es si aquel viaje romántico es «narrable», sino también «si fue experimentable». El autor ve el viaje al Oriente como una empresa romántica que ya no encaja, o todavía no encaja en la época.

En la provincia, en el campo y en las pequeñas ciudades, la fantasía romántica encontró un buen suelo nutricio también en los años de la Nueva Objetividad, de la momentánea coyuntura económica y de la estabilización política. Pero en Berlín, ciudad hacia la que se desplazaba principalmente la escena intelectual, triunfó el nuevo espíritu, que estaba muy escaldado en lo tocante al Romanticismo. El Berlín del emperador había sido impresionante, y el nuevo Berlín resultaba irresistible, con su «atmósfera bella, seca, reservada, pero no fría, con una dinámica indescriptible, ilusión de trabajo, afán emprendedor, disposición a tragarse los golpes duros y seguir viviendo». Los «silenciosos en el país», que se cuentan ahora entre los últimos mohicanos del Romanticismo, como, por ejemplo, Ernst Wiechert, oyen otras voces y sueñan con otras promesas: «Quiero darte un campo y un lago silencioso, donde ya no tendrás que atormentarte [...]. Ahora descansa, siervo mío». Para el conservador Romanticismo del suelo, y a veces también de la sangre, Berlín es una Babel del pecado, una «sala de muertos» y un «desierto, sobre el que colgaba una Luna verdosa [...], problemática como toda luz en esta ciudad»; es una red de relaciones para los que no se relacionan, un tejido del dinero, del tráfico, del ritmo rápido, de las noticias, de las palabras inflacionarias. Es una nada ruidosa, dice la provincia; un lugar de la «movilización total», afirma Ernst Jünger, el escenario de la «transformación de la vida en energía, tal como se manifiesta en la economía, en la técnica y en el tráfico por el zumbar de ruedas, o en el campo de batalla como fuego y movimiento». El dinámico y objetivo Berlín, en términos de Jünger, es sencillamente «la potencia de la vida». Es una movilidad muy distinta de la que se da en los viajes románticos, en «aquellas ondas en el torrente eterno de las almas».

El nuevo espíritu objetivo de Berlín se define como decididamente antirromántico, como movilidad frente al enraizamiento, frialdad contra calor, olvido frente al recuerdo, distracción contra la concentración, transparencia frente a lo impenetrable, claridad contra la oscuridad, lo inequívoco frente a lo que está entre dos luces. Bertolt Brecht, la estrella de los escenarios, publica un *Libro de lectura para los habitantes de la ciudad.* Las «doctrinas del comportamiento de la frialdad», usando un giro de Helmut Lethen, se ofrecen en un nuevo espacio social: mantén distancia, considera los alojamientos como provisionales, desconfía, ahorra tus palabras, no prometas nada, no te dejes atrapar, sé indolente, no dejes apagar el cigarrillo. «Siéntate en cualquier silla que encuentres, pero no te quedes sentado...» Y sobre todo y en todo momento: «Borra las huellas».

Se usa un tono frío y desilusionado. Gottfried Benn escribe en 1930:

> Ya no hay ningún destino, las parcas han pasado a ocupar un puesto de directoras en una empresa de seguros de vida, en el Aqueronte se ha puesto un cultivo de anguilas, la antigua representación de lo terrible en el hombre se presenta en la apertura de la exposición de higiene como algo en lo que todos pueden participar, mientras que la moda alemana de desfilar con vestidos de diversos colores se reduce con profunda emoción a su contenido normal.

Ahora bien, estos tonos, este estilo, eran de mera temporada. Ni siquiera Benn se hacía ninguna ilusión sobre la breve vida de la desilusión. En la «nueva temporada literaria», escribe, la gente no está dispuesta a que le hablen de esta «exuberancia en el bosque y en el valle...». La situación puede cambiar en la siguiente temporada.

De hecho, el estilo reservado no se mantuvo largo tiempo. Con la crisis económica y la agudización de las tensiones políticas, con el crecimiento del extremismo de derechas y de izquierdas, regresa la excitación febril de los tempranos años veinte; vuelven los atentados y la esperanza densa del gran momento.

En realidad, la Nueva Objetividad ya sabía de todo esto. Aunque su metafísica no era de altos tonos, había insistido en el presente del espíritu. Sólo admitía como buen nivel lo que estaba «a la altura de los tiempos». Para Brecht, el boxeador se convierte en una figura cultural, es el atleta de la presencia de espíritu. El buen boxeador tiene un instinto para el instante en el que debe agacharse y en el que debe golpear. Las fantasías de la movilidad de la Nueva Objetividad están dominadas por la obsesión de que se puede malograr el propio tiempo igual que se pierde un tren. En un ambiente de vida desestabilizado, espiritual y materialmente, la presencia de espíritu se convierte en el gran ideal. De esta presencia de espíritu trata también la novela de Kafka *El castillo,* en la que se percibe su adecuación a la época. En sus páginas, la ocasión desaprovechada y la falta de presencia de espíritu se convierten en un escenario metafísico de horror. Por ejemplo, el agrimensor Josef K. se duerme cuando debía acudir a una cita con las autoridades del castillo. Quizás habría podido salvarse.

Lejos de Berlín, en Friburgo, Heidegger conjura el temple romántico del instante y de la decisión. «El instante», escribe, «no es otra cosa que la mirada de la resolución, en la que se abre y mantiene abierta la situación plena de una acción.»

El descubrimiento y la caracterización del «instante» en Heidegger son sintomáticos de la conciencia de crisis al final de la república, de una conciencia que se hace cada vez más fuerte. El diagnóstico dominante del tiempo en los últimos años de Weimar busca la verdad histórica no en el continuo del tiempo, sino en el desgarro y en la rotura. Las *Huellas,* de Bloch, la *Dirección única,* de Benjamin y *El corazón aventurero* de Ernst Jünger son buenos ejemplos. «El ahora de la posibilidad de conocer es el instante del despertar», escribe Benjamin. La historia se entiende como un cráter volcánico: no acontece, sino que entra en erupción. Por eso hay que estar en el lugar con rapidez interpretativa antes de quedar sepultado. Quien ama el instante, no ha de preocuparse excesivamente de su seguridad. Los instantes peligrosos exigen corazones aventureros. Puesto que la «historia del mundo progresa de catástrofe en catástrofe», según las palabras de Oswald Spengler, hay que hacerse a la idea de que lo decisivo sucede «de pronto», «súbitamente como un relámpago, como un terremoto [...]. Y allí hemos de desprendernos también de las concepciones del siglo pasado, tal como [...] se dan en el concepto de "evolución"». Los esbozos filosóficos de la ruptura de los tiempos, desde la «oscuridad del instante vivido», de Ernst Bloch, hasta el «instante de la decisión» de Carl Schmitt, desde el «espanto súbito» de Ernst Jünger hasta el *«kairós»* de Paul Tillich, se referían todos ellos, al igual que Heidegger, al «instante», cuya carrera había empezado en Kierkegaard.

Con su «instante», que es el momento en que Dios irrumpe en la vida y el individuo se siente llamado a la decisión, a osar el salto a la fe, Kierkegaard se pone de moda. Desde Kierkegaard, el «instante» se convierte en fanal de los virtuosos antiburgueses de la religión al estilo de un Carl Schmitt, que se extravía con su mística del instante en la política y en el derecho público, o de un Ernst Jünger, que con dicho concepto va a parar entre los guerreros y surrealistas. Frente a la llana normalidad de la estabilidad burguesa está el penetrante disfrute de una infinitud intensiva en el instante.

Kierkegaard fue uno de los pensadores del siglo XIX que consagraron el siglo XX en el misterio del instante. El otro fue Nietzsche. El instante de Kierkegaard significaba la penetración de lo completamente otro. El instante de Nietzsche significa desprendimiento de lo acostumbrado. En el instante del «gran desprendimiento» se produce para Nietzsche el nacimiento del espíritu libre: «El gran desprendimiento se produce [...] de pronto, como una sacudida sísmica: el alma joven se estremece de una vez, se suelta, se arranca [...]. Se produce una aspiración revolucionaria, arbitraria, de carácter volcánico, que impulsa a caminar».

En el instante de Kierkegaard irrumpe algo, en Nietzsche se rompe algo. En ambos casos se trata de estados de excepción. Y sólo a partir de allí se esclarece lo que quedaba escondido en la vida cotidiana. «Lo normal no prueba nada, la excepción lo demuestra todo [...]. En la excepción la fuerza de la vida real rompe la corteza de una mecánica petrificada en la repetición.»

Las frases mencionadas están tomadas de la *Teología política,* de Carl Schmitt, que aboga por decisiones que, «vistas normativamente, han nacido de la nada». La decisión no tiene otro fundamento que la voluntad de poder y la intensidad de vida de un instante. Schmitt, que otrora criticó la política romántica como ocasionalismo, se adhiere ahora indirectamente a una política romántica de la soberanía en el numinoso estado de excepción. «Es soberano quien decide sobre el estado de excepción [...]. El estado de excepción tiene para la jurisprudencia una significación análoga a la del milagro.»

Se nota que la objetividad esforzada ha quedado atrás; penetra de nuevo la voluntad de prodigio y misterio, o sea, lo romántico. Heidegger, en su famoso curso dedicado a *Los conceptos fundamentales de la metafísica,* de 1929-1930, dice que se trata de acoger el instante del «espanto interior», que «lleva en sí todo misterio y otorga su grandeza al ser-ahí».

Demorémonos todavía un instante en Heidegger. Tres años más tarde, cuando los nazis han tomado ya el poder, pronuncia su *Discurso del rectorado*, no como simple simpatizante, sino como revolucionario decidido, que se ha hecho un nacionalsocialismo a su medida. ¿Qué sucede a su juicio en esta revolución?

En ella, fantasea Heidegger, una elite del pueblo se hace cargo conscientemente del «abandono del hombre actual en medio del ente». Eso significa, con una doble alusión a Nietzsche, que, por una parte, «Dios ha muerto» y, por otra, esta elite del pueblo se niega manifiestamente a pertenecer a los «últimos hombres», acerca de los cuales Nietzsche ha afirmado en *Así habló Zaratustra* que son los que han encontrado la «dicha» cómoda y han abandonado la región «donde era duro vivir», y que en lugar de eso se conforman con sus «pequeños placeres para el día y para la noche» y «veneran» su salud. En buena manera romántica, Heidegger introduce una crítica de los filisteos para deslindar su elite frente a lo ordinario. Con ello parece dirigirse solamente contra la pequeña burguesía. Pero la revolución nacionalsocialista no sólo es para Heidegger, tal como afirma más tarde, lucha contra el desempleo, eliminación de un parlamentarismo que no funciona, revisión del Pacto de Versalles y renovado sentimiento de comunidad, sino que es algo mucho más sublime, es el intento de «dar a luz una estrella», dentro de las huellas de Nietzsche, en un mundo sin dioses. Y por eso Heidegger tira de todos los registros de un Romanticismo político-metafísico, con el fin de dar a los acontecimientos una profundidad insospechada.

Los estudiantes que le escuchan atentamente a sus pies, y los jefes del partido, los profesores, los notables, los funcionarios del ministerio y los jefes de sección con sus mujeres son tratados por Heidegger como si pertenecieran a la tropa de choque metafísica, que marcha a la región del «más agudo peligro del ser-ahí en medio del poder dominante del ente». Y Heidegger se escenifica a sí mismo como jefe espiritual de las tropas de choque. No cabe duda de que el orador pretende revalorizarse a sí mismo junto con los oyentes. Todos juntos pertenecen a la tropa de choque, a la grey temeraria, y el jefe, todavía un poco más. Todo gira en torno al peligro, aunque se pierde de vista el simple hecho de que en esta situación era más peligroso no pertenecer a las ominosas tropas de choque de la revolución.

Heidegger «romantiza» de forma fatal, por cuanto concede «un sentido elevado a lo común, un aspecto misterioso a lo ordinario».

Y «romantiza» en un sentido más amplio. Instrumentaliza lo arcaico con fines políticos. Es conocido el procedimiento de las consignas «fidelidad a los Nibelungos» y la «puñalada por la espalda», que resuenan en los años de Weimar. En 1930 Thomas Mann había prevenido frente al peligro «de las antigüedades explosivas».

Una «antigüedad explosiva» se encuentra también en el discurso de Heidegger, concretamente en el pasaje donde habla de los tres servicios: «de trabajo, de defensa y de saber». Aquí utiliza la venerable imagen de los tres órdenes: labradores, guerreros y sacerdotes, imagen que dominó la imaginación social de la Edad Media. Los medievales definían así este orden: «Triple es, pues, la casa de Dios, que se habita en unidad: aquí en la tierra los unos rezan, los otros luchan, y otros trabajan; los tres se pertenecen mutuamente y no toleran el desmembramiento, de tal manera que en la obra de uno descansan los otros dos, en cuanto todos conceden su ayuda a todos».

En la imagen medieval de los «tres órdenes», los sacerdotes unen el organismo social con el cielo. Ellos se cuidan de que las energías espirituales circulen en lo terrestre. En Heidegger los filósofos o, más exactamente, la filosofía que se ha adueñado de su tiempo, asume la posición de los sacerdotes. Pero donde una vez estaba el cielo, está ahora lo oscuro del ser que se esconde, la «incertidumbre del mundo»; y los nuevos sacerdotes ahora se han convertido realmente en los «lugartenientes de la nada», y posiblemente son más osados todavía que los guerreros. Ya no tienen ningún mensaje que puedan llevar del cielo a la tierra, y, sin embargo, todavía sale de ellos una irradiación debilitada de aquel antiguo poder sacerdotal que otrora se fundaba en el monopolio de las grandes cosas invisibles y desbordantes.

Heidegger se mezcla como sacerdote en la política y toma la palabra cuando se trata de propinar el golpe de muerte a la República de Weimar. Quince años antes, a principios de la República, Max Weber, en su discurso de Múnich sobre *La ciencia como vocación,* había pedido a los intelectuales que soportaran el «desencanto del mundo». La gran redención, la salida de la caverna carecen de perspectiva, y Max Weber ya prevenía frente al turbio negocio del reencanto por obra de los *profetas de la cátedra.* Tampoco Heidegger tenía en alta estima a estos profetas. Él mismo no pretendía serlo. Pero los profetas de la cátedra son siempre los otros.

¿Cómo llegamos a casa?, preguntó Heidegger, con Novalis; y describió el retorno a casa, que para él significa una irrupción hacia el ser, como un suceso que ha de realizarse «con total seriedad y en el completo desencanto de un preguntar puramente objetivo».

Pero ahora Heidegger se mantiene erguido y marcial, con tintineantes palabras, como sacerdote sin mensaje del cielo, como el jefe metafísico del batallón de asalto, rodeado de banderas y estandartes. En el curso sobre Platón se había identificado en sueños con la función del liberador, que desencadena a los cautivos en la caverna y los conduce a la luz. Ahora advierte que los moradores de la caverna están ya todos en marcha. Sólo hace falta que él se ponga a la cabeza.

Estamos ante una pieza doctrinal acerca de cómo lo mejor es mantener el Romanticismo alejado de la política. Pero en la cultura alemana, no solamente en ella, aunque especialmente en ella, se da la tentación de un cortocircuito entre romanticismo y política. Asistimos a un desconocimiento de los límites de la esfera política, donde todo habría de girar en torno a la razón pragmática, la seguridad, la concordia, la fundación de paz y la justicia, y no en torno al afán de aventuras, a la búsqueda de extremos, a la avidez de intensidad, al amor y a la complacencia en la muerte. Pero se introduce siempre la tergiversación de que en la política se busca algo que nunca puede encontrarse en ella: redención, el verdadero ser, respuesta a las preguntas últimas, realización de los sueños, utopía de la vida lograda, el Dios de la historia, apocalipsis y escatología. Quien busca estos elementos en la política pertenece al Romanticismo político. Poco antes del final de la República, Paul Tillich, condensó inolvidablemente este fenómeno afirmando que es el intento, destructor de toda razón política, «de engendrar a la madre a partir del hijo y de hacer venir al padre desde la nada».

# Capítulo 17

El gran filósofo de la religión Paul Tillich, en *La decisión socialista*, terminada poco antes de su expulsión de Alemania en 1933 y en parte impresa bajo la presión de la situación política, había incluido en el Romanticismo político el movimiento nacionalsocialista, junto con otras agrupaciones populares y nacionalistas. Definía el Romanticismo como una actitud del espíritu que, en lugar de entregarse a la aventura de la autodeterminación, intenta encontrar refugio en los «poderes originarios» del suelo, del linaje y de la sociedad transmitida, con sus costumbres y estatutos. Pero, según Tillich, como estos poderes primigenios ya no existen en su forma originaria, el Romanticismo se compromete a «hacerlos rebrotar». Y esto conduce a la paradoja resumida de manera tan impresionante en la mencionada frase de Tillich, en la que dice que tal tipo de Romanticismo contiene «en cierta manera la exigencia de engendrar a la madre a partir del hijo y hacer venir al padre desde la nada».

Nacionalsocialismo es Romanticismo político. Éste es un diagnóstico emitido inmediatamente antes de que Hitler tomara el poder; y podríamos citar muchas voces críticas de los últimos años de la República de Weimar que opinan de igual manera.

También después del derrumbamiento de la dictadura se establecen una y otra vez relaciones entre el nacionalsocialismo y el Romanticismo. Victor Klemperer escribe:

> Tenía y tengo un conocimiento muy concreto del vínculo estrecho entre nazismo y Romanticismo alemán [...]. Pues todo lo que constituye el nazismo está contenido germinalmente en el Romanticismo: el destronamiento de la razón, el hombre llevado a la esfera animal, la glorificación del pensamiento del poder, del animal depredador, de la bestia rubia.

Para las interpretaciones marxistas, marcó la pauta Georg Lukács. En su libro *El asalto a la razón* sostiene que el Romanticismo es el fatal punto de viraje de la historia del espíritu alemán. Desde su perspectiva, la vida desinhibida irracionalmente venció sobre la razón humanista y con ello preparó directamente el irracionalismo del nacionalsocialista. También las voces de algunos burgueses conservadores llegaban a un resultado semejante. Fritz Strich, en el prólogo escrito después de 1945 al libro *Clasicismo alemán y Romanticismo*, cuya primera edición es del año 1922, escribe: «Si entonces era una tarea sacar a la luz los derechos del Romanticismo frente al clasicismo, hoy confieso que la evolución de la historia me ha llevado a reconocer en el Romanticismo alemán uno de los mayores peligros que luego condujeron al infortunio que se precipitó sobre el mundo».

¿Es el Romanticismo la prehistoria del infortunio? Hay dos historiadores decisivos de las ideas que lo han visto así: Isaiah Berlin y Eric Voegelin.

Para Isaiah Berlin, el Romanticismo alemán puso en juego un genial «desenfreno»: la imaginación subjetiva que tomó el poder primero en el ámbito espiritual y luego en la política, lo cual condujo a la destrucción de los tradicionales órdenes humanos. Según Berlin, el Romanticismo pudo incubar monstruos políticos porque, primero de forma lúdica y genial, pero luego de manera práctica, rindió homenaje al principio de que la voluntad creadora individual es más fuerte que toda estructura objetiva «del mundo a la que hayamos de adaptarnos».

Eric Voegelin considera deplorable que Alemania, a principios del siglo XIX, se configurase como nación precisamente bajo el signo del Romanticismo. Según él, el Romanticismo consciente de sí mismo rechazó el «orden teomorfo» del mundo y lo sustituyó por un imaginativo poder propio, que luego fue proyectado al pueblo. Así surgió aquel peligroso desenfreno del que también habla Berlin. ¿Fue el Romanticismo un destino fatal para Alemania?

Hitler afirmó que las añoranzas románticas de pensadores y artistas encontrarían su cumplimiento en el nacionalsocialismo. El 21 de marzo de 1933, en el llamado Día de Potsdam, dice:

> El alemán, desmoronado en sí mismo, carente de unidad en el espíritu, astillado en su querer y con ello impotente en la acción, carece de fuerza en la afirmación de la propia vida. Sueña con un derecho en las estrellas y pierde el suelo en la tierra [...]. Al final, a los alemanes sólo les que-

dó abierto el camino hacia dentro. Como pueblo de cantores, poetas y pensadores soñó luego con un mundo en el que los otros vivían, y sólo cuando la necesidad y la miseria golpeó inhumanamente, creció quizá desde el arte la añoranza de una nueva elevación, de un nuevo imperio y con ello de una nueva vida.

Pero ¿cuánto Romanticismo tomó parte realmente en el triunfo del nacionalsocialismo?

Según la reciente y detallada investigación de Ralf Klausnitzer, se trata en primer lugar de la apropiación y utilización de tradiciones románticas en sentido estricto por parte de las instituciones administradoras de la ideología y de la propaganda. ¿Qué se adoptó, cómo se configuró, qué se rechazó?

Los ideólogos del movimiento se interesaron por una serie de aspectos de la tradición romántica: las ideas sobre el pueblo y la cultura popular, las representaciones románticas del organismo en relación con el Estado y la sociedad, y las interpretaciones románticas de los mitos de un Görres y un Creuzer.

Es conocido que el Romanticismo de Heidelberg, acogiendo los estímulos de Herder, había reunido y expandido las canciones populares, los cuentos, las sentencias. La mirada se desplazó desde el individuo creador al pueblo, en el que se descubrió una sustancia poética, una facultad poética del pueblo. En 1810, Friedrich Ludwig Jahn, para germanizar el concepto de nacionalidad, formó el término *Volkstum* («pueblo», «nación», «vida del pueblo»), y Schleiermacher y Adam Müller hablaron por primera vez de «comunidad del pueblo». Todo ello era todavía muy inocente y, si prescindimos de Jahn –a quien se conocía como «el padre de la gimnasia»–, no estaba pensado en un sentido polémico ni político. Y, sin embargo, parecía encajar en el a priori popular que Joseph Goebbels, en marzo de 1933, formuló de este modo:

> Si quisiera dar a la transformación política su denominador más sencillo, diría: el 30 de marzo murió definitivamente el tiempo del individualismo. El nuevo tiempo no en vano se llama época popular. El individuo particular es sustituido por la comunidad del pueblo. Si yo en mi consideración política sitúo al pueblo en el centro, la primera consecuencia es que todo lo demás, lo que no es pueblo, sólo puede ser medio para el fin. Por tanto, en nuestra confirmación tenemos de nuevo un centro, un punto

> fijo en la fuga de las apariciones [...], a saber, el pueblo como cosa en sí, el pueblo como el concepto de la inviolabilidad, al que todo ha de servir y subordinarse.

El «pueblo como cosa en sí» es una formulación para los estamentos cultos, para el director artístico y los directores de las sociedades de radio, ante los cuales hablaba Goebbels, y podía resaltar que bajo este aspecto quería dar nueva vida al espíritu del Romanticismo. Pero al entrar más de cerca en este espíritu, se mostró lo inadecuado. En los aparatos ideológicos se desarrolló una disputa en torno a si la fundamentación tenía que ser «realista», o «romántica». Los «realistas» se oponían a la concepción romántica del pueblo como «pueblo lingüístico», y exigían una fundamentación biológica, racial del pueblo. El «espíritu del pueblo», dice Hermann Pongs, se forma antes de la conciencia lingüística, como «ideas sin palabras», desde la sangre y el suelo. En este sentido Ernst Krieck, un ideólogo decisivo en el campo de las ciencias de la educación, exige la ruptura radical con la tradición espiritual del Romanticismo y del idealismo. Posiciones semejantes se defendieron en el departamento de Rosenberg, que era competente para el adoctrinamiento de los miembros del partido en lo relativo a la concepción del mundo. La comunidad del pueblo, se decía allí, no puede confundirse con un «idilio romántico»; y en general se consideraba que el Romanticismo es demasiado «quietista» y que, «en su huida de una realidad no dominada», ha traicionado a los hombres sencillos. Los románticos, se decía en esos sectores, ciertamente coleccionaron canciones populares, pero evitaron la comunidad real del pueblo. Fueron elitistas. Estos reproches desembocaron finalmente en el ataque al «humanismo disimulado» en el Romanticismo histórico. Son coherentes con esto las observaciones en las que se indica que los círculos románticos estaban fuertemente permeados de «cosmopolitismo judío, de una actitud general de cosmopolitismo» e «individualismo craso». Los ataques al Romanticismo histórico alcanzaron a veces tales niveles de acritud, que Goebbels protestó y recordó pragmáticamente que el Romanticismo pertenece sin más a la herencia cultural, a una herencia de la que el pueblo alemán puede sentirse «orgulloso» también ante al extranjero. Tomó precauciones frente a los expertos en el uso del pelvímetro, que exigían al Romanticismo una concepción del mundo basada en la biología racial. Desde su punto de vista esos conocimientos han de buscarse más bien en las ciencias competentes, y con el concepto romántico de pueblo no puede edificarse ningún Estado sobre una ideología racial.

Esto afectaba también al otro tema en el que se quería encontrar un anclaje en el Romanticismo: la representación del organismo. Lo orgánico en el Estado y en la sociedad era una idea rectora para los nacionalsocialistas. Precisamente el primer programa del partido prometía que el nacionalsocialismo llevaría otra vez el orden a «un mundo salido de quicio» y ordenaría «orgánicamente el caos», para formar el «todo articulado con sentido» de la comunidad del pueblo a partir de la «mera masa». Eso estaba dirigido evidentemente contra el sistema parlamentario de Weimar, que era mecánico, atomista y «extraño al pueblo». Se reconocía que los románticos, sobre todo Adam Müller, habían concebido la sociedad y el Estado como un organismo, por contraposición al Estado mecánico y nivelador de la Revolución francesa. Pero si en el concepto romántico de pueblo los nazis echaban de menos lo racial y biológico, en el organismo romántico encontraban a faltar el principio del caudillo, y en consecuencia las ideas románticas relacionadas con esto no les parecían utilizables. También aquí, se decía, el Romanticismo muestra su rasgo «pasivo». Los ideólogos del nazismo exigían una actitud «activa»; los románticos, decían, deseaban un Estado para el recogimiento, un Estado que fuera como una madre, pero se trata ahora de crear un Estado riguroso, rígidamente organizado, paternal, un Estado no para el placer, sino para las marchas y las luchas. Krieck centró su crítica al Romanticismo en lo fundamental:

> La imagen idealista y orgánica del mundo confía en el mero crecimiento, en el devenir silencioso, en el acontecer desde la espontaneidad de los impulsos. No conoce ni reconoce lo heroico [...], la indignación del individuo [...], y con ello le falta el auténtico arranque para una dinámica histórica.

El régimen nacionalsocialista era policéntrico también en el aspecto ideológico. Bajo la cúspide directiva había centros de poder con ideologías rivales, cuyos portavoces libraban batallas tanto encubiertas como abiertas. Al activismo heroico, que Krieck esgrimía como crítica al Romanticismo, se opuso Rosenberg, para el cual la aportación del Romanticismo había de cifrarse en el descubrimiento de lo mítico, en el regreso a «lo impulsivo, informe, demoniaco, sexual, extático, telúrico». Goebbels contemplaba este planteamiento con cierto desdén. Ya en 1930, cuando apareció *El mito del siglo XX*, de Alfred Rosenberg, lo calificó de «eructo filosófico», y anotaba en su diario: si Rosenberg pudiera hacer lo que pretende, «ya no habría ningún teatro alemán; habría solamente reuniones, culto, mito y embustes semejantes».

En esta disputa ideológica en torno al Romanticismo, Goebbels dio una orientación comparativamente pragmática. Desde su punto de vista el Romanticismo ha de cultivarse como una herencia cultural, lo mismo que el clasicismo y otras épocas representativas de la literatura. Ahora bien, para la actualidad se requiere un Romanticismo distinto del histórico, se necesita un «Romanticismo de acero», según la denominación usada en su discurso programático para la apertura de la Cámara de Cultura del Imperio, pronunciado el 15 de noviembre de 1933, donde reclamaba: «un Romanticismo que no se esconde ante las durezas de la existencia y no intenta escapar a lejanías azules, un Romanticismo que tiene el valor de enfrentarse a los problemas y de mirarles a los ojos sin compasión, con firmeza y sin vacilar».

La fórmula «Romanticismo de acero» expresa el rasgo fundamentalmente moderno del régimen nacionalsocialista. El régimen no añoraba los tiempos arcaicos; más bien, se proponía construir una sociedad altamente técnica, capaz de funcionar en el plano industrial, que construyera autopistas y estuviera preparada para la guerra. Los sueños de la antigüedad y de la vinculación a la tierra, en un momento en el que retrocedía la economía agraria, eran un ideológico arte industrial, que los pragmáticos no tomaban en serio. Incluso la dirección de las SS en torno a Heinrich Himmler, que planificaba una imposición de lo ario a gran escala en los territorios orientales conquistados, y que, para esclavizarlos había estudiado la mitología germánica, sabía que a la germanofilia romántica le faltaba lo decisivo: el rabioso biologismo y el racismo. Además, también aquí el componente industrial y técnico desempeñaba la función principal: fuerzas de trabajo, materias primas, mercados de consumo. A los sectores oficiales no les gustó la crítica romántica de la racionalidad técnica, que sin duda se daba también en la amalgama de la ideología nacionalsocialista, y que tenía su portavoz en Ludwig Klages y su grupo. Eso recibía el calificativo de *romántico* en un sentido peyorativo. Había necesidad de la técnica y de las modernas ciencias naturales. No se quería escuchar nada del «ocaso del alma» en el «espíritu» (técnico). De todos modos, comoquiera que se entendiera el alma, ésta había de reconciliarse con la técnica.

Los pragmáticos del poder querían ser modernos, técnicamente progresistas, ajenos a lo sentimental, objetivos, efectivos, no soñadores, de mirada vuelta hacia atrás, no «idílicos» como el Romanticismo histórico. Por eso Goebbels empleó la expresión «Romanticismo de acero» y la repitió otra vez el año 1939, en la inauguración de una exposición de automóviles. «Vivimos en una época que es a la vez romántica y acerada, que no ha perdido su profundidad de ánimo, pero que, por otra parte, ha descubierto un nuevo Romanticismo en los resultados de las invenciones y de la técnica en la modernidad»; el nacionalsocialismo «ha sabido quitar a la técnica su rasgo desalmado y llenarla con el ritmo y el impulso cálido de nuestra época».

Los «impulsos cálidos» habían de dirigirse al «pueblo, al Imperio y al Führer». Con este propósito se movilizaron los resortes románticos que fueran utilizables. ¿No había soñado el Romanticismo con la defensa y el restablecimiento del Imperio cristiano de la nación alemana? Recuérdese a este respecto *La cristiandad o Europa,* de Novalis. No hay duda de que se dieron tales sueños; pero el Romanticismo había soñado con esto de tal manera que Thomas Mann, en su adhesión a la República de Weimar en 1922, podía remitirse a Novalis como superador del nacionalismo y abogado de un humanismo universal. Novalis quería el Imperio para restablecer la Europa cristiana. En cambio, el nacionalsocialismo utilizó el mito del Imperio como imagen directiva para un gran imperio «germánico». El mito del Imperio, enramado por la mística de un «enlace entre Alemania y el cristianismo», había de satisfacer necesidades espirituales. Este mito era vago y suficientemente prometedor para alimentar la fe en la recuperación de la grandeza alemana. Había estados y naciones, pero sólo un Imperio; aquél era el título de nobleza de los alemanes, por el momento humillados, pero que podían mirar a la grandeza futura. Se escenificó ese Romanticismo del Imperio.

Nuremberg, un símbolo del antiguo esplendor imperial, fue elegida como ciudad para celebrar el día del partido del Imperio. Afloraba otra vez el Romanticismo histórico, que había descubierto de nuevo este *«cofrecillo de joyas del imperio»*. Ludwig Tieck y Wackenroder habían peregrinado hacia esa ciudad y escribieron:

> ¡Nuremberg, tú en tiempos ciudad mundialmente conocida! Con qué gusto recorro tus callejuelas, con qué amor infantil recorro tus casas patricias y tus iglesias, en las que está estampada la huella firme de nuestro

antiguo arte patrio. Qué íntimamente amo las formaciones de aquel tiempo, que hablan un lenguaje fuerte, vigoroso y verdadero. Cómo me arrebatan hacia aquel siglo gris.

La glorificación en aires románticos de la ciudad duró a lo largo de todo el siglo XIX; contribuyeron a ello *Los maestros cantores,* de Richard Wagner.

Con los mismos esplendores con que se representaba el día del Imperio del antiguo emperador debía configurarse también la proclama general del partido. El escenario de la ciudad, todavía antigua, ofrecía el espacio transfigurador. Hitler hizo su entrada entre el tañido de campanas y el sonido de charanga, flanqueado por unas masas que proferían gritos de júbilo y agitaban banderas; a través de calles empavesadas, resplandecientes, adornadas con flores, se dirigió a la sala de ceremonias del Ayuntamiento, donde se le entregó un regalo honorífico. Celebraron el día de la victoria del partido en 1933 ante el grabado de Durero *El caballero, la muerte y el diablo*, el cuadro preferido de Nietzsche.

Hasta aquí los requisitos románticos del dominio nazi. Por lo demás, el Romanticismo fue cultivado como una normal herencia cultural en las escuelas, en la universidad, en el teatro, en las bibliotecas de préstamo y en las editoriales. Pertenecía al canon, lo mismo que Lessing, Goethe y Schiller; y era obviamente parte del decorado interior del «hombre doble» durante la dictadura. El ciudadano normal actuó en general bajo una doble función entre 1933 y 1945. Era el que acudía fielmente a su trabajo, cultivaba sus tradicionales preferencias culturales, satisfacía su necesidad de distracción; y era a la vez el que se vestía de uniforme, participaba en las marchas, daba gritos de júbilo, denunciaba y en dosis adecuadas se embriagaba con la voluntad de poder. Este hombre doble era el filisteo del que se burlaban los románticos, con su preferencia por la tranquilidad, el orden y la seguridad, y a la vez el hombre que quería participar en la conciencia de los señores y de los héroes. El archivo del Romanticismo contaba con una dotación adecuada para ambas necesidades, para ambas funciones.

En la crítica del Romanticismo, tal como la formularon Isaiah Berlin, Eric Voegelin, y también Lukács, Fritz Strich, Helmuth Plessner y otros, no se trata en primera línea de la recepción y utilización del Romanticismo histórico por parte del régimen nacionalsocialista, sino de la llamada actitud romántica del espíritu, que habría sido responsable de la catástrofe alemana. Estas obras exponen, como el autor de estas páginas, un concepto ampliado de lo romántico.

Dicho concepto ampliado presenta en primer lugar el Romanticismo de la vida dionisiaca, que Schlegel y Nietzsche llaman «caos creador», un caos en el que la razón quisiera penetrar y en el que sucumbe demasiado pronto, arrollada por la ebriedad, el éxtasis, el entusiasmo y el amor. Dominan en él los grandes sentimientos en lugar de la prudencia. Ciertamente, el hombre puede aferrarse a la razón, pero no puede menos de notar que el proceso de la vida en conjunto es irracional. Schlegel y Schelling equiparan lo irracional con lo divino. Pero su dios es inquieto, sometido al devenir, impulsor; es un dios que tiene una semejanza sospechosa con la voluntad ciega e impulsiva de Schopenhauer. Nietzsche, con su concepto de vida dionisiaca, se apoya en la voluntad ciega del mundo en Schopenhauer. Este vitalismo entre Schlegel y Nietzsche es romántico porque de forma vitalista y dinámica rebasa los límites de la razón trazados por Kant, y ávido de intensidad quiere sumergirse en el gran torrente de la vida. En Schelling y Schlegel tiene todavía vínculos religiosos; en Nietzsche, por el contrario, se libera de las inhibiciones religiosas.

Por lo que se refiere a este Romanticismo de la vida dionisiaca que culmina en Nietzsche, el reproche puede formularse así: este filósofo denigró el espíritu hasta convertirlo en una mera función de la vida, y redujo el conocimiento a ciertas verdades que son sólo ficciones útiles para la vida. Ahora bien, en cuanto desaparece la verdad, se rompen los fundamentos de la moral social. Queda la lógica salvaje de la autoafirmación y el ideal de la desinhibida autorrealización de la vida fuerte a expensas de la débil. Por tanto, este tipo de vitalismo creó un presupuesto intelectual para una moral sin escrúpulos que terminó dando vía libre a la liquidación de la vida que no merece vivir, tal como se llegará a afirmar.

De hecho, en los escritos tardíos de Nietzsche se encuentran ideas que sugieren algo semejante. Por ejemplo, cuando al final de *Ecce homo* comprime todas sus objeciones contra la moral cristiana en el reproche de que el cristianismo estableció como valor supremo la «despersonalización y el amor al prójimo», y con ello creó la «moral de decadencia por excelencia» para la historia de la especie. Frente a este «partido de todo lo débil, enfermo y malogrado», tiene que entrar finalmente en escena un «partido de la vida», que «tome en sus manos la más grande de todas las tareas, la de un cultivo superior de la humanidad, con la inclusión de una liquidación despiadada de todos los degenerados y parásitos».

Es significativo que tales manifestaciones de Nietzsche se encuentren allí donde el punto de vista estético del incremento de la vida individual, que en general predomina, es sustituido por una perspectiva biológica; o sea, allí donde él ya no da continuidad a una tradición romántica, sino que cae bajo el influjo del biologismo y de un darwinismo social. En Nietzsche llega a su punto álgido la disputa entre el Romanticismo y el biologismo de su época, que nada tiene de romántico. Y esta atmósfera de pensamiento, el de las ciencias naturales vulgarizadas, es el medio donde se incuban los monstruos del racismo, el cultivo de la *raza pura* de los germanos, la liquidación de la vida que no merece vivir y un antisemitismo asesino, que ve a los judíos como bacilos y exige su asesinato como medida sanitaria.

El vitalismo romántico quedó envenenado en el momento que se unió con un cientifismo que creía poder deducir una moral a partir de la biología, por ejemplo, a partir de la frase pronunciada por Wilhelm Schallmayer, un higienista de las razas que se hizo famoso en torno a 1900: «Los individuos que ya no tienen ningún valor para el interés de la especie, en la naturaleza suelen estar consagrados a una pronta aniquilación». El que corrompió moralmente el pensamiento no fue el Romanticismo, sino especialmente el biologismo de un mundo que depositó su fe en la ciencia. No se tomó en consideración una advertencia de Thomas Huxley, discípulo de Darwin, que decía: «Entendamos de una vez por todas que el progreso moral de la sociedad no se debe a la imitación del proceso cósmico, ni al alejamiento de él; se debe a la lucha contra él...».

Aunque el vitalismo romántico no inventara las ideas relativas a una vida que no merece vivir, sin embargo, aquella actitud romántica del espíritu en Alemania que se mostraba extraña frente al mundo y quería derribarlo, ¿no hizo posible que las ideas brotadas de otras fuentes pudieran traducirse a la acción tan desenfrenadamente?

En realidad, la extrañeza frente al mundo fue durante largo tiempo una característica de la vida del espíritu en Alemania. Thomas Mann la defendió explícitamente en *Consideraciones de un apolítico*, y basaba su defensa en que dicha extrañeza deja libre la imaginación artística y no nos limita a los puntos de vista de la utilidad social y política. Thomas Mann apunta a esta libertad estética, que se muestra sobre todo en la ironía, a este fluctuar sobre las cosas, y en tal contexto habla de la extrañeza romántica frente al mundo en la cultura alemana, una extrañeza que desde entonces ha sido descrita una y otra vez, y se ha convertido en objeto de análisis en lo relativo a sus presupuestos históricos y a sus repercusiones políticas. De forma especialmente penetrante lo ha hecho Helmuth Plessner, que a su vez ha establecido los patrones pertinentes. Su libro *La nación retardada* es un estudio publicado inicialmente en el año 1935 en el exilio de Holanda, aunque esta edición pasó casi inadvertida, y en forma ampliada fue editado de nuevo en 1959, entonces con gran éxito.

Tal como advirtió Madame de Staël, la vida espiritual de Alemania estaba profundamente marcada por el astillamiento político, por la falta de grandes centros urbanos, por el pequeño formato de la vida social. No había en Alemania ninguna nación política, sino numerosos estados autoritarios de tamaño pequeño o mediano; se trataba de una multiplicidad de pequeños mundos privados, que eran lugares de incubación de caracteres individuales, desde los estrafalarios hasta los geniales. Mucho tenía que faltar el gran mundo para que se pudiera exclamar, como Werther: «Vuelvo sobre mí mismo y encuentro un mundo».

Todo esto es conocido y desde entonces ha sido descrito con frecuencia, de modo que no es necesario repetirlo en sus detalles. Por lo que se refiere al punto de vista de la extrañeza alemana frente al mundo, hemos de retener solamente que puesto que en el exterior faltaba el gran mundo, los individuos lo desarrollaban en soledad y libertad, en su cabeza. Eran sublimes o idílicos, o bien tenían en mente esbozos e interpretaciones audaces más allá del mundo político, o bien se encogían a espaldas de él, hundiéndose amorosamente en idilios o en la profundidad del alma. La auténtica esfera política quedó escasamente iluminada y daba poco estímulo a la vida espiritual. El desinterés podía crecer hasta el desprecio arrogante. Faltaba con ello una cultura política, tal como la ha producido Occidente, un humanismo político basado en el realismo, la prudencia práctica y la mundanidad. Pero, tal como ha resaltado Plessner, esta extrañeza política frente al mundo iba unida a una especial «devoción mundana». La religión desencantada en la Iglesia nacional del protestantismo liberó potenciales religiosos del ánimo y estímulos insatisfechos que desembocaron en el arte, la filosofía, la literatura y la música. La cultura recibió una carga religiosa, la educación se convirtió en un sustitutivo de la religión. Indiferentes a la política cotidiana, en un clima de devoción mundana se miró en ocasiones extraordinarias a significaciones profundas en la esfera política, de la que los hombres se prometían lo que en general sólo puede ofrecer la religión, a saber, respuesta a las preguntas últimas, o sea, redención, apocalipsis, escatología. Lo propiamente político tenía que irradiar en un brillo suprapolítico, casi sagrado, como, por ejemplo, el imperio, o el pueblo y la nación, si el interés cultural había de ocuparse de ello. Por eso, también Thomas Mann, en *Consideraciones de un apolítico,* hizo profesión de fe en un Romanticismo «que no conocía más exigencia política que la de la alta nación del emperador y del imperio».

La unión de devoción mundana y extrañeza frente al mundo impidió de hecho la formación del sentido político. Se desarrollaron perspectivas fértiles para lo próximo: lo existencial y personal, y para lo lejano: las grandes preguntas metafísicas. En lugar de doctrina de la prudencia política, hubo filosofía de la historia. Pero la esfera política está entre lo próximo y lo lejano, en una distancia intermedia. Aquí se exige juicio político, algo de lo que Alemania carecía. Los hombres se acercaban a lo político con medios inadecuados, bien existenciales, bien metafísicos y especulativos, en lugar de hacerlo con la razón pragmática. Por eso el temple político tuvo muchas veces un sonido tan falso.

Isaiah Berlin, Eric Voegelin y otros designan como Romanticismo esta falta de sentido político y su ofuscación con imágenes y esperanzas tomadas de un campo medio religioso, medio existencialista, o del ámbito de la filosofía de la historia. Esta actitud espiritual tuvo en 1933 una repercusión fatal en la revolución nacionalsocialista. Un Thomas Mann políticamente purificado la designó en el *Doktor Faustus* como la aspiración a una «interpretación superior del acontecer crudo».

Recurramos una vez más al ejemplo de Martin Heidegger, un maestro de Alemania. Cuando en su encuentro con Karl Jaspers en marzo de 1933, una visita que por un tiempo prolongado pareció que iba a ser la última, dijo «hay que acoplarse», estaba como electrizado, pero no lo estaba simplemente por los acontecimientos crudos, sino por la interpretación superior que les daba. Heidegger reaccionaba ante acontecimientos políticos, y su acción se desarrolló en el nivel político, pero era la imaginación filosófica la que dirigía la reacción y la acción. Y esta imaginación filosófica transformó la escena política en otra situada en el plano de la filosofía de la historia, en la que se representaba una pieza del repertorio de la historia del ser. Según Heidegger, la filosofía griega liberó al hombre de la caverna del sopor mítico. Pero ahora la historia universal se ha sumergido de nuevo en la luz turbia de la impropiedad, ha vuelto a la caverna platónica. El pensador interpreta la revolución de 1933 como una oportunidad para salir otra vez de la caverna, para un nuevo instante histórico de la propiedad. Así interpreta Heidegger, con temple cercano al romántico, los sucesos actuales, en los que se transforma, de cavilante pensador del ser, en actor. Por eso llega a ser rector, organiza un campamento de la ciencia en Todnauberg, lanza hacia el valle artificios pirotécnicos en la fiesta del solsticio, habla de los parados, los lleva a la universidad, redacta numerosas proclamas y pronuncia discursos, encaminados a «profundizar» en los sucesos de la política cotidiana, de modo que encajen en la imaginaria escena filosófica. A este respecto, se remite a Hegel y a Hölderlin. ¿No «profundizaron» también ellos en la historia real y extrajeron de ella algo grande? ¿Acaso no vio Hegel en Napoleón el espíritu del mundo y Hölderlin el «príncipe de la fiesta a la que están invitados los dioses y Cristo»?

En una justificación que realizó años después, cuando ya hacía tiempo que había despertado de la embriaguez de sus profundas interpretaciones, todo presenta un cariz completamente distinto. Entonces señala Heidegger el desamparo de la época, el paro, la crisis económica, las reparaciones de guerra, la guerra civil, el peligro de la revolución comunista y las debilidades de la República, que no logró solucionar estas dificultades. No quiere acordarse de sus «interpretaciones superiores». Ciertamente sigue hablando todavía de la historia del ser, pero ya no menciona a Hitler, a quien había saludado como renovador de la misma. Usando una formulación de Thomas Mann en las *Consideraciones de un apolítico*, al hablar de Hitler se le había ocurrido tanta «charlatanería profunda» como en general le había sucedido a la mayoría de los intelectuales de Alemania».

La toma del poder por parte de Hitler desató un estado de ánimo revolucionario en el momento en que se notó con espanto, pero también con admiración y alivio, que los nazis pretendían efectivamente triturar el sistema de Weimar, apoyado solamente por una minoría. Hubo manifestaciones sobrecogedoras del nuevo sentimiento de comunidad, juramentos de masas bajo catedrales luminosas, fuegos de campamento en las montañas, discursos del Führer en la radio, mientras la gente se congregaba con sus vestidos estivales para escucharlo en las plazas públicas, en el aula de la universidad y en las cervecerías, así como cantos corales en las iglesias para celebrar la toma del poder. Es difícil reproducir el temple de ánimo de aquellas semanas, escribe

Sebastian Haffner, que lo experimentó en persona. Esa disposición de ánimo constituía la auténtica base del poder para el futuro Estado del Führer. «Era un sentimiento muy ampliamente difundido de redención y liberación de la democracia, no puede decirse de otra manera.» Este sentimiento de alivio por el final de la democracia no se limitaba a los enemigos de la República. Incluso la mayoría de sus adictos no le atribuían la capacidad de hacer frente a la crisis. Era como si se hubiese disuelto un hechizo paralizante. Parecía anunciarse algo realmente nuevo: un gobierno del pueblo sin partidos y con un caudillo, del cual se esperaba que hiciera nuevamente de Alemania una nación unida en el interior y segura de sí misma hacia el exterior. Parecía cumplirse finalmente la añoranza de una política apolítica. La política había sido para la mayoría un asunto de altercados de partidos y de egoísmo. Heidegger había expresado el resentimiento contra la política cuando adjudicó toda esta esfera al «uno» y a las «habladurías». La *política* era considerada una traición a los valores de la *verdadera* vida: dicha familiar, espíritu, fidelidad, valor. «Un hombre político me resulta repugnante», había escrito ya Richard Wagner. El afecto antipolítico no quiere avenirse con el hecho de la pluralidad de los hombres, sino que busca el gran singular: el alemán, el pueblo, el trabajador, el espíritu.

Lo que había quedado de prudencia política perdió todo crédito de la noche a la mañana; y lo que ahora contaba era la emoción profunda. En estas semanas Benn escribió a Klaus Mann exponiéndole el fundamento de su toma de partido por el régimen:

> Gran ciudad, industrialismo, intelectualismo, todas las sombras que la época proyectó sobre mis pensamientos, todos los poderes del siglo a cuyo servicio me puse yo en mi producción, llegaron a uno de esos momentos en los que se hunde toda esta vida atormentada y no queda más que la llanura, la anchura, las épocas del año, palabras sencillas: pueblo.

Era como una redención, un salto mortal a la gran sencillez y, podemos decir también, al primitivismo. Heidegger dice en una conferencia ante los estudiantes de Tubinga el 30 de noviembre de 1933:

> Ser primitivo significa estar por interior afán e impulso allí donde las cosas comienzan; ser primitivo es estar impulsado por fuerzas interiores. Precisamente por eso, porque el nuevo estudiante es primitivo, está llamado a ejecutar la nueva exigencia de la ciencia.

Se quiere ser sencillo y profundo, se quiere romper el nudo gordiano de una realidad que se ha hecho demasiado complicada y a la vez encontrar un sentido más profundo. El primitivismo se une con el Romanticismo.

Hannah Arendt llama a todo ello «alianza entre chusma y elite». La elite intelectual, para la que en la primera guerra mundial se habían hundido los valores tradicionales del mundo de ayer, siente la suficiente extrañeza frente al mundo como para ver realizados en la revolución del nacionalsocialismo sus sueños en torno al imperio, a un pueblo unido y a un nuevo ser.

¿Sólo extrañeza frente al mundo? ¿No se trata también de una corrupción sin parangón de la conciencia moral?

Isaiah Berlin ve estrechamente unida la extrañeza frente al mundo con el descuido y desprecio de la normalidad, es decir, de las reglas de la vida ordinaria, gracias a las cuales se hace posible una vida común. Esas reglas son la esencia de las relaciones políticas reguladas por la razón; en ellas se protege la dignidad y la libertad de los individuos; y no se pueden menospreciar en favor de una *gran* idea filosófica, y tampoco en favor de las obsesiones de un *gran* individuo creador, que en sus obras y sus demás acciones se siente más obligado al mundo de su propia expresión que a los puntos de vista sociales. Isaiah Berlin califica de «romántica» esta actitud del espíritu que tributa mayor aprecio a la originalidad intelectual y a la expresividad subjetiva que a los valores y normas socialmente vinculantes. Escribe:

> En la medida en que hay valores comunes, es imposible afirmar que yo debo crearlo todo, que he de romper todo lo dado, o que debo destruir todo lo que tiene una determinada estructura, a fin de dejar vía libre a mi fantasía desenfrenada. Vistas así las cosas, el Romanticismo, tan pronto como es llevado a sus consecuencias lógicas, termina en una especie de locura.

Según él, el Romanticismo histórico ensayó en el ámbito artístico esta peligrosa potenciación de la imaginación y de la aspiración subjetiva; pero eso que a primera vista parece inocente no lo es. Berlin continúa:

> El movimiento entero es el intento de cubrir la realidad con un modelo estético, de modo que todo ha de obedecer a las reglas del arte. Para los artistas algunas afirmaciones del Romanticismo pueden pretender de he-

cho cierta validez. Pero el intento de acuñar la vida como arte presupone que los hombres son mera materia, que son simplemente una especie de material, que no son sino color y tonos. Pero en la medida en que esto es falso, en la medida en que los hombres, si quieren comunicarse, se ven forzados a reconocer determinados valores y hechos comunes, y habitan un mundo común [...], en la misma medida me parece que el Romanticismo plenamente desarrollado, no menos que sus retoños, el existencialismo y el fascismo, es víctima de un error.

Por tanto, la tesis de Berlin es: el Romanticismo, por su subjetivismo de la imaginación estética, de la expresividad, de la fantasía, de la complacencia irónica en el juego, del ensimismamiento desmedido, contribuyó a socavar el orden moral de la tradición. De manera semejante argumenta Voegelin, con la diferencia de que él caracteriza este orden socavado como «teomorfo» y amplía la crítica al subjetivismo del Romanticismo con el reproche de que los románticos llevaron a cabo una autodivinización del sujeto estético. Ya Heinrich Heine había formulado ese reproche hacia el final de su vida, cuando llamó a los románticos y sus seguidores, entre los que se incluía a sí mismo, «sus propios dioses ateos», los cuales no entendieron que «ser bueno» es mejor que la «belleza». En la serie de los críticos del subjetivismo romántico se puede incluir también a Georg Lukács, que argumenta desde presupuestos marxistas. Para Lukács objetivismo no significa lo mismo que para Isaiah Berlin y Eric Voegelin. En Berlin se trata de una objetividad del consenso moral. En Voegelin objetividad significa responsabilidad ante Dios, y en Lukács significa la dialéctica «objetiva» del proceso histórico. Comoquiera que se defina esta objetividad, el Romanticismo es acusado de estrellarse contra ella de una forma subjetiva e irracionalista, y de que es propicio a una actitud del espíritu que procede según el lema de que si la realidad no corresponde a mis representaciones, tanto peor para la realidad. Según Lukács, lo que se incubó en el alejamiento del mundo, en principio ha penetrado en el mundo. De nuevo hemos de recordar aquí a Heinrich Heine, que, en el famoso pasaje final de su *Historia de la religión y la filosofía en Alemania*, previene al público francés frente a las consecuencias de la revolución romántica del espíritu:

No sonríe sobre los ilusos el que en el reino de las apariciones espera la misma revolución que ha tenido ya lugar en el ámbito del espíritu. El pensamiento precede a la acción, como el relámpago al trueno. El trueno alemán es por supuesto también un alemán, y en consecuencia no es muy flexible y llega rodando un poco lento; pero llegará, y cuando oigáis su estampido, un estampido como no lo ha habido nunca en la historia universal, habréis de saber que el trueno alemán ha alcanzado finalmente su meta...

Si traemos a la memoria los admirables genios de la época romántica, unos genios que crearon sus mundos y los contrapusieron a la realidad con plena conciencia de sí mismos, desde lo hondo de las entrañas nos resistimos a poner por un solo instante la figura de Hitler dentro de esa tradición romántica. Y sin embargo, no podemos menos de establecer este enlace fatal en Hitler por lo que se refiere a la extrañeza frente al mundo y al furor destructor del mundo.

Es cierto que las ideas de Hitler no eran románticas en absoluto; más bien, éstas proceden de las ciencias naturales vulgarizadas, despojadas de toda referencia a la moral y convertidas en ideología: biologismo, racismo y antisemitismo. Hitler se sentía ufano de su concepción «científica» del mundo, y vale la pena echar una breve mirada al sistema demencial que llevó a la práctica.

Nos hemos acostumbrado a hablar del confuso edificio mental de Hitler. Pero en realidad sus ideas no son confusas. Lo terrible a este respecto es, más bien, la inexorable lógica con la que en *Mi lucha* saca consecuencias asesinas a partir de premisas tomadas del racismo y del darwinismo social:

Naturalmente aquí el uno o el otro reirá, pero lo cierto es que este planeta se arrastró a través del éter, sin hombres, durante millones de años, y puede llegar otra vez a arrastrarse de la misma manera, si los hombres olvidan que deben su existencia superior no a la ideas de algunos ideólogos locos, sino al conocimiento y a la aplicación despiadada de leyes férreas de la naturaleza.

En la lucha asesina por la existencia rigen las leyes de la propia conservación y de la selección del más fuerte. «La humanidad ha medrado en la lucha eterna y perece en la paz eterna.» Hay razas menos fuertes y otras más fuertes. El ario es el «prometeo de la humanidad», enciende aquel fuego «que como conocimiento esclarece la noche de los misterios silenciosos». Sin embargo, el ario está amenazado por la impureza racial. Especialmente peligrosos son los judíos. Si no los liquidamos, la vida superior perece, y llegamos a la situación en la que el planeta vuelve a girar sin hombres en la noche del espacio cósmico. Los judíos han de ser asesinados también porque impiden la lucha aria de autoafirmación, por cuanto, con la prohibición mosaica del «no matarás», crean una mala conciencia a los arios. Hitler quiere eliminar una ética liquidando a los supuestos *inventores* de esta ética. En las conversaciones con Hermann Rausching declara: «Estamos ante una tremenda transformación de los conceptos morales y de la orientación espiritual del hombre. Las tablas del monte Sinaí ya no valen. La conciencia es una invención judía».

La política de Hitler se basa en una locura, que se acreditó en cuanto fue realizada. Aquellos sobre los que Hitler adquirió poder contribuyeron como creyentes, receptores de órdenes, ayudantes voluntarios, amedrentados íntimamente, indiferentes. En cualquier caso, la cultura moral de la sociedad no fue capaz de acabar con esta empresa. Normalmente la locura separa a un hombre de su entorno, lo aísla y lo encierra. Lo monstruoso del caso de Hitler está en que él superó la soledad de la locura, por cuanto la socializó con éxito. Había motivos diversos para seguir a Hitler, pero esto nada cambia en el resultado de que toda una sociedad tomó parte en la traducción de un sistema demencial a la realidad.

Como ya hemos dicho, no eran ideas románticas las que se aplicaron en el nazismo; pero figuras como Hitler, que envuelven a una sociedad entera en su hechizo, habían sido anticipadas ya en los sueños febriles de los románticos, por ejemplo, en las figuras demoniacas y nihilistas del poder que había trazado Jean Paul, o la figura del gran magnetizador de Hoffmann. «Toda existencia», dice el magnetizador, «es lucha y sale de la lucha. En una gradación creciente se concede la victoria al poderoso, que incrementa su fuerza con los vasallos subyugados...» También Thomas Mann sostiene que Hitler es una figura de pesadilla romántica. En su audaz ensayo de 1938, titulado *Hermano Hitler,* describe a éste como un artista fracasado, malogrado, que usa a un pueblo entero como material plástico e instrumento para jugar con él. Thomas Mann escribe: «Quiero dejar planteada la pregunta de si la historia de la humanidad ha visto ya un caso de depresión moral y espiritual, unida con una especie de magnetismo al que la gente califica de "genio", que pueda compararse con éste que ahora nos afecta y del que somos testigos».

Hitler es una encarnación perversa del yo de Fichte, que se construye su mundo y rompe la resistencia del no yo. Hitler quería fundar un imperio mundial desde el Atlántico hasta los Urales, deportar pueblos enteros, liquidar la vida *inferior,* cultivar el pueblo ario hacia un nivel superior; y poco antes de su suicidio dijo que, por desgracia, el pueblo alemán demostró ser demasiado débil y, por tanto, no era necesario que sobreviviera. Tenía que morir con él.

Pero el pueblo, que se dejó arrastrar a este frío delirio de la locura asesina, ¿no dio con ello la prueba más fuerte de su falta de sentido de la realidad? ¿No se mostró con esta circunstancia algo de esta unión entre extrañeza romántica frente al mundo y furor destructor del mundo? Habla a favor de ello el hecho de que muchos experimentaron el derrumbamiento del dominio nacionalsocialista como el despertar de un sopor, como el final de un espectro, con la sensación de haberse roto un hechizo. De la noche a la mañana parecía completamente irreal eso que había dominado hasta aquel momento; de la noche a la mañana, nadie quería reconocerse en lo que habían sido hasta hacía muy poco. Arnold Gehlen, en *¿Qué es alemán?*, escribía en 1971: «Sólo somos nosotros mismos [...], cuando lanzamos hacia delante una quimera, o lo que sea, tan lejos que el intento de abrirnos paso hacia ella, en una lucha por conquistarla a través de la espesura de la realidad, acaba produciendo resultados violentos». Cuando los hombres en 1945 llegaron a sí mismos, el fantasma había desaparecido y su realidad yacía en ruinas.

# Capítulo 18

En enero de 1947, Thomas Mann termina en la lejana California el *Doktor Faustus,* una novela sobre *La vida del compositor alemán Adrian Leverkühn narrada por un amigo,* tal como leemos en el subtítulo, arcaicamente estilizado. En esta novela de altas ambiciones, Thomas Mann aspiraba nada menos que a exponer el fatal destino de Alemania en el espejo del curso de la vida de un compositor y a reflexionar sobre ese destino. La obra tenía que ser una novela de artista, una novela social y sobre todo una novela sobre Alemania. Cuando apareció, en el verano de 1947, la mayoría la recibió con veneración. Supieron apreciar que la terrible historia de Alemania tuviera una interpretación tan sublime. Lo que se valoraba en dicha novela era que la tremenda historia de la Alemania nacionalsocialista ganaba un significado profundo, y que el solemne sentido profundo de la obra de Thomas Mann casi reconciliaba de nuevo con el horror. Poco a poco, se iban descubriendo las estadísticas del horror: 55 millones de muertos en la guerra, de ellos 25 millones civiles; 15 millones, existencias impersonales («no personas») en campos de concentración; 11 millones asesinados, entre ellos seis millones de judíos; más de diez millones de huidos; cinco millones de viviendas destruidas o gravemente dañadas. En la novela, el autor se había puesto en guardia contra la aspiración romántica a una «interpretación superior del acontecer crudo», pero lo que ofrecía era precisamente esto: una «interpretación superior del acontecer crudo». Si esta aspiración a una «interpretación superior» es realmente un problema romántico, entonces la novela de Thomas Mann es una parte del problema cuya solución pretende ser.

No era desagradable darse por enterado de que en el peligro del artista se reflejaba el peligro del alma alemana, pues Leverkühn era un artista genial, que, por otra parte, tenía una sorprendente semejanza con Nietzsche; el autor presenta todo un aparato demoniaco de contagio sifilítico y pacto con el diablo. Era una interpretación del horror que se elevaba hasta alturas sorprendentes en el plano de la reflexión sobre el arte y la filosofía de la historia. A Thomas Mann se le habían ocurrido muchísimas cosas en relación con Hitler. La novela evocaba el sentimiento del final en todos los sentidos: final del artista burgués, del arte, de la burguesía; final del humanismo tradicional, del concepto de razón. Se presentaba un ocaso de los dioses sin igual. También la imagen de la caída de los ángeles, tal como la pinta Miguel Ángel en la Capilla Sixtina, es citada por el narrador Serenus Zeitblom, que en las últimas frases de la novela sobre Alemania dice: «Hoy se derrumba en brazos de demonios, mientras se tapa un ojo con la mano y con el otro mantiene la vista clavada en el horror, andando de desesperación en desesperación. ¿Cuándo se llegará al fondo del abismo? ¿Cuándo de la última desesperación amanecerá un milagro, la luz de la esperanza, que va más allá de la fe?».

Serenus Zeitblom, experto en filología antigua y en pedagogía, «una naturaleza sana, humanamente templada, dirigida a lo armónico y racional», narra entre 1943 y 1945 la historia de la vida de Adrian Leverkühn, su admirado y genial amigo desde la juventud, que nace en el año 1885, crece en Kaisersaschern, una antigua ciudad alemana comparable a Naumburg, estudia teología en Halle y Leipzig, donde enfría su curiosidad metafísica con rigor matemático, y finalmente se pasa a la música, también por razón de su rigor, compone algunas obras de estilo moderno, en técnica dodecafónica, y finalmente, en 1931, en el punto cumbre de su creación musical, se derrumba, como Nietzsche, y pasa todavía diez años en tinieblas espirituales bajo la protección de su madre, hasta morir en el año 1941. El tema es, por tanto, la vida y creación de un «espíritu orgulloso y amenazado por la esterilidad», en el que, tal como comenta Thomas Mann, se refleja la «situación del arte en general, de la cultura, del hombre, del espíritu mismo en nuestra cultura crítica de un extremo a otro».

Thomas Mann había concebido a Leverkühn como espejo del alma alemana. Ambos, Alemania y Leverkühn, caen en una situación estéril, descreída, amenazada por el anquilosamiento de la vida; Alemania en lo político, Leverkühn en lo artístico. Ambos establecen un pacto con el diablo para llegar de nuevo a fuentes capaces de renovar sus fuerzas: Alemania, para superar una sociedad en decadencia y encontrar una comunidad fuerte en sentimientos; Leverkühn, para experimentar la embriaguez creadora y la desinhibición dionisiaca, y para pasar de un exceso de reflexividad al sentimiento elemental, a una segunda ingenuidad. Alemania busca la revolución vital, Leverkühn la inspiración. Al final, a los dos se los lleva el diablo. Han traicionado la razón humana y se han entregado a los poderes de lo irracional. En ambos casos se da una recaída catastrófica del espíritu altamente desarrollado en un primitivismo arcaico.

Pero este paralelismo no se mantiene. Leverkühn, lo mismo que Nietzsche en la época de *Zaratustra,* tenía que experimentar una dionisiaca embriaguez creadora. El diablo se la promete en un diálogo a dos en la casa Manardi de Palestrina casi con las mismas palabras que usa Nietzsche en *Ecce homo* para describir sus instantes de inspiración. El diablo promete al compositor también la fuerza para «atreverse a la barbarie» y conducir de nuevo a lo «elemental» la «cultura caída del culto».

Sin embargo, las cosas toman otro camino. Leverkühn sigue siendo apolíneo, en lugar de convertirse en dionisiaco. No se sumergirá en lo inconsciente, sino que incrementará la conciencia y el refinamiento constructivo. En lugar de alcanzar una sensibilidad desinhibida, llega a una objetividad desinhibida en el uso de los medios artísticos. En lugar de hundirse en lo elemental, se elevará a las cumbres del arrobamiento de la reflexión.

Pero con ello deja de realizarse la idea originaria del paralelismo entre el destino de Alemania y el del espíritu artístico. Hermann Kurzke ha investigado hasta el detalle de modo ejemplar, cómo pudo suceder que Thomas Mann se dejara desviar de su concepción originaria. Influyó en esto el encuentro con Adorno y su filosofía de la música. Habría podido presentirse que éste lo llevaría a otras ideas, pues ya en el diálogo con el diablo hay un instante en el que el demonio adquiere de pronto el mismo aspecto que Adorno, y habla como él: «La inclusión de la expresión bajo el universal conciliador es el principio más íntimo de la apariencia musical». «Esto se acabó», dice el pequeño y corpulento hombrecito de grandes gafas y escasos cabellos, aquella figura en la que ahora se ha transformado el diablo y desde la cual le llega un soplo frío a Leverkühn…

Bajo el influjo de Adorno, el autor verá transformarse el esbozo originario de su figura principal. A pesar del pacto con el diablo, Leverkühn se mantiene lejos de la esfera de lo dionisiaco. Este artista tan reflexivo ya no es apropiado para representar la caída vitalista en lo elemental o la seducción del primitivismo.

Si nos mantenemos firmes en el concepto del paralelismo, tal como se mantuvo Thomas Mann en sus comentarios públicos, entonces la «alta interpretación del acontecer puro» es conducida a un plano más elevado todavía. La conexión entre el destino de Alemania y el del artista amenaza con desaparecer en lo sublime. Thomas Mann notó muy bien cómo en este punto hay algunas cosas que ya no concuerdan. Y por eso el narrador, Serenus Zeitblom, tuvo que asumir cada vez más la parte que representa el destino alemán. Tal como estaba esbozada la figura del juicioso humanista Zeitblom, en absoluto podía éste representar la irrupción de lo dionisiaco y elemental; tenía que tratarse solamente del tema de la «interioridad protegida frente al poder». Zeitblom, y no Leverkühn, representa a la burguesía alemana. Comparte el entusiasmo de la guerra en 1914, le repele la revolución de noviembre, inhala las doctrinas de los excitados círculos intelectuales de los años veinte, las de los cósmicos, apocalípticos y decisionistas, al principio se comporta con una adhesión cauta al régimen nacionalsocialista como poder del orden, hasta que la catástrofe se le hace consciente en el instante en que ésta lo persigue finalmente en su retiro silencioso.

Poco antes de terminar la novela, Thomas Mann, en su discurso *Alemania y los alemanes,* de octubre de 1945, declaró: «Esta historia ha de traer una cosa a nuestro ánimo: que no hay dos Alemanias, una buena y otra mala, sino solamente una, cuya mejor parte se inclinó hacia el mal gracias a los ardides del diablo. La Alemania mala es la buena extraviada, la buena en desdicha, culpa y ocaso».

La observación según la cual por los «ardides del diablo» lo «mejor» se invirtió en «mal», apuntaba a Leverkühn. Pero como éste no cayó en una embriaguez dionisiaca o en un exceso romántico, sino que con ayuda de Adorno se elevó al artificio de la elevación reflexiva, lo *malo* no podía mostrarse bien a través de él. Y en Zeitblom tampoco podía mostrarse, ya que era demasiado honrado para ello. A su interioridad protegida frente al poder le faltaba lo abismalmente genial. Por tanto, la novela había perdido, simplemente, el representante de aquella Alemania «cuya mejor parte se inclinó hacia el mal gracias a los ardides del diablo».

Retengamos firmemente que Thomas Mann pudo afirmar, pero no pudo llevar a la representación artística, aquella interpretación de la catástrofe alemana según la cual un exceso de espíritu romántico condujo al crimen político. ¿Cómo habría podido lograrlo? Solamente si Leverkühn, por actitud romántica y en la búsqueda de un nuevo impulso de vida y actividad creadora, se hubiese arrojado a la esfera del espíritu dionisiaco y, en analogía con el Nietzsche tardío, se hubiese entregado a un decisionismo del poder y de la violencia, enteramente a la manera como Thomas Mann, en sus discursos, consideró esa actitud una fatalidad, por ejemplo, cuando declaró que los alemanes «cometieron su crimen por un idealismo extraño al mundo». Leverkühn debía haberse convertido en la figura que encarnara en su destino esta conexión. Pero al autor esta figura le salió de otra manera, lo cual parece indicar que la conciencia artística no le permitía esa representación, de modo que aceptó los estímulos de Adorno en relación con el perfil artístico de Leverkühn. ¿Por qué? Quizá porque no podía sostenerse la conexión originaria entre espíritu romántico y política criminal, y Thomas Mann notó que la falta de verdad de ese nexo se había sedimentado en un esquematismo artístico. De todos modos, en su novela desliga el final de Leverkühn de la idea de la catástrofe alemana. En lugar de ello, muestra en el final de Leverkühn algo completamente distinto, a saber, la crisis de una producción artística que padece de intelectualismo y busca un retorno a una segunda ingenuidad. Pero ese fenómeno ya no es específicamente alemán, sino que afecta en general a la moderna conciencia artística. Thomas Mann lo concedió en la entrevista que le hicieron con motivo de la edición estadounidense de la novela. Sin embargo, en otros contextos no se privó de repetir la interpretación de que el idealismo o el espíritu romántico en Alemania condujo al crimen y a la catástrofe. Esta interpretación no dejaba entonces de gustar, pues tenía en sí algo de lisonjero, ya que con ella el acontecer crudo recibía una alta significación.

La «interpretación superior del acontecer crudo» que ofrecía Thomas Mann encajaba muy bien en el estilo entonces dominante, caracterizado por los tonos elevados. En 1947 apareció un libro de Ferdinand Lion, un amigo de Thomas Mann, titulado *Romanticismo como destino alemán*. En él, el enlace entre el Romanticismo, que pudo «pulular libremente», y el militarismo prusiano se interpreta como el «suceso, cargado de consecuencias para el destino histórico», que a la postre condujo a la catástrofe política. El libro de Lion era solamente uno de los numerosos intentos de unir la cuestión de la culpa alemana con grandes interpretaciones que escarban profundamente en el pasado de la historia. El origen del infortunio se localizaba según el caso en la tardía Edad Media, en las revueltas de campesinos o en el Romanticismo. Se trataba de sutiles genealogías de la perdición, de teologías negativas que, a partir de comienzos muy lejanos y por un camino supuestamente necesario, diseñaban el cauce hacia la catástrofe. En 1950, Hannah Arendt, en su primera visita a Alemania después de la guerra, valoró tales interpretaciones como expresión del notorio sentido profundo de los alemanes, que busca las causas de la guerra, de la destrucción de Alemania y de la matanza de judíos no en las acciones del régimen nazi y en la docilidad de la población, sino, tal como ella escribe con burla lacónica, «en los sucesos que condujeron a la expulsión de Adán y Eva del paraíso».

En los primeros años posteriores a 1945 faltó un razonamiento político que no se refugiara inmediatamente en las cuestiones demasiado grandes; faltó un pensamiento centrado en el pragmatismo político, que habría podido aportar un contrapeso frente a esa especie de espíritu que establecía un fundamento o demasiado hondo o demasiado elevado, que se fundaba en la nada o en Dios, en el ocaso o en el principio de Occidente. Que muy posiblemente estos elevados tonos no den en el clavo de lo decisivo, lo advirtió incluso el antiguo ideólogo nazi Alfred Baeumler en sus notas de prisión, escritas en tono de autocrítica. Según él, en lugar de buscar una «cercanía real en relación con las cosas», triunfaron las «visiones lejanas» y con ellas se violentó la realidad. Baeumler previene frente a las «abstracciones en lo indeterminado», e inculca una estimación positiva de la democracia precisamente porque es lo «anti-sublime». Bajo la impresión de la catástrofe, también la personal, este autor empieza con la lección, difícil para él, de pensar lo político sin apelar a la metafísica de la historia.

Pero la clarividencia de este autor, un antiguo nazi, no fue lo normal. Por lo regular los hombres romantizaban por cuanto, con «visiones lejanas» del nacionalsocialismo, éste aparecía no como el crudo acontecer que fue en realidad, sino como un extravío romántico de la nación.

En su libro *La generación escéptica,* Helmut Schelsky certificó en 1957 que, en el mundo del milagro económico alemán, los jóvenes ya no estaban expuestos al peligro del Romanticismo. Los había curado a fondo el nacionalsocialismo y la guerra, un conflicto que experimentaron en su fase final como ayudantes en la defensa antiaérea o quizá como guerrilleros, pero al que lograron sobrevivir. Las consecuencias fueron, según Schelsky, «los procesos de despolitización y desideologización», que a su juicio condujeron a una notable sobriedad. Por tanto, se encontraron juntos aquellos que precisamente habían despertado de la embriaguez, y aquellos que al final de la guerra como jóvenes estaban todavía más allá de la ilusión y la desilusión, y tan sólo habían sufrido un espanto al que consiguieron escapar, y que en un abrir y cerrar de ojos los había convertido en adultos, en unos adultos que olvidaron el arte de soñar antes de haberlo aprendido bien. Esta generación, dice Schelsky, «en su conciencia social es más crítica, escéptica, desconfiada, descreída o por lo menos desilusionada que todas las generaciones juveniles anteriores», y a la vez está «más cerca de la realidad, dispuesta a la intervención y segura del éxito». En todo caso, esa generación no es romántica. Cuando, avanzados los años cincuenta, se acude a unas elecciones con el eslogan de «ningún experimento» y éstas se ganan de manera aplastante, resulta difícil hablar ya de tendencias románticas. La población trabajaba intensamente y no tenía tiempo para tareas de duelo. Día a día reconstruía de las ruinas una vida que había estado a punto de perder. La adquisición y adaptación llenaba la mayoría de las expectativas. Ahora, las utopías se pagaban a plazos.

Eran los años de la reconstrucción, que, como sabemos, se llevó a cabo con una modernidad objetiva y una clara falta de respeto a los restos románticos procedentes de la cultura de las antiguas ciudades de Alemania. Se deshicieron fachadas, la destrucción de los núcleos históricos y la devastación del interior de las ciudades se continuó incluso allí donde las bombas se habían cuidado ya de la planificación. La arquitectura de los años cincuenta, vista estéticamente, se halla entre los pecados de la joven República Federal. El trauma de la guerra y de la violencia era todavía tan profundo, que la modalidad del búnker y de la prisión marcaba el estilo dominante. Se construía para la «nivelada clase media», como se decía entonces. A este respecto un proyecto vanguardista fue el Sector Hansa de Berlín, construido por la elite de los arquitectos europeos. Se trataba de hacer casas nuevas para hombres nuevos. Pero en una investigación a finales de los años cincuenta se puso de manifiesto que los habitantes de los nuevos edificios estaban desconcertados: no captaban el sentido de la planta, no entendían cómo estaban combinados los colores y por qué razón plantas herbáceas y un jardín de hortalizas en el balcón tenían que ser feos. Los arquitectos sacudían la cabeza de horror a la vista del gusto plebeyo. De modo que comenzaron a construir máquinas de habitar. En ellas, el usuario normal apenas podía hacer nada falso, allí podían confiarlo a sí mismo en una vivienda que era una celda atomizada. En Berlín la Ciudad Gropius expresaba este desprecio de las masas convertido en piedra. Por lo demás, se procuró adaptarse condescendientemente al tiempo de trabajo y al tiempo libre, ambos en vías de expansión. Dominaba el tono de la objetividad en el trabajo, de un sentimentalismo en pequeñas porciones y de precios bajos en el tiempo libre y en el consumo. El mercado socialmente reglamentado daba seguridad, algo que la gente agradecía después de los excesos aventureros y criminales de la época nazi. Los hombres estaban hartos de la vida peligrosa. Y eran contrarios también a los excesos espirituales. Se sentían orgullosos de una ideología consistente en presumir de que se carece de ideología, en medio de lo cual los restos ideológicos de la época nazi se diluyeron cómodamente en el anticomunismo.

Los círculos que presumían de constituir la elite tenían una actitud vanguardista y marcaban las distancias. La pintura abstracta inició su marcha victoriosa. Se recurría al medio auxiliar de la doble legitimación. Por un lado, se echaba mano del realismo socialista como punto de referencia del que era necesario distanciarse, y por otro se mantenía la distancia frente al juicio nazi, que había condenado el «arte degenerado». Esta doble delimitación en los círculos vanguardistas producía un conformismo de los no conformistas. Se evitó la llamada «vivencia» y la imitación de la realidad. La voluntad de forma había de doblegarse solamente ante la lógica del material. El artista, se decía, ha de liberarse de los puntos de referencia ajenos al arte; su objeto son los tonos, las palabras, los colores. Benn, convertido ahora en un divo, decía que los poemas no se hacen con sentimientos, sino con palabras. Sobre todo, las poesías se «hacen», como se hace todo lo demás. La creación enfática o diligente no gozaba de una alta valoración. Era usual adoptar un tono frío. El arte no quería imitar nada, pero imitaba el método de la fabricación, de la elaboración industrial. Además, los que marcaban la pauta se remitían a la imagen invisible del mundo en la física moderna. De ahí se seguía que la realidad es irreproducible. Y, sin embargo, la ventana abstracta tenía qua abrirse «a lo invisible», tal como decía un catálogo de la exposición *Iglesia y arte abstracto*. Según vemos, también en el vanguardismo puede actuar un Romanticismo de la trascendencia estética.

Por lo demás, en este vanguardismo prosperó aquel ideal del arte que correspondía exactamente a lo que Thomas Mann había pensado para su Adrian Leverkühn: estricta autonomía, justicia material, imposibilidad de reproducir, lejanía del hombre. Donaueschingen, donde, de acuerdo con la novela, se habían dirigido por primera vez las obras de Leverkühn, se convirtió en los años cincuenta en lugar de peregrinación de la modernidad musical, y Adorno daba los lemas a toda la escena musical moderna. Se compartía el rechazo de Leverkühn contra el «calor del establo de vacas» propio de la música tradicional, pero no se necesitaba el pacto dionisiaco con el diablo. Es posible, no obstante, que se vendiera el alma a la época técnica, por más que el fin de la venta no fuera una embriaguez dionisiaca.

Este tipo de modernidad carecía en absoluto de embriaguez. Era una modernidad sobria, pero de forma alegre. En *Magnum*, la revista que daba la pauta del gusto selecto, podía leerse en 1955:

> Se hunde un mundo de la seriedad. El desmontaje de las convenciones hace aflorar la alegría. La decadencia de las ideologías hace que las frentes arrugadas provoquen la risa. La seriedad de la vida es un concepto más bien irónico [...]. También la relación entre los sexos se libera de lo oscuro y grave, se distiende. Las tragedias de Strindberg y Wedekind quedan muy atrás. Amor sin temor. Logramos un nuevo sentimiento sosegado del cuerpo...

Con esta nueva levedad de un sentimiento sosegado del cuerpo se presentan también las mujeres. Acerca de ellas leemos también en *Magnum*, en 1958: «Carecen de ilusión, han tachado la palabra romanticismo, son honradas y objetivas, no usan maquillaje [...]. Ninguna puede fingir. Los cumplidos son mal vistos. Odian los adornos. No flirtean. No entablan conversación».

Se olvida con frecuencia que los años cincuenta y los primeros años sesenta, desacreditados como reaccionarios y gruñones, fueran también una época de objetividad moderna. Y puesto que las nuevas conquistas de la técnica penetraban entonces en el hogar, fue también un tiempo de devoción técnica. Max Bense era el portavoz filosófico de esta inteligencia nuevamente objetiva, vanguardista. En 1950 escribía:

> Hemos producido un mundo, y una tradición que se remonta a tiempos extraordinariamente lejanos atestigua que este mundo procede de los más antiguos esfuerzos de nuestra inteligencia. Pero hoy no estamos en condiciones de dominar teórica, espiritual, intelectual y racionalmente este mundo. Falta la teoría sobre él, y en consecuencia falta la claridad del

*ethos* técnico, es decir, la posibilidad de pronunciar dentro de este mundo juicios éticos adecuados al ser [...]. Quizá perfeccionemos todavía este mundo, pero no estamos en condiciones de perfeccionar al hombre de este mundo para este mundo. Ésa es la situación opresiva de nuestra existencia técnica.

La «discrepancia» puesta de manifiesto por Bense entre el hombre y el mundo técnico creado por él podía interpretarse también de otra manera. En los años cincuenta se abrió paso además una crítica de la técnica, que, a diferencia de Bense, no exigía que el hombre se adaptara a la técnica, sino que, a la inversa, reclamaba que la técnica se adaptara al hombre. Entre estos críticos de la técnica se hallaban Friedrich Georg Jünger, con su libro *La perfección de la técnica* (1953), Martin Heidegger, con su famosa conferencia de 1953 *La pregunta por la técnica*, y sobre todo Günther Anders con el primer tomo de *Lo anticuado del ser humano* (1956).

Con frecuencia los críticos de la técnica fueron caracterizados despectivamente como *románticos*. Un artículo aparecido en el *Monat* sostenía que, en lugar de demonizar la técnica, convenía examinar más atentamente la «técnica de la demonización»: «En el hecho de asustarse ante la técnica se repite hoy en un nivel espiritual más alto y de forma sublimada el delirio de las brujas durante la Edad Media».

La disputa sobre la técnica removió los miedos de la época. En la era de la guerra fría, que sugería la idea de que la política es el destino, se alzó poderosamente un gran número de voces que criticaban como autoengaño la fijación en lo político, y hablaban de que en realidad la técnica se ha convertido en nuestro destino. Y es un destino, decían estas voces, del que apenas podemos adueñarnos ya políticamente, sobre todo si nos atenemos a los conceptos transmitidos de lo político, sea el de la *planificación*, sea el del *mercado*. En los años cincuenta lo terrible del pasado ya no ocupaba el primer plano de la memoria, pero se hizo actual la desazón por el futuro del mundo técnico, a pesar del milagro económico y del afán de construcción. Eran innumerables las jornadas de las academias protestantes sobre estos temas, el problema supuraba en los discursos dominicales de los políticos y era discutido ampliamente en las revistas. En el movimiento de lucha contra la muerte atómica encontró su inmediata expresión política. Además, en relación con este asunto se habían publicado las ya mencionadas obras de Jünger, Heidegger y Anders. En 1953 apareció la edición alemana de *Un mundo feliz,* de Aldous Huxley, que se convirtió en un superventas. La novela ofrece la horrorosa visión de un mundo donde la dicha y la profesión de los hombres se programan ya en el tubo de ensayo; de un mundo cuyo destino es no tener ya ningún destino y que se fusiona en un sistema totalitario, completamente sin política, tan sólo a través de la acción técnica. En el mismo año llamó poderosamente la atención el libro de Alfred Weber *El tercero o el cuarto hombre,* que pintaba el cuadro espantoso de una civilización técnica con hombres robot, escrito con el lenguaje de una sociología seria y de una filosofía de la cultura. Además, la obra transmitía al lector el sentimiento de estar asistiendo a una cesura epocal, la tercera en la historia de la humanidad: primero el Neandertal, luego el hombre primitivo de las hordas y de la historia de la estirpe, y finalmente el hombre de la alta cultura, que la técnica ha producido en Occidente. Pero, según Alfred Weber, en medio de la civilización técnica, fuertemente equipada, la humanidad está otra vez en situación de formarse de nuevo psíquica y espiritualmente. Lo que está sucediendo con nosotros es nada menos que la sociogénesis de una mutación. Al final, habrá dos tipos de hombres: los hombres de cerebro, superrefinados, pero amenazados por la melancolía, y los nuevos primitivos, que se mueven en el mundo artificial como en una jungla, desinhibidos, desorientados y angustiados. Tales panoramas suscitaban un sentimiento terrible y fortalecían la autoconciencia de una elite intelectual, que se distanciaba con orgullo de los llamados *hombres masa.* En los dos superventas teóricos de aquellos años, *La rebelión de las masas,* de Ortega y Gasset, y *La muchedumbre solitaria,* de Riesman, podía leerse cómo hemos de representarnos a estos hombres masa y en qué condiciones entran en el escenario histórico.

La desazón por la cultura del presente, antes de difundirse en un amplio público después de 1967, había sido tratada en las altas cúspides de la inteligencia. Ya los años cincuenta y luego los primeros sesenta formaron un discurso catastrofista, que primero coexistió pacíficamente con el afán de construcción, la satisfacción del bienestar y el optimismo en pequeñas cosas y a corta distancia. La crítica cultural acompañaba en sombrío modo menor al despierto espíritu de negocio de la próspera República Federal. Los malos augurios de Casandra corrieron entre las cumbres, por encima de las hondonadas, donde regían la laboriosidad y el «sigamos así».

Uno de estos diálogos entre altas cumbres tuvo lugar en 1965 en la emisora de radio Südwestfunk. Dos espadas del alto espíritu de la época se encontraron frente a frente, uno en el papel de gran inquisidor, el otro en el de amigo de los hombres. El gran inquisidor era Arnold Gehlen, y Adorno era su adversario.

Gehlen pregunta:

> ¿Cree usted realmente que se puede pedir a los hombres que soporten la carga de la problemática de los principios, del esfuerzo reflexivo, de las profundas repercusiones de los errores cometidos en nuestra vida porque intentamos nadar por libre? Me gustaría saber lo que piensa.

Adorno responde:

> A esto puedo contestar simplemente: ¡sí! Yo tengo una representación de la dicha objetiva y de la desesperación objetiva, y diría que el bienestar y la dicha de los hombres en este mundo son una apariencia mientras se pretenda exonerarlos y no se les confíe la plena responsabilidad y autodeterminación. Es una apariencia que un día explotará; y cuando explote tendrá terribles consecuencias.

Gehlen contesta que ésta es una hermosa idea, pero que hoy por hoy los hombres no son así. Quieren exonerarse y buscan a alguien que los despoje de la responsabilidad. La pretensión de hacerlos adultos implica una exigencia excesiva. Gehlen concluye las reflexiones con esta observación:

> Señor Adorno [...], aunque tengo la sensación de que coincidimos en premisas profundas, me da la impresión de que su posición implica la propensión peligrosa a sembrar entre los hombres el descontento con ese poco que les ha quedado en las manos de todo el anterior estado catastrófico.

Ambos defienden la posición de que el todo es lo falso. Lo mejor es, dice Gehlen, ayudar a los hombres a que puedan ir a sus negocios «con firmeza frente a la crítica e inmunes a las objeciones», y que les ahorremos el esfuerzo reflexivo que los lanza contra el estado catastrófico del todo. ¡No!, dice Adorno. En nombre de la liberación hemos de incitarlos a la reflexión, para que adviertan la mala situación en que se encuentran. Uno quiere proteger a los hombres frente a la reflexión, y lo hace por razones altamente reflexivas, a saber, porque no hay ninguna alternativa practicable frente a lo existente. El otro quiere exigirles la reflexión, aunque no puede ofrecer un gran consuelo para la evidencia de que la resistencia carece de perspectiva. Y lo poco que puede ofrecer es casi romántico, pues consiste en recuerdos de la niñez, sueños, presentimientos de dicha en la poesía, en la música, o en la «metafísica en el instante de su derrumbamiento».

Es digna de notarse la rapidez con que ambos pudieron estar de acuerdo en que toda la constitución social en realidad es catastrófica. Pero a esta catástrofe le falta lo alarmante, ya que es perfectamente posible convivir con ella. Para Adorno eso es una consecuencia de la doble alienación humana, pues, además de estar alienados, los hombres han perdido la conciencia de estarlo. Para Gehlen la civilización no es otra cosa que la catástrofe con la que se puede vivir. Y los dos, a pesar de su crítica fundamental, han logrado crearse una posición cómoda en el «desorden» que critican. Se han resignado, uno con buena conciencia, el otro con mala conciencia.

Esta crítica fundamental se desarrolla por el momento en programas de radio. Dos años más tarde se habrá extendido a las calles y las plazas, a las sentadas y las asambleas.

Richard Löwenthal, que en los años veinte fue un dirigente estudiantil comunista, y que en el exilio se pasó a la socialdemocracia y se convirtió en uno de los politólogos más importantes de la República Federal, en 1970 habló de una «recaída romántica», refiriéndose al movimiento estudiantil. Compara el sesenta y ocho con la «generación escéptica», acerca de la cual dice que desarrolló una relación realista con la sociedad industrial más allá de la «secesión estéril» y del «conformismo no crítico». Por el contrario, en la generación del sesenta y ocho irrumpieron las «tradiciones profundas del rechazo romántico de la sociedad industrial».

Ante todo llama la atención la rapidez con que un movimiento universitario de oposición, que inicialmente se dirigía tan sólo contra las deterioradas condiciones de los estudiantes («universidad masificada») y las estructuras autoritarias «universidad de funcionarios», se transformó luego en una radical crítica fundamental de la sociedad. Todavía en 1966 un minucioso trabajo del Instituto de Investigación Social de Frankfurt llegaba a la conclusión de que los estudiantes en general estaban dispuestos a adaptarse, de que no eran críticos y carecían de intereses políticos, de modo que en las universidades faltaba un potencial de renovación. Sin duda la sociología no predijo el movimiento de 1967, lo mismo que veinte años más tarde no había de prever el derrumbamiento de la República Democrática Alemana y del bloque oriental. La generación que entonces se irritaba había crecido en medio del milagro económico, es decir, sin grandes problemas y sin pobreza, hasta el momento sólo había experimentado una época de paz, a pesar de la guerra fría, y se había acostumbrado a las relaciones democráticas. ¿De dónde procedía la disposición a la crítica fundamental? ¿Se trataba realmente, tal como lo formulaba Löwenthal, del retorno de «tradiciones románticas de rechazo de la sociedad industrial»?

La crítica de Löwenthal al movimiento estudiantil no era meramente accidental, sino que estaba formulada a brazo partido y repercutió de inmediato en el movimiento, que se defendió contra el reproche. Los que participaban en el movimiento no querían ser románticos, pues sonaba a sueño e ilusión, a mera subjetividad. Y ellos creían estar en alianza con una tendencia objetiva. De hecho, se produjo una simultaneidad de los sucesos desde Berkeley hasta Roma, desde París hasta Berlín. Por todas partes los estudiantes salían a la calle y articulaban su ruidosa y fantasiosa protesta. En cada lugar concreto los movimientos estaban dirigidos de manera diferente, pero era común a todos ellos la tendencia antiautoritaria y el rechazo de la guerra norteamericana en Vietnam. Y por doquier, en las sociedades libres y abiertas de Occidente, se reclamaba más libertad y apertura, lo que la Constitución germana proclamaba se esgrimía críticamente contra lo que ésta había conseguido en realidad. Pero esta crítica no se limitó a una protesta liberal y pacífica. Se cuestionaron también las formas de vida en la sociedad capitalista, centradas en el trabajo y el consumo, a lo que en la República Federal se añadía la hipoteca del pasado nacionalsocialista. La inexistente desobediencia de los padres durante la época nazi se practicaba ahora frente a ellos, aunque ya no había ninguna instancia dictatorial. Odo Marquard calificó esa conducta como la barata «desobediencia accidental» de la generación del sesenta y ocho.

De la protesta dentro del sistema se pasó con sorprendente rapidez a un rechazo de todo el sistema. La alternativa al sistema que se ofrecía en el bloque oriental no parecía atractiva. Y ¿en qué otro lugar se encontraba una alternativa al sistema? No la había todavía, prescindiendo de la exótica China y del peculiar socialismo del Caribe en Cuba; existía solamente esta trascendencia interna frente al sistema. En ella estaban en juego las necesidades no satisfechas en la sociedad o satisfechas solamente de forma pervertida. Estas necesidades fueron valoradas como formas productivas de las que había que apropiarse para hacer estallar las relaciones de producción en el capitalismo tardío. Herbert Marcuse caracterizó de manera consecuente estas necesidades reprimidas con la expresión «base pulsional». Según su razonamiento, ya no se da el auténtico proletariado y, por tanto, son estas necesidades reprimidas las que constituyen en el individuo una especie de proletariado interno. La «infraestructura de los individuos», escribe Marcuse, es ella misma «una dimensión de la infraestructura de la sociedad». Con este giro se superan teóricamente los audaces sueños de la filosofía fichteana del yo. Mientras que Fichte había construido el mundo desde la conciencia del yo, ahora el deseo es suficiente. Ahora ya no se trata de dominio de sí mismo, pues el deseo mismo es el que ha de dominar. El deseo es un impulso, y lo único que tiene que ver con la libertad es que se lucha por la libertad de dejarse dominar por su deseo. Lo que aquí se manifestaba era un rusonianismo vulgar, pues se procedía de acuerdo con la divisa: el hombre es bueno por naturaleza, la sociedad lo hace malo. Si eliminamos las alienaciones sociales, entonces aparece finalmente la verdadera bondad, la natural. No puede negarse que aquí actuaba una herencia romántica, compuesta de una turbia mezcla de Fichte y Rousseau. Esta herencia, aunque trivializada, entró en la ideología del movimiento del sesenta y ocho.

La protesta también tenía raíces existencialistas. El existencialismo, como actitud del espíritu, estaba ampliamente difundido antes de 1968 en Alemania y no sólo allí. Al principio no era político, pero luego se politizó progresivamente. Constituía una ejercitación en la libertad, unida a un rechazo fundamental de lo existente, que se consideraba como algo absurdo, contrario al sentido, frente a lo cual los existencialistas se distanciaban con un negro jersey de cuello alto y un no conformismo melancólico. ¿No era un mundo absurdo el que producía opulencia, por una parte, y pobreza y miseria, por otra? Pero como lo absurdo podía explicarse no sólo metafísicamente, sino también de forma política y económica, la protesta perdió su colorido melancólico de inutilidad y se hizo política. En el existencialismo era posible sentirse miembro de una elite no conformista. Este no conformismo, en un abrir y cerrar de ojos pudo reinterpretarse como un vanguardismo de la protesta. La gran mayoría era considerada manipulada, enredada en una doble alienación, en la «necesidad inherente a la falta de necesidades» (Heidegger); pero la vanguardia padecía bajo sus dolores quiméricos: notaba lo que le faltaba, y no pasó mucho tiempo hasta que se pudo oír y leer en los muros: «Destruid lo que os destruye». El voluntarismo de este movimiento sigue siendo existencialista. Un sujeto que quiere realmente y asume su libertad puede hacer danzar las relaciones existentes. Pero la magnanimidad y paciencia con que se esperaba la maduración de las condiciones objetivas no era una actitud adecuada para los exaltados, que presentían cómo iban a perder su impulso y derrumbarse si se metían en proyectos a largo plazo. La «Larga marcha a través de las instituciones» (Dutschke), no estaba pensada en el sentido de una larga política de reforma, sino como una conquista rápida de posiciones en el mundo de la educación y de los medios de comunicación. No se trataba de emprender una reforma en profundidad, sino de entrar al abordaje de las naves burguesas. Entre el otoño de 1967 y la primavera de 1968, en el seno de los círculos del Sozialistischer Deutscher Studentenbund [Liga de estudiantes socialistas de Alemania] de Berlín occidental se pensó seriamente en llevar a cabo una revolución encaminada a establecer una democracia de consejos. El Romanticismo político estaba sediento de acción. Se creía que había llegado la hora de dar salida al sueño supuestamente encerrado en las entrañas de las relaciones reales.

El conjuro que servía de comadrona y que lo unía todo con todo –el cómodo sufrimiento por la opulencia aquí con la miseria a lo ancho del mundo– era, ni más ni menos, el término «dialéctica».

«Dialéctica» era el método de la propia valoración de la ira estudiantil por los padres autoritarios, la falta de superación del pasado, el tutelaje de las patronas, el tráfico público de cercanías, la práctica tradicional del sexo, las condiciones de los estudiantes, los planes de estudios y los funcionarios de la docencia. Estos inconvenientes tenían que dramatizarse y valorarse como terror, desde el terror del consumo hasta el terror de la opinión; y de ahí surgieron el sufrimiento estudiantil en el capitalismo tardío y los padecimientos de unos estudiantes que compartían el destino doloroso de los quemados con napalm en Vietnam y los campesinos hambrientos en Bolivia. La dialéctica enlazaba a los estudiantes en rebelión con los desheredados y despojados de sus derechos en todo el mundo. Al sufrimiento común se añadieron los enemigos comunes, que eran el imperialismo, la lógica del sistema y sus «máscaras del carácter». Los estudiantes habían aprendido de la teoría crítica que las desfiguraciones del capitalismo privado y las del capitalismo estatal, o sea, el Oriente y el Occidente, constituían un único «nexo de ofuscación» (Adorno). Pero ya no se conformaban con la «incurable polémica universal» (Walter Benjamin), con esta forma de expresión de los melancólicos de izquierdas en los nichos. Se quería actuar en el gran escenario. Había ocasión para ello, pues el desarrollo técnico de los medios había creado nuevas posibilidades para globalizar la exaltación. En este momento el mundo occidental se convirtió en comunidad de contagio de sentimientos de marcha. Se añadía a esto la aspiración al instante histórico. Toda generación quiere experimentar alguna vez un cambio de época. La del sesenta y ocho creía que ahora había llegado su turno.

La dinámica del movimiento cambió a los participantes. Éstos podían sentirse como nuevo sujeto, con nuevos deseos, fantasías, sensibilidades y costumbres, en fuerte oposición al mundo falso del sistema, con sus «hombres unidimensionales». Se caminaba hacia una secesión. Herbert Marcuse acuñó la gran solución: el «gran rechazo».

En este contexto es acertada con toda seguridad aquella observación de Löwenthal que afirma que en el movimiento estudiantil renacen «las profundas tradiciones del rechazo romántico de la sociedad industrial». Prosperan las subculturas, como otrora, en torno a 1900, en los reformadores de la vida y los adoradores del sol. También pululan de nuevo los profetas descalzos y sus discípulos. Ahora se llaman rebeldes vagabundos a la búsqueda. De nuevo se puso en marcha la corriente de los viajes a Oriente. Por doquier había furores de danza, no sólo en Turingia, como en el pasado. Los contrastes tradicionales adquirieron un renovado vigor: comunidad frente a sociedad, alma contra el dominio del dinero, espontaneidad frente a la convención, naturaleza contra lo artificial, autorrealización frente al afán de hacer carrera. El lema del Mayo de París es: «¡La imaginación al poder!». A esto se añade la música. No entenderemos bien aquellos años si no escuchamos su banda sonora. Cuando en el verano de 1968 los estudiantes berlineses decidieron ocupar las instituciones universitarias como protesta contra las leyes del estado de excepción, y luego desde el aula magna se derramaron en tropel hacia los institutos del entorno, en este radiante día de verano sonaba para ellos a través de todo el campus *Street Fighting Man (El luchador en la calle)*, de los Rolling Stones. La Comuna I se había instalado con sus aparatos de música y había colocado altavoces en la ventana. Determinados ritmos, melodías y canciones impulsaron las actividades de aquellos años y transmitieron un sabor anticipado de la ampliación de la conciencia que los estudiantes esperaban del cambio del sistema.

Procede de Marx la observación de que los movimientos sociales tienen necesidad de ilusiones para poder imponer sus contenidos limitados. El movimiento estudiantil llevó imaginariamente el mundo entero ante el tribunal de su crítica, se disfrazó de sujeto revolucionario y se vistió a veces con la capa del antiguo movimiento obrero. Pero no hemos de olvidar que algunos extraviados recurrieron incluso a las armas. En general había una pujanza del temple político. La época de gobierno social-liberal comenzó con la consigna: «Atreverse a más democracia». Donde los cambios eran realmente profundos, en las estructuras de la familia, en la vida de las parejas, en las costumbres sexuales, en los modales, en el estilo de consumo, en el hedonismo, se puso de manifiesto que el movimiento del sesenta y ocho era más el síntoma que la causa de una evolución. Pero eran considerables las ilusiones que lo acompañaban y estimulaban. Sin duda se trataba de ilusiones románticas. En el fondo se manifestaba en ellas la idea de un nuevo principio de la realidad. También en este ámbito fue Herbert Marcuse el que aportó las consignas programáticas decisivas. Según él, el principio de realidad del capitalismo ha conducido a una superfluidad y por eso mismo se ha hecho superfluo. El principio de placer, que hasta ahora la coacción del trabajo ha mantenido rigurosamente bajo control, está en vías de convertirse en sustancia del mismo. Las pulsiones agresivas, en definitiva el instinto de muerte, pierden importancia frente al impulso erótico. La naturaleza interior del hombre se transforma. Alborea un gran tiempo de reconciliación. Despierta, escribe Marcuse, «la energía erótica de la naturaleza, una energía que quiere ser liberada; también la naturaleza espera una revolución». Eso es algo que también habría podido decir Novalis.

El movimiento del sesenta y ocho mostraba un Romanticismo de la liberación universal. Por eso mismo resulta tanto más sorprendente el hecho de que ese movimiento, si prescindimos de su alianza con la cultura popular, mantuviera una relación casi enemiga con la llamada alta cultura. Ésta era considerada «superestructura», y se aspiraba a unirla con la «base». ¿Dónde se encontraba la base? En los movimientos de liberación del Tercer Mundo, en la actividad laboral y en los barrios, en el fondo de la propia alma. A partir de esta base, todo lo demás se tenía por suprimido, era considerado romántico en el mal sentido. Tenemos aquí la misma paradoja que podía observarse en la confrontación de Börne con Heine: se inyectaba Romanticismo en el proceso objetivo de la liberación, originando así el Romanticismo social, y a la vez se hablaba despectivamente de lo romántico, de los ruiseñores de la poesía. Los románticos objetivos no querían serlo subjetivamente. En 1968 se anunció la «muerte de la literatura» debido al utilitarismo político y moral. En Vietnam, decían los implicados en el movimiento, los niños mueren quemados por las bombas de napalm, y, por tanto, el arte es una mentira. Ante la obligación del bien social y político que está en juego actualmente, ante la lucha antiimperialista, no hay lugar ni tiempo para la belleza. Se citaba a Lenin, de cuya boca salió la afirmación de que, al escuchar música de Beethoven, dan ganas de acariciar con ternura la cabeza del ser humano, de todos los seres humanos. Pero, añadía, el mundo no es así. Hay que cortar algunas cabezas. En consecuencia el arte, especialmente el romántico, era tenido por falso, ya que sugiere una reconciliación prematura. Hay que tener cuidado, se decía, con los sentimientos suaves del arte; éste tiene su justificación en todo caso en sus formas de propaganda para la agitación. En lo literario, eso significa: teatro en la calle, octavillas, reportajes. Muchos escritores de esta época se dejaron convencer de que su obligación era marginarse a sí mismos. Así lo exigía su conciencia social y política. Además, había algunos a los que ya no se les ocurría nada más. Nuevamente se trataba del antiguo problema de la teodicea en el terreno del arte: ¿pueden cantar las musas cuando el mundo anda de mal en peor? No pueden cantar, a no ser que entonen cantos de lucha contra la explotación y la opresión, decían los comprometidos con el movimiento del sesenta y ocho. Lo mismo que en Rusia después de la Revolución, de nuevo entraba en escena la hostilidad con el arte y, en definitiva, su destrucción por supuesta solidaridad con los condenados de esta tierra. Todo esto se repitió en 1968, aunque más bien como comedia. Tampoco la crítica de izquierdas al escapismo del Romanticismo era consecuente, pues en la música pop se celebraban sus saturnales dionisiacas.

Los comprometidos con el sesenta y ocho leían a Marx y hablaban incesantemente de fuerzas de producción y relaciones de producción, pero en realidad se hallaban más cerca de los *tunantes,* aunque sin estar dotados de su donaire. Schelsky, que en la generación escéptica alabó el celo por el trabajo, publicó en 1975 una polémica titulada *El trabajo lo hacen los otros. Lucha de clases y dominio sacerdotal de los intelectuales.* Schelsky vio el secreto empresarial de la nueva izquierda en que ésta no conocía la empresa real de la sociedad y era solamente su beneficiaria. Estamos de nuevo ante la antigua disputa: los realistas se remiten a las leyes férreas de la producción, al sentido de las instituciones y de las costumbres, y tachan a los radicales de ser un irresponsable grupo de aficionados entre los enamorados del yo y los soñadores despiertos, es decir, los tachan de románticos.

Esta disputa aflorará con necesidad siempre que el impulso romántico no sólo haga estallar el realismo cotidiano, cosa que es de desear, sino que además irrumpa desenfrenadamente en la política, cosa que no es buena ni para el Romanticismo, ni para la política.

Nos acercamos al final. El Romanticismo es una época resplandeciente del espíritu alemán; sus rayos llegaron con fuerza a otras culturas nacionales. Ha pasado ya el Romanticismo como época, pero nos ha quedado lo romántico como actitud del espíritu. Cuando hay desazón por lo real y acostumbrado y se buscan salidas, cambios y posibilidades de superación, casi siempre entra en juego lo romántico. Lo romántico es fantástico, inventivo, metafísico, imaginario, tentador, exaltado, abismal. No está obligado al consenso, no necesita ser útil a la comunidad, y ni siquiera ser útil a la vida. Puede estar enamorado de la muerte. Lo romántico busca la intensidad hasta llegar al sufrimiento y la tragedia. Con todos esos rasgos lo romántico no es particularmente apropiado para la política. Cuando desemboca en ella, habría de tener un suplemento de realismo. La política, en efecto, debería fundarse en el principio de evitar los dolores, el sufrimiento y la crueldad. Lo romántico ama los extremos; en cambio, una política racional ama más bien el compromiso. Nosotros necesitamos ambas cosas: la aventura del Romanticismo y la sobriedad de una política adelgazada. Si no entendemos la razón de la política y las pasiones del Romanticismo como dos esferas, y no sabemos separarlas en cuanto tales, si en lugar de ello deseamos la unidad sin quiebra y no tenemos la habilidad de vivir por lo menos en dos mundos, entonces surge el peligro de que en lo político busquemos una aventura, que sería mejor hallar en la cultura, o bien de que exijamos a la cultura la misma utilidad social que a la política. Pero no es deseable ni una política aventurera, ni una cultura políticamente correcta. Fue Friedrich Schlegel quien resaltó la necesidad de la separación de las esferas. Afirmó que es necesario empezar «con la autonomía de lo bello» y mantenerlo separado de lo «verdadero y lo moral». Así se llegó entonces, en la época del Romanticismo, al grandioso desencadenamiento de lo romántico.

La tensión entre lo romántico y lo político se halla inmersa en la tensión más amplia entre lo que puede representarse y lo que puede vivirse. El intento de conducir esta tensión a una unidad sin contradicciones puede llevar al empobrecimiento o a la desertización de la vida. Ésta se empobrece cuando no somos capaces de representarnos nada más allá de lo que creemos que es posible traducir a una realidad vivida. Y la vida se desertiza cuando queremos vivir algo a cualquier precio, incluso al precio de la destrucción y de la propia destrucción, simplemente por el hecho de habérnoslo representado. En un caso la vida se empobrece porque se renuncia a lo representable en aras de la amada paz; y en el otro caso se rompe bajo la violencia con que se quiere realizar lo representable sin ningún tipo de reducción. En ninguno de los dos casos somos capaces de soportar la contradicción entre lo que se puede representar y lo que se puede vivir, y, por tanto, en ambos se aspira a una vida de una sola pieza. Pero una vida así es solamente un sueño romántico.

Aunque lo romántico forma parte de una cultura viva, una política romántica es peligrosa. Para el Romanticismo, que es una continuación de la religión con medios estéticos, rige lo mismo que para la religión: ha de resistir a la tentación de recurrir al poder político. «La imaginación al poder» no era precisamente una buena idea.

Por otra parte, no podemos perder el Romanticismo, pues la razón política y el sentido de la realidad no son suficientes para vivir. El Romanticismo es la plusvalía, el excedente de hermosa extrañeza frente al mundo, el excedente de significación. El Romanticismo despierta nuestra curiosidad para lo completamente diferente. Su imaginación desencadenada nos otorga los espacios de juego que necesitamos, siempre y cuando compartamos la observación de Rilke:

> no estamos muy seguros, no nos sentimos en casa
> en el mundo interpretado.

# Apéndices

# Referencias


*Prólogo*

Thomas Mann, *Essays 5,* edición de Hermann Kurzke y Stephan Stachorski, Frankfurt del Meno, 1993, pág. 279.

Novalis, *Werke,* vol. II, edición de Hans Joachim Mähl, Múnich, 1978, pág. 334.

Joseph von Eichendorff, *Schläft ein Lied in allen Dingen. Werke,* edición de Wolfdietrich Rasch, Múnich, 1977, pág. 103.

*Capítulo 1*

Hermann August Korff, *Geist der Goethezeit.* vol. 1, 1966, Darmstadt, 1988.

Friedrich Nietzsche, *Sämtliche Werke. Kritische Studienausgabe,* vol. III, edición de Giorgio Colli y Mazzino Montinari, Múnich, Berlín, Nueva York, 1980, pág. 530.

Friedrich Wilhelm Kantzenbach, *Johann Gottfried Herder,* Reinbek (Hamburgo), 1970, págs. 37, 24.

Johann Gottfried Herder, *Journal meiner Reise im Jahr 1769. Werke,* vol. I, edición de Wolfgang Pross, Múnich, 1984, págs. 360 y sig., 359, 364 y sig., 370, 375.

Johann Wolfgang Goethe, *Münchner Ausgabe,* vol. 16, edición de Peter Sprengel, Múnich, 1985, págs. 433, 436 y sig., 554 [trad. esp.: *Obras completas,* Aguilar, Madrid, 2003].

Johann Wolfgang Goethe, *Münchner Ausgabe,* vol. 1.2, edición de Gerhard Sauder, Múnich, 1987, pág. 135.

Karl August Böttiger, *Literarische Zustände und Zeitgenossen. Begegnungen und Gespräche im klassischen Weimar,* edición de Klaus Gerlach y René Sternke, Berlín, 1998, pág. 75.

Johann Gottfried Herder, *Schriften zu Philosophie, Literatur, Kunst und Altertum 1784-187, Werke,* vol. IV, edición de Jürgen Brummack y Martin Bollacher, Frankfurt del Meno, 1994, pág. 345.

*Herder Lesebuch,* edición de Siegfried Hartmut Sunnus, Frankfurt del Meno, Leipzig, 1994, págs. 184, 235, 268 y sig.

Johann Wolfgang Goethe, *Münchner Ausgabe,* vol. 17, edición de Gonthier-Louis Fink, Gerhart Baumann y Johannes John, Múnich, 1991, pág. 815.

*Capítulo 2*

Johan Huizinga, *Homo ludens. Vom Ursprung der Kultur im Spiel,* Reinbek (Hamburgo), 1981 [trad. esp.: *Homo ludens,* Alianza, Madrid, 2007].

Roger Caillois, *Die Spiele und die Menschen. Maske und Rausch,* Frankfurt del Meno, Berlín, Viena, 1982.

*Die Französische Revolution. Die Augenzeugenberichte und Darstellungen deutscher Schriftsteller und Historiker,* edición de Horst Günther, Frankfurt del Meno, 1985.

Heinrich August Winkler, *Der lange Weg nach Westen. Deutsche Geschichte vom Ende des Alten Reiches bis zum Untergang der Weimarer Republik,* Múnich, 2000.

Hans Ulrich Wehler, *Deutsche Gesellschaftsgeschichte 1700-1815,* Múnich, 1987.

Thomas Nipperdey, *Deutsche Geschichte 1800-1866. Bürgerwelt und starker Staat,* Múnich, 1998.

Rüdiger Safranski, *Schiller oder Die Erfindung des Deutschen Idealismus,* Múnich, 2004 [trad. esp.: *Schiller o la invención del idealismo alemán,* Tusquets Editores, col. Tiempo de Memoria n.° 53, Barcelona, 2006].

Georg Wilhelm Friedrich Hegel, *Vorlesungen über die Philosophie der Geschichte,* Frankfurt del Meno, 1970, pág. 529 [trad. esp.: *Lecciones sobre la filosofía de la historia universal,* Alianza, Madrid, 2008].

Friedrich Schlegel, *Kritische Schriften,* edición de Wolfdietrich Rasch, Múnich, 1970, pág. 498.

Friedrich Gottlieb Klopstock, *Die Etats Généraux. Ausgewählte, Werke,* vol. I, edición de Karl August Schleiden, Múnich, 1981, pág. 140.

Klaus Günzel, *Das Leben des Dichters Ludwig Tieck in Briefen, Selbstzeugnissen und Berichten,* Berlín, 1981, pág. 112.

Richard Brinkmann, «Frühromantik und Französische Revolution», in: *Deutsche Literatur und Französische Revolution. Sieben Studien,* Gotinga, 1974, pág. 173.

Johann Wolfgang Goethe, *Münchner Ausgabe,* vol. 12, edición de Hans J. Becker, Gerhard H. Müller, John Neubauer y Peter Schmidt, Múnich, 1989, pág. 308.

Johann Wolfgang Goethe, *Münchner Ausgabe,* vol. 9, edición de Christoph Siegrist, Hans J. Becker, Dorothea Hölscher-Lohmeyer, Norbert Miller, Gerhard H. Müller y John Neubauer, Múnich, 1987, pág. 137.

Johann Wolfgang Goethe, *Münchner Ausgabe,* vol. 5, edición de Hans Jürgen Schings, Múnich, 1988, pág. 408.

Nicholas Boyle, *Goethe. Der Dichter seiner Zeit, Band. II, 1791-1803.* Múnich, 1999, pág. 249 y sig.

Novalis, *Werke,* edición de Richard Samuel, Hans Joachim Mähl y Hans Jürgen Balmes, Múnich, 1978-1987, vol./pág. II/412, I/557.

Friedrich Schiller, *Sämtliche Werke,* vol. V, edición de Wolfgang Riedel, Múnich, 2004, págs. 580, 575, 573, 618, 572, 582, 584, 586.

Friedrich Hölderlin, *Hyperion. Sämtliche Werke und Briefe,* vol. I, edición de Michael Knaupp, Múnich, 1992, pág. 754 y sig. [trad. esp.: *Hiperión o el eremita de Grecia,* Madrid, 2003].

*Capítulo 3*

Henri Brunschwig, *Gesellschaft und Romantik in Preussen im 18. Jahrhundert,* Frankfurt del Meno, Berlín, Viena, 1975.

Josef Nadler, *Die Berliner Romantik 1800-1814,* Berlín, 1921.

Ricarda Huch, *Die Romantik. Ausbreitung, Blütezeit und Verfall.* 1908, Tubinga, 1979.

Peter Merseburger, *Mythos Weimar. Zwischen Geist und Macht,* Múnich, 2000.

Norbert Oellers y Robert Steegers, *Treffpunkt Weimar. Literatur und Leben zur Zeit Goethes,* Stuttgart, 1999.

*Das klassische Weimar. Texte und Zeugnisse,* edición de Heinrich Pleticha, Múnich, 1983.

Walter H. Bruford, *Die gesellschaftlichen Grundlagen der Goethezeit,* Frankfurt del Meno, Berlín, Viena, 1975.

Leo Balet, E. Gerhard, *Die Verbürgerlichung der deutschen Kunst, Literatur und Musik im 18. Jahrhundert,* edición de Gerd Mattenklott, Frankfurt del Meno, Berlín, Viena, 1972.

Theodore Ziolkowski, *Das Amt der Poeten. Die deutsche Romantik und ihre Institutionen,* Múnich, 1994.

Friedrich Schlegel, *Lucinde. Dichtungen und Aufsätze,* edición de Wolfdietrich Rasch, Múnich, 1984, pág. 35 [trad. esp.: *Lucinde: una novela,* Natán, Valencia, 1987].

Friedrich Schlegel, *Kritische Schriften,* edición de Wolfdietrich Rasch, Múnich, 1970, págs. 23, 161, 38, 155, 161, 498, 127, 505, 502, 503, 97, 538 y sig., vol. II, 5, 11, 47.

Ludwig Tieck, *Werke,* vol. I, edición de Marianne Thalmann, Múnich, 1963, págs. 124 y sig.

Novalis, *Werke,* vol. II, edición de Hans Joachim Mäht, Múnich, 1978, pág. 334.

Carl Grosse, *Der Genius,* Frankfurt del Meno, 1982, pág. 6.

Johann Gottfried Herder, *Sämtliche Werke,* 1877, vol. 5, pág. 588.

Johann Gottfried Herder, *Werke,* vol. I, edición de Wolfgang Pross, Múnich, 1984, pág. 636.

Friedrich Wilhelm Joseph von Schelling, *Ausgewählte Schriften,* vol. I, Frankfurt del Meno, 1985, págs. 47, 57.

Georg Wilhelm Friedrich Hegel, *Phänomenologie des Geistes,* 1807, Hamburgo, 1952, pág. 39 [trad. esp.: *Fenomenología del espíritu,* Pre-Textos, Valencia, 2006].

Wilhelm Heinrich Wackenroder, *Werke und Briefe*, edición de Gerda Heinrich, Múnich, 1984, pág. 304.
Friedrich Schiller, *Sämtliche Werke*, vol. V, edición de Wolfgang Riedel, Múnich, 2004, pág. 618.
Ernst Behler, *Friedrich Schlegel*, Reinbek (Hamburgo), 1966, pág. 57.

*Capítulo 4*

*Romantische Utopie – Utopische Romantik*, edición de Gisela Dischner y Richard Faber, Hildesheim, 1979.
Richard von Dülmen, *Poesie des Lebens. Eine Kulturgeschichte der deutschen Romantik*, Colonia, Weimar, Viena, 2002.
Egon Friedell, *Kulturgeschichte der Neuzeit. 1927-32*, Múnich, 1976, vol. 2, pág. 908.
Nicholas Boyle, *Goethe. Der Dichter seiner Zeit. Band II, 1791-1803*, Múnich, 1999, pág. 260.
Johann Wolfgang Goethe, *Münchner Ausgabe*, vol. 17, edición de Gonthier-Louis Fink, Gerhart Baumann y Johannes John, Múnich, 1991, pág. 827.
Wilhelm G. Jacobs, *Johann Gottlieb Fichte*, Hamburgo, 1984, pág. 34.
Immanuel Kant, *Kritik der reinen Vernunft*, edición de Wilhelm Weischedel, Frankfurt del Meno, 1964, pág. 134 [trad. esp.: *Crítica de la razón pura*, Taurus, Madrid, 2005].
Novalis, *Werke*, edición de Richard Samuel, Hans Joachim Mähl y Hans Jürgen Balmes, Múnich, 1978-1987, vol./pág. I/469, II/18, II/181, II/177, II/232, II/236, II/106, II/235.
Theodore Ziolkowski, *Das Wunderjahr in Jena. Geist und Gesellschaft*, Stuttgart, 1998, pág. 63.
Johann Wolfgang Goethe, *Münchner Ausgabe*, vol. 18.1, edición de Gisela Henckmann y Dorothea Hölscher-Lohmeyer, Múnich, 1997, pág. 175.
Jean-Jacques Rousseau, *Die Bekenntnisse*, 1781, Múnich, 1978, pág. 9 [trad. esp.: *Las confesiones*, Alianza, Madrid, 2007].
Johann Wolfgang Goethe, *Münchner Ausgabe*, vol. 1.2, edición de Gerhard Sauder, Múnich, 1987, pág. 203.
Friedrich Hölderlin, *Sämtliche Werke und Briefe*, edición de Günter Mieth, Múnich, 1970, vol. I, pág. 917.
Madame de Staël, *De l'Allemagne*, parte II, capítulo 1, París, 1813, 1868, pág. 160 [trad. esp.: *Alemania*, Planeta-De Agostini, Barcelona, 2003].
Friedrich Hölderlin, *Sämtliche Werke und Briefe*, vol. II, edición de Michael Knaupp, Múnich, 1992, pág. 668.
Max Preitz, *Friedrich Schlegel und Novalis*, Darmstadt, 1957, pág. 43.
Ludwig Tieck, *Schriften*, vol. 6, edición de Manfred Frank et al., Frankfurt del Meno, 1985, pág. 1206.
Schelling, selección y presentación de Michaela Boenke, Múnich, 1995, pág. 103.

*Athenaeum*, edición de August Wilhelm Schlegel y Friedrich Schlegel, vol. I, 2.ª parte, Berlín, 1798, pág. 209.
Dieter Arendt (ed.), *Nihilismus. Die Anfänge. Von Jacobs bis Nietzsche*, Colonia, 1970, pág. 33.
Friedrich Schiller, *Sämtliche Werke*, vol. V, edición de Wolfgang Riedel, Múnich, 2004, pág. 780.
Jean Paul, *Sämtliche Werke*, edición de Norbert Miller, Múnich, 1959, vol./pág. I.2/274, I.5/31.

*Capítulo 5*

Wolfgang Rath, *Ludwig Tieck. Das vergessene Genie*, Paderborn, 1996.
Roger Paulin, *Ludwig Tieck. Eine literarische Biographie*, Múnich, 1988.
Arno Schmidt, *Das essayistische Werk zur deutschen Literatur in 4 Bänden*, Zúrich, 1988.
Ludwig Tieck, *Werke*, vol. I, edición de Marianne Thalmann, Múnich, 1963, págs. 354, 690, 369, 702, 811 y sig.
Klaus Güntzel, *Das Leben des Dichters Ludwig Tieck in Briefen, Selbstzeugnissen und Berichten*, Berlín, 1981, pág. 147.
Bettine von Arnim, *Werke*, vol. I, Frankfurt del Meno, 1986, pág. 281.
Wilhelm Heinrich Wackenroder, *Werke und Briefe*, edición de Gerda Heinrich, Múnich, 1984, págs. 332, 247, 254, 256.
Ludwig Tieck, *Werke*, vol. IV, edición de Marianne Thalmann, Múnich, 1966, pág. 375.
Ludwig Tieck, *Phantasus. Schriften*, vol. 6, edición de Manfred Frank et al., Frankfurt del Meno, 1985, págs. 18, 27, 182 y sig., 9.
Joseph von Eichendorff, *Werke*, edición de Wolfdietrich Rasch, Múnich, 1977, pág. 11.
Friedrich Schlegel, *Kritische Schriften*, edición de Wolfdietrich Rasch, Múnich, 1970, pág. 79.

*Capítulo 6*

Florian Roder, *Novalis. Die Verwandlung des Menschen. Leben und Werk Friedrich von Hardenbergs*, Stuttgart, 2000.
Gerhard Schulz, *Novalis*, Reinbek (Hamburgo), 1969.
Novalis, *Dokumente seines Lebens und Sterbens*, edición de Hermann Hesse y Karl Isenberg, Frankfurt del Meno, 1976.
Henrik Steffens, *Was ich erlebte*, Múnich, 1956.
Novalis, *Werke*, edición de Richard Samuel, Hans Joachim Mähl y Hans Jürgen Balmes, Múnich, 1978-1987, vol./pág. I/452 y sig., I/294, I/156, I/153, I/155, I/463, I/150, I/153, I/157 y sig., I/158, I/162, II/239, II/232, II/372 y sig., II/741, II/749, II/257, II/741, III/205.

Schelling, Selección de textos y presentación de Michaela Boenke, Múnich, 1995, pág. 110.

*Capítulo 7*

Kurt Nowak, *Schleiermacher*, Gotinga, 2001.
Karl Barth, *Die protestantische Theologie im 19. Jahrhundert*, Zúrich, 1981.
Friedrich Wilhelm Kantzenbach, *Schleiermacher*, Reinbek (Hamburgo), 1967.
Paul Tillich, *Vorlesungen über die Geschichte des christlichen Denkens*, parte II, Stuttgart, 1972.
Friedrich Schlegel, *Kritische Schriften*, edición de Wolfdietrich Rasch, Múnich, 1970, págs. 94, 97, 96, 94.
Novalis, *Werke*, edición de Richard Samuel, Hans Joachim Mähl y Hans Jürgen Balmes, Múnich, 1978-1987, vol./pág. III/256, III/257, I/679, II/775.
Richard van Dülmen, *Poesie des Lebens*, Colonia, 2002, pág. 299.
Günter de Bruyn, *Als Poesie gut*, Frankfurt del Meno, 2006, pág. 173, 175.
Rudolf Haym, *Die romantische Schule*, Darmstadt, 1977, pág. 413.
Friedrich Schleiermacher, *Über die Religion*, Berlín, sin año de publicación, págs. 62, 54, 27, 114, 113, 54, 181.

*Capítulo 8*

Friedrich Meinecke, *Weltbürgertum und Nationalstaat*, Múnich, Berlín, 1908.
Dieter Henrich, *Selbstverhältnisse. Gedanken und Auslegungen zu den Grundlagen der klassischen deutschen Philosophie*, Stuttgart, 1982.
Dieter Henrich, *Konstellationen. Probleme und Debatten am Ursprung der idealistischen Philosophie (1789-1795)*, Stuttgart, 1991.
*Evolution des Geistes, Jena um 1800. Natur und Kunst, Philosophie und Wissenschaft im Spannungsfeld der Geschichte*, edición de Friedrich Strack, Stuttgart, 1994.
*Mythologie der Vernunft. Hegels «ältestes Systemprogramm des deutschen Idealismus»*, edición de Christoph Jamme y Helmut Schneider, Frankfurt del Meno, 1984.
Hans-Otto Rebstock, *Hegels Auffassung des Mythos in seinen Frühschriften*, Friburgo, Múnich, 1971.
Charles Taylor, *Hegel*, Frankfurt del Meno, 1978.
Moritz Kronenberg, *Geschichte des Deutschen Idealismus*, vol. 1 y 2, Múnich, 1909.
Richard Kroner, *Von Kant bis Hegel*, vol. 1 y 2, Tubinga, 1961.
Hermann Timm, *Die heilige Revolution. Schleiermacher-Novalis-Friedrich Schlegel*, Frankfurt del Meno, 1978.
Friedrich Schleiermacher, *Über die Religion*, Berlín, sin año de publicación, págs. 57 y sig. [trad. esp.: *Sobre la religión: discursos a sus menospreciadores cultivados*, Tecnos, Madrid, 1990].

Georg Wilhelm Friedrich Hegel, *Werke*, Frankfurt del Meno, 1986, vol./pág. I/234, I/236, IV/311.
Friedrich Hölderlin, *Sämtliche Werke und Briefe*, edición de Günter Mieth, Múnich, 1984, vol. I, pág. 917.
Manfred Frank, *Der kommende Gott*, Frankfurt del Meno, 1982, pág. 199.
Friedrich Schlegel, *Kritische Schriften*, edición de Wolfdietrich Rasch, Múnich, 1970, pág. 502.
Alfred Baeumler, *Das mythische Weltalter*, 1926, Múnich, 1965.
Herbert Uerlings (ed.), *Theorie der Romantik*, Stuttgart, 2000, pág. 171.
Walter Jaeschke, *Der Streit um die Grundlagen der Ästhetik. Texte von Humboldt u. a.* Hamburgo, 1999, pág. 403 y sigs.
Friedrich Hölderlin, *Sämtliche Werke und Briefe*, edición de Michael Knaupp, Múnich, 1992-1993, vol./pág. I/374, I/190, II/921, I/308, II/715, II/650, I/654, I/308, I/674, I/279, II/667, I/311.

*Capítulo 9*

*Deutschland unter Napoleon in Augenzeugenberichten*, edición de Eckart Klessmann, Múnich, 1976.
*Die Befreiungskriege in Augenzeugenberichten*, edición de Eckart Klessmann, Múnich, 1973.
Adam Müller, *Schriften zur Staatsphilosophie*, edición de Rudolf Kohler, Múnich, sin año de publicación.
Joachim Maass, *Kleist. Die Geschichte seines Lebens*, Múnich, Zúrich, 1980.
Paul Kluckhohn, *Das Ideengut der Deutschen Romantik*, Tubinga, 1961.
Karl Heinz Bohrer, *Der romantische Brief. Die Entstehung ästhetischer Sujektivität*, Múnich, 1987.
Friedrich Schlegel, *Kritische Schriften*, edición de Wolfdietrich Rasch, Múnich, 1970, pág. 101.
Novalis, *Werke*, vol. II, edición de Hans Joachim Mähl, Múnich, 1978, págs. 294, 738, 743, 748, 749, 309.
Immanuel Kant, *Kritik der reinen Vernunft*, edición de Wilhelm Weischedel, Frankfurt del Meno, 1964, pág. 224 [trad. esp.: *Crítica de la razón pura*, Tecnos, Madrid, 2006].
Wilhelm Dilthey, *Das Erlebnis und die Dichtung*, Gotinga, 1965, pág. 202.
Friedrich Schiller, *Sämtliche Werke*, vol. I, edición de Albert Meier, Múnich, 2004, págs. 474, 475, 478.
Johann Gottlieb Fichte, *Werke*, edición de Immanuel Hermann, Berlín, 1971, pág. 17 y sigs.
Alfred Baeumler, *Das mythische Weltalter*, 1926, Múnich, 1965, pág. 120.
Herbert Uerlings (ed.), *Theorie der Romantik*, Stuttgart, 2000, págs. 342, 185, 433, 167.
Paul Kluckhohn, *Das Ideengut der deutschen Romantik*, Tubinga, 1961, págs. 103, 114, 106.

Joseph von Eichendorff, *Werke,* edición de Wolfgang Frühwald, Brigitte Schillbach y Hartwig Schultz, Frankfurt del Meno, 1985-1993, vol. V, págs. 430, 431 y sig., 435 y sig.
Richard van Dülmen, *Poesie des Lebens,* Colonia, 2002, págs. 210, 215.
*Des Knaben Wunderhorn. Alte Deutsche Lieder. Gesammelt von Ludwig Achim von Arnim und Clemens Brentano,* Múnich, 1957, pág. 885 y sig.
Rüdiger Safranski, *Schopenhauer,* Múnich, 1987, pág. 223 [trad. esp.: *Schopenhauer,* Tusquets Editores, col. Tiempo de Memoria, n.° 70, Barcelona, 2008].
Heinrich August Winkler, *Der lange Weg nach Westen. Deutsche Geschichte,* vol. 1, Múnich, 2002, pág. 164.
Friedrich Schulze, *Franzosenzeit in deutschen Landen,* Leipzig, 1908, vol. 1, pág. 10.
Heinrich von Kleist, *Werke,* edición de Helmut Sembdner, Múnich, 1993, vol./pág. I/26, I/27, II/379.
Friedrich Nietzsche, *Sämtliche Werke, Kritische Studienausgabe,* vol. I, edición de Giorgio Colli y Mazzino Montinari, Múnich, Berlín, Nueva York, 1980, pág. 354 y sig.

*Capítulo 10*

Lothar Pikulik, *Romantik als Ungenügen an der Normalität. Am Beispiel Tiecks, Hoffmanns, Eichendorffs,* Frankfurt del Meno, 1979.
Lothar Pikulik, *Frühromantik. Epoche-Werke-Wirkung,* Múnich, 2000.
Peter Gay, *Die Macht des Herzens. Das 19. Jahrhundert und die Erforschung des Ich,* Múnich, 1997.
Albert Béguin, *Traumwelt und Romantik. Versuch über die romantische Seele in Deutschland und in der Dichtung Frankreichs,* Berna, 1972.
Novalis, *Werke,* vol. II, edición de Hans Joachim Mähl, Múnich, 1978, págs. 741, 263, 334.
Ludwig Tieck, *Werke,* edición de Marianne Thalmann, Múnich, 1963, vol./pág. I/269, IV/245, I/390, I/633.
E.T.A. Hoffmann, *Werke,* Frankfurt del Meno, 1967, vol./pág. II/125 y sig., II/127, I/28, I/34, I/189 y sig., II/540, IV/201.
Clemens Brentano, *Werke,* vol. II, edición de Wolfgang Frühwald y Friedhelm Kemp, Múnich, 1963, pág. 782.
Friedrich Schiller, *Sämtliche Werke,* vol. II, edición de Peter-André Alt, Múnich, 2004, pág. 253.
Achim von Arnim, *Werke,* vol. 4, edición de Renate Moering, Frankfurt del Meno, 1992, pág. 107.
*Die Nachtwachen des Bonaventura,* edición de Wolfgang Paulsen, Stuttgart, 1964, pág. 122.
Friedrich Hölderlin, *Sämtliche Werke und Briefe,* vol. I, edición de Michael Knaupp, Múnich, 1992, pág. 230.

Joseph von Eichendorff, *Werke,* edición de Wolfgang Frühwald, Brigitte Schillbach y Hartwig Schultz, Frankfurt del Meno, 1985-1993, vol./pág. II/229, I/322 y sig.
Wilhelm Heinrich Wackenroder, *Werke und Briefe,* edición de Gerda Heinrich, Múnich, 1984, pág. 304.

*Capítulo 11*

Oskar Walzel, *Deutsche Romantik,* Berlín, 1926.
Hans Mayer, *Das unglückliche Bewusstsein. Zur deutschen Literaturgeschichte von Lessing bis Heine,* Frankfurt del Meno, 1986.
Mijaíl Bajtin, *Literatur und Karneval. Zur Romantheorie und Lachkultur,* Múnich, 1969.
*Der Mensch der Romantik,* edición de François Furet, Essen, 2004.
Gerhard Schulz, *Die deutsche Literatur zwischen Französischer Revolution und Restauration,* parte 1 y 2, Múnich, 1983.
Ludwig Tieck, *Werke,* vol. I, edición de Marianne Thalmann, Múnich, 1963, pág. 565, 467.
E.T.A. Hoffmann, *Werke,* Frankfurt del Meno, 1967, vol./pág. III/271, III/92, IV/383, I/145, I/201, I/442, III/114, III/56, III/124, III/92, III/54.
Joseph von Eichendorff, *Werke,* edición de Wolfgang Frühwald, Brigitte Schillbach y Hartwig Schultz, Frankfurt del Meno, 1985-1993, vol./pág. I/226, III/353, I/224, I/225, I/361, I/120 y sig., I/346, I/173, III/131, III/131 y sig., I/329, III/110, II/469, II/496, II/561.
Hermann Korte, *Joseph von Eichendorff,* Reinbek (Hamburgo), 2000, pág. 59.
Joseph von Eichendorff, *Werke,* edición de Wolfdietrich Rasch, Múnich, 1977, pág. 78 y sig.
Johann Wolfgang Goethe, *Italienische Reise. Münchner Ausgabe,* vol. 15, edición de Andreas Beyer y Norbert Miller, Múnich, 1992, pág. 602 [trad. esp.: *Viaje a Italia,* Ediciones B, Barcelona, 2001].
Arthur Schopenhauer, *Die Welt als Wille und Vorstellung, Werke,* vol. 2.2, Zúrich, 1977, pág. 645 [trad. esp.: *El mundo como voluntad y representación,* Trotta, Madrid, 2003].
Rainer Maria Rilke, *Duineser Elegien I, Werke,* Frankfurt del Meno, 1955, vol. I, pág. 194 [trad. esp.: *Las elegías de Duino,* Hiperión, Madrid, 2007].

*Capítulo 12*

Ludwig August von Kochau, *Grundsätze der Realpolitik,* edición de Hans-Ulrich Wehler, Frankfurt del Meno, Berlín, Viena, 1972.
Hermann Baumgarten, *Der deutsche Liberalismus,* edición de Adolf M. Birke, Frankfurt del Meno, Berlín, Viena, 1974.
Ludwig Marcuse, *Ludwig Börne. Aus der Frühzeit der deutschen Demokratie,* Zúrich, 1977.

Klaus Briegleb, *Opfer Heine? Versuche über Schriftzüge der Revolution*, Frankfurt del Meno, 1986.
Dolf Sternberger, *Heinrich Heine und die Abschaffung der Sünde*, Frankfurt del Meno, 1976.
Heinrich Heine, *Ästhetisch-politische Profile,* edición de Gerhard Höhn, Frankfurt del Meno, 1991.
Ernst Heilborn, *Zwischen zwei Revolutionen. Der Geist der Schinkelzeit 1789-1848*, Berlín, 1927.
Walter Jaeschke, *Der Streit um die Grundlagen der Ästhetik. Texte von Humboldt u. a.*, Hamburgo, 1999, págs. 385, 410.
Friedrich Schlegel, *Dichtungen und Aufsätze,* edición de Wolfdietrich Rasch, Múnich, 1984, pág. 632.
Arsenij Gulyga, *Hegel*, Frankfurt del Meno, 1981, págs. 167, 163, 81.
Georg Wilhelm Friedrich Hegel, *Werke in zwanzig Bänden*, Frankfurt del Meno, 1986, vol./pág. XI/556, XIII/289.
Max Lenz, *Geschichte der Kgl. Friedrich-Wilhelm-Universität zu Berlin,* Halle, 1918, pág. 220.
Johann Eduard Erdmann, *Philosophie der Neuzeit. Der deutsche Idealismus (mit Quellentexten),* vol. VII, Reinbek (Hamburgo), 1971, pág. 168.
Heinrich Heine, *Sämtliche Schriften,* edición de Klaus Briegleb, Múnich, 1968-1976, vol./pág. IV/55, IV/431, V/201, IV/581, IV/574, I/107 y sig., III/691 y sig., III/695, III/361, III/378, IV/495, IV/18, II/956, III/317, IV/75, IV/76, V/232, V/232, II/382, VI/I/498.
Karl Marx/Friedrich Engels, *Werke*, Berlín, 1959 en adelante, vol./pág. I/391, III/7, I/379, I/346.
Theobald Ziegler, *Die geistigen und sozialen Strömungen des Neunzehnten Jahrhunderts*, Berlín, 1910, págs. 179, 195, 203.
Jost Hermand (ed.), *Das Junge Deutschland. Texte und Dokumente,* Stuttgart, 1968, pág. 185.
Florian Vassen (ed.), *Die deutsche Literatur in Text und Darstellung. Restauration, Vormärz und 48er Revolution*, Stuttgart, 1975, pág. 174.
Karl Gutzkow, *Wally-Die Zweiflerin. 1835*, Gotinga, 1965, págs. 114, 302.
Ludwig Feuerbach, *Grundsätze der Philosophie der Zukunft.* 1843, Frankfurt del Meno, 1983, § 62 [trad. esp.: *Principios de la filosofía del futuro,* Humanitas, Barcelona, 1983].
Ludwig Marcuse, *Heinrich Heine*, Zúrich, 1980, págs. 230, 197, 228.

*Capítulo 13*

Martin Gregor-Dellin, *Richard Wagner. Sein Leben. Sein Werk. Sein Jahrhundert*, Múnich, 1980.
Dieter Borchmeyer, *Richard Wagner. Ahasvers Wandlungen,* Frankfurt del Meno, 2002.
*Wagner-Handbuch,* edición de Ulrich Müller y Peter Wapnewski, Stuttgart, 1986.

Ludwig Marcuse, *Das denkwürdige Leben des Richard Wagner*, Zúrich, 1973.
Über Wagner, *Von Musikern, Dichtern und Liebhabern. Eine Anthologie*, Stuttgart, 1995.
Theodor W. Adorno, *Versuch über Wagner*, Múnich, Zúrich, 1964 [trad. esp.: *Monografías musicales: ensayo sobre Wagner*, Akal, Madrid, 2008].
Richard Wagner, *Mein Denken. Auswahlband*, edición de Martin Gregor-Dellin, Múnich, 1982, págs. 96, 132, 116, 116, 174, 189, 150, 362.
Cosima Wagner, *Tagebücher*, Múnich, 1978, vol./pág. I/1052, 7 de abril de 1873, II/852.
Richard Wagner, *Der Ring des Nibelungen*, Múnich, 1991, págs. 240, 118, 80, 346.
Richard Wagner, *Sämtliche Werke*, Maguncia, 2004, vol. 10, pág. 274.
Kurt Hübner, *Die Wahrheit des Mythos*, Múnich, 1985, pág. 398.
Arthur Schopenhauer, *Werke*, vol. 1, Zúrich, 1977, págs. 482, 645.
Charles Baudelaire, *Werke*, Dreieich, 1981, vol. III, pág. 30.
Dolf Oehler, *Pariser Bilder*, Frankfurt del Meno, 1979, pág. 48.
*Richard Wagner. Ein Lebensbild in Dokumenten*, edición de Otto Werner, Berlín, 1990, pág. 467.

*Capítulo 14*

Georg Bollenbeck, *Tradition. Avantgarde. Reaktion. Deutsche Kontroversen um die kulturelle Moderne. 1880-1945*, Frankfurt del Meno, 1999.
*Nietzsche und Wagner. Stationen einer epochalen Begegnung*, edición de Dieter Borchmeyer y Jörg Salaquarda, vols. 1 y 2, Frankfurt del Meno, 1994.
Karl Joël, *Nietzsche und die Romantik*, Jena y Leipzig, 1905.
Curt Paul Janz, *Friedrich Nietzsche. Biographie*, vol. 3, Múnich, 1981 [trad. esp.: *Friedrich Nietzsche*, Alianza, Madrid, 1985].
Walter Kaufmann, *Nietzsche. Philosoph-Psychologe-Antichrist*, Darmstadt, 1988.
*Nietzsche-Handbuch. Leben-Werk-Wirkung*, edición de Henning Ottmann, Stuttgart, 2000.
Rüdiger Safranski, *Nietzsche. Biographie seines Denkens*, Múnich, 2000 [trad. esp.: *Nietzsche. Biografía de su pensamiento*, Tusquets Editores, col. Tiempo de Memoria, n.º 11, Barcelona, 2001].
Karl Jaspers, *Nietzsche*, Berlín, Nueva York, 1981.
Friedrich Nietzsche, *Sämtliche Werke. Kritische Studienausgabe*, edición de Giorgio Colli y Mazzino Montinari, Múnich, Berlín, Nueva York, 1980, vol./pág. I/433, I/455, I/364, I/169, I/188, I/184 y sig., I/182, I/452, I/184, I/194, I/197, I/146, I/456, I/29 y sig., I/38, I/153, I/56, I/134, I/56, I/452, I/469, I/47, I/115, I/453 y sig., VII/7, 200, I/448, I/449, I/64, III/574, I/38, I/56, I/57, III/620, I/145, VI/26, I/22, I/18, III/538, XIII/41, IV/31, III/570, II/20, VI/365.
Friedrich Albert Lange, *Geschichte des Materialismus* (1866), edición de Alfred Schmidt, Frankfurt del Meno, 1974, vol. II.

Immanuel Kant, *Kritik der reinen Vernunft,* edición de Wilhelm Weischedel, Frankfurt del Meno, 1964, vol. III [trad. esp.: *Crítica de la razón pura,* Tecnos, Madrid, 2006].

*Capítulo 15*

Ferdinand Tönnies, *Gemeinschaft und Gesellschaft.* 1887, Darmstadt, 1991 [trad. esp.: *Comunidad y asociación,* Ediciones 62, Barcelona, 1979].

Julius Langbehn, *Rembrandt als Erzieher. Von einem Deutschen,* Leipzig, 1890.

Paul de Lagarde, *Deutsche Schriften,* Gotinga, 1891.

*Die Wiener Moderne, Literatur, Kunst und Musik zwischen 1890 und 1910,* edición de Gotthard Wunberg, Stuttgart, 1981.

*Impressionismus, Symbolismus und Jugendstil,* Stuttgart, 1977.

Walter Muschg, *Tragische Literaturgeschichte,* Berna, 1953.

Janos Frecot, Johann Friedrich Geist, Diethart Kerbs, *Fidus. Zur äthetischen Praxis bürgerlicher Fluchtbewegungen,* Múnich, 1972.

George L. Mosse, *Die Nationalisierung der Massen,* Frankfurt del Meno, Berlín, Viena, 1976.

George L. Mosse, *Die völkische Revolution,* Königstein, Taunus, 1991.

Kurt Flasch, *Die geistige Mobilmachung. Die deutschen Intellektuellen und der Erste Weltkrieg,* Berlín, 2000.

Thomas Carlyle, *Helden und Heldenverehrung,* Berlín, sin año de publicación, pág. 83 [trad. esp.: *Los héroes,* Globus Comunicación, Madrid, 1995].

Heinrich Rickert, *Philosophie des Lebens,* Tubinga, 1922, pág. 155.

Hermann Glaser, *Sigmund Freuds Zwanzigstes Jahrhundert,* Múnich, 1976, pág. 146.

Kurt Pinthus (ed.), *Menschheitsdämmerung. Ein Dokument des Expressionismus* (1920), Hamburgo, 1959, pág. 224.

*Jahrhundertwende. Aufbruch in die Moderne,* edición de August Nitschke et al., Reinbek (Hamburgo), 1990, vol. I, pág. 312.

Christian Graf von Krockow, *Die Deutschen in ihrem Jahrhundert 1890-1990,* Reinbek (Hamburgo), 1990, págs. 47, 48, 86, 101.

Gustav Landauer, *Aufruf zum Sozialismus,* edición de Heinz Joachim Heydorn, Frankfurt del Meno, 1967, pág. 98.

Manfred Frank, *Gott im Exil. Vorlesungen über die Neue Mythologie,* Frankfurt del Meno, 1988, págs. 149, 147.

Steven E. Aschheim, *Nietzsche und die Deutschen,* Stuttgart, 1996, pág. 23.

Hugo von Hofmannsthal, *Brief des Lord Chandos. Poetologische Schriften. Aus gewählt von Hansgeorg Schmidt-Bergmann,* Frankfurt del Meno, 2000 [trad. esp.: *Carta de Lord Chandos y otros textos en prosa,* Alba Editorial, Barcelona, 2001].

Rainer Maria Rilke, *Werke,* Frankfurt del Meno, 1955, vol. I, págs. 194 y sig., 685, 719.

Hugo von Hofmannsthal, *Gesammelte Werke in zehn Einzelbänden. Erzählungen,* Frankfurt del Meno, 1979, pág. 499.

Franz Schonauer, *Stefan George mit Selbstzeugnissen und Bilddokumenten,* Reinbek (Hamburgo), 1960, págs. 28, 29, 20.
Stefan George, *Werke,* Düsseldorf y Múnich, 1976, vol. II, pág. 241 y sig.
Oswald Spengler, *Der Untergang des Abendlandes,* Gütersloh, sin año de publicación, pág. 63 [trad. esp.: *La decadencia de Occidente,* Espasa-Calpe, Barcelona, 1989].
Thomas Mann, *Essays 1,* edición de Hermann Kurzke y Stephan Stachorski, Frankfurt del Meno, 1993, pág. 192.
Hermann Kurzke, *Thomas Mann. Epoche-Werk-Wirkung,* Múnich, 1997, pág. 243.
Fritz K. Ringer, *Die Gelehrten. Der Niedergang der deutschen Mandarine 1890-1933,* Múnich, 1987, pág. 171.
Thomas Mann, *Betrachtungen eines Unpolitischen,* Frankfurt del Meno, 1988, págs. 142, 308, 367, 23, 138, 13, 45, 45 [trad. esp.: *Consideraciones de un apolítico,* Grijalbo, Barcelona, 1978].

*Capítulo 16*

Stefan Breuer, *Anatomie der konservativen Revolution,* Darmstadt, 1993.
Stefan Breuer, *Ästhetischer Fundamentalismus. Stefan George und der Deutsche Antimodernismus,* Darmstadt, 1995.
Rüdiger Safranski, *Ein Meister aus Deutschland. Heidegger und seine Zeit,* Múnich, 1994 [trad. esp.: *Un maestro de Alemania. Heidegger y su tiempo,* Tusquets Editores, col. Tiempo de Memoria, n.° 3, Barcelona, 2000].
Thomas Mann, *Der Zauberberg,* Frankfurt del Meno, 1974, págs. 990, 993, 994 [trad. esp.: *La montaña mágica,* Edhasa, Barcelona, 2005].
Walter Flex, *Der Wanderer zwischen beiden Welten,* Múnich, 1940.
Ernst Jünger, *In Stahlgewittern. Sämtliche Werke,* vol. I, Stuttgart, 1978, pág. 293 [trad. esp.: *Tempestades de acero,* Tusquets Editores, col. Tiempo de Memoria, n.° 45/1, Barcelona, 2005].
Ernst Jünger, *Der Arbeiter,* Stuttgart, 1982, págs. 54, 55 [trad. esp.: *El trabajador,* Tusquets Editores, col. Ensayo, n.° 11, Barcelona, 1990].
Christian Graf von Krockow, *Die Deutschen in ihrem Jahrhundert 1890-1990,* Reinbek (Hamburgo), 1990, pág. 159.
Franz Jung, *Technik des Glücks,* Berlín, 1920, pág. 17.
Ulrich Linse, *Barfüssige Poeten. Erlöser der zwanziger Jahre,* Berlín, 1983, págs. 27, 97, 100, 104, 118.
Tzara, Grosz, Marcel Janko, Huelsenbeck, Gerhard Preiss, Hausmann, in, *Die deutsche Literatur. Ein Abriss in Text und Darstellung,* vol. 14, *Expressionismus und Dadaismus,* edición de Otto E. Best, Stuttgart, 1974, 293 y sigs.
Hugo Ball, *Die Flucht aus der Zeit. 1914-21,* Zúrich, 1992, pág. 100 [trad. esp.: *La huida del tiempo,* El Acantilado, Barcelona, 2005].
Fritz K. Ringer, *Die Gelehrten. Der Niedergang der deutschen Mandarine 1890-1933,* Múnich, 1987, pág. 328.

Friedrich Nietzsche, *Sämtliche Werke, Kritische Studienausgabe,* vol. I, edición de Giorgio Colli y Mazzino Montinari, Múnich, Berlín, Nueva York, 1980, pág. 29.
Werner Helwig, *Die blaue Blume des Wandervogels,* Gütersloh, 1960, págs. 181, 182.
Hermann Hesse, *Die Morgenlandfahrt. Gesammelte Schriften,* vol. VI, Frankfurt del Meno, 1987, págs. 9, 10, 24, 10, 39, 36, 15.
Peter Gay, *Die Republik der Aussenseiter,* Frankfurt del Meno, 1987, pág. 170.
Ulrike Hass, *Vom «Aufstand der Landschaft gegen Berlin»,* in: *Literatur der Weimarer Republik,* edición de Bernhard Weyergraf, Múnich, 1995, pág. 363.
Bertolt Brecht, *Lesebuch für Städtebewohner, Werke,* vol. XI, Frankfurt del Meno, 1966, pág. 162 y sigs.
Gottfried Benn, *Gesammelte Werke in vier Bänden,* edición de Dieter Wellershoff, Wiesbaden, 1978, vol. I, pág. 85.
Martin Heidegger, *Gesamtausgabe,* edición de Hermann Heidegger, Frankfurt del Meno, 1991, vol. 29/30, págs. 224, 244, vol. 24, pág. 404.
Walter Benjamin, *Gesammelte Schriften,* vol. V/2, Frankfurt del Meno, 1982, pág. 1250.
Oswald Spengler, *Der Mensch und die Technik,* Múnich, 1931, pág. 27 [trad. esp.: *El hombre y la técnica y otros ensayos,* Espasa-Calpe, Barcelona, 1967].
Friedrich Nietzsche, *Sämtliche Werke, Kritische Studienausgabe,* vol. II, edición de Giorgio Colli y Mazzino Montinari, Múnich, Berlín, Nueva York, 1980, pág. 15 y sig.
Carl Schmitt, *Politische Theologie,* Múnich, Leipzig, 1934, págs. 14, 31, 11.
Martin Heidegger, *Die Selbstbehauptung der deutschen Universität. Das Rektorat,* Frankfurt del Meno, 1983, pág. 13 [trad. esp.: *La autoafirmación de la universidad alemana: el rectorado, 1933-1934,* Tecnos, Madrid, 1989].
Friedrich Nietzsche, *Sämtliche Werke, Kritische Studienausgabe,* vol. IV, edición de Giorgio Colli y Mazzino Montinari, Múnich, Berlín, Nueva York, 1980, pág. 20.
Novalis, *Werke,* vol. II, edición de Hans Joachim Mähl, Múnich, 1978, pág. 334.
Max Weber, *Soziologie. Weltgeschichtliche Analysen. Politik,* edición de Johannes Winckelmann, Stuttgart, 1964, pág. 317.

*Capítulo 17*

*Literatur und Dichtung im Dritten Reich,* documentación elaborada por Joseph Wulf, Reinbek (Hamburgo), 1963.
Leon Poliakov, Joseph Wulf, *Das Dritte Reich und seine Denker. Dokumente und Berichte,* Wiesbaden, 1969.
Hans Dieter Schäfer, *Das gespaltene Bewusstsein. Deutsche Kultur und Lebenswirklichkeit 1933-1945,* Múnich, 1981.
Hans Ulrich Thamer, *Verführung und Gewalt. Deutschland 1933-1945,* Berlín, 1994.

Götz Aly, *Hitlers Volksstaat. Raub, Rassenkrieg und nationaler Sozialismus*, Frankfurt del Meno, 2005.
Paul Tillich, *Gesammelte Werke*, vol. 2, edición de Renate Albrecht, Stuttgart, 1962, págs. 249, 252.
Victor Klemperer, *LTI. Notizbuch eines Philologen*, Halle, 1957, Leipzig, 1995 [trad. esp.: *LTI: la lengua del Tercer Reich. Apuntes de un filólogo*, Minúscula, Barcelona, 2007].
Ralf Klausnitzer, *Blaue Blume unterm Hakenkreuz*, Paderborn, 1990, págs. 359, 374, 377, 375, 380, 383, 400, 401, 467, 468.
Fritz Strich, *Deutsche Klassik und Romantik*, Berna, Múnich, 1962, pág. 9.
Isaiah Berlin, *Die Wurzeln der Romantik*, Berlín, 2004, págs. 227, 244, 245 [trad. esp.: *Raíces del romanticismo*, Taurus, Madrid, 2000].
Eric Voegelin, *Hitler und die Deutschen*, Múnich, 2006, pág. 86.
Joachim Fest, *Hitler*, Berlín, 2004, pág. 525 [trad. esp.: *Hitler*, Planeta, Barcelona, 2005].
Albert Speer, *Erinnerungen*, Frankfurt del Meno, 1969, pág. 139 [trad. esp.: *Memorias*, El Acantilado, Barcelona, 2002].
Joseph Goebbels, *Tagebücher*, edición de H.G. Reuth, Múnich, 1988, vol. III, pág. 1076.
Thomas Mann, *Essays 2*, edición de Hermann Kurzke y Stephan Stachorski, Frankfurt del Meno, 1993, pág. 130.
Peter Reichel, *Der schöne Schein des Dritten Reiches*, Múnich, 1991, pág. 125.
Christian Graf von Krockow, *Die Deutschen in ihrem Jahrhundert 1890-1990*, Reinbek (Hamburgo), 1990, pág. 209.
Friedrich Nietzsche, *Sämtliche Werke. Kritische Studienausgabe*, vol. VI, edición de Giorgio Colli y Mazzino Montinari, Múnich, Berlín, Nueva York, 1980, págs. 372, 374, 304.
Hedwig Conrad-Martius, *Utopien der Menschenzüchtung*, Múnich, 1955, pág. 74.
Johann Wolfgang Goethe, *Münchner Ausgabe*, vol. 1.2, edición de Gerhard Sauder, Múnich, 1987, pág. 203.
Helmuth Plessner, *Die verspätete Nation*, Frankfurt del Meno, 1974, pág. 41.
Thomas Mann, *Betrachtungen eines Unpolitischen*, Frankfurt del Meno, 1988, págs. 108, 52 [trad. esp.: *Consideraciones de un apolítico*, Grijalbo, Barcelona, 1978].
Thomas Mann, *Doktor Faustus*, Frankfurt del Meno, 1974, pág. 409 [trad. esp.: *Doktor Faustus*, Edhasa, Barcelona, 2005].
Sebastian Haffner, *Von Bismarck zu Hitler*, Múnich, 1978, pág. 219.
Gottfried Benn, *Gesammelte Werke in vier Bänden*, edición de Dieter Wellershoff, Wiesbaden, 1978, vol. IV, pág. 79.
Bernd Martin (ed.), *Martin Heidegger und das «Dritte Reich»*, Darmstadt, 1989, pág. 180.
Hannah Arendt, *Elemente und Ursprünge totaler Herrschaft*, Múnich, 1986, pág. 528 [trad. esp.: *Los orígenes del totalitarismo*, Alianza, Madrid, 2007].
Heinrich Heine, *Sämtliche Schriften*, edición de Klaus Briegleb, Múnich, 1968-1976, vol./pág. II/510, VI.I/486, III/639.

Hermann Rauschning, *Gespräche mit Hitler*, Zúrich, 1973, pág. 210.
E.T.A. Hoffmann, *Werke*, Frankfurt del Meno, 1967, vol. I, pág. 170.
Thomas Mann, *Essays 4*, edición de Hermann Kurzke y Stephan Stachorski, Frankfurt del Meno, 1993, pág. 311.
Arnold Gehlen, *Gesamtausgabe*, vol. VII, Frankfurt del Meno, 1978, pág. 420.

*Capítulo 18*

Angelo Bolaffi, *Die schrecklichen Deutschen. Eine merkwürdige Liebeserklärung*, Berlín, 1995.
*Bundesrepublikanisches Lesebuch. Drei Jahrzehnte geistiger Auseinandersetzung*, edición de Hermann Glaser, Múnich, 1978.
Clemens Albrecht et al., *Die intellektuelle Gründung der Bundesrepublik. Eine Wirkungsgeschichte der Frankfurter Schule*, Frankfurt del Meno, Nueva York, 1999.
Hermann Glaser, *Kleine Kulturgeschichte der Bundesrepublik Deutschland 1945-1989*, Múnich, 1991.
Martin Greiffenhagen, *Das Dilemma des Konservatismus in Deutschland*, Múnich, 1971.
Gerd Koenen, *Das rote Jahrzehnt. Unsere kleine Kulturrevolution 1967-1977*, Colonia, 2001.
Wolfgang Kraushaar, *Frankfurter Schule und Studentenbewegung. Von der Flaschenpost zum Molotowcocktail 1946 bis 1995*, 3 vols., Hamburgo, 1998.
Ludwig Pesch, *Die romantische Rebellion in der modernen Literatur und Kunst*, Múnich, 1962.
*Romantikforschung seit 1945*, edición de Klaus Peter, Königstein-Taunus, 1980.
*Romantik. Ein Zyklus Tübinger Vorlesungen*, Tubinga, Stuttgart, 1948.
Eberhard Rathgeb, *Die engagierte Nation. Deutsche Debatten 1945-2005*, Múnich, 2005.
*Die Identität der Deutschen*, edición de Werner Weidenfeld, Bonn, 1983.
Thomas Mann, *Doktor Faustus*, Frankfurt del Meno, 1974, págs. 409, 675, 324, 331, 322 [trad. esp.: *Doktor Faustus*, Edhasa, Barcelona, 2005].
Thomas Mann, *Essays 5*, edición de Hermann Kurzke y Stephan Stachorski, Frankfurt del Meno, 1993, págs. 279, 274.
Ferdinand Lion, *Romantik als deutsches Schicksal*, Stuttgart, 1963, pág. 9.
Hannah Arendt, *Zur Zeit. Politische Essays*, Berlín, 1986, pág. 45.
Alfred Baeumler, «Hitler und der Nationalsozialismus. Aufzeichnungen 1945-1947», en: *Der Pfahl V*, pág. 160 y sigs.
Jost Hermand, *Kultur im Wiederaufbau*, Múnich, 1986, págs. 256, 417, 261, 258.
Max Bense, *Technische Existenz*, Stuttgart, 1950, pág. 202.
Rolf Wiggershaus, *Die Frankfurter Schule*, Múnich, 1986, pág. 653.
Richard Löwenthal, *Der romantische Rückfall*, Stuttgart, 1970, págs. 12, 31.

Odo Marquard, «Abschied vom Prinzipiellen», in: *Zukunft braucht Herkunft. Philosophische Essays,* Stuttgart, 2003.
Herbert Marcuse, *Versuch über die Befreiung,* Frankfurt del Meno, 1969, pág. 17.
Herbert Marcuse, *Konterrevolution und Revolte,* Frankfurt del Meno, 1970, pág. 90.

# Índice onomástico